宁波水文化丛书

主编◎沈季民

宁波市水利局
宁波市水文化研究会
宁波东钱湖旅游度假区管委会旅游与湖区管理局
编

岁月湖山

——东钱湖史事编年（744—2017）

孙盖根 编著

浙江大学出版社
ZHEJIANG UNIVERSITY PRESS

图书在版编目（CIP）数据

岁月湖山：东钱湖史事编年：744—2017 / 宁波市
水利局，宁波市水文化研究会，宁波东钱湖旅游度假区
管委会旅游与湖区管理局编；孙善根编著 . — 杭州：
浙江大学出版社，2018.10
ISBN 978-7-308-18613-1

Ⅰ.①岁… Ⅱ.①宁… ②宁… ③宁… ④孙… Ⅲ.
①湖泊—编年史—宁波—744-2017 Ⅳ.①K928.43

中国版本图书馆 CIP 数据核字（2018）第 209193 号

岁月湖山——东钱湖史事编年（744—2017）
宁波市水利局 宁波市水文化研究会
宁波东钱湖旅游度假区管委会旅游与湖区管理局 编
孙善根 编著

策划编辑 吴伟伟
责任编辑 陈 翮
责任校对 赵 钰
封面设计 黄晓意
出版发行 浙江大学出版社
　　　　 （杭州市天目山路 148 号 邮政编码 310007）
　　　　 （网址：http://www.zjupress.com）
排　　版 杭州中大图文设计有限公司
印　　刷 浙江海虹彩色印务有限公司
开　　本 787mm×1092mm 1/16
印　　张 21.75
字　　数 411 千
版 印 次 2018 年 10 月第 1 版 2018 年 10 月第 1 次印刷
书　　号 ISBN 978-7-308-18613-1
定　　价 88.00 元

总　序

助力"名城名都"建设，做好时代"水文章"

　　宁波是一座依水而建、面朝大海的江南水乡城市，拥有江、河、湖、溪、潭、瀑布、温泉、湿地、海等多种形态的水资源。四明山、天台山雄峙西南，东望大海；姚江、奉化江汇集山润清泉，与甬江汇于宁波市中心，形成"三江六岸"的空间格局。宁波也是一座因水而兴、向海而生的历史文化名城，水文化对于宁波城市的形成与发展起到了关键的形塑作用。以河姆渡遗址为代表的史前稻作文化，以它山堰为代表的水利灌溉工程，以大古塘为代表的海塘工程，以及以中国大运河（宁波段）、海上丝绸之路为代表的重要航路，以姚江、月湖区域等为代表的浙东学术重地等，表现了宁波营建"海定波宁"物质家园与兼济天下城市格局的杰出智慧，生发着宁波兼容开放的文化胸怀与经世致用的文化精神，这是具有世界意义的水文化现象。

　　改革开放以来，宁波大力治水兴水，推动水治理能力现代化。加快推进甬江等流域的综合治理，建设高山湖泊群，大规模实施长距离输水工程，修筑标准化海塘等，为粮食安全提供有力支撑，为促进经济发展和转型升级、惠及民生福祉奠定基础，为国际化港口城市的建设、全域都市化的推进提供了可靠的水安全保障。同时，"五水共治"的推进，水生态文明城市的建设，具有高文化品位的水利建筑群的创设，水的灵性与多样性的凸显，提升了宁波"山清水秀、天蓝地净、城美人和"的城市品质。

　　十余年来，唤起公众的水意识，建立一种更为全面的水资源可持续利用的体制和相应的运行机制，已经成为全人类思考的重大议题。2006 年，联合国把"世界水日"的主题确定为"水与文化"，旨在进一步提高人们对文化在解决水资源问题中的重要性的认识，让文化为水资源的可持续利用注入新的活力。宁波城市的发展必然需要建立在对自身优秀传统文化生命力和继承、弘扬、发展、繁荣的坚定信念和信心之上，水文化自信是重中之重。一个城市如果没有水文化，就不足以有名城的文化底蕴，不足以有名城的厚重和长久的文脉传承。持续推进水文化建设，关乎全市水利现代化建设，关乎"美丽宁波"与"名城名都"建设。发掘、整理、研究宁波水文化，不仅是借鉴历史上的治水经验，增强水行业的凝聚力和创造力，提高现代水工程的文化品位，同时也是丰富宁波城市文化内涵，为构建"人水和谐"的现代化都市、建设"名城名都"提供重要的精神动力和智力支持。建设宁波水文化，使命光荣，责任重大，工作艰巨。

把水文化建设提升到重要位置，纳入重要议事日程，是文化自信在水利部门、水利行业的具体而生动的体现。近年来，在宁波市委、市政府领导下，在社会各界支持下，宁波水文化资源开发与利用取得了明显成绩。尤其是 2014 年 5 月宁波市水文化研究会成立之后，水文化工作得到全面展开：参与了中国大运河（宁波段）申请世界文化遗产、它山堰申请世界灌溉工程工作；开展了众多水利史、水文化学术研讨活动；推进了水利工程与水文化有机融合的工作，在甬新闸泵站设计建设中，提炼并融入"羽人竞渡"的古钺特有的文化元素与符号，在保丰碶闸泵站内部展陈南宋建闸以来的翔实材料，在姚江大闸廊道展示水工程摄影作品等，都是其中值得称道的部分；推进东钱湖唐宋时莫枝古堰、大运河压赛古堰等水利遗存的保护和文化提升；与宁波大学人文与传媒学院、建筑工程与环境学院共建"宁波市水文化研究中心"；编辑出版图文并茂、雅俗共赏的《宁波水文化》会刊，开设了"宁波水文化网"，创办微信公众号推送水文化资讯，形成了较为体系化的水文化宣传网络。在短短几年中，宁波市水文化研究会为宁波水利文化工作开辟了新的视野，迅速成为浙江乃至全国有影响力的专业社会团体。

当前，我国正处于从传统社会向现代化社会过渡的社会转型期。就水利事业而言，多种层次的生产方式同时并存、交互发生作用，呈现出复杂的态势，其水事活动方式也就趋于多样化。如何在弘扬传统水文化基础上注入生态文明之内涵，实现以生态、和谐为导向的水利现代化，成为时代课题。2011 年 12 月，水利部专门出台《水文化建设规划纲要（2011—2020 年）》，就水文化建设做出全面谋划与部署。宁波水文化工作者就要顺应时代号召，立足行业，面向社会，深入挖掘水利文脉，积极讲好水利故事，主动发出水利声音，努力弘扬水利行业精神，同时积极构筑"人水和谐"的水文化，保护、传承、创新宁波特色的水文化，把宁波的水利现代化改革发展推进到一个新的阶段。

水文化研究是水文化建设的重要工作之一，是以水为出发点，研究社会、发展经济、繁荣文化，提高人们对水的战略地位的认识。同时，又是以文化为立足点，探索水理论，认识水贡献，发扬水精神，树立水形象，提高全社会的水意识。我们希望通过出版"宁波水文化丛书",推动以水利遗存教化人,以水文化营养滋育人,以水文化创作感染人,不断推进宁波水理论、水文化的发展,通过水文化成果的转化,以一种可持续的文化力量,提高水工程和水企业的文化品位,创造水工程、水企业的文化品牌,增强各种水生态和水环境的文化内涵。"宁波水文化丛书"是一项不断完善的工程,随着对水文化研究的逐步深入,随着水文化内容的不断创新和丰富,水文化的基本构架会随之变化、发展和不断充实。希望"宁波水文化丛书"能够不断推出优秀著作,为水文化资源开发利用、水文化产业发展,为宁波人留住水文化乡愁,满足人民群众日益增长的美好生活需要,做出更多贡献。

宁波市水文化研究会会长　沈季民

2017 年 12 月

前　言

不仅仅是为大变动的钱湖留住乡愁

　　闻名遐迩的东钱湖不仅自然风光秀丽，景色宜人，而且历史悠久，人文积淀深厚，具有丰富的社会内涵与深厚的文化底蕴。

　　传统中国是一个农业社会，而水利是农业的命脉。由于东钱湖这一方水土事关鄞（县）、奉（化）、镇（海）三地[①]水利命脉，故千百年来，一直受到宁波官方与民间社会的高度关注，由此在这片土地上以及围绕这片土地发生了诸多值得回味与记载的事件，也留下了许多值得流传和思索的文字。特别是近代，以开明士绅与新兴商人为代表的地方社会为治理开发东钱湖、使之造福宁波人民而倾注了很大的热情与心血。他们或奔走联络、献计献策，或捐钱捐物、慷慨输将，更有人冒险犯难、上京进谏乃至屡仆屡起……因为东钱湖，多少志士仁人热血沸腾，其间有太多的坎坷、无奈和遗憾，但同样也有诸多的执着、进取和感动。东钱湖寄托了宁波人不尽的希冀和梦想。

　　一切似乎转眼即逝，但往事并非如烟。前人的努力与奋斗不仅会成为我们美好的回忆，更是我们开拓新事业的精神动力和重要起点。

　　事实上，这里的湖水也曾泛起无尽的波澜乃至滔天大浪，从中不仅可以品味历史的沧桑、感受时代的进步，也可以细观地域社会变迁的轨迹及其复杂多元的面相。如人们对东钱湖功能的认识就有一个不断深化的过程。尽管历代都有文人墨客在此留下许多脍炙人口的诗文，但长期以来，人们谈论东钱湖的话题总离不开"水利"

---

① 鄞县、奉化、镇海分别于 2002 年、2016 年、1985 年撤县设区。

二字，似乎东钱湖的唯一功能就是灌溉农田。民国时期，作为风景名胜的东钱湖开始进入宁波人的视野，甚至有人提出把东钱湖作为宁波人的饮用水源。而就东钱湖治理的话语权来说，长期以来被地方官员所垄断，但近代时期，民间在治理东钱湖上拥有的影响力越来越大，以至于 20 世纪 40 年代末，省、县政府力主的东钱湖建筑蓄水库计划终因地方社会的强烈反对而作罢。而淤塞与疏浚、占（湖）地与反占地的矛盾和斗争更是从未间断。特别是清末，由于东钱湖一带人烟稠密，生齿日繁，人地矛盾日趋尖锐，豪门大族侵地现象时有发生，社会问题趋于复杂。但随着以公共舆论机关为代表的社会力量的有效关注，青山绿水的东钱湖仍基本上得以维持。此后，随着金雅妹走出东钱湖、成为中国历史上第一个女留学生，一批新式学校、医院、工厂以及以韩岭民众教育馆、莫枝通俗教育社为代表的公益性团体在东钱湖一带出现，地方社会开始富有生机和活力，加之本地渔民外海渔业的发达和外出经商人数的大量增加，地域社会的开放与发展不可阻挡。

历史上，东钱湖对宁波具有多重的价值和意义，尤其值得一提的是，以湖帮渔民为代表的宁波渔业所孕育的源远流长的宁波商业传统，以及严密的渔业组织所形成的强大凝聚力与团结力及其"航海梯山视若户庭"的开拓进取意识，无疑是后来称雄近代中国商界的宁波帮得以崛起的重要精神基因。

在东钱湖治理问题上，清朝末年，有关呼声一浪高过一浪，甚至惊动京城，在新式商人的大力支持下，也曾取得局部的成效。但由于工程的浩大与复杂，特别是地方财政的捉襟见肘，总是难以摆脱"望湖兴叹"的窘境。20 世纪 30 年代后，由于强势的国民政府的统治，省、县政府对东钱湖开始进行有计划的大规模的治理，并在最高当局的首肯与支持下，开始把东钱湖作为风景名胜区来规划与建设。但骤然而至的战争无情地打断了这一进程……旧中国的多灾多难于此可见一斑。

1949 年 5 月，宁波解放，从此东钱湖进入了社会主义革命与建设的时代。但由于人口的压力，东钱湖的自然属性反而得到强化——诸如水利功能、宁波最大淡水鱼养殖基地、最大绿化基地等等，直至 1960 年，鄞县连遭旱涝灾害，为解决粮食之急，并因三溪浦水库建成，重废梅湖，成立国营农场。其间"人民公社化""大跃进""农业学大寨"等新中国农业领域的政治运动均在此铺开。改革开放后特别是 20 世纪 80 年代中期以后，历史翻开了新的一页，东钱湖的旅游功能又开始为人们所重视，围绕其制订的各种旅游规划与召开的研讨会议不一而足，直到东钱湖开浚 1250 周年即 20 世纪 90 年代中期后，其终于迎来以旅游为核心的大规模开发建设高潮的崭新时代。

2001 年 8 月，宁波市委、市政府决定加快东钱湖地区的开发建设步伐，并成立东钱湖旅游度假区管委会，特别是在 2005 年 5 月 28 日时任浙江省委书记的习近平考察东钱湖后，东钱湖管委会开始着力在"生态型""文化型"上下功夫，坚持"生态立区""文化兴区"，由此拉开了21世纪开发建设东钱湖的序幕。经过10余年的努力，东钱湖不仅在基础设施、功能项目建设方面取得重大成效，而且生态环境得到明显改善，知名度逐渐扩大，"最佳人居地"和"城市后花园"正在形成。如今，历经沧桑的东钱湖已成为首批国家级生态旅游度假区，正朝着创建长三角著名的休闲度假基地、华东地区重要的国际会议基地、国际性的高端总部经济基地的方向迈进……

记录历史是传承文化的重要方式。历史是文化的基本载体，没有历史何来文化？而文化本身就是一个不断积累与扬弃的历史过程。真实是历史的第一要义，也是文化得以传承的基石。正是基于这一宗旨，本书在史料文献的搜集整理上花费了极大的精力，其中对民国时期相关档案与报刊史料的搜集尤勤，力图在掌握第一手文献的基础上比较真实地反映东钱湖区域发展的历史进程，再现历代特别是近代宁波人开拓东钱湖的历史场景，从多个侧面重现这一原汁原味的社会生活画面，特别是为失忆年代的东钱湖拼出历史的面貌。沧海桑田，世事更替。限于文献的缺失，也许我们现在呈现的不过是一段段历史的碎片，但正是这似乎并不连贯的历史碎片使我们得以触摸东钱湖历史的真实面相，进而也使钱湖文化的区域个性和历史底蕴得以显山露水，初展端倪。

承古开今，继往开来。现实总是在与过去相区分、相联系中才显现出来。对东钱湖历史的回顾就是对当代东钱湖开发事业原点的追寻。今天，东钱湖作为宁波旅游开发建设的重点区域迎来了发展的崭新时期。此时此刻，进行这种追寻和回顾是有多种价值和意义的。历经沧桑的东钱湖之所以能在人口稠密、人地关系十分紧张的宁绍平原地区一直保全，并造福当代宁波人民，而没有如时人所担心的大好湖山转瞬间化为乌有，无疑是与历代宁波人的精心呵护和不懈努力分不开的。事实上，一部东钱湖史在一定意义上就是一部"废湖"与"保湖"斗争的历史。正是众多志士仁人的不懈坚持与有识之士的远见卓识保全了东钱湖，使之千百年来历经风雨而基本上完好如初，从而为当代东钱湖的大开发、大发展奠定了坚实基础。抚今追昔，饮水思源，如今在分享东钱湖发展成果的时候，我们应该对前人的努力与作为表达敬意，并继承这一宝贵的历史遗产。

历史永远是人们现实行动的源头活水。对历史的这种追寻，不仅是对前人的最好纪念，也是展示东钱湖良好形象、丰富东钱湖旅游资源的有效载体，而且可以从中汲取面对现实与未来的智慧和力量，进而激励当代东钱湖人励精图治、顽强拼搏、奋发有为，创造出无愧于历史、无愧于时代的宏大事业。

编写说明

1. 真实是历史的生命。本书编写以求真务实、为东钱湖留一份真实的记录为宗旨。以编年系事的形式，力图真实地反映东钱湖区域变迁与发展的人文历程。

2. 本书意义上的东钱湖兼顾历史习惯与现今东钱湖旅游度假区范围，包括东钱湖及其周边的韩岭、莫枝、大堰等地。

3. 时限上，开始于东钱湖开浚的唐天宝三年（744年），下限定于东钱湖全力打造生态之湖、文化之湖的 2017 年。

4. 为尊重历史，本书对原始文献除进行标点外一般不做改动，若有明显差错，直接改之；原文实在难以辨认的，则以"□"注明。

5. 本书纪年，凡民国以前按中国历史纪年与公元纪年并注，1912 年以后用公元纪年。

6. 本书资料来源于报刊、档案、志书等，一般都注明出处，以便为进一步的研究提供参考，其中2001年以后的资料除注明者外多来自《钱湖信息》。为便于阅读，本书对少数重要人物与概念做了注释。

目　录

一

古代篇

编者按：号称宁郡巨浸的东钱湖一带地域，在整个古生代的漫长时期中，除缓慢升降运动和局部性海侵外，没有较大的变化。第四纪末，有明显的下沉，沉积了大批厚层冲积物，而外围则发展成为沙洲，由于沿海岸流和潮汐的作用，沙洲之外便逐渐形成了淤积地，东钱湖就成了众多海迹湖泊中的一个。东钱湖早在晋代就有记载。西晋著名学者陆云在《答车茂安书》中称，鄞县"西有大湖、广纵千顷、北有名山，南有林泽，东临巨海"。当时鄞县县治在鄞山，湖在县治之西，可见晋朝时东钱湖已被称为大湖了。但东钱湖有文字记载的人工开拓活动则始于唐中叶天宝年间，本书的记载也从这时开始。

744年（唐天宝三年）

是年，鄮县县令陆南金相度地势，组织人力将湖西北部几个缺口筑堤连接，其中成塘8条、堰4条，由此形成人工湖。当时鄮县县治在今五乡宝幢一带，而此湖在县治之西南，故称西湖。据说工程废塘堰内土地121213亩（每亩约值现0.254市亩），增加蓄水量，灌溉旧鄮县老界、阳堂、翔凤、平界、丰乐、鄞塘六乡及镇海崇丘、奉化白杜二乡。废去的湖田赋税则分摊给受益田亩，每亩加米0.376升。[1] 对于东钱湖的由来，20世纪40年代担任东钱湖水利参事会主任的沈友梅是这样分析的："东钱湖始名万金湖，在唐乾符间，鄞县曰鄮县，县令陆南金因见东南两乡，每苦旱魃为灾，田禾歉收，人民苦之，一遇荒歉，必亲自下乡，设法救济，足迹所到，见韩岭、下水两口，溪流湍急，而附近农田多被冲毁，触目关心，动机由此而生，拟蓄有用之水，以备调节旱潦之用。乃劝导民众，废田一万三千余亩，周围筑堤，蓄水成湖，旱启潦闭，调节有方，东南两乡农民，灾害从此减轻，获此湖水，如获万金，因名之曰万金湖也。"（沈友梅：《从宁波东钱湖谈到石门水库放水》，《宁波同乡》1963年第3期）

907—978年（五代吴越国时期）

其间，置营田吏卒，垦田治水。"钱氏有国，始置撩湖兵士千人，专一开浚。"（《宋史》卷九十七，志第五十，河渠七）

939年（五代后晋天福四年）

是年，东钱湖福泉山大慈寺开始修筑。1150年（南宋绍兴二十年）重建。该寺与日本佛教界渊源很深，南宋时多名高僧来此研习佛法。

---

[1] （清）周道遵《甬上水利志》卷三《东钱湖》，《四明丛书》第11册，广陵书社2006年版，第6348页。

1017 年（北宋天禧元年）

是年，郡守李夷庚重修湖塘，并开拓增广。"中有四闸七堰，凡遇旱涝，开闸放水，溉田五十万亩。"[1] 由于李夷庚因旧废址，增筑坚固，"自此七乡之民虽甚旱而无凶年忧"。（《淳熙四年判明州赵恺札子》，《东钱湖志》卷一《水利》附《诸家论说》，宁波出版社 2009 年版）

1048 年（北宋庆历八年）

是年，知县王安石"重清东钱湖界，起堤堰，决陂塘，历东西十四乡，为水陆之利"[2]。对于王安石在东钱湖治理上的作为，沈友梅叙述得相当生动详细。他说："有宋王安石为鄞县令[3]，其年大旱，近湖居民，得水较便，距远之处，需水甚急，因此发生湖水启闭之争，甚至动武械斗，此为县内人民之争水纠纷。同时因地形关系，东连镇海，南接奉化，以鄞县东南乡有水，而奉、镇两县，与鄞县仅一堤一梗之隔，田禾皆干枯龟裂，农民相互偷水抢水，因而又发生冲突斗争，以致流血，此为鄞县与邻县人民之争水纠纷。王安石不忍坐视，于是数度至湖

王安石画像

上履勘，视察地形山势，认为湖面太小，蓄水不多，尚不足以供灌溉，决定将湖面扩大至三万六千余亩，纵十八里，横十五里，周围约五十余里，烟波渺茫，成为巨泽，容量较前增加二倍，流灌及于鄞、奉、镇三县，受益农田达五十余万亩，三县人民咸感其德。上司奏闻极峰，以王安石对改良水利，增加生产，安定民生，有显著功绩，乃擢升为明州刺史（明州即宁波故郡名）[4]。卒因近湖居民与下游农民为放水问题，纠纷不已，王公乃召集鄞、奉、镇三县县令及有关地方公正人士，研究检讨，结果咸认管理之权，应属湖上居民，放水之权，属于下游居民，下游需水时，湖上居民不得留难，下游满水时，湖上不得开放。在前者固所不争，然在后者，颇有问题。

[1]　（元）脱脱等《宋史》卷九七《河渠志七·东南水下》。
[2]　光绪《鄞县志》卷二五《名宦·王安石》。
[3]　此说有误，宋时有鄞县而无鄮县。
[4]　此说有误，王安石并未担任这一职务。

盖下游满水时，湖上水位亦必高涨，而湖滨居民，难免遭淹之灾。王公决定二点，出示教民实行：（一）环湖居民，依山向高处迁移十尺，作为居所；（二）确定最高水位，以不淹居民为限度，新筑平水堰一道，作为平水准则，水涨满堰，过堰即溢（即现时所谓溢洪道是也），并在环湖适当处所，筑碶石堰坝十八处，以利湖水之启闭，流注各县，并便舟舣之出入，水利交通，两皆兼顾，从此纠纷渐息，相安无事。"（沈友梅：《从宁波东钱湖谈到石门水库放水》，《宁波同乡》1963 年第 3 期）

始于王安石并经历代修筑的平水堰至今保存完好，成为见证东钱湖水利史的"活化石"

1056—1063 年（北宋嘉祐年间）

其间，建成莫枝、大堰、钱堰、梅湖四座碶闸，四碶均筑于岩基上，构筑牢固，形式划一，并立平水石于碶边，以定放水标准，此为浙江地区最早的水则之一。

1064 年（北宋治平元年）

是年，主簿吕献之重修六堤，即今方家塘、高湫塘、梅湖塘、栗木塘、平水塘与钱堰塘，全长2566米，并于青山岙堤旁建嘉泽庙，以祭祀治湖有功的地方官陆南金、李夷庚。

1106 年（北宋崇宁五年）

10 月 4 日，南宋政治舞台上重要政治家族——四明史氏的开创者、后成为南宋

东钱湖下水村，南宋权倾朝野的四明史氏即在这里繁衍生息（张全民提供）

著名政治家的史浩出生于东钱湖下水村。①

1169 年（南宋乾道五年）

是年，东钱湖上葑草②蔓延，守臣张津以湖面逐渐湮废，报请朝廷拨款除葑，未有结果。后任赵伯圭遣鄞知县杨布丈量勘察，但预算除葑浚湖需钱 165888 贯、米 27678 石，由于"工役至大，费用不赀，以故中辍"。（《淳熙四年判明州赵恺札子》，《东钱湖志》卷一《水利》附《诸家论说》，宁波出版社 2009 年版）

————————————

① 史浩，1144 年（绍兴十五年）进士，由温州教授除太学正，升为国子博士。他向宋高宗建议立太子，以此受知于朝廷。1162 年（绍兴三十二年），宋孝宗即位，授参知政事。1163 年（隆兴元年），拜尚书右仆射。1183 年（淳熙十年），除太保致仕，封魏国公。宋光宗御极，进太师。1194 年（绍熙五年），薨，年八十九，封会稽郡王。其后人史弥远、史嵩之，又先后位居朝廷宰相要职，对当时南宋王朝的政治、经济、文化有着重大影响。四明史氏尤以史浩为岳飞平反之举，影响最为深远，至今为世人所称颂，他还竭力举荐人才，著名的有陆游、朱熹、杨简、陆九渊、叶适、张浚、张涛、辛次膺、周葵、王十朋等人。史浩和史弥远还曾分别被封为南宋的"忠定王"和"忠献王"。在南宋短短的百余年间，四明史氏从一个普通人家发展成名门望族、冠簪门第，出现民谚流传的"一门三宰相，四世两封王，五尚书，七十二进士"的极盛现象，时有"满朝文武，半出史门""一朝紫衣贵，皆是四明人"的美誉。可以说，一部史氏家族史就是南宋历史的一个缩影。这在中国历史上是绝无仅有的。
② 葑草是一种繁殖能力特别强的水生植物，其盘根错节处沉积了从山上冲刷下来的泥沙，使湖底很快变浅，湖岸不断收缩，因此，除葑草浚淤泥的工程量极大，除葑浚湖也成为历代东钱湖水利事业的主要工作。

史浩画像（引自《东钱湖文丛》第二期）

1177 年（南宋淳熙四年）

是年，知县姚栦复请浚湖，时皇子赵恺镇明州，乃转请于朝，出内帑金 5 万贯、义仓米 1 万石，又差拨水军协助，地方上则按受益田亩出人夫、工具，并由司马陈延年、长史莫济督办，东钱湖遂得大浚。工程历时 3 个月，去葑 21200 余亩。"凡用竹木支犒赏搬运菱葑，并用本州钱以佐其费，缘其地界阔远，分作四隅，差官董役，复选择土人有心力者，相与办事，令莫济、陈延年往来监视，计开葑二万一千二百一十三亩三角一十六步，至十月三十日已遂毕事。"（《淳熙四年判明州赵恺札子》，《东钱湖志》卷一《水利》附《诸家论说》，宁波出版社 2009 年版）

1214 年（南宋嘉定七年）

是年，提刑官程覃代理知县，设开湖局，筹措经费 33600 贯，置田千亩，将每年所收 2400 石租谷，贮于月波寺、隐学寺内，鼓励农民于隙时采葑，按除葑船大小、路途远近酬以谷子，如此每年能去葑约 2 万船，但后任县令奉行不力，田租收入被移作他用，湖面益形湮塞。

1226 年（南宋宝庆二年）

是年，庆元知府胡榘报请朝廷浚湖，得度牒 100 道、米 1.5 万石，按受益田亩出夫，并令水军协助，轮番迭休，对淤塞的葑草进行大规模的清理。工程于是年 10 月动工，先修治碶闸，再将湖水放入河道，清除湖中葑草，历时 1 年，基本完成。又以余钱 28347 缗购置水田，每年收谷 3000 石，作为修浚经费，并以翔凤乡乡长顾泳之主其事，将沿湖 500 户渔民分为 4 隅，每隅设隅长 1 名，队长 5 名。每人每年给谷 6 石，让他们护湖。成效显著，此后 16 年东钱湖未有葑草之患。（宝庆《四明志》卷十二《鄞县志》卷第一《叙水·东钱湖》）

1234 年（南宋端平元年）

是年，东钱湖百姓为纪念民族英雄岳飞，集资在东钱湖畔的莫枝庙陇山东侧的瓜屿上兴建"岳鄂王庙"。此后岳庙屡圮屡修，今所见为清中叶时建筑。

1242 年（南宋淳祐二年）

是年，为清除东钱湖葑草，庆元知府陈垲实行买葑之策，清理过去所置湖田收入，令制干林元晋、签判石孝广在农隙时按船只大小、葑草多少，交葑给钱。当时农民捞草交卖者十分踊跃，初时数百人，后增至千人，湖面遂渐复旧观。

1297—1307 年（元大德年间）

其间，钱湖一带豪门以湖身淤浅，请以围田若干亩，以其租缴官。都水营田分司获悉后追断而复为湖。

东钱湖出土的元代越窑秘色瓷（张全民提供）

1325 年（元泰定二年）

是年，邑人陆居敬、陆思诚兄弟遵父命在东钱湖畔郧麓置义塾。1328 年（天历元年）落成并命名为"东钱湖书院"。当时书院"讲有席，息有榻，凡庖湢之所，食饮之器，蔬葤之圃，虽微而完"。（至正《四明续志》卷八《学校·东湖文学》）

1386 年（明洪武十九年）

是年，明政府下令施行海禁，舟山岛民与原来一直从事外海渔业的东钱湖渔民一起被驱赶上岸，纷纷涌入东钱湖，从事淡水鱼捕捞，从此湖上渔业大盛。东钱湖渔民在长期的捕捞实践中发明了对船拖网作业，即用两只船共拖一张网，它比单船拖网作业所拖的网要大得多，且网区宽广，捕获量成倍增加。这种作业很快被各地渔民采用，并应用到海洋捕捞业上。由此从明朝中叶起，中国渔业步入海洋对船作业时代，这是我国渔业发展史上一个新的里程碑。《中国渔业史》特地把海洋渔业中对船作业的时期，誉称为"东钱湖时代"。清光绪年间，东钱湖渔民有500对大对船在舟山洋面上作业，形成了著名的东钱湖渔帮即湖帮，洋面上渔民称这些娴熟于对船网法的同行为"湖里老大"（即从东钱湖出来的捕鱼能手）。他们还很早就组织成立渔帮组织，从而形成了强大的凝聚力和组织力，对后来的宁波商帮影响深远。（李士豪、屈若搴：《中国渔业史》，上海书店1984年版）民国《定海县志》中列有宁波各帮渔业公所（见表1-1）。

表 1-1　宁波各帮渔业公所概况

名称	渔帮组织	创立年份	驻在地点	渔船类别及所辖船数
明州公所	定海岱山长涂秀山梁横各帮		平湖乍浦	咸鲜船
四明渔商公所	宁属各帮		平湖乍浦	冰鲜船
永安公所	鄞县湖帮	清光绪二十八年	沈家门	大对船，冬290余对、春40余对
协和公所	鄞县大嵩盐场帮	清同治初年	岱山	大莆船，120只
永泰公所	鄞县姜山帮	清光绪三十二年	青浜	墨鱼船，约360只
永庆公所	鄞县姜山伙飞庙帮	清光绪三十二年	嵊山	墨鱼船，约1200只
永宁公所	鄞县湖帮	民国五年	鄞县东钱湖	墨鱼船，约158只
永丰公所	鄞县湖帮	民国二年	鄞县江东	冰鲜船，约60只
南箭公所	镇海、定海各帮	清雍正二年	鄞县双街	为各涨网公所之总机关
北箭公所	镇海北乡帮	清雍正二年	鄞县双街	为各涨网公所之总机关
镇安公所	镇海江南江北帮	民国二年	镇海大碶头	冰鲜船，30只
永靖公所	镇海新碶头帮	清嘉庆二年	镇海大碶头	冰鲜船，60余只
共安公所	镇海新碶头帮	民国八年	镇海新碶头	元蟹船，40余只
维丰南公所	镇海沙河头帮	清光绪十八年	镇海沙河头	溜网船，80余只
维丰北公所	镇海蟹浦帮	清光绪十八年	镇海蟹浦	溜网船，80余只
老渔商公所	镇海北乡帮	清嘉庆初年	岱山	厂家
庆安公所	定海螺门帮	清同治二年	岱山螺门	大莆船，190余只
靖安公所	定海钓门帮	清光绪三十一年	岱山钓门	大莆船，40余只
南定公所	定海高亭帮	清光绪二十八年	高亭	溜网船，60十余只
宁海渔业公所	宁海帮	清宣统二年	象山石浦	
礼安公所	宁海东乡帮	同治十二年	岱山	花头对船，250余对
新宁公所	宁海合山帮	民国四年	鱼山	溜网船，240余只

资料来源：民国《定海县志》第五《鱼盐志》。

1391 年（明洪武二十四年）

是年，乡老陈进奏朝廷遣官督办治葑，草茎虽刈而根犹在，不久葑草复生，且溪涧泥沙随雨水流下，历久不治，壅塞成淤，居民各划界营筑。

1426—1435 年（明宣德年间）

其间，家居东钱湖下水的参政王士华恃势侵垦湖面，成田千亩，七乡民众动愤，公诉于监司，方得终止。

1500 年（明弘治十三年）前后

其间，宁波卫屯军屡请废湖为田，遭知府寇天叙、知县黄仁山反对而作罢。

1507—1566 年（明正德、嘉靖年间）

其间，有生员邱绪，总结历代整治东钱湖经验教训，作《浚东钱湖议》一文。认为浚湖之议不仅应当亟讲，而且要力行之，并对于如何兴修水利、整治东钱湖，提出八条意见，颇有见地。文录于下：

浚东钱湖议

东钱湖回合七十二溪之流，渟蓄甚宏，而注溉三县七乡之田，其利赖甚溥也。自昔尽七乡之河，足资三次放泻之益。虽亢阳赤地，而苗不患槁，称为沃野。至于今，则淤葑不治，而侵塞填壅者相寻，兼之漏泄无禁，遇旱开放，不盈半河，洼者不支十日，而亢者一不沾溉。欲民之无饥，不可得已。是故浚湖之议，在今日当亟讲而力行之者也。浚治之目有八：

一曰固湖防。今湖之为塘者八，其尤长者，则高湫方家、梅湖塘也，夫塘短则两山夹隘脉，或横亘于下，其势常固。塘长则两山不接，皆客土所成，其势善崩，非至坚厚不固。曩年方家塘决，廿里之外，皆为鱼鳖，其事可征已。今欲浚湖，使深土无所归，宜以所浚之上，即加塘上，倍阔二丈，增高五尺，则虽侵湖二丈之水，而所浚之土，既得所归，堤防之筑，又日以益固，可永免溃决之虞矣。

二曰明水则。夫湖水淼漫，莫知多寡，必制水则以准之，然后蓄泄以时，而湖水可常盈也。自沿湖居民或侵填以为居室，或樊植以为园林，土薄势卑，湖水一盈，辄掩其则，至有窃减以就低者。御史张景虽尝改正，然亦未能适当旧则也。今必于固堤之后，准定水则，使一湖之潴，常足三河之用，即没入居室园林，皆所不恤，则所害者少而所利者众矣。况其地本侵湖，不治其罪亦已幸矣，而况可复加顾虑乎？

三曰严侵塞之禁。侵湖之家，以水为病，春夏水盈，辄偷启诸碶而纵泄之。欲湖之无涸，不可得已。故既立水则之后，凡所不及之地自借为业者，必严加丈量，永从重则起科，使尺寸不得隐，则重科之害，庶足以抵其自僭之利，而民或者其有警心矣。盖已成之业，不忍遽坏，姑以是抑之。嗣是而犹有仍前侵塞，必重为之罪，且并坐其塘长及里邻。凡并湖之民皆许举首，则厉禁之严，庶几民知重犯法矣。

四曰重漏泄之罚。东湖之碶有四：曰钱堰、曰梅湖、曰平水、曰高湫，皆湖之所由以为盈涸者也。比来塘长、碶夫，皆取贫难小户充之，既不能多捐功力，又不肯爱惜湖水，旧闸徒设，不用板筑，但取薪茅杂沙土壅之，恐其决也，则减从低下，不与水则相平，水一逾则荡无限止，尽皆溢泻，且以捕鱼为利，时常偷放，平时无半湖之蓄，又何望其为旱干之备哉？今必取近湖富户差点碶夫，而塘长亦以士人之家任之，则彼当自顾惜，而盗泄之患可止矣。

五曰去茭葑之害。夫湖之所以淤塞者，以茭葑莼蒲菱芡之属滋蔓其中，日久湮积，而茭葑之害实居大半。自昔至今，亦尝屡浚，然或稍治葑草而根在复生，或薙之未出湖堤而旋复委置，其在今日则芜没益甚矣。谓宜课七乡食水利之田，始令亩先出银一分，不足则增加之，务以茭葑尽去为止。而所去茭葑，必募船装载出湖，直至江浒交卸，差其船之大小而优给以直，令细民乐于应募而绝其根之复生，则民固不免于银之费而要之以佚道使之者也。虽尽七乡之民而户征一人助役，但毋令逾旬，焉有不乐趋者哉？即费一时而惠及百年，长民者宜不惮为之矣。

六曰公水草之利。凡湖中水藻之所生，可以粪田。往时沿湖居民随其居址山场所近，各出力采卖，利虽甚微亦足为小民之一助。乃今豪贵之家悉行标管，至粪田之时，重价勒民货卖。近湖之民或有取蒉桿者，辄肆笞筐，讵一偿百，夫僭七乡公有之物，夺小民近便之利，此岂人情王法之所宜哉？此在当路者不畏强御，严为立禁，一以公之于民，则济民者庶不至于病民矣。

七曰筑堤以通道。茭葑可以舟载，而浚湖淤土不可以舟载。今自高湫、栗木等堰往韩岭及上、下水者，皆舟于湖，屡有不测，欲去淤土而便行人，莫如即其中径直处，取淤土而为之堤，起邵家山，跨杨家山麓，计其长不过四百余丈，阔四丈，高四之一，固之以石，植之以木，则土有所归，湖之潴渟益富，而行者有陆行之便，或者以买石固堤费当不赀，不知取湖心之土欲以力致他所，其费更何如也？若梅湖与大湖之间，旧有一堤，宜亦增高倍广，以去两涯下之淤，斯可矣。

八曰因土以成山。夫湖之涂泞，可浚也，而间有不可浚者，何也？溪涧沙土随横潦而出壅塞，浮涨几于堤平，豪贵之家逐僭为田，边湖小民率行佃种。如近年下水湖口之为者，此废湖之渐，不可不虑也。盖既耕为田，其势苦洼，必泄水以便业，水泄则滩涨，皆出效尤，而耕者踵至矣。然涨土积高不可以顷亩筹算，必欲尽出于湖之外，即百千之众，谁能毕之？不如因高成丘，随其所在，聚为山阜，旁树榆柳，使不为波涛所啮。如方家湖塘之下，有河一带，非舟楫所通，即以旁近淤土填之，既而成田，官卖以充淘湖之费。又其地近山谷者，即随高低大小聚而埋之，则淤土可以尽去，而蓄水必多。

七乡灌溉之利，万世当歌诵之矣。或曰子之议则得矣，其如工费巨万，民不能堪，何哉？曰："昔人有言，不一劳者，不永逸；不暂费者，不久安。西门豹为十二渠，民颇烦苦之。豹曰：'民可以乐成，不可与虑始。今父老子弟虽苦我，然百岁后期令父老子弟思吾言也。'其后梁咸，民卒利之，数百岁后犹颂其功不衰。况今民失湖利，数苦旱灾，思欲浚治久矣。因而率作之，是为所欲与聚，将并患苦而无之矣，何不堪之有哉？今观唐之陆南金、宋之李夷庚，凡治湖有成绩者，皆祠之不忘，盖可知矣，何独至于今而疑之乎？"（《东钱湖志》卷一《补遗》）

1935年初余有丁墓前石仲翁（引自《东钱湖文丛》第二期）

1583年（明万历十一年）

是年，曾担任过明户部尚书、礼部尚书、文渊阁大学士的鄞县人余有丁因病去职，回乡在东钱湖月波寺废址上建造五柳山庄，以读书怡情度老。一年后去世。其庄园以"余相书楼"名世，成为东钱湖十景之一。

1591年（明万历十九年）

是年，宁波府知府订立东钱湖禁约碑。具体如下："不许擅自标管专利病民，不许占填傍湖于岸为田。不许种植菱藕茭等项，如违，许令诸人俱得采取。捕鱼捞莳听从民便，不许近地豪强占租。选立湖民四民常川巡视，不许勒取分例。采取湖草听候委言给票，量纳税银，大船六分，中船四分。领票采草，进出俱照截角，出堰即缴原票，不许沉匿影射。以上款示，如有违犯，究罪枷号。"其目的是"永贻水利"。（《东钱湖志》卷二《宁波府示东钱湖禁约》）

1612 年（明万历四十年）

是年，宁波府知府再次颁布东钱湖禁约碑。规定："禁势豪乘湖淤涨及浅地余岸开垦耕种并填筑基地者，计赃究徒。禁宦佃乘湖淤涨处所霸植菱藕等物，违者计赃究徒。禁奸民盗决堤防以致淹没田地房屋，违者引例充军。以上各款如有犯者，许诸色人等指名呈究。"（《东钱湖志》卷二《宁波府奉抚监二院详允东钱湖严立禁约》）

1618 年（明万历四十六年）

是年，东钱湖葑茭浸塞，乡民取以肥田。但当地缙绅专据，私征其税，致使取葑之人日减，湖面日淤。后知县沈犹龙严禁私税，于是茭葑日去，潴水日深，乃复旧观。

1644 年（清顺治元年）前后

鲁王监国，总兵王之仁以兵饷不足，欲废湖屯垦，遭知县袁州佐阻止；营弁周某又请废梅湖，州佐又移牒力阻，户部主事董守谕亦以死争之，不久王之仁兵溃，废湖之议遂罢。

1652 年（清顺治九年）前后

沿湖生齿日繁，侵湖为田时有发生，废湖之议又起，乡绅陆宇爌言于朝廷，政府方申明厉禁。

1736—1755 年（清乾隆前期）

甬上著名学者全祖望鉴于东钱湖淤塞日甚，"而未有能行之者"，乃作《万金湖铭》一文，详述历代东钱湖治理沿革经过，呼吁人们吸取楼异填埋广德湖而遗臭千年的教训，"莫师楼异，有觎我祠宫"。文录于下：

万金湖铭
金祖望

甬东七十二溪之水会于横溪，而以其泄入江流也，潴之为湖，其名曰万金湖，亦曰钱湖，言其利之重也。其支则有所谓南湖、沧湖、梅湖之属。唐人谓之西湖，宋人谓之东湖，说者以为前此县治置于江东则西之，其后迁于江西则东之。然观厚斋先生《四明七观》，唐有西湖爰在东郊，湖姓以钱亦处东鄙，其称西湖溉田五百顷，东湖溉田五千四百顷，则似原分东、西二湖者。湖势东高而西下，其水皆自东而西，或者西湖先成，东湖后辟，其究混而一之欤？石塘周围八十余里，有七堰焉，有四闸焉，浥注阡陌，直至定海（后称镇海）崇邱乡而止。盖四明东道一巨浸也，李陆二公之德远矣。

特湖为堰闸所限，莼菰菱芡莲蒻之流杂生其间，滋蔓不治则渐淤。宋庆历七年，王荆公尝浚之。治平初元，主簿吕献之重新诸堤，其时尚未闻蒪泥之患。乾道五年，张津乞开湖中潴水灌田，则湖流尚有余也，是后始日以蒪泥为患。淳熙四年，魏王恺以鄞令姚柂之请大浚之，而不得其道，去蒪泥无尺许，复积于山间之隙。当时，虽平望渺茫，若已奏功者，未久蒪泥又泻注于湖中，埋塞如故。于是有为买蒪之策，欲运诸海者，亦不果。嘉定七年，提刑程覃摄守，置田千亩收租，欲岁募人浚之，且请禁陂塘之侵占种植，尽复旧址，朝议许之。程未及成功而去，有司奉行不虔，田租浸移他用，湖又废。

宝庆二年，尚书胡榘来守，又大浚之，以孟冬命水军番上迭休，且募鄞定七乡之食水利者助役，各给券食，祁寒暂辍，明春役再举，农不妨耕，军不妨阅，农军所不暇赴，则以渔户毕之。是冬告成，天子玺书褒功有差，犹惧其无以继也，增置田，使岁储谷三千，令翔凤乡长主之，以渔户五百人分主四隅，人给谷六石，沿湖稽察，随菱菰之生而绝其种。管隅者一人，管队者二十人，皆辖之府，而以鄞县丞董司之。朝议皆报可。于是立烟波馆、天镜亭于陶公山，守牧亦时往游豫焉。是时，湖上称大治。

胡之后，不浚湖者十六年，蒪复为患。淳祐二年，陈垲始行买蒪之策，不调农、不拨军，随舟之大小、多寡而售之，交蒪给钱，各有司存。其初不过数百，已而至者千余。前此淘湖之田所收，率以佐郡宰别项支遣，至此，方尽于湖用之。郑清之作诗以美其事（或曰买蒪始于程覃，未知所据）。盖自程提刑而后，三大吏皆实心水利之政，不徒以一时之计塞责，足以配食李陆二公而无愧。虽胡制使

生平不为清议所许，指为二史之私人，然其尽心于是湖，则固不可以其人废也。

自元时，以买葑田入官，于是淘湖之举稀矣。大德间，势家有以湖为浅淀，请以捺田若干入官租者，营田都水分司拒之，复请为湖。清容纪之《志》中，以为塞湖之渐。时拘七乡食利之家，责以去葑，其所行大都如魏王时，旋去旋生。至顺中宣慰太平谋复置田买葑，然不果，

清初著名学者全祖望手迹

而鄞尉王世英之治湖，则有劳焉。至正中，重修嘉泽庙，有濯灵之异，葑泥向春不泛，荷芡俱鲜生者，总管王元恭喜而纪之《志》中，然亦忧其不足恃，而戒后人以善治之。

明洪武初，又浚之，其弊如大德，而据为田者竟不下数千。宣德间，下水王士华以参政家居，开田甚多，七乡之民讼之，稍阻。正德、嘉靖中，卫军屡请以为屯田，一则郡守寇天叙拒之，再则县令黄仁山拒之，盖湖之危而仅免者屡焉。至嘉靖以后，而又一变，先是湖民之薙葑也，以为无用，故多积之山隈，欲运之海，则劳费甚侈。其后知其可以粪田，故争自薙之，而势家竟私征其税，于是有司闻之，遂欲分其利，势家得其大半，以其羡余归有司，其实未尝申之宪府。先侍郎自宦归，有山庄在湖上，因得闻其害，以语监司而禁之。万历中，有司复私取之，先宫詹自官归，复请之。盖是时湖民之得稍苏者，吾家再世之功为多。天启元年，复有投牒有司请收葑税者，鄞令沈犹龙以为葑税出，则薙葑者少而湖日淤，乃大禁之，苟有私征者必治，于是税乃止。截江之役，兵饷不足，搜山括海以厉民，大将武宁侯王之仁力请塞湖，户部主事董守谕以死争之得免。向使之仁策行，江师旋破，无补于军赋，而湖堤一决，不可复修，其害大矣。然而据湖为田者日多。

顺治中，故观察陆宇燝复言之，申明厉禁。嗣是亦屡有谋塞湖者，当事颇知其妄，不之许。呜呼！城西之罂湖，盖久塞矣，然犹可望它山之水自仲夏以救之。若是湖，则何望乎？徒谓湖之可田，而不知将并旧有之田而失获也。

近者淤泥日积，湖身日高，足以注三河者且给一河而不足，不肖之徒尚私泄诸闸以取鱼，殆将不塞而自满，可无惧乎？说者欲大浚之，取淤泥以为堤，固之以石，或自月波山接二灵山，其广八百丈有余。若自邵家山跨杨家山，则稍近易成，葑不至复注湖中矣，而未有能行之者。

是为铭曰：湖山兀兀，湖水溶溶。美哉保嘉泽，以祐我甬东。谁其尸祝，李陆是宗。亦有三大吏，嗣克奋庸。有元收田，贻厉莫穷。有明黄沈，廓清而疏通。

廷争息壤，先公所同。危而得存，哀哉此疲农。前此卫湖，买田治莳。胡后之人，欲塞湖为功？三犀未立，双鹄是恫。遗民惟董陆，拳拳苦衷。吁嗟民牧，尚惜哀鸿。筑堤固堰，先哲有遗踪。重湖可保，仁卜屡丰。莫师楼异，有觍我祠宫。（全祖望：《鲒埼亭集外编》卷十五《杂碑铭》）

1806 年（清嘉庆十一年）

是年，宁波知府颁布《奉宪永禁私放东钱湖沿江各碶闸告示》，并勒石立碑。

1821 年（道光元年）前后

其间，医士王用宾发起修筑高湫堰及若干堤防、道路。

二

近代篇

1843 年（清道光二十三年）

8 月，大风大雨冲毁钱湖塘堰多处。

1845—1848 年（清道光二十五年至二十八年）

是年，巡道麟桂、守臣杨钜源、署守徐敬捐俸倡修高湫塘，由绅士袁世恒负责；同时重修平水堰塘。此外，邑人修湖里塘并重修梅湖塘。

清道光年间修筑的莫枝堰碶

1851 年（清咸丰元年）

是年，重修方家塘。

1858 年（清咸丰八年）

7月，陶公山渔民史致芬率东钱湖渔民进城请愿，要求平定米价，废除"贴现"①。而知府张玉藻严词拒绝并加以围剿。渔民与官军对峙，杀死团勇百余人。对此，鄞县县令段光清一手加以安抚，一手加以镇压。11月，段光清率官兵火烧陶公山觉济寺渔民营寨。12月，史致芬被捕，于县城大教场被杀。

1866 年（清同治五年）

是年，镇海人胡枢等要求在剑河漕凿山开河，引东钱湖水分灌镇海太丘、灵岩、海晏三乡（今育王岭东大碶、柴桥一带）农田。为此，巡道史致谔、知府边葆诚札委玉环同知黄维诰实地履勘。黄氏履勘后认为，根据鄞、镇两县地势，此项工程艰巨，加之鄞县农民竭力反对，工程遂中止，奉总督左宗棠批示勒石永禁。碑立府城隍庙。

1872 年（清同治十一年）

是年，韩岭人金雅妹（其父金定元，宁波耶稣长老会牧师，早逝）随其养父美国传教士麦嘉缔医师赴日本，后转赴美国留学，成为中国历史上最早的女留学生。②

中国历史上第一位女留学生金雅妹

1878 年（光绪四年）

11月，宁波府太守宗湘文拟疏浚东钱湖，却又深感其中困难，徒呼奈何。《申报》报道说：

① 旧时宁波钱庄行"过账"法，商号收购渔民抓获的鱼和农民收获的谷物，只记账不付现金，如果将过账兑换现钱，要付不少的"贴水"，或称"贴现"。1858年时，甬上银根日紧，"贴现"高达二分之一。东钱湖一带多出海渔民，收入均是"过账"钱，支付却用现金，"贴现"使渔民损失惨重。
② 1888年，金雅妹回国投身医疗事业，曾长期担任北洋妇科医院院长、天津医科学校校长。1934年，病逝于北平。

宁波宗湘文太守现闻欲浚复东钱湖故址，按湖在东乡三十里，唐季鄞县未徙时在治西，故旧名西湖。湖之东有五里塘，外有梅湖，一如武林西子湖之有内湖、外湖然，湖周八十里，受七十二溪之流，有钱堰、大堰、莫支堰、高秋堰、栗木堰、平湖堰、梅湖堰等七堰。因水有潦涸，宋时县令王安石置碶启闭，以蓄泄之，至今鄞、奉、镇七乡之田资其灌溉，虽甚旱无凶年忧，故又名万金湖，以其利溥也。嗣因茭葑不除，溪涧沙土随雨而下，渐行淤塞，积久成田，无虑数千亩，七乡之民占为己有，已耕之若素矣。今若欲一旦复其故址，固属匪易，且其中必有辗转价卖者，势必聚讼纷纷，而书差之索贿、匿报、骚扰诸弊恐亦难免也。然若得一不贪财、不矜势之公正绅士以董其事，亦或克有济，此宁人所以咨嗟叹息而惜陈鱼门太守之早逝也。（《拟浚钱湖》，1878 年 11 月 4 日）

1879 年（光绪五年）

3 月，为改善钱湖航行条件，韩岭绅商发起将航船尺寸改大，修筑莫枝堰过坝，以免抬坝之险。《申报》报道说：

宁波东乡韩岭，其航船之赴郡者，必渡东钱湖，至莫支堰过坝，向时常有倾覆，盖由于船小抬坝之故也。近闻该处绅董郑某等，召集船户、坝夫，议定章程，将航船尺寸改大，再由韩岭商客出赀，于坝上造厂，酌定拔坝价值，以免抬坝之险。他处船只过坝者，随船之轻重定价。如妇女乘船者，另设小舱，以别嫌疑。倘船户、坝夫，有需索情事，禀官核办。现已公禀府宪，经宗太守批准。此亦保全人命、便利客商之善举也。（《野航稳渡》，1879 年 4 月 4 日）

由于各地水位不同，为便于船舶航行，清代时地处水乡的宁波多有船舶过坝的装置，其中东钱湖莫枝堰颇具代表性。对此英国传教士库贝（Thomas Thornville Copper）有一番生动的描述。文录于下：

终于，我们来到了木枝堰村，在运河进入东钱湖的东北入口处，我们找到了堰和过坝的装置。这个村子看上去干净整洁，村民们举止文明。我们把船停泊在过坝的堰前，在这个村子附近走了走，岸上有一些好奇围观的人们。在这里，最有趣的场景就是抬船过坝。坝的前后有两个斜坡，在这个湖的出口进入运河处设置了翻坝的装置。翻坝装置的一个斜面是把运河水位上的船只拉上坝顶，另一个斜面是把已经上坝的船只拉入湖里。这些斜面上都铺了平滑的石板。当地人使用

清末东钱湖莫枝堰船舶过坝装置

卷扬机，拉动非常粗的绳索，挽住船尾和船舷两端，把船只抬动起来。这些卷扬机看上去很笨拙，翻坝装置的操作工人请来了多名男子协助他。通过两个卷扬机的工作，船被慢慢抬升到坝的顶部。在这个过程中，我们在船上非常紧张！出于害怕，我们在抬船过坝时神经绷得紧紧的，身体还得用力撑着或托着船里的器物与行李，以防发生人身伤害或者财产损失。从坝的顶部开始，船开始缓慢向湖水那里滑行。整个过程的操作很简单。船刚开始转移到湖面那侧并平行滑动的时候，船身晃了几下。不过一会儿，它就非常平稳开始下降，直至平安地接触湖面。（转引自周时奋：《宁波老俗》，宁波出版社 2008 年版，第 65 页）

12 月，宁波府严厉处理盗卖东钱湖湖地之事。《申报》报道说：

宁波东钱湖有开石灰窑之张阿暄者，将湖滨占筑成池，后又卖与外国人起造礼拜堂。当经里人张生等告发，外国人知系盗卖，已停工作。乃时经数月，张阿暄抗不到案。张生等因其胆玩已极，现又控之府署。宗太守批发鄞县，立即比差严提张阿暄，并居中之戴敦康、石泰照到案。押令张阿暄先将所得外国人买价即日全数追还，收回卖契，取具张阿暄拆让切结，并饬多派干役协保督押所筑灰窑坑厕披屋及凡有侵占湖地等处，尽行拆毁，竖立湖地界石，再将盗卖与居中之人

照律严办，以儆效尤云。（《盗卖官湖》，1879 年 12 月 12 日）

1883 年（光绪九年）

9 月，大风，高湫塘被毁。

是年，因湖身淤浅，蓄水无多，鄞绅训导张锡藩等禀请设局开浚，一面禀奉各大宪批示，即经札饬鄞、奉、镇三县会勘筹议。

1884 年（光绪十年）

2 月 5 日，《申报》刊登署名"东湖月波居士"者信函，详尽记述了宁波知府宗湘文带同员绅考察东钱湖、体察民情特别是关心湖帮渔民生计的情况。文录于下：

敬启者：鄙人生长鄞县之东湖，足下履城市者，念有余年。日前宗府宪带同员绅亲诣东湖，察看冲决塘隄，举办渔团保甲。值此海防吃紧之际，仰见府宪之尽心民事，保障海滨，其阅视湖堤殷殷询问，多方指示，允为筹拨公款，赶于年内一律兴工，免使春水泛滥，有碍田禾庐舍，并携带志书，凡遇堰坝无不细加详考，其劝谕渔团以探捕乌贼渔船为大宗。此间附近各村约以渔为业者不下三四万人，蒙允用官轮船保护渔商，内地外海设立公所，设有渔船被盗以及斗殴各事，只须就近报明公所即为缉捕，每帮拟发旗帜、门牌以分良莠，所有从前一切衙门漏规繁口概行裁减革除。府宪之恩泽渔民，藉资官民连络，可谓详且尽矣。闻湖堤之监工委员乃鄞县巡司葛存愿少尉，练达有为，存心公正。举办渔团之委员乃衢山弹压局单立勋参军，现经道宪特调回宁。闻各渔户云衢山自金匪启兰抗粮拒捕毙官滋事以后，单公驻衢以来已历数年，凡有衢、岱以及各海山头无不怀德畏武，良善得以安居乐业，绅士则为华志青茂才，素经宗府宪，遇有地方河工庙口电报词讼渔团等事，府宪倚任愈重，而华茂才之声价愈高矣。鄙人心关时事，恨无寸长，闭户居家，优游岁月，目睹宗府宪如是贤劳，诚吾乡之保障，用特率布数言，聊备贵馆采择，并乞列入报中以申钦仰为幸。（《东湖月波居士来书》，1884 年 2 月 5 日）

1886 年（光绪十二年）

7 月 28 日，《申报》报道宁波旱灾严重，而东、南两乡由于有东钱湖之水灌溉

MOH-TS-IN, C.M.S. STATION ON THE EASTERN LAKE.

1890 年的莫枝堰

而幸免。报道说："宁波久未得雨，河水已涸，东南两乡尚赖东湖之水可以灌溉，唯四乡沿山一带，稻已枯槁。若数日内再无雨泽，正恐颗粒难收矣。"（《宁郡苦旱》，1886 年 7 月 28 日）

1892 年（光绪十八年）

12 月 7 日，绅耆陈劢等为筹捐疏浚东钱湖向府台当局呈文建议，同时订定修湖章程和浚湖筹款办法。照录于下：

修湖章程

一、全湖地面广大，各处齐浚，款项较巨，拟于梅湖全局及正湖各港先浚深四尺，湖心有浅处半之，候资用充余，再行酌浚。

二、湖浜贴近之处居民栖止，若遽行浚深，恐于墙脚触碍，拟请谕令各图地保，商同近方绅者，距民房四五尺之外开浚。

三、湖浜地少，民众村居稠密处难保无填筑水地等情，然势难查核，拟概宽既往，但禁将来，自后钉桩清界，毋许填筑。

四、全湖浚出之泥，拟任民挑培田土及销运窑场等，外在梅湖者加筑五里塘，上正湖者相渡湖面之心方位，筑墩数座，以免行舟风浪之险，水深而墩高，两无所妨。

五、议定兴工时拟借湖浜庵庙便房一二椽，公请谨慎干练数人分督土工，藉资栖止。

六、动土以后或用机器挖运，或用土工挑掘，视水势深浅酌定。

七、湖边各塘及碶堰各处年深日久，不无坍塌之患，拟随浚随修，以防溃决。

浚湖筹款大略

一、约计浚费不下十万，非按亩厘捐，款无可筹，约计田亩五千余顷之则，拟于明年凡水利沾及各田，除坍丁绝户外，无论绅民僧产，每亩拟捐钱二百文，前修清湾河每亩派捐钱五百文，钱湖田亩较多，不得不酌减其钱，随粮带收，零出小票。间有押田向收花者收捐，以光绪十九年分一年为限。

二、各善举及祀会等田，本拟停捐，因浚费不敷，凡善举祀会拟照民田起捐一年，其祀会户捐钱钱洋向承值者收捐，应由承值者自行摊派。

三、亩捐外凡湖内外及城乡殷实之家，拟再劝令量力佽助，襄成善举。

四、亩捐钱洋既须随粮带收，其各户亩分多寡拟请谕饬粮房照册查清，责成粮房地保人等分段立簿备查，一面派公正绅士随时查核。

五、现在亩捐未集，拟先借各殷户暂垫各款，除已借允若干外，先行动工，余随用随借，以资要需，候明年亩捐齐集，借垫照数发还。

六、是湖既经浚修，总期全湖浚成，方利久远；宁郡如有别存公款，拟请拨几成，藉补不足而收全功。

七、事竣后除绘全湖图外，拟将湖浜各处滩岸曲直凹凸阔狭长短情形分绘小图，并沿湖边岸酌量丈尺，按段钉定石桩，以清湖界而杜侵占。

八、各处钉桩时拟会同就地绅耆、地保、宗房长及业主等人，公妥酌订，庶昭平允。

九、各处钉桩编号刻石，并载明各小图，旁刊印画本若干，分给地保，责成随时查察修理。（《东钱湖志》卷四《工程》）

对于绅耆陈劢等关于筹捐疏浚东钱湖的呈文，鄞县知县杨文斌认为东钱湖关系三县七乡水利，修浚自不可缓，但此事"言易行难"，不可不慎。批文说：

惟查是项工程需费十万之多，筹措非易，虽议沾利各田按亩派捐，众情是否允协？先向殷户垫款动工究可借垫若干？是否确有把握？且从何处疏起？深广丈尺若干？凡此皆应预为筹及，来禀均未切实声叙，又无绘图呈核，似此巨工非率尔所能兴办也，言易行难，尤当熟筹审计。该绅等其再妥议绘图具复核夺。（《东钱湖志》卷四《工程》）

是年，因年久失修，东钱湖渐形淤塞，影响民田灌溉，县人张祖衔念及东钱湖关系三邑农田水利，创议修浚东钱湖。此后张氏与其弟子一直为此奔走呼号，矢志不渝。

1893 年（光绪十九年）

10 月 10 日，宁绍台道吴引孙似乎想起一年前绅耆陈劢等修湖建议，为此批文要求鄞县各绅商迅速按照所呈逐条确核，并至东钱湖周历履勘，绘具图说，勿再宕延。批文曰：

> 查上年十月间，据该绅等具呈，即经批府转饬鄞县，按照所呈章程逐条确核，并诣该湖周历履勘，绘具图说，通禀察办在案迄将一年，未据议覆，殊司玩违。据呈前情，仰宁波府速饬鄞县查照，先今批示，克日勘明妥议，通禀察夺。事关三邑七乡水利，勿再宕延。切切，事略抄发。（《东钱湖志》卷四《工程》）

1894 年（光绪二十年）

1 月，陈劢等禀告地方当局，已筹得资金 2000 余元，希望当局依浚清湾河成例（1890 年疏浚清湾河由宁波知府拨给 1600 元），从公款中酌量拨款若干作为浚湖资金，并提出如下修湖建议：

> 一、拟全湖地面广大，各处齐浚，款项较巨，先于正湖各港随浅深酌浚数尺，一面即筹款随浚正湖。
>
> 二、拟韩岭、陶公山等湖浩渺不至淤塞，所深恐者股家湾、钱堰头、大堰等处，湖浜多侵占筑屋，又水不能出，势必公湖转成为私河矣，三县七乡之民逼成冻馁矣。
>
> 三、拟得沾水利田亩大约四五十万之则，奉邑湖水流通白渡等处，镇邑湖水流通小港等处，所议定亩捐应请按亩输捐。
>
> 四、拟浚湖经费甚巨，其殷实之家不论此疆尔界，务期一体同仁，劝令慷慨乐输，以成美举。
>
> 五、拟应修浚最浅之处，如梅湖，钱堰湖尤甚，此两处浚深三尺，而葑草之根已除，自然不淤。钱堰湖尤系出水之处，须先行疏浚，其工费随时酌定。
>
> 六、拟湖身有浅深，择其最浅之处先浚，后浚深处，请于就地士民中博访周咨，藉取群策群力之效。
>
> 七、拟湖浜贴近之处，民居栖止，若遽行浚深，恐于墙脚触碍，距民房大路四五尺之外浚深，以杜其弊。
>
> 八、拟浚出湖泥任民间挑培田土及销运窑场等外，其泥或堆山岙，或加湖塘，

随时相度方位，如韩岭等处筑墩两座，墩高而水深，两无所妨，一举两得，且可以避行舟风浪之险。

九、拟渔船回洋，往往将压船草石任意发落，湖口易致淤塞，请示禁止。

十、拟各湖口出水碶闸桥梁修整完固，以杜坍塌。

十一、拟兴工时借湖滨寺庙便房数椽，公请谨慎干练数人分督土工，以资栖息。

十二、拟碶夫应请饬令责成随时启闭，毋得日久玩忽，徇私滋弊，以资潴泄。

十三、拟浚湖落成之后，商同就地绅耆，应请饬令各图地保钉桩清界。

十四、拟湖上设立浚湖公所，可办善后修理事宜，应请就地绅董合与司事酌办善后之事。（《东钱湖志》卷四《工程》）

1月22日，鄞县知县杨文斌在批示中说："疏浚清湾河系拨赈款接济，现在无间款可以筹拨，姑候开篆后诣勘核办，仍候道府宪批示可也。"（东钱湖志》卷四《工程》）

1月28日，宁绍台道吴引孙批复云："该湖修浚固不可缓，但工繁费巨，必须官绅合力筹商，方克有济。查十六年清湾河由府拨给一千六百元，系为本地被灾饥民以工代赈，今昔情形不同，无可拨给，且宁郡亦无别项公款可以拨助，而经费如何捐集，需用若干，尤须先事统筹方可定议举办。究竟是湖工程该县曾否履勘？作何办理？款项如何筹议？仰宁波府督饬该县等查明。本道先令批示，迅即确勘核议，通禀察夺，仍将遵办缘由刻日具覆，毋再任延。"（《东钱湖志》卷四《工程》）

2月1日，宁波知府胡元洁批文同意湖工资金由水利收益各乡按田收捐，但需要对用费之处详造细册。文录于下：

查东钱湖为三县七乡农田水利攸关，年久淤浅，本应设法疏浚，据拟仿清湾河成案，于得沾水利各乡按田捐资。既由公议，各业户乐从，本无不可。惟须先将应浚之处估量工程若干，需费若干，得沾水利七乡田地若干，可集捐款若干，分别详造细册，送候核详。上宪酌筹款项批示遵行。是湖工假既广，关系尤重，非寻常河工可比，所议条章似属太略，即希会同妥议办理，仍候道宪批示。（《东钱湖志》卷四《工程》）

4月11日，《申报》报道宁波地方当局处理侵占湖田的情况。报道说：

宁波东钱湖关系东、南两乡水利，向由张忠标等经理。年前忽有孙抱来等三人运石填湖，经张等禀县究办。近日又有郑金友同孙抱来等混呈卖契，指张等借端图诈，嗣经张等请官往勘。钱太守准词，批饬鄞县杨大令会同胡委员下乡，勘得孙抱来等侵占亩分，较所呈之契大不相同，突有乡人郑某出首顶撞，大令大怒，

清末宁波舆图中的东钱湖（左边上首画圈处）

饬差将郑扭交地保看管，遂呵殿回署。（《派员勘湖》，1894 年 4 月 11 日）

4 月 27 日，张善仿等禀告道府，希望先疏浚钱堰、梅湖最浅之处，逐渐推广，同时希望道台大人能够先予倡导。文录于下：

> 窃东钱湖亟应兴修，历次禀请在案。去年十二月间，禀蒙宪批，仰见仁宪规画周详之至意，曷胜感佩。职等明知兴修此湖本非易易，然事实亿万生灵所系，倘今日议修而中止，异日更难有踵议之者。是职等欲修此湖转废此湖矣。就全湖齐浚而论，工费固大，若将钱堰、梅湖最浅之处先行疏浚，逐渐推广，视款之多寡量力兴修，先收得寸进尺之效，庶几全湖疏浚渐可成功。伏仰公祖大人关切民瘼，凡遇地方利弊，靡不实心兴除，今此举关切民生休戚，实为既远且大。再四思维，惟有仰恳宪恩先赐倡导，并赐给示劝捐，俾各户观感踊跃乐输，藉资兴工。感荷宪恩，万代不朽。（《东钱湖志》卷四《工程》）

5 月 3 日，鄞知县杨文斌就张善仿等禀文批复，要求鄞县绅士将浚湖工程造册呈送府宪。批文说：

查去年冬间，曾据该绅等禀，奉府宪批饬，"先将应浚之处估量工程若干、需费若干、得沾水利七乡田地若干、可集捐款若干，分别详造细册呈候核详等因。下县现阅禀呈节略，仍未明白声叙，亦未造册呈送。工程较大，未便稍涉简略，希即遵照，具复察办，仍候道府宪批示遵行"。（《东钱湖志》卷四《工程》）

5月20日，宁波知府钱溯时为疏湖事批复，认为在筹款不多的情况下，不可贸然兴工，建议对于东钱湖修湖费用应有一个大的把握，否则于修湖无益。其原文云：

查是湖工程既大，筹费本难，若全湖一律疏浚，断非一时所能集此巨款。若就目前之计，筹款无多，支支节节而为之，工力倍费，于湖亦无大益，必得统筹全局，先有把握，然后次第兴工，以收得寸进尺之效，则大功可期集事。正拟会绅赴省禀商上宪拨发款项以为倡导，并再陈明如何集捐之法，庶禀承有自，事无窒碍，适又筹办海防，姑从缓议。一面札县先行筹议，复候核夺。（《东钱湖志》卷四《工程》）

6月27日，宁绍台道吴引孙批复，修湖事"须谋定后举"。批文说：

东钱湖为宁郡最要之工，倡率导募集资，本道实乐为之，惟须谋定后举，未便率尔操觚耳。兹据呈略所虑尚妥，而劝殷实之外，似以亩捐为正办，但总宜实事求是，勘明湖身应浚丈尺，立定划一办法章程，方有把握。据禀前情，仰宁波府迅即督饬鄞县刻日履勘确议，通禀察夺，毋再因循任延。（《东钱湖志》卷四《工程》）

1896 年（光绪二十二年）

是年，为疏浚东钱湖，邑人张祖衔偕其弟子监生忻锦崖[①]遍历三县八乡，与各图绅董接洽，徒步周咨，不辞劳顿。

1897 年（光绪二十三年）

3月23日，宁波知府程云俶就疏浚东钱湖作出批示，要求在疏湖之前一定要对

---

① 忻锦崖，近代东钱湖名士，为疏浚东钱湖，清末时先后三次赴京请愿，民国以后继续为疏浚东钱湖鼓与呼。

东钱湖现在情形进行详细会勘。批文云：

> 东钱湖为鄞、奉、镇三县农田所资灌溉，今该职等拟集捐开浚，具见关心水利，深堪嘉尚，惟工大费巨，且已涸湖地被居民逐渐侵占，历有年所。一旦修浚，其中有无窒碍，筹劝亩捐是否各户乐从，欲图其终，必先慎之于始，候札饬鄞、奉、镇三县订期会同查勘情形，博访周咨，详细禀复核夺。(《东钱湖志》卷四《工程》)

7月，宁绍台道吴引孙委水利通判萧福清到东钱湖实地察看，训导张锡藩、举人邹宸笙、监生忻锦崖随同细勘，鄞县知县毕贻策、奉化县知县郭文翘、镇海县知县周延祚会同履勘，知府程云俶首肯捐廉，并与诸董事悉心核议，酌定章程。"议定工程即用西式挖泥机器，费省功倍，亦需款七八万元之谱，由业户出工，佃户出食，每亩出工资钱一百八十文，佃户出食资钱七十文。惜事未举办，程云俶因病出缺，郡民咸为感泣。"(《东钱湖志》卷四《工程》)

三县会勘后即设局挑浚钱湖，将所浚之泥修补塘身，并将碶板一律修整，于风浪险处分筑二墩，所需经费先由每图富绅各捐洋一百，再行按亩计工，以期集事。下录地方绅士有关此事的呈文：

清末东钱湖一角

鄞绅职训张锡藩等，封职傅宜垚，大挑教职郑世洽，即用教谕忻泽霖，大挑教职陈祖康，拣选知县邹宸笙、应朝光，贡生傅廷镰，生员程圣辂，职举陵修璠，副贡陈宜坊，监生张振翰，职员徐琳，中书科中书张渭高，监生忻锦崖等，奉绅岁贡叶挺森，生员孙绍业等，镇绅职举张昌年，候选道王福昌，举人谢觐藏，生员李厚培、徐之鸿等禀称，鄞邑东钱湖，为鄞、奉、镇三县七乡五十余万亩农田赖资灌溉。现因湖身淤塞，蓄水无多，偶逢雨泽愆期，禾苗即形枯槁，每致秋成歉薄，民食攸关，爰集各乡绅耆公议设局开浚。所需经费议由大业户出工，小业户捐食，殷绅富户量力捐输，并商公正乡董垫洋为创，先后叩请给示开办等情到府，并据禀奉抚宪暨藩道台批府，饬各县会同确勘妥议禀办等因。节经札饬鄞、奉、镇三县，会勘筹议去后。兹据各该县等勘明禀复，并据张绅等以尚有业佃人等未及周知议章，禀请出示晓谕前来，查阅章程内开，各乡董垫缴款项，候明年秋季归还，按月给息一分，又得沾水利各田，每亩大业户捐钱一百八十文，小业户捐钱七十文等语，均尚公允，应即一律缴捐，以裕经费。除批饬各县妥为弹压，一面移委前任水利通判萧督办外，合行出示晓谕。为此示仰各乡殷绅富户及业佃人等知悉，尔等须知，浚湖蓄水，原为灌溉农田起见，惟是工程浩大，需费甚巨，全赖集腋成裘，共襄善举。自示之后，务各踊跃捐输，量力佽助，毋稍观望推诿，以致事败垂成。其各乡董允垫之款，亦即赶先缴局，俾资开办，倘有不肖痞棍，阻挠生事，致碍善举，一被指控，定即撤县究办，决不姑宽。（《东钱湖志》卷四《工程》）

1898 年（光绪二十四年）

是年，宁波知府庄人宝发布浚东钱湖告示，大意为鄞邑东钱湖因湖身淤塞，蓄水无多，有碍庄稼，现在准备设局开浚，所需经费议由大业户出工，小业户捐食，殷绅富户量力捐输，为此告知乡民，希望踊跃捐输，量力倾助。此后收得官拨渔团费洋 3000 元，萧分府填款 590 元，申地收捐洋 390 元，宁波旅沪著名商人严信厚助洋 482 元，又三县八乡得沾东钱湖水利各业户应捐之款收 1020 元，共计收洋 5482 元。

清末著名宁波商人严信厚

　　经费问题初步解决之后，张锡藩等当地士绅开始为开浚东钱湖做准备。鉴于修湖之事"工程浩大，人夫众多"，虽由当地绅商经理，但"若不禀请宪委能员稽察督理，恐不足以资统摄而昭郑重"。鄞县绅商认为萧福清"深悉全湖形势，洞烛机宜，且能不避艰辛，就近绅民异常钦仰"，于是一致要求允准萧福清兼督修湖工程。其呈文如下：

THE SI-KWÔ-MIAO, A TEMPLE ON THE EASTERN LAKE.

清末东钱湖上的西角庙（亦称西瓜庙）

　　禀为开浚湖工需员督理叩请移委兼督事。窃以东钱湖工关紧要，浚难再缓，业经分认筹垫，民情输捐缘由，先后禀蒙各宪批准，已由鄞、奉、镇三县主会勘详。沐宪俯准给示创捐各在案，伏思设局开办，造册收捐，分司坐理，事繁责重，虽由绅等慎选司事，实心经理。第工程浩大，人夫众多，若不禀请宪委能员稽察督理，恐不足以资统摄而昭郑重。查正任水利分府萧公，上年曾奉道宪饬委，亲往履勘，深悉全湖形势，洞烛机宜，且能不避艰辛，就近绅民异常钦仰，现奉调办北局厘务，绅等本不敢冒昧禀请，无如另请生手，不特情形不熟，深虑事多隔阂，恐鲜实济，一再筹思，北卡幸在邻近，即不能常川驻湖而兼督筹商，总揽大纲，必能措置裕如，于湖工大有裨益。绅等为维持善举起见，为此禀祈大公祖大人，俯念工程紧要，恩准移委萧公就近兼督，仍请随时照料，以全善举而慰民望，感德不朽。（《东钱湖志》卷四《工程》）

1899 年（光绪二十五年）

　　4月，督办东钱湖水利分府宪萧福清、王宪，邀集七乡图董至东钱湖炎帝殿商议，嗣后一起实地履勘，决定于4月17日用小牢祭告湖神，作为开工之期。此前一切经费均由萧分府宪垫给，宁波前知府庄人宝以所借渔团经费洋3000元，赴沪向泰来洋行订购德国挖泥机器一部，并就沪上购造机器船壳一艘，合计银5500两，先付洋 3000 元。其间有关机器一事颇多周折，此前道宪吴引孙曾致函旅沪著名宁波商人严信厚，向招商局商借，遂令督管机器者带同洋工，来宁赴湖测量浅深。因为机器不合用，又决定在江西购买，随即派人赴江西估验，又因转运不便而停止，最后重新向泰来洋行订购。（《东钱湖志》卷四《工程》）

5 月，分设城、乡两局处理浚湖事宜。因城乡两局事务殷繁，仍需员总理，以资臂助，于是张锡藩等向府台等呈文，要求水利分府王宪协同萧福清督理湖工，同时请严信厚襄理局务，其中披露严氏又"捐照英洋一千元，以资开办"。相关呈文照录于下：

光绪己亥禀请王分府委员稿

禀为开浚湖工总理需员叩请移委会同筹办事。窃以东钱湖工关紧要，浚难再缓，业将分认筹垫，民情输捐各缘由，先后禀经各宪批准，已由鄞、奉、镇三县主详，沐仁宪俯准给示创捐，并以工程浩大，人夫众多，需员统摄，禀蒙前府宪程移委水利分府萧，随时督同办理，各在案。伏思设局开办，造册收捐，分司坐理，已由绅等慎选司事实心经理外，总揽大纲，虽蒙萧分府就近兼督，第城乡两局事务殷繁，势仍需员总理，以资臂助。查署水利分府王，熟悉水利，于是湖形势，洞烛机宜，拟请会同萧分府筹商办理，以全要公，于湖工大有裨益。绅等为维持善举起见，伏乞大公祖大人俯念工程紧要，恩准移委分府王会同商办一体照料，襄成善举而慰民望，感德不朽。

光绪己亥年四月禀为请严绅襄理局务稿

禀为殷绅好义急公倡捐资助恭请恩准照会俾资襄理以全要公事。窃职等以宁郡东钱湖年久淤塞，有碍水利，迭经集议，禀奉各大宪批示，札饬鄞、奉、镇三县会勘，筹捐设局浚办，并蒙先后移委正署任水利分府宪萧、王督同办理，并奉仁宪出示晓谕各在案。惟湖身辽阔，工程浩大，职等会商，宜用机器，辅以人功，奏功速易，特购机器价值甚巨，爰商语慈邑简用道员严绅信厚，旋承该绅以桑梓善举，畛域何分，允向上海招商局转借挖泥机器一部，克期运甬，载至湖上，装配应用。并蒙倡各捐照英洋一千元，以资开办。该绅似此好义急公，实所罕有。职等以湖工重大，经办良难，该绅老成练达，卓著乡闾，得其分任仔肩，一切筹办事谘度宜深有裨益。为此公叩大公祖大人恩准，照会严信厚襄理局务，以全要务，实为德便。（《东钱湖志》卷四《工程》）

又因为开湖所用挖泥机已至沪，急需付款，鄞地绅商拟借渔团经费以渡难关。经过商定，当局同意暂借，但须即时归还，"不得久任悬悬"。其禀稿与批文录于下：

光绪己亥禀请借渔团款呈道府禀稿

为机器已到需款孔亟公叩恩准暂行拨借济以全善举事。窃宁郡东钱湖关系鄞、奉、镇三县七乡农田水利，湮淤已久，亟应修浚，因经费浩大，力难举办。兹已禀蒙宏恩，在上海招商局借定大号便利机器，其机器管驾业经来甬，前往该湖阅历。据云如用此等机器，事半而功十倍，机中逐水伙食等项，均亦必不可省，但机器由江人湖装卸改换，以及需费繁重在在，非钱不行，而乡捐各款须开工后可收，实属缓不济急。顷职等恳蒙县宪面谕，现在一时无款堪以借拨，惟查海防渔团项下尚有存款九千余元，或暂借拨三四千元，能否可行？尚须禀请道府宪批示祇遵等因。除禀府县宪外，为此不揣冒昧，禀叩大公祖大人俯念水利要工，恩赐允准，转饬暂行借拨，俾速兴工，实为德便。（《东钱湖志》卷四《工程》）

庄府批

开浚东钱湖机器既已借定来甬，需费自应赶筹以便开办，据请暂借存局渔团经费，似尚可行，惟此为防海要款，所以备豫不虞，前经禀定不准挪移别用在案。此次虽系暂借，应候据情禀请抚藩宪核示准借若干，再行饬发，仍应责成该绅等即速归还，不得久任悬悬，切切。（《东钱湖志》卷四《工程》）

6 月间，此次浚湖小有成效，至是月，已将四处碶板修整加固。

1900 年（光绪二十六年）

1 月 12 日，因梅湖水涸，即刻开浚湖港，并将五里、梅湖两塘颓石块修砌完整。因怜念工人寒苦，于 23 日即令停工。此次开浚为时未久，但成效颇著，为下年修浚打下基础。相关记载说：

兹挖泥机器及船只合计银五千五百两，机器向上海泰来洋行电致法国机器厂购定，于十二月十五日（公历一月十五日）运赴上海上栈，其船只即由泰来洋行雇工就湖上钉造已成，其银订明分三次均派偿清。现届岁底，统计付过规元银一千七百两，折洋二千二百八十一元二角，又付洋三百元，合银一千九百二十三

1900 年前后的东钱湖韩岭裴君庙（引自《东钱湖文丛》创刊号）

两六钱七分，尚蒂欠银三千五百七十六两三钱三分左右，俟明春筹措再付半价，将机器运赴湖上。苟能合配停当，驶用无碍，大小亦照前议，不差尺寸，然后全价付清。惟年内机器未能及早应用，职等筹思再三，若不先用人力开工，时阅两年尚未开办，恐各业户人心涣散，况湖上浅处俱多，宜以人力为正办，为此赶将各工次第俯集，先于五月内售料添补碶板，择于十一月初九日筑坝、堵桥、放水，先从梅湖开工试办。一切觉有端绪，湖傍居民人心亦甚安谧。（《东钱湖志》卷四《工程》）

4 月，因上年秋向德商泰来洋行订购挖泥机器一部，计价银 4200 两，当付银 1000 两，并就沪上配造机器船只，计价银 1300 两，业已竣工。机器已由外洋运申寄栈，亟待付款运甬。为筹集款项，地方绅士等建议"除筹办大小业捐外，先与甬江各钱铺商借银洋以运机器，且可接济湖上开办之资"。（《东钱湖志》卷四《工程》）

是年，八国联军侵华，京津兵燹突起，朝野震惊，浚湖之事停顿。

是年，邑人忻锦崖集资重修梅湖堰。

1901年（光绪二十七年）

2月17日，趁农闲重开浚湖之事。至4月1日，农事方兴而淘工始歇。

8月，沿湖居民侵湖之事频发，其中史家湾地方有渔民史祥发订桩占筑，陶公山地方渔民王显德、王文星趁旱占筑湖地作为住地。史祥发还将占地数十亩加以贩卖，引起水利分府萧福清的注意，遂订立禁钱湖侵占湖地碑。

1903年（光绪二十九年）

1月16日，翰林院侍读王荣商（镇海人）奏请开湖溉田。其文云：

> 浙江宁波府属之东钱湖，溉田五十万亩，久为农民所依赖，近年葑泥涨满，蓄水无多，每遇旱干，收成歉薄，民食不足半。由于此，光绪二十五年冬，该绅士禀明地方官，购办挖泥机器，设局挑浚，因兵警而止。现在接办无人，机器空存，深为可惜。请旨饬下浙江抚臣，责成宁波知府遴选公正绅董，设法挑浚全湖，以竟前功，庶于农田大有裨益。臣为乡邦水利起见，谨附片具陈，伏乞圣鉴。谨奏。（《东钱湖志》卷四《工程》）

以船过莫枝堰坝为题材的清末明信片。邮于1904年11月24日，据说这是目前所见最早的关于宁波的实寄明信片

1 月 27 日，上谕浙江巡抚体察东钱湖情形，酌量修浚，以竟前功。（《东钱湖志》卷四《工程》）

1904 年（光绪三十年）

3 月 29 日，鄞县监生忻锦崖在三县绅耆支持下，不远万里，跋涉赴京，向商部禀陈，要求该部代奏开湖溉田，以防灾旱，并提议按亩抽捐钱 200 文，随粮带征，分作 2 年交纳。忻氏还附呈《东钱湖图说》及《宁郡修浚东钱湖章程》一本。因有江西学政盛炳纬（镇海人）从中反对，此行并无结果。文录于下：

> ……伏思监生办理开浚，实地方公益，年久未见成效，因此昼夜忧愁。惟恐再行延误，一遇旱灾，其患匪轻，是以情急，跋涉来京，吁恳商部贝子爷大人恩准，可否据情代奏请旨，特派丞参大员驻城查办，督修兴工开浚，并请旨饬下浙江抚臣，责成宁波府知府会同绅董兴办，以竟前功，庶阖郡三邑乡民数百万户利赖无穷矣。谨呈。计呈宁郡修浚东钱湖章程一本，内有图说又黏呈简明章程五条。

计开简明开浚章程

> 一、前议业户出工，佃户出食，每亩计工资钱一百八十文，计食资钱七十文，按护造册似嫌烦锁，此次改拟按亩抽捐，只捐业户，不捐佃户，每亩捐制钱二百文，随粮带征，分作二年征收，庶所取不费，较为简便。
>
> 二、前议先浚正港六条，阔五丈，深五尺，量得廿三万七千余方，每方给价钱一百二十文，核计二万九千串。运泥出湖及一切办工经费，均属不计。近年百物侩昂，工食骤涨，此次拟改挑浚全湖，深约三尺，须加费五万余串，核计征收之数尚不敷用，运泥出湖及一切办工经费，自应另行设法向殷富筹捐，以期集事。
>
> 三、拟请饬派干员驻城监督，以杜弊窦。
>
> 四、拟请饬下浙江抚臣责任宁波府城地方官提道府县通判会同商议，遴选公正绅董协办，以全善举。
>
> 五、前议湖滨侵占之地既往不咎，以后湖工竣，勒石永禁，不得再占尺寸，违者禀官究办拆毁。（《东钱湖志》卷四《工程》）

4 月 6 日，商部回文要求浙抚"钦遵前次谕旨，迅即饬属体察情形，会同公正绅士妥筹办法，以竟前功"；同时发还章程、图说等件。

5 月，忻锦崖为开湖溉田以防灾旱事禀浙江巡抚聂缉椝。

1904 年忻锦崖要求疏浚东钱湖的奏本及附图（原件藏国家档案馆）

1905 年（光绪三十一年）

4 月 13 日，再次赴京的忻锦崖（时年 51 岁）在北京西直门外北关地方"叩阍"[1]，被官人拿获，"连原呈等件咨送浙江巡抚"。（《东钱湖志》卷四《工程》）

6 月 27 日，忻锦崖被递解回籍。《申报》报道说：

> 鄞、镇、奉三邑交界之东钱湖，其水利为千万顷民田灌溉之资。曩年因湖水污浅，由董事忻锦崖禀明商部奏准颁发，上谕开办在案。未几，有镇海县已革翰林盛某出而抗阻，因即罢议。忻以功败垂成心不能甘，遂于本年二月间赴京上控。步军统领衙门将忻发回浙省，由浙抚聂中丞递解回甬归案讯办，并将开浚东钱湖事案牍札饬宁波府，督同地方官迅速会勘，察看情形。昨忻已由钱塘县逐站递解至宁。宁府尊喻太守、鄞县高子勋大令饬发典史署再行讯办。（《京控案发递回甬》，1905 年 6 月 28 日）

---

[1] 即扣击宫门，指官吏、百姓到朝廷诉冤。

7月初，商部咨文催问东钱湖事的进展，同时严饬所属遵照前咨迅速办理。对此，《申报》报道说：

> 浙江东钱湖前经该省商人禀请修浚，以便疏通航路，当经商部咨行浙抚饬属兴修。时隔已久，未据声复。日昨商部复咨催浙抚，大略云修浚东钱湖一案，选经本部咨行贵抚转饬所属兴修，以期早日疏浚，迄未据报。想系该属延宕因循之故，相应再行咨请，严饬所属遵照前咨，迅速办理复部，如再迟延，定即按例参处云云。
> （《咨催速浚东钱湖》，1905 年 7 月 7 日）

7月中旬，宁波府知府喻庶三[①]与鄞县知县高庄凯、奉化县知县王汝贤、镇海县知县韩铨在郡聚齐，会同履勘，照会各绅董查照，并约同在籍工部主事梁秉年等、奉化县举人江迥等、镇海县绅士在籍翰林院侍读王荣商等，从郡起程，至莫枝堰与滨湖绅士举人史悠诚等会晤，勘得地形。当时对于浚湖之事大体有两种主张：一为力主浚湖，二为不主浚湖。其中力主浚湖者发现筹款仍有八难：（一）乡愚苟且目前，本无远虑，其田未曾受旱，迫令输助，非所乐从。（二）按亩计捐，未经清丈，必不免以多报少，互相争执。（三）五十万亩亦以约略之词，其中有不受湖水灌溉者，自未便责令照捐。（四）该处素号膏腴，故祀田居其大半，分年输值，利有所归，摊捐不匀，必多延欠。（五）中有教民产业，倘视为不急之工，任意抗捐，众必观望。（六）湖外即河水，近者自受无穷利益水，远者辄借口河淤须浚方肯出资。（七）往年亩捐由绅收，仅百分之一二，已滋物议，即改由地方官随粮带征，又苦无鳞册可据。（八）东钱湖为各邑山水所注，只有冬春数月可以施工，捐难骤齐，必先筹垫，如此巨款，何人承担？总之，浚湖之事又因经费困难而未能实施。对于此事，同年8月9日《申报》刊登鄞、奉、镇三县禀文。文录于下：

> 敬禀者，窃卑职庄于光绪三十一年五月十三日，奉宪台札开，五月初十日奉藩宪排单札开，本年四月三十日奉抚宪案行，光绪三十一年四月二十六日，准步军统领衙门咨并送人犯忻锦崖一名，着刻日通禀察办，毋再延误切切，计粘抄，等因。奉此，卑职汝铨亦奉札同前，因遵即往返移商，定于六月十一日在郡取齐，十二日会同履勘，并先照会各绅董查照。是日卑职庄约同鄞县在籍工部主事梁绅秉年等，卑职汝约同奉化县举人江绅迥等，卑职铨约同镇海县原奏绅士、在籍翰林院侍讲王绅荣商等，由郡启行至莫枝堰，与滨湖绅士举人史绅悠诚等会晤，御

---

① 喻庶三，名兆蕃，江西萍乡人，宁波任上颇有作为。

舟前进，广览周咨。当勘得东钱湖坐落鄞东乡，受七十二溪、三水、四碶、七堰，以溉鄞奉镇三县七乡之田。据称约五十万亩，其中鄞县六乡，镇海一乡，奉化仅一乡中之二图。旧志载湖周回八十里，自赵宋迄国朝未尝疏浚，居民侵占湖界亦非一日，葑菲丛生，湖身渐壅，港道少畅流之势，碶板多坍塌之痕。韩岭稍深而风浪特大，梅塘倍塞而滋蔓难图。揆厥情形，实有不得不浚之势。卑职等即假湖上月波寺为憩息之所，与各绅悉心会议。查该湖应浚之处计里甚广，而当务之急首在梅塘。梅塘约长五里，阔三里，共得面积十五里，葑草较他处为多，蒂固根深，入泥已盈二尺，必须为拔本塞源之计，方可收一劳永逸之功。通盘筹划，以该处十五里面积计算，浚深三尺，非三四十万元不可。一时议论纷纭，有谓宜照原议每亩捐钱二百文，分年加倍摊收，可得二十万串，便足举事者。有谓只宜岁芟葑草，修碶补漏，禁制渔人偷闸，以期暂救目前者。有谓湖水利于下游，抽收亩捐宜先责镇海，次及鄞县。至各存私见，互相推诿者。有谓浚出淤泥难于安置，作墩培塘于左近居民皆有窒碍者。有谓湖外之河道已淤，浚湖而不浚河，南乡各田未均，其则派捐恐难尽从者。甚且谓谚云："宁波熟，一顿粥。"宁郡地隘民稠，所争在渔业与专重农务之区有间，物力维艰，浚湖尚可从缓议者。其中主浚者自属激于公义，主不浚者亦多习于因循。因循固难与计远谋，而公议亦不可不孚众论。卑职等窃思兹事重大，宜先筹款，所从出，次求主得其人，三谋众允其议，慎重于始，黾勉赴公，庶不致以利民之端，肇扰民之政。此中兴作，须合三县城乡绅者，统筹全局，询谋金同，无抑勒之情，有乐输之美。如《诗》所谓"经始勿亟，庶民子来"者，庶使元明以降数百年未治之宏工复见于盛世，藉此以仰副列宪利济生民、讲求水利之至意。除将解到忻锦崖一名另由卑职庄查□明确拟议详办外，所有卑职等会勘大略情形，谨绘图贴说禀，祈大人察核转禀，并请照会原奏绅士王绅荣商来郡集议，俾便妥定章程，再行呈请奏咨办理，以重要公，实为公便，恭请崇安，伏乞垂鉴。卑职汝庄铨谨禀。(《鄞奉镇三县会勘东钱湖详禀》，1905 年 8 月 9 日)

7 月 18 日，《申报》报道忻锦崖被押回鄞县情形。报道说：

鄞、奉、镇三邑交界之东钱湖，前由绅董筹款开浚，因经费浩大，被已革翰林盛炳纬出面阻止。董事忻锦崖以盛阻挠善举，遂赴京呈控，当由步军统领将忻递回宁波归案讯办。兹府尊喻庶三太守当将忻发押鄞县，一面札饬三邑尊，于本月十一日会同赴该处察看情形，并闻府尊已传谕盛炳纬届期须与忻质讯云。(《甬守札饬会勘东钱湖》，1905 年 7 月 18 日)

清末东钱湖一角

9 月 11 日，《申报》报道，宁波知府喻庶三批示：忻锦崖为东钱湖事对盛炳纬的"控词"及"敢赴京上控，殊属荒谬已极"，要求立提彻究。报道说：

> 宁绅盛炳纬前因开浚东钱湖一案被监生忻锦崖赴京上控，控词多有污蔑盛绅声名。日前宁郡绅士张中翰昌年等联名具禀府署，旋经喻庶三太守批示云：公呈阅悉盛绅炳纬人品、学问既为众所推尊，该监生忻锦崖乃敢赴京上控，殊属荒谬已极，仰鄞县立提该监生忻锦崖到案，彻究明确，议拟详办。（《宁绅公呈批示》，1905 年 9 月 11 日）

9 月 3 日，鄞县令高庄凯批，等候宪抚批示。其批文曰："此案业经本县会同奉、镇二邑勘禀，应候奉到宪批遵照办理。"（《东钱湖志》卷四《工程》）

是月，忻锦崖再次赴北京，续请商部向地方催促东钱湖疏浚事务。

是月，鄞邑南乡耆生劢贵鹤等呈文鄞令，一面为忻锦崖请命，"耆等同处乡间，均沾水利，熟察忻锦崖所志所行，情殊堪悯，未忍缄默，用敢不揣冒昧，沥情公叩公祖大人恩赐察核，善全大局，矜恤愚衷，伸公义而孚舆情"，一面说明修浚东钱湖实乃当时之急务，"湖若不及今修浚，将来侵占日增，淤塞日甚，湖渐隘而渐浅，势必仍为平畴而后已，又谁复起而问津焉？"文录于下：

> 具禀者民励贵鹤等禀为案关公举，情殊堪悯，公叩恩赐察核，善全大局，矜恤愚衷，伸公义而孚舆情事。窃者等世居南乡，各安本分，近十余年，闻有开浚东钱湖之举，此系三县八乡水利攸关，为沾溉农田之要，稔悉已故生员张祖衔、张锡藩等先后为之倡，踵其事者，厥有监生忻锦崖，曾与各乡绅者均经接洽，闾阎无不称善。顾工程浩大，需款孔巨，经营伊始，良非易易。数年以前甫经开办，旋奉停止，乡民为之失望。嗣闻镇海王侍读奏闻于朝，咸谓事可观成，乃迁移岁月，终未举办。而该监生忻锦崖矢志坚贞，不肯以累年心力隳于一旦，竟敢一再远走京师，自备资斧，不辞跋涉之劳，其越控之咎，固有难辞，而究其心迹，忻锦崖系为八乡之利，非为一己之私，此非独八乡之民深为钦佩，皇天后土实所共鉴。伏思是湖若不及今修浚，将来侵占日增，淤塞日甚，湖渐隘而渐浅，势必仍为平畴而后已，又谁复起而问津焉？至钱湖水利关系在乡不在城，故乡民之欲浚者为多。者等同处乡间，均沾水利，熟察忻锦崖所志所行，情殊堪悯，未忍缄默，用敢不揣冒昧，沥情公叩公祖大人恩赐察核，善全大局，矜恤愚衷，伸公义而孚舆情，实为德便。上禀。（《东钱湖志》卷四《工程》）

10月9日，忻锦崖再次具禀商部，申述浚湖之志，并要求派员督饬复办开湖事宜，以利公益。文录于下：

> 具禀浙江宁波府鄞县监生忻锦崖禀为湖工紧要事败垂成恳恩代奏派员督饬复办以普公益事。窃监生远承师命，近接乡情，毁家兴利者十余年，跋涉驰驱者数千里，皆求达开浚宁波府属界连鄞、奉、镇三邑之东钱湖以溉田防患一事。缘监生先师生员张祖衔，慨湖田湮塞，倡集邑绅，会议挑浚，以利农田，事未及成，赍志以殁，遗命监生绍述其志。监生窃思农业为工商之本，而水利为农务之源，重以三邑绅者之公意，故前曾不避艰苦，于光绪三十年驰赴大部，禀陈一切，蒙恩准咨行浙抚，札府兴办，公民踊跃感激，莫可名状。孰料宁波府知府喻兆蕃惑于顽绅、前已革翰林院编修江西学政盛炳纬之阻挠，至今延搁不理，阳抗大部重农之意，显违抚院扬仁之令，阴阻公民兴利之诚。监生承多数绅民之意，迫得匍匐部堂，吁恳贝子爷大人，俯念穷黎，振兴水利，派饬丞参大员到浙，会同抚部命宁波一府三县刻日详勘，复设湖局所，督令兴办，则民生感戴与日俱长矣。抑监生更有陈者，湖事经创始曾由邑中绅董与地方良吏热心兴办，官民鼎力集款开浚，尚未眉目，旋因庚子变事停工。以后镇邑绅士翰林院侍读王荣商奏请开湖，于光绪二十八年

十二月十八日奉上谕可其奏，仰见天恩关心民瘼，体恤农情，有加无已。事关奉旨兴办之件，及经大部责成，而该顽绅及有地方之责者胆敢因循玩怠。在监生一介愚民，本不敢妄非官长，惟有迫切痛吁泥首贝子爷大人恩准，可否据情代奏，请旨饬下浙江抚臣责成宁波府知府会同公正绅董兴办，以竟前功，而阖郡三县民生数百万户乡民利赖无穷。（《东钱湖志》卷四《工程》）

10月18日，商部回文，对于东钱湖浚湖筹款方案等事关三县乡民之事，要求浙江巡抚照实在情形，详复到部，以凭核夺。

12月，由旅沪鄞邑同乡绅商陈忠良等10余人公禀宁绍台道喻兆藩，一面告知湖工紧要，势难再缓；一面为忻锦崖抱不平："监生忻锦崖毁家兴利，矢志坚贞，不肯以累年心力隳于一旦，三次赴都，自备资斧，不辞远途跋涉之劳，又闻得其越控之咎，固有难辞，而究其心迹，实是忻锦崖系为八乡之利，非为一己之私，此非独八乡之民深为钦佩，皇天后土实所共鉴。"文录于下：

> 窃职等世居鄞邑东乡，向在上海洋行为业，近十余年，闻有开浚东钱湖之举，此系三县八乡水利攸关，为沾溉农田之要。稔悉已故生员张祖衔、张锡藩等先后为之倡，踵其事者，厥有监生忻锦崖，曾与各乡绅耆均已接洽，闾阎无不称善。虽工程浩大，需款孔巨，然伊始经营，良非易易，数年以前甫经开办，旋奉停止，乡民为之失望。嗣闻镇海王侍读奏闻于朝，颁下谕旨，咸为事可观成矣。乃迁延岁月，终未举办，而该监生忻锦崖毁家兴利，矢志坚贞，不肯以累年心力隳于一旦，三次赴都，自备资斧，不辞远途跋涉之劳，又闻得其越控之咎，固有难辞，而究其心迹，实是忻锦崖系为八乡之利，非为一己之私，此非独八乡之民深为钦佩，皇天后土实所共鉴。吁恳大公祖大人体恤农情，振兴水利。伏思是湖若不及今修浚，将来侵占日增，淤塞日甚，湖渐隘而渐浅，势必仍为平畴而后已，又谁复起而问津焉？是湖水利关系在乡不在城，故乡民之欲浚者为多。至忻锦崖控告盛大绅为奸绅，而众绅士公呈以为凤称公正，忻锦崖以奸绅目之，未免荒谬，然不忆盛炳纬前为江西学政时犯科场大弊，被御史李慈铭奏参革职。奏劾有贪黩卑污士林不齿字样，上下皆知，则忻锦崖所控不为无因，而众绅士似未免曲为阿附。盛炳纬告假回籍，忻锦崖称为革员，已革未革，当有部案可查。职等闻得盛炳纬阻挠湖工善举，地方官惑于谗言，将此湖工弃置不理，在沪同乡闻之，无不愤激之至。若不趁此开浚，邀集沪上同乡联名赴省具呈，求达开办湖工为要，且此非职等所敢与。职等同处乡间，均沾水利，目击情形，案关公举。熟察忻锦崖所志所行，情殊堪悯，未忍缄默，用敢不揣冒昧，

沥情公叩大公祖大人迅赐察核，札饬府县善全大局，出示晓谕，急速兴办，则三邑乡民数百万户感戴不朽矣。实为德便，公顶上禀。（《东钱湖志》卷四《工程》）

1906 年（光绪三十二年）

10 月 5 日，鄞县举人陈宜增等禀文浙抚张宝，一面陈述东钱湖浚湖历史并驳斥宁波府喻兆蕃所称征收亩捐八难之议，同时为监生忻锦崖请命，推举镇海王荣商为开浚湖工局总董，并希望浙抚选派公正大员赴甬查办，督修兴工开浚事宜。（《东钱湖志》卷四《工程》）

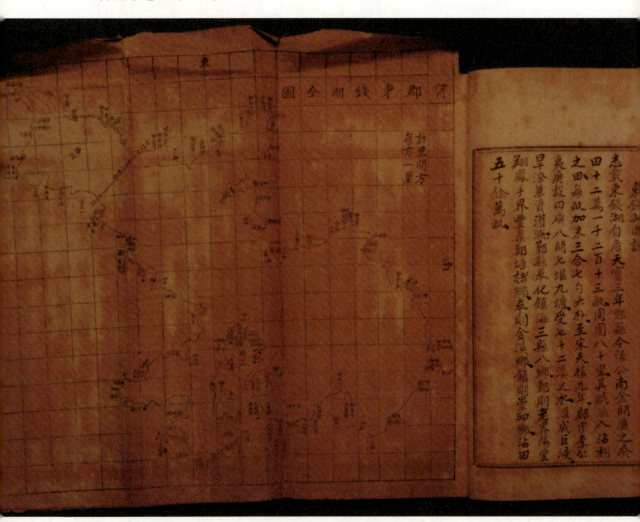

清末《东钱湖图说》与《宁郡东钱湖全图》（原件藏国家档案馆）

10 月 14 日，浙江巡抚张宝就疏浚钱湖事批示："……仍责成各县先将近湖田亩查明确数，由府会绅随时体察情形，筹有妥善之法……"（《东钱湖志》卷四《工程》）

1907 年（光绪三十三年）

是年，鄞县知县颁布《禁止莫枝堰居民偷挖碶板捕取鱼虾告示》并勒石立碑。

1909 年（宣统元年）

10 月，因宁波地区天时亢旱，严重影响秋收，三县城绅两次开会集议浚湖之事。关于筹款方法，会议最后议定随粮带征，每亩输钱 210 文，分作 3 年征收。（《东钱湖志》卷四《工程》）

12 月，翰林院侍读王荣商等联名禀请修浚东钱湖，将两次会议内容禀告抚藩暨道府，并呈送名折 2 扣、钱湖地图 1 幅。（《东钱湖志》卷四《工程》）

是年，沙镜清创办梅溪初级小学堂。

1910 年（宣统二年）

1 月 14 日，浙江巡抚增韫批示，同意三县城绅所议筹款方法，同时饬宁波府知府邓本奎分札三县，并照会各县自治会办理。（《东钱湖志》卷四《工程》）

2 月 2 日，宁波府知府邓本奎收到王荣商等联名呈文后，批示东钱湖事应立即遵办，不得违延，要求迅速会同三县士绅人等刻日筹议。（《东钱湖志》卷四《工程》）

3 月 24 日，王荣商等禀文鄞县知县邹宸笙，催促疏湖之事，并拟请在邑庙前丝巷弄设浚湖公会。（《东钱湖志》卷四《工程》）

3 月 30 日，鄞县知县邹宸笙照会三县绅董，准备具体商议筹办疏湖方法。（《东钱湖志》卷四《工程》）

1910 年前后的霞屿远眺（引自《东钱湖文丛》创刊号）

10 月 2 日，王荣商等再次联名呈文，建议将原议加以变通，湖工经费由每亩捐钱 210 文，分作 3 年征收，随粮带征，并将此案发交鄞县自治会。但该会对此迁延未议。（《东钱湖志》卷四《工程》）

1911 年（宣统三年）

4 月 25 日，浙江当局批示宁波府催办浚湖之事。

7 月 2 日，王荣商等再次呈文浙江当局，希望早派委员，会同地方官长督饬三县八乡绅耆修浚东钱湖，使湖工早日告成。同时在呈文中公举鄞县人、日本农工大学材料科毕业生陈树棠估价工程。

8 月 30 日，《申报》报道水利联合会筹备情况。报道说：

> 宁波鄞邑东乡议员王世钊等因修浚东钱湖事，特约鄞、镇、奉三县城乡自治公所议长、乡董，定于七月十八日诣郡庙东官厅开水利联合会，公举会长、会董、议员等事。现闻已于郡城丝巷弄就旧有之仁安公所设立水利公所，于湖上青山岙，就废置之钱湖学堂设立水利工程所以为城乡办事之机关。（《开浚东钱湖之先声》，1911 年 8 月 30 日）

9 月 10 日，为组织水利联合会，浚湖总局召集城乡绅董在郡庙筹议浚湖事宜，推举正副会长及正副会董。其时到者 30 余人，各乡自治公所到会者只及半数，以致未能推举正副会长及正副会董。

9 月 22 日，浚湖总局绅董等禀请宁波知府江翰经，为忻锦崖亲自赴各乡自治公所通告，令各乡举定议董，定期召集，公举会长、会董一事，而发给忻生锦崖照会一件，俾便下乡，以资佐证，并请补给和益乡议长郑润玉、乡董顾爽亭，大咸乡议长蔡云章、乡董金杏泉照会两件。

11 月 5 日，宁波光复，各乡举定议董一事遂告停止。（《东钱湖志》卷四《工程》）

12 月，忻锦崖禀请宁波军政分府民政部部长江翰经在停办的东钱湖学校设立遗爱祠，以祭祀有功于东钱湖的先贤。

三

现代篇

1912 年

3 月 19 日，东钱湖浚湖局董事忻锦崖、葛荫元、李镜第等呈文鄞县知事江畲经、浙都督蒋尊簋，要求于钱粮项下盈余之款提拨银洋 25000 元，又契税项下拨银洋 5000 元，以作东钱湖浚湖常年经费。文录于下：

为浚湖时迫，筹款情急，公叩恩赐鉴核批令鄞、奉、镇三县知事，速将征解钱粮盈余项内提拨以资修浚而全要公事。窃东钱湖为鄞、奉、镇三县八乡之命脉，五十万（亩）田赖资灌溉，千万人户衣食皆赖于此，且关系国计民生。自唐宋开浚以来，迄今七百余载，茭葑弥漫，淤泥湮塞，曾未有起而修浚者，以致五十万亩田苗一逢旱灾辄成枯槁，农民受害非浅，所以生为此事二十余年奔走呼号，迭经禀请开浚，案牍如山。讵料辛苦备尝而事功未竟，去年六月间，曾经镇海王绅荣商联合鄞、奉、镇公正士绅三十八人，将原议改良，湖工经费按亩捐钱二百一十文，分作三年征收，随粮带征之，各种办法详晰声叙，联名具禀。蒙前清抚蕃批准，仰即核饬宁波府邓公分札三县，并给各县自治会照会及浚湖章程、预算表，并知照王绅等遵照办理。是年七月十八日，召集城乡绅董及各县自治议长、乡董，在郡庙筹议浚湖事宜。本为组织水利联合会，推举正副会长、会董，适值大水，其时到者三十余人，各自治职到者只及半数，以致未行推举。嗣蒙江护府照会，生亲诣各县各乡自治公所通告，原因与议长、乡董接洽，务令各乡举定义董，定期召集，公举会长、会董，以至半数。适值光复，以致停办。生为浚湖事苦心孤诣，破产倾家，无非为水利起见，今已事半功倍，绅等何忍坐视，一旦废弃，况今宁属米价腾贵，贫民仰屋咨嗟，情殊可悯。即以贫民之力雇而作工，以工代赈，两有裨益，则饥民夺食铤而走险之虞自可无虑。是浚湖兴利不但于民食有所补救，且于地方有关治安。幸沐光复，政治一新，凡关地方有利可兴者，无不力为整顿。浚东钱湖为第一最关要紧之机关，求恳祈即批令鄞、奉、镇三县知事，速先拨款以济急需。绅等伏查鄞邑征收钱粮除报解省外，盈余之款银折洋有六万三千，名曰县税，留作地方公益之用。足见德政保全民生，遐迩传颂，感佩莫名。兹绅等浚湖之资，仰恳于钱粮项下盈余之款，提拨银洋二万五千元，又契税项下拨银洋

五千元，以作浚湖常年经费。核与前定章程，按亩捐钱，随粮带征，三年为限之
案办理相符，奉、镇二邑之亩捐听照鄞邑办理，众皆赞成。为此公叩鄞县知事恩
赐鉴核公议，将征解钱粮盈余款项内提拨，以资修浚而全要公。顶德上禀，浙省
都督恩赐鉴核批令鄞、奉、镇三县知事，速将公议征解钱粮盈余款项内提拨，以
资修浚而全要公。（《东钱湖志》卷四《工程》）

3月18日，根据东钱湖士绅忻锦崖的建议，鄞县知事江畲经向宁波军政分府呈文，
要求从江北岸征收的码头捐中提取部分经费，用于开浚东钱湖。其中披露，民国前后，
已多有外人前往东钱湖游历，作为游览胜地的东钱湖渐有名声。《申报》报道说：

　　鄞县江知事昨移军政分府文云，今据忻锦崖等禀称，宁郡东钱湖之水为灌溉
农田五十万亩，水利攸关。去年集议开浚，预备人手办法，在在需费。生等查有
江北岸地方，轮船码头装载货物，每件抽捐钱三文，名曰码头捐，积有巨款，专
办地方公益之用。其范围非限于江北一处所，以南门外中学堂曾年拨洋银三千元，
去年江北民团拨洋五百元。且查内部章程五款，工程一项列入在内，公议拨款三年，
每年拟拨洋二千元，以作浚湖工程开办经费。去年曾禀蒙移请外交部查复，未蒙
惠赐。兹江北董事严君勉庭、顾君元琛，乡望素著，于开浚湖工尤为熟悉。生等
已向接洽，均各赞成。再外国士女屡乘舟赴湖游览，亦知是湖淤塞情形。为此叩
移外交部速与海关税司接洽拨款，以资开办而全公益等情。查此案，前据禀移请
外交部核复在案，迄今未准移复，无从核办。据禀除批示外，应再移请饬催外交
科查案核议，可否商请税务司准与酌拨若干，以作浚湖经费，即希见复，以便饬遵。
（《甬江近事记》，1912年3月21日）

4月3日，浙江都督蒋尊簋咨行鄞县知事江畲经，要求鄞、镇、奉三县知事核定
按亩捐钱的浚湖经费。三县知事乃召集绅董与自治职员，共同汇议，讨论章程，公举
董事，筹集垫款银洋7000元，"以便春季招工开办"。（《东钱湖志》卷四《工程》）

4月29日，忻锦崖等邀集就近鄞、奉、镇三邑绅董，在郡城仁安公所内浚湖局
召开会议，到者十余人。会议决定呈文知事江畲经，要求立即照会新选举县议事会
城乡各议员，联合会议，妥速议决浚湖之事。

5月5日，鄞县知事江畲经将浙江都督蒋尊簋批文照会忻锦崖，大意为浚湖经
费在县税项下可以动用一部分。文录于下：

　　照会事，本年四月三十日，奉都督蒋令开，据署理财政司长高呈称，本月十二日，
奉钧府批鄞县绅董忻锦崖等、奉化绅董葛荫元等、镇海绅董李镜第等呈称提拨浚

20 世纪初东钱湖蚌壳山一带（引自《东钱湖文丛》创刊号）

湖经费由，奉批见前云云仍缴等因。奉此，查农田水利为自治范围内之事，该绅等拟按亩捐钱二百十文，分作三年均收，作为浚湖经费，应由鄞、奉、镇三县自治会联合会议议决后，呈由该三县知事核定。至鄞县县税实有若干，现在该县开征伊始，尚难悬揣，惟查地方行政经费，应由县税项下提拨，浚湖亦地方行政之一，是项经费由县税项下动用，尚无不合。钱粮盈余即县税中之一部分。若契税银元，系国家正项收入，碍难提拨。奉批前因，理合备文呈复，仰祈钧府察核饬遵等情。据此除分行外，合就行令查照，转知该绅董等遵照办理，此令，等因。奉此拟合照会，为此照会贵绅董，请烦查照会办理，施行须至照会。右照会浚湖绅董忻锦崖。（《东钱湖志》卷四《工程》）

是年，由鄞、镇、奉三县士绅王世钊等呈准浙江都督府，组织三县浚湖联合会。

是年，陶公山小学、殷家湾小学相继创办。

1913 年

1 月 20 日，为开浚东钱湖及成立工程局事，鄞、奉、镇三县知事拟开会讨论。《申报》报道说：

鄞县开浚东钱湖，事关三县公益，必须三县知事会同勘验，以冀核实而昭郑重。兹定于一月廿一号（即阴历十二月十五日）在湖上月波寺再开成立大会。除通告外，业已函请知事莅会矣。兹录其呈文云：窃闻开浚东钱湖一案去年三月间奉都督蒋、民政司褚饬令鄞、奉、镇三县知事召集三县绅董并自治职员公同汇议。嗣于郡庙叠开三县联合会，并经过三县县议会讨论章程，公举董事。佥称东钱湖水利，关系三县八乡，自宋以来久经失浚淤塞，侵占年甚一年，一遇旱干，三邑田亩不敷灌溉。中华以农立国，固有之农田水利岂容听其废弛。兹已筹有垫款七千元，开办在即，凡计方估工，按亩造册，种种手续，次第进行，以便春季招工起土。理合呈请三县知事会衔出示晓谕，俾三县人民知千年盛举重见今兹，唐宋名宦陆、李、胡、王诸成绩不致颓废，地方幸甚，国家幸甚云。查东钱湖于前清光绪庚子年间，曾经开浚。以湖上之月波寺为工程局，立有成案，及去年继续议复，乃请以城中丝巷弄仁安公所为总局，湖上钱湖校北余屋为工程分局，均已呈请江前知事有案。兹定于本月廿一号在湖上月波寺开成立大会云。（《开浚钱湖》，1913 年 1 月 20 日）

是年，镇海旅津巨商陈协中[①]在青山设湖工局，捐巨资疏浚东钱湖，先浚梅湖，后及全湖，历时三年告成；又出资支持编纂《东钱湖志》，惜陈氏次年即病故。其间，邑人忻锦崖也集资修固梅湖塘、栗木塘、方家塘等。

1914 年，民国政府对陈协中（字济易）的义举予以嘉奖，授"功在钱湖"匾额

1914 年

5 月，浚湖局董事鄞县忻锦崖、奉化蒋崧瑞、镇海李镜第呈文鄞县知事萧鉴，要求将螺蛳行业捐拨助湖工。文录于下：

---

① 陈协中（1865—1914），早年在上海五金店当学徒，后赴天津经商，曾任德商逸信洋行买办。

浚湖局董事鄞县忻锦崖、奉化蒋崧瑞、镇海李镜第为螟蜅业捐拨助湖工，叩请迅赐函请螟蜅商董邹宸笙向螟蜅行商助以全要公事。窃东乡东钱湖为鄞、奉、镇三县八乡水利农田关系，设局雇工疏浚，现今里湖工程告竣，外湖工程浩大，经费支绌，措置较难。查有前清宁波府边案，定鄞县东南乡小对螟蜅归螟蜅行专售，不准外行私收私贩，额定银二十七万元，由螟蜅行照扣业捐二厘，公益善捐三厘，每年实交业捐钱五百四十千，公益善捐八百四十千。其捐均由小对渔船扣出，惟螟蜅行前有十一家小对渔船四千余号，今螟蜅行仅止三家小对渔船，不满一千五百号，去年实只收五百元，而行家交出六百余元，赔累不少，应请酌减，免得赔累，现今业捐取消。东钱湖与东南乡有密切关系，绅等悉心调查，将近年衰旺年份平均计算，拟定额念（廿）万，以昔有今无之业捐，原有月湖书院之捐助，作浚湖并善后经费，绅等呈请浙省行政公署，已蒙训令。查疏浚湖工关系农田水利，自应筹款接济，惟是项业捐及月湖书院捐，现在能否照旧经收？助作浚湖经费是否可行？令县体察情形，查明核办，仍将办理情形具报等因。伏声是项捐款仍然照旧经收，助作浚湖并善后经费事甚相宜，众皆乐从，为此公叩知事鉴准，迅赐函请螟蜅商董邹宸笙向螟蜅行妥商拨助，以全要公，不胜感祷。（《东钱湖志》卷四《工程》）

是年，鄞、奉、镇三县浚湖联合会改组为湖工局，并呈准省道，"以鄞县螟蜅捐年五百四十元作为经常费，其事业费则以募捐办法筹集"，并经办理订界修塘及取缔侵占湖地等工作。（《东钱湖志》卷四《工程》）

1915 年

6 月 27 日、7 月 2 日，忻锦崖先后呈文民国政府总统、内务部与农商部、水利局，要求"令饬浙江巡抚使谕知和丰纱厂及殷富商户，接济经费，以保农田而全公益"。8 月间，大总统及内务部下文，要求鄞县知事迅即会同奉、镇两县知事，克日将所指各节"逐一彻查确切，绘具图说，明白回复，以便核办转咨"。（《东钱湖志》卷四《工程》）

是年，浙江"督省两长"派临时测量队对东钱湖进行全面勘察，至次年 6 月告成，编就东钱湖测绘报告书并绘图，分存鄞、奉、镇三县。（《东钱湖志》卷四《工程》）

1916 年

　　是年，由镇海王荣商担任总纂，鄞县陆澍咸与戴彦编辑、鄞县董渊诠次、鄞县忻锦崖校对的《东钱湖志》完稿并付刊。全志分水利、名胜、文献、工程四卷：卷一记述东钱湖水利，包括图说、山水、塘堰、碶闸、湫、阚、桥、坝、湖流去向等；卷二记述沿湖祠庙、古迹、冢墓、寺观、物产等；卷三为文献卷，记述名宦、乡贤、技艺、贞烈、仙释等人物和艺文；卷四为工程卷，记述东钱湖浚湖始末。其序有三，分录于下：

序 一
王荣商

　　四明水利，江海而外莫大于东钱湖，昔人论之详矣。顾自唐以来未有专书。湖亦日就淤浅，此岂尽由于财力之不赡哉？凡人之情，不亲履其地，则无由触发其好义之心。杭之西湖，以名胜闻天下，其屡淤屡浚，若一池沼之易，固由于山明水秀所致，亦以密迩会城，日为士大夫之所闻见，故费易集而功易成也。东钱湖之风景，殆不减于西湖，然距城稍远，万山围绕，游迹之所罕至，故虽有人焉倡议疏浚，而应者寥寥。湖工之不能兴，何有于湖志，其相因而及，固自然之势欤。

　　光绪季年，鄞邑忻君锦崖，锐意浚湖，久而未就。易世之后，吾邑陈君协中，助以巨资，别出白金若干，为纂志之用，于是忻君募集工役，先浚梅湖，即于湖工局内附设志局，延陆珠浦澍咸、戴霁荪彦，分任编辑，而以余尝往来湖上，于湖事粗有建白，俾总其成。余固辞不获，为发凡起例以先之。及梅湖之工甫浚，而陈君谢世，余亦病甚，不能与陆、戴二君时相商榷，深惧湖志废于半途，无以酬陈君之意，会忻君督促再三，复延董莘夫渊，就已编者详加诠次，分为四卷，付诸手民。其有缺失，俟后人订正焉。

　　呜呼，沧海之大，且变为桑田，何有于区区之一湖！而是湖赖忻君之苦心，佐以陈君之毅力，梅湖一带向之茭葑弥望者，今已一碧如洗。大湖间有淤垫，尚不至如梅湖之甚，而自梅湖浚后，湖水尽趋下流，虽欲不浚全湖而不可得，如为山然，未成者固不第一篑，而忻君方进而不止，陈君未竟之志有不藉以告慰者乎？抑忻君之于陈君，所谓旷世一遇者，而浚湖之举，必赓续不已，乃能衍其利于无穷。湖固远于城，而是编荟萃众说，俾览者如亲履其地，而触发其好义之心。吾知陈君虽往，当有如陈君者接踵而起，东钱之水将与杭之西湖永在人间，不至为广德湖之续。然则《湖志》之成，倘亦他日湖工之先导也欤。

序 二

林景绶

夫民以食为天，而农以水为命。田而不水，虽后稷无所施其功，此六府养民，所以首水而终谷也。东钱湖之水，雨则潴之，旱则放之，以溉三县八乡千百顷之田，其有关于水利者甚巨。历来郡邑志，非不提其纲而挈其要，求其穷搜广辑，勒为全书者，盖罕有觏焉。

民国初年印行的《东钱湖志》影印本

曩吾邑忻君锦崖，悯湖之茭葑土淤，日就埋塞也，若疾痛之在身，号呼而奔走者二十年，会蛟川陈君协中，闻而壮之，慨然出巨赀以倡，既议先浚梅湖，集徒役以兴工矣。忻君念湖工之未竟，与经始之不易，恐其久而莫考也，乃复力劝陈君倡议，此岂无所为而前哉？夫前事之不忘，后事之师也。原陈君纂志之意，讵惟是陶公钓矶、余相书楼，纪名胜而侈风景云尔哉？夫亦谓湖自建置以来，开浚不一，唐之陆令，宋之李守，尚已踵其后者，荆公、魏王，功用并著，迨程、胡两札，邱氏八议出，浚湖之法于是大备。不有专志以辑之，后之人欲从事湖工，其曷以动景仰之忱而奉遵循之矩？陈君之用意，何其周且详也。惜乎设局分编未及成书，而陈君遽赍志以殁，使其尚存，必能募集众赀，大举兴修，以竟周围八十里全湖之功，其所浚治，岂仅梅湖一隅而已耶？又岂仅《湖志》之告成而已耶？虽然，"人之欲善，谁不如我"，陈君往矣，陈君之热心公益，固人之所同具也。吾知此志一出，观感触发之余，必有急公好义如陈君其人者，汲汲焉起而肩其任，全湖之功拭目可俟。此则陈君纂修《湖志》之隐愿也，此又余表扬一人以风历举世之微意也。

是编为卷凡四，为门十有六，征引既博，体例尤精。分而纂者，陆君珠浦、戴君霁苏也。参而订者，董君莘夫也。始焉起其例，终焉总其成，则友莱王侍读尤有功于斯志者。刊既竣，诸君子以余尝赞斯举，属一言弁诸首，余乃举平日所愿焉未逮者，具道其冀幸之私，以著于篇，且以告当世之留心湖事者。

序 三

竺士康

甲寅之春，浚东钱湖工既竣，忻君锦崖爰聘诸名士纂修《东钱湖志》，志不忘也。将以开雕，而求序于余，曰："崖也经营二十年，奔走四千里，重茧百舍，不停墨翟之车；瘏口哓音，几敝张仪之舌。今幸逢陈君协中倾囊相助，克底于成，岂惟崖一人受其赐，亦三县八乡之民所同声而祷祝者矣。然不昭示来许，垂诸简编，则恐岁远年湮，将至数典而忘祖，郢从燕说，或且误会而生疑，此崖商请陈君，所以复请拨款而有《东钱湖志》之修也。"余矍然起曰："甚矣哉，君之好义也。溯东钱湖之淤积，数百年矣。陆南金之开广，在唐天宝之年。李夷庚之重修，乃宋天禧之岁。由是以降，鲜有所闻。今君手无斧柯，位非牧守，而能远绍前烈，惠逮斯民，君之功，岂在二人后乎？"

抑吾闻之，志之为体，史也，非关史事，则委琐而无文；志之为用，传也，非有传人，则寥落而寡趣。故天文有志，地理有志，所以明灾祥、详沿革也。礼乐有志，艺文有志，所以征文献、稽掌故也。他若西湖胜迹，五岳奇图，天台赤城之霞标，燕都金台之夕照，英雄托迹，人杰地灵，名士隐居，山明水秀，志之亦宜也。若东钱湖者，名不越于桑梓，风不采于轺轩，僻在乡隅，远离都会，胡为有志哉？然吾之意，则别有在也。盖闻非常之元，黎民所惧，处事之道，毅力为难。况今国步多艰，外患孔亟，宣明大吏思焕发夫新猷，蛮语参军竞研究于西学，莫不讥老成为迂阔，视陂泽为缓图。而君也不恤人言，独断己志。愚公移山之愿，至老而弥坚；精卫填海之心，矢死而靡忒。叩帝阍而请命，不惕黑头爰立之威；蹈焦原而忘身，甘蹈赤舌烧城之祸。卒至孚能及物，诚可格天，得告巨功，旋偿凤愿。君之遇虽蹇，君之功可传矣。虽然，无人倡之，事将谁任？无财佽之，绩用勿成。假令忻君托钵天涯，发棠莫许呼助，将伯充耳不闻，虽具娲皇炼石之心，而天难补恨；即奋五丁凿险之力，而道无由通。亦惟有蹭蹬穷途，徘徊歧路，为阮籍之悲，效贾生之哭而已。幸也庆逢知己，猥藉大援。毁子文之家，纾救时亟；践季布之约，慨输巨金。遂得芟刈荽葑，疏通淤塞，俾农人皆有喜色，使旱魃亦为失威。陈君之功，曷可忘哉！然则此志之作，谓关史事，可也；谓志传人，亦可也。

或者曰："郑谷之凿渠，必求工竟；贾逵之治水，宁辍中途？今所浚者，不过梅湖一隅耳，于全湖则未也。非犹掘九仞之井而不及于泉，亏一篑之山而未竣其事乎？"不知长离去而宛虹来，曜灵沦而望舒睇。铜山东响，洛钟西应，有开于先，斯承于后。故邗沟吴国，而运河之成待隋元；湖筑白堤，而塘工之完俟苏轼。召父杜母，如叶壎篪；萧规曹随，若承堂构。必有继之，犹何暜焉？今修此志，用持为券耳。

是年，曹兰芬兄弟创办陶公山光裕小学。

1917 年

是年，由金学泗（绍衍）创办的私立竞志小学建成开学。

1919 年

7月初，经鄞县公民李春年要求，浙江省长沈金鉴"令行会稽道转饬三邑知事，克日查案筹备（开浚东钱湖事宜）"。《申报》报道说：

> 宁属东钱湖关系鄞、奉、镇三县水利，前经民政司饬县会议拨款疏浚，迄今尚未举办。现由该县公民李春年等电准省长，昨令行会稽道转饬三邑知事，克日查案筹备。（《杭州快信》，1919 年 7 月 8 日）

7月下旬，宁波大雨倾盆，东钱湖一带受灾严重，"乡老咸谓此次大水为三十年来所未有"。（《水灾调查之记录》，《时事公报》1919 年 7 月 29 日）

是年，忻世杰在陶公山忻氏宗祠创办本仁初级小学，许高仁创办许家初级小学。

1920 年

8月16日，《时事公报》报道大堰头区立第二单级学校之迁址问题。报道说：

> 鄞县东乡公民王有璨等前禀知事，请将第二单级学校仍在陶公山开办，无庸迁移。昨奉姜知事批云，查此案前据该乡公民戴仁杰禀请移设到县，当经令据劝学所查明。以大堰头人口与陶公山王家不相上下。王家既有私立珠岫小学校，则区立第二单级自应移至大堰头原处为适宜等情呈复前来，业已指令照准在案，所谓留办之处应毋庸议云。（《移设学校之县批》，1920 年 8 月 16 日）

9月29日，《时事公报》报道渔源乡自治委员易人。报道说：

> 鄞县渔源乡（辖莫枝、云龙、韩岭等乡镇之地）自治委员忻廷楷自去年冬任事以来，对地方上公益事宜颇能称职。今于本月初六日病故，当经该乡士民报由姜知事另行委任该乡忻毓陶君接充。查忻君系宁波法政学校毕业，曾充嘉定县帮审员，前月间并作山东省长顾问官、国务院咨议员。此次降职相就，实为难能可贵云。（《渔源乡自治委员易人》，1920 年 9 月 29 日）

10月10日，《时事公报》报道李志方①等在莫枝创办医院事。报道说：

　　宁波旅沪巨商李志方、戴登川二君鉴于鄞邑东乡地大人众，苦无医院。居民一遇疾病，富者尚可至城医治，贫者殊多未便，爰商同乡数人创立医院一所，其地点已择定莫枝堰，今已填地建筑，明春就可开幕云。（《创设医院声》，1920年10月10日）

1920年的东钱湖西瓜庙（引自《东钱湖文丛》创刊号）

　　12月15日，会稽道尹黄涵之要求鄞、奉、镇三县知事与就地绅民妥为商议，"赶紧开浚东钱湖"。次日《时事公报》报道说：

　　宁波会稽道尹黄君昨令行鄞、奉、镇三县知事云，查旧宁属之东钱湖居鄞县之东，界周围八十里，其水灌溉鄞、奉、镇三县八乡之田，约五十余万亩，关系重大，概可想见。前因淤积之久，曾由地方绅民集资开浚。旋因工大费巨，未曾告竣。迄来水灾频仍，大都由于水利失修所致。该湖既为三县八乡之所利赖，自应继续进行，以竟全功而兴水利。除分令外，合即令仰该知事即便遵照，迅速会同各该知事等并邀集就地绅民妥为商议，赶紧开浚，并将经费如何筹措、工程如何计划开折具报。事关农田水利，毋涉玩忽云。（《续催筹浚工钱湖》，1920年12月16日）

12月18日，《四明日报》报道渔源乡自治委员尽职情况。报道说：

　　鄞县渔源乡自治委员忻廷楷去世后，即由县知事派忻君毓陶为该乡自治委员。忻君品学兼优（闻系前法政学堂毕业生），任事认真，自莅任后整顿地方不遗余力。恨前届选举之腐败，于是力求进步，特派专员加意调查，以重选政。闻近日为禁赌事，该委员出有布告（文从略）云。（《自治委员尽职》，1920年12月18日）

1921 年

2月2日，鄞县二区警署巡警谭笛帆奉令前往韩岭市征收屠宰税，象山籍屠户

---

① 李志方，莫枝沙家垫村人，长期担任日商日清轮船公司买办。热心家乡建设，多次捐资在家乡兴办学校、医院等。现活跃在海外的著名宁波帮人士、慈善家李达三即其族侄孙。

聚众抗捐，将其殴打致死。警署当局呈文要求予以抚恤。（《呈请抚恤故警遗族》，《时事公报》1921 年 4 月 25 日）

4 月 6 日，《时事公报》报道旅沪巨商李志方捐资在莫枝创办学校。报道说：

> 东乡莫枝堰镇接近东钱湖，户口繁盛，学童众多。现有旅沪殷商李志方为普及教育，加惠子弟起见，独出巨资，择定该镇八字桥下创办学校一所，现已雇工填地，招工建筑校舍矣。（《学务好消息》，1921 年 4 月 6 日）

4 月 8 日，《时事公报》报道，莫枝镇街道狭窄，"逢一、六市期，两旁排列摊担，市人往来，摩肩擦背，更为拥挤，所望该镇乡耆亟为取缔"。（《修路浚河》，1921 年 4 月 8 日）

4 月 15 日，《时事公报》报道钱湖渔帮永宁公所董事易人。报道说：

> 鄞县东乡殷家湾地方居民多以墨鱼为业，每年于阴历四月间放洋，约计四五百家，并设有永宁公所，举该乡巨绅郑世璜担任董事。兹闻郑君已于前月间病故，该业中人以公众机关不可无人主持，于前日推举代表，来城延请忻汰僧为董事。忻君以乡谊攸关，业已承认云。（《永宁公所董事易人》，1921 年 4 月 15 日）

5 月 15 日，筹办多时的宁波旅沪同乡会新会所在上海隆重开幕，沪上宁波同乡及各界人士数万人先后到会参观。会所中布置的包括东钱湖、月湖、象山军港等全景大照引起参观者的极大兴趣。"诸西宾对于该会所陈列之宁波产品及张挂之各件风景写真片，如镇海关、东钱湖、月湖、慈湖、慈溪城、清道观、三门湾、象山军港等全景大照中，尤为注意称美云。"（《宁波同乡会新会所开幕二纪》，《申报》1921 年 5 月 17 日）

是年，祖籍东钱湖畔沙家垫的当代著名实业家、慈善家李达三出生。

当代著名宁波帮人士李达三

1922 年

2 月 11 日，航行于东钱湖的韩岭市民船遭覆，大批赌徒溺毙。（《民国十年六

月一日至民国十一年五月卅日四明大事记》，《时事公报》1922 年 6 月 1 日）

3 月 23 日，《时事公报》刊文揭露渔源乡在县议会选举中的种种弊端。报道说：

> 鄞县渔源乡此次县会选举，由自治委员忻毓陶承办。该乡选民公推王世鉴为监督，事前有忻慎原者向毓陶处运动当选，经人反对，事遂中止。嗣经毓陶再三设法，即将忻慎原改名忻振陶，对众公布。讵知事机不密，又为反对者所察觉，不免又起抗拒。而忻毓陶竟置之不理，且将调查选民，并不实地清查，而选民姓名，亦不宣示公布。至投票之前一日，有某君至自治公所（平水堰）索阅名册，而名册又不肯轻易交出，于是众皆愤懑。至二十一日投票时，忻毓陶又将投票所迁至山岭青山寺投票，以免众人之反抗。一面暗中召集武夫多人，以备临时抵抗。该乡之殷家湾人以组织当选者既非众人所承认，遂请求实地投票。而忻氏方面，目不识丁居多，若果实地投票，非惟正真选民，无处可找，即所谓磨豆腐者亦不能多得。不得已即喝令所雇武夫喧赌，以乱秩序。当时有设馆于费家市之郑兰葆者，睹此情形，不觉大怒，即将喧闹之人，加以训叱。一班武夫，不惟不听，即将郑某倒地殴打，撕碎马褂。是时警察亦不敢过问，几成巨祸，幸经史济清再三说和，始寝其事。次日开票，忻振陶竟以一百五十一票当选，候补当选人郑宗周二十二票。兹闻有该区公民忻太僧者，拟不日缮具呈状，提起诉讼云。（《选举风潮之种种》，1922 年 3 月 23 日）

5 月初，渔源乡公民忻壹[①]具文县知事，要求撤换该乡学务委员。《时事公报》报道说：

> 窃渔源乡学务委员忻启陶即忻三任事以来，绝无成绩，其行为之恶劣，凡所交识无异议。本届期满，闻又经知事续委，发有委任令转给在案。用人行政官厅特权，小民何敢妄议，惟忻启陶为本乡陶公山地方忻氏崇义小学校教员，而查学务委员规程施行规则第二条，载有"现充国民学校高等小学校长或教员者，不得兼充学务委员"等语，是忻启陶无论其品行如何，才识如何，既为崇义小学教员，断难兼充学务委员。人心不心，国法或在，世居是乡，不忍久默。为此禀请知事公鉴，准予撤换，实为公便。（《呈请撤换学务委员》，1922 年 5 月 6 日）

5 月 25 日，东钱湖全体渔民在该乡后庙集议，要求"剔除弊病，以安民业"。《时事公报》报道说：

---

① 忻壹，陶公山人，民国时期甬上著名律师。

鄞县东乡钱湖一带人民素以出洋捕鱼为业，每年立夏前后回洋。该乡驻扎之缉私巡丁，如逢渔船进关之时，用剩渔盐，均须抛弃入洋，否则即将船只扣留，且有时加以枪弹恐吓渔民。因此众抱不平，大动公愤，已于初一日由该业柱首忻、史诸君召集全体渔民，在该乡后庙开会，讨论一切善后办法。决定二十日待众渔船三四百艘回洋进关时，一律封港，要求盐务长剔除弊病，以安民业。查去年奉化盐案酿成大祸，前车不远，想盐务长必有以整顿之也。（《渔民对抗盐警之风潮》，1922 年 6 月 1 日）

7 月 8—10 日，鄞县议会举行临时会，其中一个议程是讨论议员陈清寿提出的"禁止侵占东钱湖湖塘案"。

该提案云，查东钱湖水利关系三县七乡，灌溉田数十万顷，生民衣食所恃重大。惟年久失修，湖多淤塞，官绅虽有疏浚之议，然因手续繁重，经费无着，徒抱奈何之叹。今虽设湖工局，亦因经费困难，徒存其名，未得其实，总未整顿一切。加之湖滨居民人多地少，日以侵占为事，或建筑衙头，或填屋基，或作园地。虽占公为私，阳虽与地方无损，阴实吸生民膏血。考其原有湖身，与今日占去为数实大相悬殊。若听其侵蚀，致面积日减，储蓄不多，一遇旱灾，水流不畅，下流禾田，恐成焦土。顾欲筹一劳永逸之计，非疏浚不可。但事体重大，在有志者拟缓以图之。今先将湖滨侵占设法禁止，则原有湖身不致再形减少。其业宜追咎于既往，并足以明鉴于将来，此本案之所以提出之理由也。办法：

一、先清丈现下实在面积，绘图备案，分存三县三会，一面将湖面丈尺、勒石竖立坝头，以照实在。

二、由县署出示严禁，违者不独将原地归还，并科以重罚，即倾到垃圾有碍水利，也在禁止之列。由县知事转饬湖工局及就近自治人员，认真监督整顿之。

三、湖滨侵占地已建房舍者，须持有税契向湖工局证明，否则向县署报告升粮。自此次严禁后，该处居民不得援以为例。

此办法于同月 17 日召开的临时会上通过。其审查报告云，以东钱湖为鄞、奉、镇三县七乡水利所关，应重申禁令，不得私行侵占。该湖五六年前曾派员测量，绘图分存三县，现可依照此图办理。如沿湖居民再有发生侵占情事，一经瞥见，当即报告湖工局及自治委员，呈请官厅究办。如倾倒垃圾于湖塘之旁，也在侵占之列。已建房屋须将税契及粮串，向湖工局证明，无粮串应向县公署呈请升补。对湖工善后局也应认真监督，并会同自治委员随时随事整顿之。（《提议禁止侵占东钱湖》，《时事公报》1922 年 7 月 10 日；《鄞县县议会临时会纪（七）》，《时事公报》1922 年 7 月 11 日）

另据报道，在讨论该案时，会上出现不同意见。"某君谓此湖关于三县七乡水利，应提交县会联合会讨论。唐君谓此案无提议必要，因该湖有湖工局，可责由该局办理。冯君谓应先规定此案能否成立，但此湖虽有湖工局，该局亦系自治经费所设立，现有陈议员提议，本会似不能置之不理。当由某议员主张本案成立，多数通过。"（《鄞县县议会临时会纪（七）》，《时事公报》1922年7月18日）

8月1日，《时事公报》刊文抨击东钱湖"土豪"恃势填塞水道之恶劣行为。报道说：

> 鄞县东钱湖陶公山头地方资本家忻阿鸿平日为富不仁，远近侧目。今庚夏月拟将湖之枢纽地，以泥石堆作堤塘。考其纵横计东西长三十二丈，南北广百丈，近已开始工作，不日就可告竣，用意所在，实欲自充基地。应知该湖为全县水利所关，四乡农田皆借以灌溉，其在热心公益之士绅方拟集资开浚，何能任一二土豪私意填塞。频年以来水灾频仍，居民受耗浩繁，皆水道湮不通之故。今阿鸿拥有巨资，身为干事，置公利而不顾，又复私占湖地阻塞水道，使农民做无穷之祸。此其肉岂足食耶？愿吾邑之士绅亟起而干涉之，此则农民之幸也。（《土豪填塞水道宜惩》，1922年8月1日）

8月4日，《时事公报》报道，下水村绅商兴办忠应学校。报道说：

> 鄞县大咸乡下水地方，人烟稠密，学童繁多，惟学校未设，以致一般学龄儿童，常有失学之感。兹该村史全生有鉴于斯，特邀请就地绅商蔡汉章、史悠祺、史生宽、王禹爵及耆老人等，公同妥议，已得同意，拟借该村忠应庙为校舍，即定名为忠应学校。所有开办费，由在议诸君负担，嗣后常年费系各姓公款提充。现已装设校舍，购办校具，准于本年阴历七月上旬开校云。（《热心办学》，1922年8月4日）

8月28日，莫枝堰志方学校建成开学。《时事公报》报道说：

> 鄞县东钱湖莫枝堰地方李志方，对于地方公益颇具热忱，特于去岁独出巨资数万金，在该处建设四座，兴办学校，命名曰志方，取以志洁行方之义。今夏聘请校长林藜叔暨教员六人，已于八月念八日开学。闻就学儿童竟达一百二十余名之多。苟能勖勉从事，该校之发达，正未可限量云。（《创建新校已开学》，1922年9月2日）

8月底，东湖帮渔业永安公所董事蔡和锵、戴廷佑、忻毓陶等致函浙海关税务司，奉告查验湖帮渔船之为难情形，要求渔船进口时免予验看。《时事公报》报道说：

> 鄞县东湖帮渔业永安公所董事蔡和锵、戴廷佑、忻毓陶等，函致浙海关税务司文云：迳启者，去年夏历十二月间，祇领尊谕，并面奉税务司现行优待渔船简

矗立在东钱湖畔的志方学校

章九条，嘱锵等劝告敝公所湖帮大对渔民。迄今年夏历七月初二日，东钱湖后庙地
方开会，计实到渔民三千十一名，将简章逐条详告，并晓以贵税务司所以优待之至
意。迨读至第八条简章，渔民哗然，大致谓我湖帮对渔船，领有外海水上警察厅牌
照，即为国家已许我渔民进出口之凭证，以捞获之鱼物，归冰渔船运贩，间接纳税，
即为我渔民已尽国家之义务，每年除年节及回洋时，稍带自食鱼鲞外，并无私贩情
事。盖在外洋有冰鲜船之箝制，在内埠有鲜货行之监视，事实昭著，向来进出得以
免予验看者，职此故也。还望贵税务司仍照简章办理，较为简捷。至第六、第七两
条，现在敝公所奉有外海渔业总局布告，对于渔船挂号注册，领给旗照，及配用盐
斤各办法，大致相合。除与外海情形不同处，由敝公所声明外，且待该总局奉准部
批核行施行时，再当呈报贵税务司备案。以上奉谕劝导开会情形及与渔业总局磋商
办法各案，理合先行呈报。（《查验湖帮渔船之为难》，1922 年 9 月 3 日）

9 月 1 日，鄞奉镇东钱湖湖工善后局正董蔡玉祺、副董蔡和锵呈文鄞县知事姜
证禅，要求核委湖工局局董并呈报议决办法。《时事公报》报道说：

鄞奉镇东钱湖湖工善后局正董蔡玉祺、副董蔡和锵，昨呈姜知事文云，为呈
请核委局董并详报议决办法事，窃敝局奉鄞县县参事会函开，准鄞县县议会函开，
本届临时会议决禁止侵占东钱湖湖塘案，函送查照执行等由通会。经开会集议，
议决执行办法，合亟抄同议决案函请查照，分别实行，以杜侵占，是为至要等因。
奉此，敝局遵于八月廿七日下午二时开会。公众讨论，因原有议董十人，现因王
君世钊、应君宇澂、杨君凤瑞先后作古，应行补推足额，当经公推忻君毓陶、柴
君永祺、杨君达逯为议董，并议决前于民国三年所筑塘堤，本由忻君锦崖经管，

现以忻君物故，应由局内正副局董下乡复勘，实行收归兼营。又拟湖内四碶四闸，依据临时测量队报告书，先行估勘修筑，并将该报告书及本届县议会议决侵占湖塘案，编订成册，印刷分送鄞、奉、镇各县士绅备查，其余照案（原案见前报）执行。为此备文呈请钧署核委议董，并详报议决办法，伏乞钧示只遵（下略）。（《呈请核委湖工局局董》，1922 年 9 月 2 日）

9 月初，浙海关税务司复函湖帮渔业永安公所董事，对于免验湖帮渔船之要求予以拒绝。《时事公报》报道说：

　　鄞县湖帮渔民于夏历七月初二日，在东钱湖后庙开会，其经过情形及磋商办法，已由蔡和锵、戴廷佑、忻毓陶等，致函浙海关税务司，以第八条简章对于查验渔船一节，颇有为难等情，已志三日本报。兹接甘税务司复函云（上略）：本税务司查本关办事，应以保全税款为主要，而保全税款，必得各进出口船只报关查验。如不报关，则该船是否闯关走私，本关无从分别。是以本税务司所订简章九条，无非体恤渔船优待之意，惟一面仍应保全税款，如该渔民误会此意，恐难免有闯关走私等事，甚非本税司优待渔船之旨也。（《免验湖帮渔船之未准》，1922 年 9 月 12 日）

10 月初，陶公山曹氏私立光裕学校发起成立乡村教育研究会。《时事公报》予以报道并为之叫好：

　　鄞县东乡陶公山曹氏私立光裕学校，前由云龙学校校长张葆舲及东南乡巡回教师吴叔璜等发起乡村教育研究会。兹悉已与各该乡各学校遍行接洽，准于本月十五日开会，仍借该校为会址。届时乡间各校教员群集一堂，各本平时教授之心得，以相讨论，复得张、吴二君提倡研究指导，当可为该乡教育界放一线曙光也。（《乡村教育研究会预志》，1922 年 10 月 2 日）

11 月 10 日，《时事公报》报道渔源等乡农民四百余人以本年水灾歉收进城要求减租：

　　鄞东高嘉、郧溪、渔源三乡农民林性茂等四百余人，以田禾歉收，于四日来城赴县呈请出示减租。兹悉姜知事昨已出指示，查本年风水为灾，各处田地高低不一，收获丰歉，当然不能一致。惟田禾总有几成收数。各地户应于收割时，先期报告业主，前往勘明。双方各本天良，妥让分租，以照平允，而免争执。（《农民呼请减租之呈批》，1922 年 11 月 10 日）

11月下旬，忻仰高就任渔源乡自治委员。《时事公报》报道说：

> 鄞县渔源乡自治委员忻毓陶于日前病故出缺。姜知事据城乡自治联合处办事员蔡和镕函报后，昨已令委忻仰高君接充。原令略谓该员热心公益，乡望素孚，堪以令委接充，令行填发委状，令仰该委员遵即到处任事，认真办理，并先将任事日期，详具履历，呈报备查。一面即将文册款项等件，向忻前委员家属妥为接收，造册送署，以便查核云。（《自治委员继任有人》，1922年11月22日）

是年，旅沪乡贤曹兰彬[1]、李志方等20余人在莫枝集资创办普益医院，设内科、外科、妇科，该院的创办有效地改善了东钱湖地区的医疗卫生条件。

青年时期的戴东原（引自《东钱湖文丛》创刊号）

是年，戴东原[2]兄弟在家乡鄞东大堰村创办邻湖图书馆，拥有图书300册，是为全县乡村首个私人图书馆。

1923年

5月，浙江省视学袁易视察鄞县学校教育状

20世纪20年代设立的东钱湖图书馆

---

[1]　曹兰彬，陶公山人，沪上木业巨子，其丈人为清末上海五金大王叶澄衷。曹氏在家乡举办多项善举，时人称其"悯族人之无告也，则会立敦亲，年支巨款。虑族人之失学也，则校创光裕，岁出多金。建湖滨之亭，而往来行旅庇其荫。成普益之院，而地方疾痛免其灾。他如助孤儿之教育，不胜枚举"。参见顾钊：《四明愚叟拾残录》第3卷，"寿言"。

[2]　戴东原，东钱湖人，为当地著名士绅，曾担任浙江省水利委员会委员、浙江省鄞县第一届省参议员、东钱湖参事会参事，在东钱湖办有多项善举。

况，事后编撰《鄞县教育状况报告书》并刊登在《时事公报》上，其对位于莫枝的私立志方学校有相当细致的观察，并予以高度评价。其评语如下：

> 该校由校主李志方捐款创办，校舍均系新建洋房，建筑费二万余元，常年经费二千二百元，设备完善，校具精良。设有学务监督一人，采分级制，校长、教员均由其聘请。该校学务监督，由育德校长林端甫兼任，故校内一切设施，多与育德同。学生共六十一人，分五级，各级教室内挂有养性歌，就各级儿童品行上需注意之点，撰为浅显之歌词，令其常唱，以为养性之助。教授时间表及各处设备，均含有美的意味。项教员授五年级英语，颇能利用儿童之求知心，养成自学之习惯，教态亦和霭。各教员均朴实俭约，有研究心，是形式、精神双方能兼顾者。（《鄞县教育状况报告书》，1923 年 6 月 6 日）

1924 年

7 月 21 日，鄞县知事江恢阅以近来匪氛日炽，地方治安堪虑，特于是日下午召集各区自治委员在县署开会，讨论防务事宜。结果通过防务决定多项，其中议决"韩岭市为东乡据要之处，虽有陆军二十名暂驻于此，然清乡期满，即行他调，应酌派保安队，前往填防，以免后患"。（《鄞县公署之防务会议》，《申报》1924 年 7 月 24 日）

7 月，针对东钱湖渡船贪利多载、危险万状的情况，旅沪甬人在同月出版的《宁波旅沪同乡会月刊》上刊文建议加强管理。其文曰：

> 鄞县东钱湖中渡船往往贪利多载，船小量重，因之船边离水只要数寸。行驶韩岭一带湖面，湖浪滔天，极为危险。遇风顺之时，高挂篷帆，船身倾侧，尤为危险。又有一般渡夫遇客讨船，言明船价，于到时索取酒资，或开渡时抖揽乘客，出言无礼。尚望该处士绅加以取缔，以安行旅。（《钱湖渡船宜取缔》，《宁波旅沪同乡会月刊》第 12 期，1924 年 7 月）

10 月，《宁波旅沪同乡会月刊》第 15 期出版，其《七邑实业近闻》专栏报道了三则与东钱湖有关的消息。其一，大堰头开设轧米厂并请示保护。"鄞县东钱湖大堰头地方，现有商民戴君，鉴于莫枝堰东立轧米厂营业发达，特在本村开设机器轧米厂一所。刻下购机装厂，筹备一切，均已就绪。该厂位置接近水路，交通颇形

20 世纪 20 年代的钱湖人家（水银提供）

便利。闻其所定轧价较他厂稍廉，以广招来，亦实业之好消息也。"其二，韩岭组织崇实劝导森林分会。"鄞东韩岭市唐君瑞以该处地多山岭，为天然培植森林之区，曾创办农林试验场，竭力从事提倡。兹悉唐君闻受中国崇实劝导会之委托，广为征求会员，拟在该地组织分会，以资提倡森林事业云。"其三，由于有东钱湖水可资灌溉，鄞东晚稻丰收。"鄞县东乡田亩今年所种晚禾，因赖有湖水灌溉，滋养料充足，稻秆粗大，谷粒壮满，黄云遍野，粒粒如宝珠。目下早已动镰，收成颇好，每亩可收五百斤左右，次亦四百五六十斤，农民均喜形于色云。"

　　11 月，《宁波旅沪同乡会月刊》第 16 期出版，其《七邑实业近闻》专栏报道了湖帮渔业获得丰收情况：

　　　　鄞县东钱湖素称渔业发达之区，大对渔船不下千余艘。今庚中秋节后及重阳节前先后出洋采捕鱼类，迄今已月余。目下钱湖各渔户已有外洋消息报到。据说洋花颇旺，鱼类多有所获，均由中路船纷纷运销，价也甚优，如能长此发旺，再捕一月，即可得足原本，此后网捕，纯为余利云云。果尔则明年端节回乡，又必满载而归，诚实业之好消息也。（《宁波旅泸同乡会月刊》第 16 期，1924年 11 月）

20 世纪 20 年代东钱湖上的捕鱼者（引自仇国华主编《新编东钱湖志》）

12 月 28 日，湖工善后局董事蔡玉祺、蔡和镕致函县公署，要求将占筑湖面的郑阿宝"饬役传询"。县知事江恢阅据报后即出传票查勘，"勒令停止工筑，并令拆让，归复原状"。《时事公报》报道说：

鄞县湖工善后局董事蔡玉祺、蔡和镕于十二月二十八日致函县公署云：敬肃者，东钱湖为鄞、奉、镇三县七乡水利攸关，年来沿湖居民，屡多占筑，非严行究办，不足杜侵占之渐。敝局于二十四日偕该乡自治委员忻仰高沿湖巡查，侵占者实繁有徒，其姓名一时难以访识。当即面托忻委员一一查明后，再行呈报。惟查莫枝堰地方，为鄞东中塘河钱湖泄水之咽喉，湖河交接，又为各处舟楫航路之要道。该处有郑阿宝者，胆敢于东首湖塘外，填土驳石，侵占湖面，约计面积五六十方之大，于交通水利大有妨碍。为此先事恳请察核，迅饬干役，前往莫枝堰地方先行停止工筑。一面提人到案，勒令拆让，归复原状，以保水利，而杜侵占，实为公便。江知事阅函后，即出有传票云：为票饬事，据湖工善后局董事蔡玉祺、蔡和镕呈称（见上从略）等情。据此，查东钱湖沿湖一带，年来每有居民侵占砌筑，前经湖工善后局决议严禁在案。据呈前情，合亟仰该役前往莫枝堰地方，查勘郑阿宝侵占湖面地段若干，勒令停止工筑，并令拆让，

归复原状。如敢抗违，即将郑阿宝带案讯办，毋稍徇纵，切切。（《占筑湖面饬役传询》，1925 年 1 月 1 日）

是月，东钱湖湖帮渔商发起创办罐头公司。据《宁波旅沪同乡会月刊》记载：

> 鄞县东钱湖帮渔商以近年来水产出口颇获丰富，惟因鲜咸鱼物，仅销售就近口岸，不能行销远方，殊为憾事。兹有该处商民王君忻君等拟集资创办罐头公司。闻已有多人赞成，现正积极组织，俟稍有头绪，即于明春开办云。（《组织罐头公司之好消息》，《宁波旅沪同乡会月刊》第 18 期，1924 年 12 月）

1925 年

1 月 1 日，《时事公报》出版新年增刊，署名"圣笑"者在《宁波风土民俗之批评及其希望》一文中对宁属六邑士人习性做了比较深刻的阐述。其中对鄞地鄞人的论述如下：

> 鄞县首邑，通商之地，华洋杂处，风气庞杂，人习诡谲。其君子喜事而攘功，其小人重利而轻诺，戈财趋时，其势然也。然鄞江以南，沃野百里，厥土宜农，民习勤劳。西城古林之间，织席之利，遍海内外，盖亦农国之遗也。东湖之民，多业渔，无饥冻之民，亦无富厚之俗。（《宁波风土习俗之批评及其希望》，1925 年 1 月 1 日）

1 月 10 日，《时事公报》刊登县视学忻惟贤《鄞县教育状况之报告（三）》，对东钱湖区域相关学校评价颇高，其具体视察与评价情况如下：

> "私立保世校"，一、三年合复式，四年级单式，二、五年又合为复式，学生发达，书籍、图书、标本计百余种，教员四人，甚热心，学生成绩颇好。
>
> "渔源区区立第一校"，教室计前后二长间，单面进光，颇合二部教授之用，学生五十二人，单级编制，郑教员对于教授甚认真，学生静肃，教室清洁。
>
> "私立志方小学校"，校舍新建，有普通教室四、特别教室二，理化器械完备。项教员教授英语，甚有经验，练习听写时指事实物以为教材，甚为合法。邬校长国语之修养甚深，学生能讲，能表演，缀文练习。高年级每周二三次写字，以量尺为标准。校内设施完备，学生成绩优良。
>
> "私立光裕校"，校内宽大，空气清新，有学校图书馆，课余供学生批阅。初级一、二、三年生合，三、四年生合，五、六年生合，均系复式。苏教员英语课五年生默写，

六年生直接教授，时间之分配甚适当。初一年国语教师教授尚认真，写字、图画、作文等成绩颇佳。其金充足，计一六五〇元。

"私立宗培校"，一、二、五年生合为单级，三、四年生合为复式。书籍、标本计百数十种。五年生文言文成绩颇佳。课外有讲演会，每周一次；表演会每月一次。学生对于国语颇有自学能力，英语成绩亦佳。

"私立邻湖校"，初级部单级编制，高级部复式编制。校用图书购备至二千余种。戴校长热心教育，年负担经费四百元，独立支持，近更为无力升学与年长失学者，设补习学级与平民学级。而书报公阅社、通俗教育社，亦各相继附设。

"私立咸新校"，校舍不适用，双人桌而未对截，应用不便。陈教员教授国语，讲解详明，改儿童作品，字字以正楷出之，成绩优良。参考图书计四五十种。

"私立本仁校"，无相当校舍，现借忻祠厢楼为教室，单级编制，初一、二、三年生合，四、五、六年生合。学生甚多，教师勤恳，成绩亦佳。

"私立崇义校"，校舍尚合用，国文、书法等成绩颇佳。

"私立养正校"，学生多农人子弟，教员对于教管尚知认真，成绩尚佳。（《鄞县教育状况之报告（三）》，1925 年 1 月 10 日）

1 月 17 日，《时事公报》在《来件》栏目刊发《鄞县各区学校等第表》，其中介绍地处东钱湖滨的渔源区、鸣凤区情况如下：

渔源区：甲、光裕、宗培、本仁、崇义、邻湖、区立一；乙、养正。
鸣凤区：甲、区立二、区立一、东海、保世。（《鄞县各区小学校等第表》，1925 年 1 月 17 日）

1 月 18 日，《时事公报》报道甬上民妇捐资万元在殷家湾创办学校。文云：

鄞县东钱湖滨殷家湾地方居民众多，向无学校。为培养青年子弟，现由江东大河桥富户戴葛氏独出资万余金，拟在该处创办小学校一所，刻已命其侄文堂往乡间督造校舍，暑假前定能完工，于阴历七月间开学。该处青年多一求学之所，亦地方之幸也。（《殷家湾将创设小学校》，1925 年 1 月 18 日）

3 月 22 日，志方学校全体师生召开孙中山追悼会。（《小学校之追悼孙先生声》，《时事公报》3 月 28 日）

3 月 30 日，大堰头邻湖学校召开孙中山追悼会。《时事公报》报道其仪式如下：

一、鸣丧钟入礼堂；二、宣开会词；三、向黑板上书"元勋孙中山先生"七字，行三鞠躬礼；四、全体学生唱追悼歌；五、读追悼文；六、来宾演说；七、教员赵公戊演说，全体三呼中华民国万岁而毕。（《邻湖校追悼孙中山》，1925年4月4日）

4月15日，大堰头志方学校师生60余人游览招宝山。《时事公报》报道说：

上午三时登舟，黎明过甬，九时抵镇。是日春光明媚，风和日丽，一般学生均逸兴勃勃，沿途笑声不绝。游览招宝山后，顺道参观安道炮台、镇海孤儿院、县立高小第一模小、梓山公园及港口养正学校、李家花园等处。至三时许，始启碇返校云。（《志方学校旅行招宝山》，1925年4月19日）

4月29日，莫枝堰志方学校举行创立三周年纪念。《时事公报》报道其活动如下：

一、振铃开会；二、唱国歌；三、宣开会词；四、对校旗行庆祝礼；五、唱校歌；六、来宾演说；七、教职员及学生演说；八、唱纪念歌；九、三呼万岁；十、闭会；十一、余兴（下午）。其节目有二十余项云。（《志方学校三周年纪念》，1925年5月3日）

5月初，李志方在家乡莫枝堰发起创办电灯公司。《时事公报》报道说：

鄞东莫枝堰地方人烟稠密，商市也称繁盛。该乡士绅李志方等有鉴于此，拟创办电灯公司一所，曾亲自赴沪购备机器，现已运到，昨即雇运装制，想不日即可开机试火。（《莫枝堰将有电灯出现》，1925年5月3日）

7月中旬，为援助上海"五卅运动"，设于邻湖学校的鄞东救国学会发起成立并开展调查仇货运动。《时事公报》先后报道说：

鄞东救国学会自发起以来，加入者殊多，现已宣告成立，其缘起有"外患方殷，我们的责任正大，为特组织学会，以与帝国主义者相周旋。学不忘救国，救国不忘学。愿同志奋起焉"等语。凡学有专长、术有专得者，皆可入会，以大堰头邻湖学校为会所，以各会员所在地为事务所。日前由忻鹤寿提议调查就近莫枝堰、韩岭市等处仇货，决于暑假期实行云。（《鄞东救国学会调查仇货》，1925年7月16日）

鄞东救国学会赵公戊，日前会同许生淮、戴行侯、忻贤华等，各佩徽帜，由邻湖学校出发，至韩岭市调查仇货，先至竞志学校，由金士俊一同至金长顺、祥和、祥兴等商店，大都尚存有仇货纸烟等，当嘱售完后，切勿再进货，查出倍罚，各店主均非常赞成。后由金君陪至竞存学校午饭，颇为优待云。（《鄞东救国学会查仇货纪》，1925 年 7 月 25 日）

7 月下旬，邻湖学校学生发起成立暑期自修会，轮流办公。《时事公报》报道说：

> 大堰头邻湖学校，由阴历初二起，放暑假四十天。其初中及后期小学部学生忻贤根、戴行侯等组织暑期自修会，定简章八条，派十人为勤务生，轮流办公云。（《暑期中之学校消息》，1925 年 7 月 25 日）

9 月 4 日，《时事公报》报道，正在北方游历并抵达张家口的东钱湖士绅戴东原，对当时北京开展的驱章（士钊）运动，颇不以为然，特公开发表告北京教员、学生书，为当时颇受舆论攻击的章氏鸣不平。戴氏认为章氏究系学者，其主张与手段虽有可议之处，但其整顿腐败学风，头脑清醒，自无不赞成，"且章行严自章行严，英帝国自英帝国，对内对外，请分辩清晰，万勿并为一谈"。（《章士钊得一知己》，1925 年 9 月 4 日）

9 月 16 日，东钱湖上水村士绅朱其春鉴于年来有许多外籍（奉化、新昌、嵊县）工人良莠不齐，杂居该村，时常滋事，特致函该管五乡碶警署及韩岭保安队，"请为设法驱逐"。（《函请驱逐横暴客民》，《时事公报》1925 年 9 月 17 日）

10 月 22 日，《时事公报》报道东钱湖上水村绅商发起上水交通协会，组设定时渡船，以方便附近商民出入。报道说：

> 鄞东上水村，地居东钱湖南滨，其邻近鸡山头沙家山溪沿范吞横街等处，有户二千余家，为行旅出入之要隘。近年虽有渡船数艘，惟行驶不当，每有阻碍交通之事。兹由该村绅商朱其春、陈永兴、钱根才等于八月二十九日假凤山学校开会讨论，组设定时渡船，决议每日上下午行驶莫枝堰、陶公山等处，往返两次，风雨无阻，遇紧急时可暂定或延时。除趁客缴纳船资外，月贴舟子助洋二元，其每月贴资先由发起人垫给，俟筹募着手，以维永久。（《上水村组设定时渡船》，1925 年 10 月 22 日）

后据 11 月 16 日《时事公报》报道："此事由鄞东上水交通协会出面刊登开航通告：准于夏正十月一日开航。"（《鄞东添驶渡船之实行》，1925 年 11 月 16 日）

10 月初，邻湖学校因宁波城区发现同名学校且有演剧筹款之事，特致函县教育局质问。《时事公报》刊登其函云：

今秋在报上曾见有所谓邻湖小学校广告，不详其主办人，惟同县同名诸有未便，以事关小节，亦漠然置之。近见报载该新立邻湖小学，有演剧筹款。事虽与敝校风马牛不相及，且敝校已试办初中，并拟相机而进，与该校仅止小学不有所不同，但邻湖学校与邻湖小学仅相去一字，而最后该小学广告，竟亦称邻湖学校，不知该校是否向贵局立案，即立案应否改进，未立案应否干涉，均请裁夺施行，总期无损敝校名誉云云。（《同县同名邻湖校之交涉》，1925 年 10 月 3 日）

11 月 14 日，《时事公报》报道，大偃头邻湖学校教员热心平民教育与社会风俗之改良。

11 月 18 日，东钱湖名绅戴东原以国民政府革命第一军军长蒋介石有辞去本职消息，函劝蒋介石勿辞军长，以应外患。（《劝蒋介石勿辞军长》，《时事公报》1925 年 11 月 19 日）

11 月 22 日，鄞县上水乡交通协会因开通钱湖上、下午定时渡船后，有邻村散渡（俗名野鸡船）在该村兜拦乘客，"致该会渡船未能发展"，乃召开干事会，公推朱其春为主席，报告创办该船手续及本会成立情况。次讨论议决案如下：一、本会成立须禀官厅，给示保护航行；二、月贴舟子补助二元，由各会员负担；三、每年在二八月须开常会二次，以资讨论；四、上水余家埠头停泊处宜筑亭修埠，约需洋五百元；五、本会基金一百元，以备不虞，该项需款捐册，由各干事竭力劝募。同时该会鉴于上甬航船向无定期，"议决行驶甬江航船，每月准在初五、十五、廿五等三日晚为上水开船之期，次日午刻由新河头开回上水"。（《上水交通协会干事会议记》，《时事公报》1925 年 11 月 25 日）

12 月初，韩岭市绅商集议创办公学。《时事公报》报道说：

鄞东大咸乡韩岭市地方，居民计二千余户，向有竞志小学校，历办多年，成绩尚佳，后先毕业者，实繁有徒。无如该校经费殊感困难，对于校务，不能为所欲为。且现成之校舍，亦嫌狭小，常有不能容纳之患。该村绅商孔陛顺、金开琅、王介人、金秀生等二十余人，于夏历十月十九日，假境上裴君庙开会集议，并邀沪商郑镜清、金菊卿、金银生及竞志、邻湖两学校之办学人员金俊卿、金士俊、郑传荣等，当场议决创办公学。公推孔陛顺、金开琅、金菊卿、金银生为经济股主任，选定募捐人员，分头筹划经费。在乡下方面，有上街队、中街队、下街队、前街队、后街队之募捐队。在上海方面，则有金菊卿、金银生联络郑镜清、孙家谟、金开基（舜卿）等三十余人，分组筹划。其目的定欲建一完全小学之校舍及稳定常年之基金。已公推金士俊为临时筹备学务主任，于明年先假金氏宗祠为试办完

全小学之初步，其经费暂由金银生、金菊卿等负担云。（《韩岭市创办公学之集议》，1925 年 12 月 10 日）

12 月 5 日，韩岭旅沪商人金吟生，具呈县署，拟在韩岭发起创办韩岭公学与韩岭工厂，请予立案保护。《时事公报》刊载其文云：

> 窃商民向在上海经营烟业，近因鉴于本乡贫民生计艰难，童稚失学，爰邀请十堡宗长，就地绅商，公同筹议创办小学、工厂各一所，以应地方急需。即以韩岭公学韩岭工厂分别命名。当经议决，由商民担任工厂资本五千元，暂借本处装君庙为厂址，由沪聘请技师，购置本机原料，招雇就地妇女，教以投合卷烟方法，即以将来营业盈余年拨二千元，充作韩岭公学常年经费，盈余苟不足数，则仍由商民担任筹垫。于营业之中，实具有公益之意。至学校开办经费，则由地方十堡绅商筹集。先将创办工厂缘由，并照义约，具禀呈门，迅准备案，给示保护，以维实业，而纫公益。（《开设卷烟工厂请立案》，1925 年 12 月 6 日）

12 月 6 日，莫枝堰志方学校举行游艺会。《时事公报》报道说：

> 鄞县莫枝堰志方学校校长周祥士自接办以来，成绩已大有可观。兹闻该校六日举行游艺，是日天气晴朗，游艺项目甚多，观者俱极满意云。（《志方学校举行游艺之经过》，1925 年 12 月 8 日）

12 月 11 日，东钱湖上水交通协会为其成立及开办渡船事，致函该乡自治委员，"务请转详县署，给示晓谕，以维永久"。（《上水添驶渡船之函报》，《时事公报》1925 年 12 月 12 日）

12 月 12 日，《时事公报》报道陶公山祥源轧米厂营业发达。报道说：

> 鄞东陶公山祥源轧米厂集资二千金，购得五十匹马力发动机一架，轧米机二架，每日可轧谷二万余斤，每百斤一角五分。统计不下三十余金。自上春开办迄今，生意颇称发达。现应晚谷当旺，各家均需白米，致顾客异常拥挤。该厂主忻某近特加开夜班，闻有时竟工作至一二时云。（《祥源轧米厂营业发达》，1925 年 12 月 12 日）

12 月 20 日，《时事公报》公布《鄞县现任之学务委员》，其中渔源乡学务委员为忻维贤，鸣凤乡为方全宁，大咸乡为朱凤祥。（《鄞县现任之学务委员》，1925 年 12 月 20 日）

1926 年

3 月 10 日,《时事公报》报道韩岭纸烟厂"出品畅销"。报道说:

韩岭烟厂出品的谋得利香烟烟盒

> 鄞县韩岭市商民金吟生去年组织香烟工厂,为推广国货挽回权利计,将烟厂盈余兴办韩岭公学一所。现该厂出品三山牌、学生牌两种,烟丝黄嫩,颇受该乡人士欢迎,刻正日夜赶制,推销奉、象两县。闻在甬地尚拟设立经售处云。(《韩岭纸烟厂出品畅销》,1926 年 3 月 10 日)

3 月,大堰头邻湖学校因入学学生众多,新辟操场。《时事公报》报道说:

> 鄞东大堰头邻湖学校,自开课以来,以逾旬日,对于初中、高级初小各级学生来学者,已超过额数。现闻该校新辟山地为操场,雇用工匠多日,不久就可竣工云。(《邻湖学校新辟体操场》,1926 年 3 月 17 日)

3 月 21 日,《时事公报》报道东钱湖湖工善后局要求官厅禁止填湖种植行为。报道说:

> 年来沿湖居民不顾公益,有在湖岸填出建筑者,有将湖岸填垦种植者,事为东钱湖湖工善后局查悉,现已禀请官厅取缔矣。(《钱湖善后局取缔填湖种植》,1926 年 3 月 21 日)

3 月下旬,因东钱湖水草蔓延,影响航运,高钱绅民发起捞除。《时事公报》报道说:

> 鄞东鄮溪区高钱地方地处东钱湖航路来往之要冲,今因水草蔓延,舟只往来殊感不便。去年虽经地方人民迭次捞治,未获根本剔除。今由金瑞生、钱锡高等发起,邀集地方农民于三月十八日开会讨论,议决于即日起分三组进行,每组计三十余人,第一组自东钱湖堰下起,东至陈孟桥……共计河线八里之遥,业于三月二十四日捞除工竣矣。(《绅民捞除水草之热心》,1926 年 3 月 26 日)

4月6日，湖帮代表与其他江浙渔商代表一起，在上海浙江渔商公会开会，呼请当局划定鱼界，以防外（日）轮侵入，并议决反对设立渔税征收局。（《江浙各帮渔商代表大会议》，《申报》1926年4月7日）

4月14日，为淞沪设局征收渔税事，江浙各渔业团体代表在上海集议一致反对，湖帮代表忻成义、周千琳出席，"公决请南北两商会主持公道，转呈当道，恳其取消云"。（《渔业团体一致反对渔税局》，《申报》1926年4月15日）

4月25日，鄞县东七乡自治联合会春季常会召开，出席者24人，由评议部副部长桑伯固主席。"议决案有三，其中蔡芳卿报告王京森朦报垦放局以东钱湖升科案，略谓此案已禀，按照该局施行细则第一条及第六条办理，将所给部照吊销，及价费充公外，仍应送庭按律照办，嗣后遇有侵占东钱湖情事，请诸公随时注意。"（《东七乡自治联合会春季常会纪》，《时事公报》1926年4月26日）

4月21—24日，韩岭市有关人士为提倡国货，发起捐资演戏四天，"以不售吃外烟"。《时事公报》报道说：

> 鄞东韩岭市向称繁盛之区，该处人士鉴于纸烟舶来品盛销，以致利权外溢，漏甚巨，集同志捐资演戏，自阴历初十日起至十三日止，计演戏四天，以志决意此后共同不吃外烟，不售外烟，如有不守规约者，察出共同议罚，一面自设烟厂，开厂制造国货香烟，如制造不及，只准吸售南洋等公司之香烟，以挽利权。若该处之人士可谓热心提倡国货，愿各乡镇亦起而仿行之。（《韩岭市不售吃外烟》，1926年4月27日）

4月，东钱湖湖工局董事蔡玉祺、蔡和锵致函鄞县公署，要求禁止"报买钱湖荡产"。据《宁波旅沪同乡会月刊》载：

> 鄞奉镇东钱湖湖工善后局董事蔡玉祺、蔡和锵，函请鄞县公署云：径启者，查鄞东东钱湖水利，关系鄞、奉、镇三县七乡。昔人以湖粮摊纳于乡田，故潴而为湖，为吾三县人民所共有也。惟湖面辽阔，疏浚为难，民国四年间曾经督省两长派临时测量队从事测量，于民国五年六月告成，编就东钱湖测绘报告书并图，奉发贵署在案。十一年，鄞县议会议决禁止侵占东钱湖湖塘案。敝局即将测绘报告书重新附印，分送各机关在案。惟是经费浩大，难事疏浚，而湖淤塞日复一日。其沿湖居民私自填筑者，时有所闻。敝局为三县水利计，正在设法预防，不料更有骇人听闻者，将有集合公司，欲圈占湖淤塞之处，指为荡涂，向沙荡涂灶局报买，借口升粮裕国，冀图私有。岂知该东钱湖由来已久，载在邑乘，潦则蓄水，旱则

灌溉，历唐、宋、元、明、清以来，为我鄞、奉、镇三县七乡人民所公有。时势有变迁，水利则未闻有变更也。敝局为慎重水利起见，除登报警告外，为此来请贵署迅将前情转知沙荡涂灶局，如遇有报买湖边荡涂者，请其据案批斥，不准报买，并请一面迅派干役径到下水地方，是否有人私行圈填情事，以便根究，而重水利，实纫公谊云。（《宁波旅沪同乡会月刊》第 33 期，1926 年 4 月）

5 月 23 日，甬上官员出游东钱湖。次日《时事公报》报道说：

> 宁波警备司令段绳武，于昨日上午偕同朱道尹、林（警察）厅长等，乘坐汽船，作东钱湖之游。当于昨晚乘原船各返本署。此行颇赞东湖胜景不置云。（《甬官场昨游东钱湖》，1926 年 5 月 24 日）

6 月初，对鄞县民人王京森朦买钱湖涨涂事，省令鄞县知事详细复查。《时事公报》报道说：

> 鄞县民人王余丰（即王京森）前因朦买东钱湖涨涂，湖工善后局以有关水利，函县呈省吊销部照。嗣王某不服吊照之处分，具呈省县，请予发还已吊销之部照等情，选志本报。昨县署奉省长令饬，以呈诉各节，情词迥异，令饬查复。闻张知事已函致该湖工善后局董事蔡君云（上略），查此案前准贵局函称，王京森假托下水地户，在葛家葛朱唐湾外塘纪家庄等处，朦禀垦放局，报买沙涂，筑起泥圈，占湖面数十亩。经局勘明请吊销部照，出示晓谕，派勇锄去泥塘，回复原状等由。即经饬役派勇，协同贵局将侵占地处泥塘拆去，一面出示申禁。嗣据王京森呈缴部照，备文转呈各在案。兹查抄发王余丰即王京森呈称，所筑泥塘，距离硬堰甚远，且与钱湖水利无关，前后情节迥异，究竟因何反复，有无别情？奉令前因，相应抄录原呈，函请贵局查明控情，并将王京森侵占湖面情形及拆去泥塘形迹，绘具图说具复，以凭核转，而资证明，停案以待，幸勿稽延。附录省长公署对该案批语如下：鄞县王余丰为涂地被钱湖水利局以侵占湖地，报县吊销部照，请派员复勘由。此案前据鄞县知事呈称，现据王京生呈缴部照，恳请免究等情。兹据来呈，情词迥异，候令鄞县知事查案，切实声复，再行核夺。（《侵占钱湖案奉令复查》，1926 年 6 月 10 日）

6 月 30 日，《时事公报》报道，有东钱湖渔民发迹后雇工填泥筑塘，致"动公愤"。

> 鄞县渔源乡庙垄地方渔民曹安牧，近因渔汛发达，积有万金，遂在上塔山庙

旁钱湖雇工填泥筑塘，计长八十丈，阔八丈，以得种植。不知东钱湖为三县七乡之公有地，而曹某竟敢侵为占有，大兴工作，积极进行。闻湖工董事等得知此事，已拟出面争持云。（《湖筑塘将动公愤》，1926年6月30日）

7月初，湖工善后局董事蔡玉祺等呈文鄞县公署，要求取缔忻甫生侵占湖地行为。《时事公报》报道说：

> 鄞奉镇东钱湖湖工善后局董事蔡玉祺等呈县公署云，案据公民钟月升、林锡尧、史祖安、应正和等函称：近闻贵局为垦放局标卖东钱水水田一案，毅力反对，请求当道长官，吊销执照，足见热心公益，令人钦仰。窃有不解者，升等日前因事往韩岭市，船过陶公山塘外，见仍有新填水地正在兴工者，范围广大，约有一亩有奇。询问船夫，答云是该村梅树下人忻甫生所填，事已照彰，岂先生未之闻耶？查东钱湖为三县七乡公有，水利关系非浅。近年来为湖上居民侵占累累，致今庚初夏天旱时，开放碶闸，不三五日而来源顿减。农民日夜车水，痛苦莫可名状。乃忻甫生何得目无法纪，竟敢胆大妄为。若任其所为，不数日间填筑完成，虽欲禁止，尚可得乎（每间事后托人向贵处恳商，碍于情面遂援照习惯开捐了事）。长斯以往，后患无穷。大好湖山，不数十年后必被侵占殆尽矣。月升等大半业农，利害攸关，不忍缄默。为此备函请求，务祈迅速率领差役及该处乡警，实地踏勘，勒令停工，将已填成之地，四围丈量立界，备案充公，永远不得变卖，庶几惩一儆百，以绝效尤。事关水利，伏希实行等语到局。查侵占水利，沿湖居户以陶公山为最盛。前由敝局开列各户姓名，函请贵县核办在案。乃复有忻甫生仍胆敢效尤，其梗顽已可概见。现该公民等来函告发，益见舆论所在，万无遁逃之理。为此即请知事鉴核，迅饬干差立提忻甫生到案。一面将所填之地丈量立界，备案充公，以惩效尤，实为公便。（《填筑东钱湖函请取缔》，1926年7月4日）

7月6日，忻甫生具呈鄞县公署，声称自己并无填筑湖田之事，所买之塘田系旧有基地，并表示为省事起见，自请一月内将旧驳石砌拆毁。《时事公报》报道说：

> 鄞县民人忻甫生前被湖工善后局呈控填筑湖田，有碍水利，业志本报。兹悉忻甫生昨日具呈县公署云：窃公民世居陶公山地方，向以经商为业，谨慎小心、绝不干预外事，为亲族邻友所尽知，尽可访查。祸缘公民前向族人价买塘田一方，执有印契为凭，事本无异。讵有挟嫌之人，以公民性素畏事，有隙可乘，遂联络私人，向湖工善后局函称，船过陶公山塘外，见仍有新填水地，答云是该村梅树下人忻甫生所填。又称忻甫生"何得目无法纪，竟敢胆大妄为。若任其所为，不数日间，

填筑完成，虽欲禁止，尚可得乎"等语。伏查公民价买塘田，系数百年旧有基地，形迹具在，尽可彻查，且陶公山塘外有基地者，不第公民一家。月前公民用石驳砌，事诚有之，若谓新填约有一亩零，实属诬之又诬。公民以商业为生，绝不愿多事（中略）。知事秦镜高悬，未必即为所朦，然公民极愿退让，限一月内将旧驳石砌拆毁，照曹氏光裕学校塘田一式为止，决不致误。此系公民为省事起见，并非实有填筑湖田之事。讼则终凶，到处让人。为此具呈叩请知事公鉴，迅赐查核施行，以安民生，而免讼累，实为德便。（《自请拆毁钱湖石砌》，1926 年 7 月 7 日）

7月7日，湖工局致函奉镇县参两会、鄞东七乡南六乡及鄞县水利局鄞县各议员，要求派代表参加有关东钱湖善后会议。《时事公报》报道说：

鄞奉镇东钱湖湖工善后局昨分函奉化县参两会及镇海县参两会函云：迳启者，东钱湖水利关系鄞、奉、镇三县七乡农田，至为重要。年来沿湖居民，侵占日甚，甚且有无知之徒向垦放局朦报升科。敝局办理无状，固无可讳，然长此以往，大好湖山，不转瞬间，尽化为乌有。为此定夏正六月初九日下午一时，假鄞县参事会开会，讨论善后方法。案关公有，务乞推定代表到会公议，无任盼切祷切之至。又致东七乡南六乡及鄞县水利局鄞县各议员云：为东钱湖水利侵占日甚事，定夏正六月初九日下午一时，假鄞县参事会讨论善后方法，案关水利，务请必到。（《湖工局召集三县士绅会议水利问题》，1926 年 7 月 8 日）

7月12日，设于大堰头的鄞东大堰头通俗社印发劝告书，希望人们读书上进。《时事公报》刊载其文云：

这几天真是好热，可是山西、直隶、陕西、河南、湖南诸省，正在杀打杀打，闹得烟火满天。我们浙江宁波，还得安安稳稳过日子，这就是神仙，福气好极了。但是去年渔业不大好，我湖帮人多数是很痛苦的。明年捕鱼的法子，总要求其更加好一些。现在渔翁大都回乡，在此已劳苦八月，应该休息的时候，牌九铜宝万万试不得，即使麻雀挖花，越小越好，要勿伤身家，白相白相为主，那是勿论农工士商都应该如此的。最后还有一句顶要紧话，诸位有空闲工夫，都要去认字读书，求智识，求学问。务要父告子，兄告弟，老公告老婆，朋友告朋友，大家读书，大家上进。（《夏令中之应时劝告》，1926 年 7 月 13 日）

7月18日，湖工善后局召开三县代表会议，讨论钱湖善后问题，议决取缔占地办法多条，湖工局局所城乡分设二处，办事员由各县推派组织之。《时事公报》报道说：

　　鄞县东钱湖湖工善后局昨日下午四时至六时，在鄞县参事会会所开代表会议。到者有鄞县、镇海、奉化三县之县议会及参事会代表、水利局代表、鄞县东七乡及南六乡代表，共计十七人。其姓名如下：周品梅、张松僧、蔡芳卿、蔡良初、钱薪传、忻汰僧、邱薇墀、桑伯固、郁樨盒、陈契琴、张申之、张葆灵、史春芳、徐御风、郑含芳、朱灿联、叶纶笙。议决案为：（一）凡侵占之地已建房屋者，其地作佃地论，由本局测定亩分，订立界址，责令该佃户每年缴纳租金。（二）凡侵占之地未建房屋者，由局订立界址，不得建筑耕作。（三）凡私人或私法团体所筑防浪之地，一律拆除。（四）滨湖田地仿照杭县西湖办法，一律订立湖址。（五）沿湖居户稠密之处，由局员测量绘图，加以说明，印送三县公署及各机关。（六）局所城设鄞县水利局内，乡设青山寺内。（七）设测量员一人、事务员一人、工役二人。（八）将来组织法为各县参事一人，县议会镇奉各一人、鄞三人，水利局及各农会各一人，各乡自治委员凡水利所及者各一人。（《三县代表讨论钱湖善后问题》，1926 年 7 月 19 日）

1927 年

1 月 1 日，《时事公报》报道鄞东大堰头通俗教育社分发新年劝告书，希望"大家快起革命，大家请先革心"。报道说：

　　鄞东大堰头通俗教育社元旦分发劝告，世界上无论哪一事件，当然应该向上，决不能倒退的。所以改造两字，天天用得着。可是改造的手段不同，有渐进分部改造，有急进全部推翻，急进即是革命。今日国民政府军声势可谓大极了，此什么缘故呢？大概我国有许多地方有革命之必要罢。论到革命两字，有的人或视为非常，其实果能革心，即所平常。比如剪辫子本极容易，而在不肯革心的人，偏听偏信偏脑后长拖。缠脚原很残忍，而在不肯革心之人，偏偏愿做兽蹄。露天粪缸，大不卫生，无论迁移、加盖、砌茅棚，都是不难，而一般不肯革心的人，偏偏要挡大路而放其蒸晒之暖锅。若夫修桥、铺路、浚河、撩水草，是人人有责的，而不革心的人，偏偏一力不用，一毛不拨。读书，要事也，而不肯革心之人，偏偏视为不足重轻，而或有重视其子弟求学者，则自应入良好的地方去读；而不肯革心的人，偏偏要入背书"敲头""赵钱""子曰"的老店。其他农工但用手艺，商人一味求利，官僚只知贪财，都是不肯革心的毛病。总而言之，革心则革命易成功，社会国家，自安宁快乐，否则就要

纷乱了。大家快起革命，大家请先革心。（《通俗教育社之劝告》，1927年1月1日）

1月12日，莫枝堰志方学校召开第十次校务会议，因时局不靖，决定提早散学。《时事公报》报道说：

> 其议决案如下：（一）寒假日期原定月之二十日，因时局不靖，提早至十六日散学。（二）儿童全学期学业成绩以四个学月平均计算之。其等次之评定，遵照旧习惯，在八十分以上为甲等，七十分以上为乙等，六十分以上为丙等，五十分以上为丁等。（三）学生缺课应酌减其学业总分，以示儆戒，以缺课五十节扣去总平均一分为标准。（四）儿童品性、学业之列在甲等及全学期不缺课者应各给予奖状，以资鼓励，并在成绩报告单栏注明得奖之理由。（五）成绩报告单之填写务求详明。（六）学生寒假作业，规定作文或见闻录至少五篇，习字每天一张，高年级并须练习英文算术。（《志方学校校务会纪》，1927年1月14日）

是年，东钱湖湖工善后局拟订钱湖"善后办法"，其中规定，侵占之地，在1922年以后者，则订立界址，不准建筑、耕种。（《再论整理东钱湖湖地办法》，《时事公报》1935年5月21日）

8月7日，《时事公报》报道，设于大堰头邻湖学校的渔源区北伐募饷团筹款支持北伐，总计洋234.03元，南京国民政府秘书处为此回函致谢。（《国府秘书处函谢助饷》，1927年8月7日）

8月29日，鄞县农民协会调解陶公山村"二五减"租纠纷。（《县农民协会之近讯》，《时事公报》1927年8月30日）

9月25日，《时事公报》报道浙江省政府核准东钱湖善后办法。报道说：

> 鄞奉镇东钱湖处理善后办法议决案，前经鄞县政府转呈省政府鉴核令遵有案。兹奉省政府令云：呈悉所拟善后办法，尚属妥洽，应准备案，仰该县长转饬三县士绅，审慎办理，并希布告周知，附件存，此令。（《东钱湖之善后办法》，1927年9月25日）

11月2日，渔源区小教联会致函各校董，要求不得无故开除教职员并延长其聘期，以利教育事业。《时事公报》刊载其函云：

> 迳启者，查本区区校聘请教职员，往往不足一年，甚有一学期而一更者，似是不分皂白，任意更动，实足以引起教职员五日京兆之念，而致学务于无意深究之象。本会为谋本区教育之发展及保障各教职员起见，经本学期第一次执委会议决，

凡责任各校教职员，无故不得开除，并须于古历十月二十日以前，一律致送聘约，以完手续，用特函致台端，伏希察核施行。贵校董明达过人，断不至故意留难而起纠纷也，此致。（《小教分会进行汇志》，1927 年 11 月 3 日）

1928 年

4 月 10 日，鄞县政府建设委员会召开第二次会议，决定建筑以下三条县道干路：（一）由江东到天童；（二）由江东至东钱湖；（三）由南门至鄞江桥。（鄞县政府建设科编：《鄞县建设》第一集，会议录，宁波印刷公司，1934 年 11 月 [①]）

6 月 9 日，鄞县政府建设委员会召开第三次会议，"通过东钱湖浚湖筑塘案"，议决"由本会委员刘元瓒、张申之、蔡良初、周心万、顾荫亭会同市政府、县党部、农民协会、水利局、总商会、县款产会查勘后拟具计划再行讨论"。（《鄞县建设》第一集，会议录）

11 月，本月出版的《宁波旅沪同乡会月刊》第 64 期扉页刊登东钱湖照片一组。

12 月下旬，经湖帮等江浙渔商团体呼吁，上海总商会致电国民政府财政部，要求制止江浙渔业事务局加征渔税。后经各渔业团体呼吁，国民政府认为"江浙渔业事务局办理经年，毫无成绩，徒以扰民，交财政部裁撤"。（《总商会请减江浙渔税》，《申报》1928 年 12 月 27 日；《江浙渔商代表请愿经过》，《申报》1928 年 12 月 28 日）

1929 年

11 月初，国民党鄞县党部以湖工善后局办事不力，虚糜公帑，函请县政府查办。后经"县府令饬结束，暂为结束，计文卷器具而外，尚有历年来积存款银四千八百余元"，一面由鄞县政府函请镇奉两县派员会商整理办法。（《鄞县建设》第一集，建设概况）

11 月 22 日，鄞县政府建设委员会举行第二届第一次会议，决定"钱湖湖工局善后所有事务及案卷系由本县县政府查核接管，一面会同奉、镇两县妥商办法"。（《鄞县建设》第一集，会议录）

---

① 后引《鄞县建设》均同此版本，不另注。

1929年英国人拍摄的东钱湖莫枝堰外东街、西街，从中可以看到当年湖上人家舟楫当车的景象

1930 年

1月初，水利专家、奉化著名人士庄崧甫考察东钱湖并撰《视察东钱湖记及实施办法》，提出疏浚东钱湖的实施方法，特别提出禁止东钱湖养鱼。该文发表在《宁波旅沪同乡会月刊》第78期上，文录于下：

视察东钱湖记及实施办法

庄崧甫

鄞县东钱湖为吾甬水利之大关系，亦吾甬风景著名者也。余频年乏暇往游，现因湖身淤浅，乡人主张疏浚，并邀余履勘。此次特往视察，将见闻所得笔志，以贡采择。一月念九日上午九时，乘小轮至莫枝堰，登岸雇小舟，渡至史家湾主人史康先生家。午膳后，拟先至梅湖，乃乘小舟前往，登舟四望，明山环抱，碧水中央，风景之佳，为浙东冠。惟湖身淤浅，已不便于舟行，以杖柱水底，游泥积二尺余矣。至梅湖，见全湖芦苇丛生，仅有小舟可以通舟，名之曰湖，实已失其真相。登岸之淤涨处，以杖挖土，见腐败植物，积至二尺，因知水草实为湖身淤浅之大因。但是种腐败植物，燃烧成灰，可作农田肥料。唯乡民不知利用，任其枯烂，致湖身日渐淤满，岂不可惜。晚五时，仍返史家过宿。翌晨，复驾小舟至下水、上水等处，淤浅情形，大致相同。唯下水地方，涨滩尤高，乡民已将高处垦垫为田。统计全湖面积七十余方里，而淤积已占三分之一。及今不治，十年后将徒有湖名，而无湖之益矣，可畏也。兹特拟具办法数项，录之如下：（一）淤浅原因。查东湖自唐陆公兴筑以来，迄宋三修，于今已七百余载。山水发时，挟泥入湖，渐次沉淀，年积年高，此其淤浅之大因。近今水草丛生，尤易污涨。

盖水草一生，不但泥质易于沉淀，而春生秋枯，年可涨至寸余。日积月累，低洼之处，渐次高耸，成为原隰。故湖滨各处山洪一发，则即成泽国。数日不雨，借湖水灌溉之田禾，无从抱注。若再不设法，后患尚堪设想耶。（二）疏浚办法。

民国时期宁波著名士绅庄崧甫多次考察东钱湖并为疏浚东钱湖献计献策

东湖面积七十余方里，鄞、奉、镇三邑田禾，均借以灌溉。其紧要自不待言。故吾三邑人民，急应组织浚湖委员会，设立办事处，共策进行。至疏浚方法，拟先从梅湖着手，第一步先去其腐败水草。唯去是种水草，若按普通取土方法，其经费既属浩大，且工程亦非易举。鄙意请将湖水放干后，先作井田式小沟，使凹处之水，不至中积，然后将腐败水草，借日光蒸晒，使之干燥，积之成堆，燃之成灰，可作肥料之用。如此进行，不唯工程易举，而灰价即可充作经费。较之取土工价，可减半数。腐草既去，湖身已深至二尺，然后以挖泥机再行疏浚。其挖去之土，可作砖瓦之原料，开设窑厂，获利自丰。或将土堆置沿湖山，或堆渚湖中，作小山式，以壮观瞻。既深之后，湖中即可养鱼植菱。植菱每亩可获利十余元，且养鱼而兼种菱，菱能遮蔽日光，鱼类不至感酷热而死。若租于乡民，不但乡民可借以生活，其租金即可作湖工善后经费，一举而两得，岂不美哉。其余种种办法需从长讨论。兹将疏浚梅湖预算表及说明，列之如下：

湖之面积	200000 方丈
腐败植物之平均深度	1.5 尺
总计方数	450000 方
每方平均价	800 元
总计	360000000 元

说明：上表系按取土单价计算。若将是种腐败植物，燃之成灰，每方最少可得四箩。每箩计洋一角，每方可得洋四角灰价。若雇工燃灰，可得大宗收入，以作疏浚之费。

灾旱方面：（一）东钱湖为鄞、奉、镇三县农田灌溉之蓄水湖，吾鄞东乡，不论天时亢旱如何，若农人勤加工事，可无害初苗之枯槁，于该湖水之关系三县农田，盖炳炳焉。其启闭湖闸规则，适于开碶闸者，成反比例，凡地势居高、河水先涸者，则开湖闸，自明至清，以迄于今。启闭之权，犹如四时之不易者，盖地势使然，而三县农人，无患乎水旱灾者，职自故也。（二）自戴某等养鱼以来，每于春水涨满之秋，预放湖闸碶闸，不使湖河之水满足，以保其鱼类之逃逸，曾何计及将来农田之灌溉乎？故为旱灾计，此东钱湖及东乡河流之养鱼，应永远禁止者也。

水利方面：每当洪水泛滥，田禾浸没之秋，凡属农民，莫不大放河闸湖闸，以冀洪潮速退，田禾住屋，两无妨碍。而该戴某等以水退湍急，鱼逸更速，故不得不上下其手，或向司闸者贿赂，不予尽量开放，或使管鱼者代劳，暗中梗塞，三县农民，因而受害，故为水灾计，东钱湖以及东乡河流之养鱼，应永禁者也。

交通方面：养鱼必设竹箔，以分区域，每当亢旱及久雨之际，湖中之水，日异其量，一般绍属渔民，率多懒怠性成，不肯日异其箔，而船只之进出，重轻原非一律，舟子因此延误，落水丧生者有之，其最低限度，亦足阻梗交通，且黑夜行舟，偶值风雨，而此竹箔，更足为舟人丧生之关系，故为便利交通计，应永禁养鱼者也。

饮料方面：鱼类多食粪虫类，以及一切腐化之物，该戴某等既已养之，不得不饲之，故时唆绍属，向农家露天粪缸偷窃粪肥，渔农两方，以之而纠纷，且粪肥腐物，抛掷水中，渔区之内饮料堪虑，痢疫传染，难辞其咎，故为免除渔农之纠纷及居民之饮料计，此东钱湖及东乡河流之养鱼，应永禁者也。

税收方面：若东钱湖及东乡河流，准议戴某等设箔养鱼，则因鄞、奉、镇三县受水之区，难免水旱频仍，农民首当其害，国课间亦被害，如用禁养鱼，则去年亢旱，田禾何至如此枯槁，今岁旱灾，春赈平粜，不亦多事，此为国家税收计，应永禁养鱼者也。

民众方面：综上所述，政府若为一二人私利计，不妨准伊养鱼，若欲为数百万之民生计，自应迅予勒令拆除鱼箔，永禁畜养，民等为自身灌溉计，为全县民食计，故披沥上陈，仰其钧长迅予转呈省府，续派干员来甬查勘，将大堰头、观音庄下、王石山弄、戴江岸等之鱼箔一律拆除，以保农田，而维民命云。

1月5日，莫枝堰识字运动分会在陶公山宣传识字。《时事公报》报道说：

鄞县莫枝堰识字运动分会于5日下午利用陶公山后裴君庙演讲之期，重作通俗宣传，行礼如仪，后有陶公山各小学师生联合表演新剧《买田》，该剧主旨乃描述不识字者之痛苦，各演员表情均佳，观者拍手不绝。该剧演毕，由志方小学校长赵申独演羊扫地。表演既毕，复列队游行云。（《莫枝堰识字分会在陶公山宣传识字》，1930年1月9日）

1月23日，鄞县政府建设委员第二届第二次会议，决定推举县长陈宝麟、建设科长倪维熊、委员张思爽三人为代表，与奉、镇两县代表会商湖工善后局善后问题及疏浚东钱湖办法。

2月，鄞县全县第一个设在乡村的民众教育机构——县立韩岭民众教育馆成立（后存续至40年代初宁波沦陷）。该馆成立后，积极组织和参与钱湖地区各项社会事业，表现得相当活跃，产生了广泛的影响，是当时宁波各民众教育机构中历史较长、规模较全、办理得较有成效的一家，有力地推动钱湖地区社会的发展和进步。

3月19日，《时事公报》报道韩岭花会盛行，严重危害社会。报道说：

> 鄞县韩岭市著名地棍郑金兰、凌卫生等，向不务正业，日事游闲。自上二月初起，直至今日，已届半载，一般红男绿女为之晨昏颠倒，废事失业，败坏风气，莫此为甚。曾经就地公民等，迭次呈报当局，卒未见有何效果。（《花会蔓延之可虑》，1930年3月19日）

3月22日，国民党鄞县县党部渔源区分部筹备会在陶公山光裕学校召开，"推定张纯父、朱孟荃二人与上级党部接洽，定期开成立会"。（《各县党务进行汇闻》，《时事公报》1930年3月24日）

4月6日，为协调航行钱湖上之航船问题，县政府召集同益钱湖两汽轮公司开会。《时事公报》报道说：

> 鄞县政府于昨日下午一时召集同益钱湖两汽船公司会议，到会者钱湖代表郑世经、陈光初、项莲僧，同益代表施诸初、俞志清，县政府倪维熊。主席倪维熊，讨论办法：一、钱湖公司之老钱湖汽轮出租与同益公司，押洋一千元，租金每月一百十元，修理费用如何负担，由双方自行协定；二、准于三月内由双方订立正式契约，并妥议详细办法，于本月三十日上午十时，双方代表到县政府决定；三、老钱湖汽轮起租后，同益公司之普昌轮即日退租。（《同益钱湖两汽轮公司之新结合》，1930年4月7日）

4月22日，为调查自来水水源，宁波市市长杨子毅履勘东钱湖。《时事公报》报道说：

> 本市饮水不良，迭经市政府检验后，以非办自来水实不足以资救济，但水源一节，前经在市府前中山公园开掘自来水井后，而检验水质，仍不全用，故于水源颇费踌躇，杨市长于前日经市民某君贡献意见，谓钱湖水质甚好，水量亦足。杨市长因于前日挈同秘书亲往履勘云。（《杨市长履勘东钱湖》，1930年4月24日）

4月24日，鄞县政府颁布《设立河流湖面鱼荡及取缔章则》，规定河湖均属公产，设立鱼荡须纳保证金，请领执照。（《鄞县河流湖面设立鱼荡之限止》，《时事公报》

1930 年 4 月 25 日）

6 月 1 日，《时事公报》报道，鄞县五大县道开始测量，"先行测量自韩岭市至咸祥一带线路"。（《鄞县五大县道干线开始测量》，1930 年 6 月 1 日）

7 月，为加强对境内湖泊河流渔业生产的管理，鄞县制订《鄞县公共河流湖泊设立鱼荡规则十九条》，要求设立鱼场者须领取执照并缴纳保证金。（《鄞县建设》第一集，会议录》）

11 月，据是月出版的《宁波旅沪同乡会月刊》第 88 期报道，陶公山旅沪商人曹兰彬将其在故乡创办的光裕小学旧址扩充为民众教育馆，"并闻购有藏书三千元，愿助为设立图书馆"。（《曹兰彬热心教育》，《宁波旅沪同乡会月刊》第 88 期，1930 年 11 月）

是年，旅沪商人李志方动员家乡莫枝沙家垫村民将全村粪缸、茅厕集中一处，并筑起围墙，以使全村"无臭无蝇"。

1931 年

3 月，为推动东钱湖疏浚工作，旅沪甬籍著名人士庄崧甫、虞洽卿、邬志豪发起组织疏浚东钱湖筹备委员会，为此先成立干事会，推庄、虞、张、邬四人为常务干事，孙梅堂等 60 人为干事。4 月 28 日，全体干事大会在旅沪同乡会举行。（《庄崧甫筹议开垦东钱湖》，《宁波旅沪同乡会月刊》第 93 期，1931 年 3 月；《甬同乡会筹浚东钱湖》，《宁波旅沪同乡会月刊》第 94 期，1931 年 4 月）

4 月 9 日，宁波旅沪同乡会、奉化旅沪同乡会、鄞奉水利协会联名致电蒋介石，要求转令浙江省政府拨发建设公债 200 万元，以便东钱湖疏浚工程"早日兴工"。电文如下：

奉化溪口蒋主席钧鉴：

前为拟办鄞奉水利请浙省府拨发建设公债二百万，经呈蒙批准并经崧甫、志豪谒张主席暨财政、建设两长蒙允设法在案。鄞县东钱湖关系鄞、奉、镇三县七乡，溉农田五十余万亩，及今不治，势将淤废。吾奉历年水灾，山洪迭发，腴田半成沙砾，不急修治，恐数十年后近山一带将无可耕之田。窃谓救灾不如防灾，治林造林均属刻不容缓，现组鄞奉水利协会，一面由地方募捐，一面请政府补助。乞钧座顾念桑梓百年大计，迅电浙省府，将前请拨发建设公债二百万如数拨给，俾得早日兴工，至深感盼并候电复。宁波旅沪同乡会虞和德等，奉化旅沪同乡会邬志豪等，

鄞奉水利协会庄崧甫、张申之等叩佳。（《宁波旅沪同乡会月刊》第 94 期，1931 年 4 月）

4 月 27 日，东钱湖整理委员会委员戴东原致函鄞县府，认为疏浚东钱湖应先从调查入手，为此要求鄞县府协同调查东钱湖。（《疏浚东钱湖》，《上海宁波日报》1931 年 4 月 30 日）

6 月 24 日，旅沪商人李志方夫人郑氏六十华诞，向莫枝普益医院捐款 1000 大洋。为此该院在《申报》上刊登鸣谢启事。

10 月，浙江省建设厅派技正（相当于总工程师）朱重光查勘东钱湖，尔后朱氏作《查勘东钱湖报告书》。报告对东钱湖的历史和现状进行了全面、系统、详尽的分析，在此基础上，提出整理东钱湖的三条对策，并认为东钱湖的效用有三：防灾、补助交通、补助饮水。文录于下：

查勘东钱湖报告书
朱重光

东钱湖在鄞县治东，距城三十里许，其湖上承钱埭之水，故号钱湖，名曰东钱湖者，与杭州之湖有区别也。今欲知此湖之水利，必先详其沿革。

县志载唐天宝三年，县令陆南金开拓西湖，以旧鄮山湖在治西，故称西湖，灌溉五百顷。宋天禧元年，郡守李夷庚重修是湖，受七十二溪之水，凡有七堰（详后），用此蓄水，久不雨则启闸（即碶）而放之，鄞镇七乡（鄞之手界、翔凤、汤塘、老界、丰乐、鄞塘六乡，镇海之崇邱乡）之田，资其灌溉。惟以茭葑、菰芦、荷芡等滋蔓不除，湖辄埋废，历八年，县令王安石重清湖界。治平元年，主簿吕献之重新诸堤（详后）。淳熙四年，魏王恺请于朝大浚之。然当时所出茭葑，未出湖堤，既而复填淤。嘉定七年，提刑程覃摄守捐缗钱，置田收租，岁给浚治之费，而后来有司奉行不善，田租滥用，湖亦埋废。宝庆二年，尚书胡榘郡守请于朝，得度牒百道，米一万五千石，又浚之，惧无以济，奏以赢钱，增置田亩，令凤翔乡长顾泳主之，分渔户五百人为四隅，人岁给谷石，立管隅一人，管队十二人，以辖之，县府丞以时督察，自此不薙葑者十六年。淳祐二年，郡守陈恺以岁稔农隙，行卖葑之策，掉舟至者日千余。元大德间，势家有以湖为浅淀，请以捺田若干亩入官租者，时都水营田分司追断复为湖，延祐郡志所谓欲塞钱湖，此其渐也。其后有司举行淘湖，拘七乡有田食利之家，分亩步高下，摽拨湖葑，随田多寡阔狭俾浚之，积葑于塘岸，然宿葑春泛冬沉，次年复生，所行视为具文耳。每遇大旱之年，放水湖下，一举而涸，固知其积淤年久，蓄水至浅，东乡河道，又皆浅涩，旧称一湖之水，可满三河半，今仅及一河而竭，是可忧也。况职守者不谙启闭硬闸，傍湖土坝，通同渔户，每于水溢之时，乘时射利，私自开闸网鱼，泄水无度，沿江堰坝，又失修理，日夜倾注于江，防旱之策，果安在哉！此农事正官，所宜咨心者。明洪武间，者民陈进建言水利，委官监督，十乡得利之家，出钱淘浚，亦尝少除葑草，而侵填无忌。宣德间，里人王士华以参政家居，因田其中，七乡之民陈之监司，得中止。正德年间，冠天叙守郡，浚治之，连岁雨多，弥漫上下，施工无地，然止阻屯田之利惠，已阴被于民。嘉靖九年，宁波卫屯军复请为田，知县黄仁山用父老严施言，勘覆不行，先是湖民薙葑，以为无用，多积之山间，其后知其可以粪田，故争自薙之，而势家竟征其税，以羡余归有司，邑绅金元立闻其害，言于监司，禁之。万历中有司复私其税，元立与孙天叙复言之，湖民稍苏。天启元年，复有投牒请收葑税，鄞令沈犹龙以为葑税一出，则薙葑者少，而湖日淤，乃大禁止。鲁王监国，武宁侯王之仁力请塞湖，户部主事董守谕以死争之，得免，然侵湖为田者日多。清顺治中，故绅陆宇爆复言之，乃申厉禁。同治五年，镇海人请求于剑河漕凿山引河，以鄞县梅湖之水，下灌镇海太邱等乡，巡道史致谔、知府边葆诚，札委玉环同知黄维诰履勘，具查鄞镇两邑之高低，镇海通县钱粮之加减，议格不行。左宗棠批示勒石永禁。

　　综观历代记载，凡官民请为田者，或请收葑税者，皆严禁之。然则东钱湖之有关水利，无待智者而决也。前清末叶，宁绅忻锦崖等，联名禀请开浚，有志未遂，奔走呼号，如同饥溺。镇邑王绅荣商为民请命，封章入奏，忻锦崖复只身入京，扣阍禀准筹款办法，按亩派捐，每亩岁捐钱七十文，三年为满，约可得十余万元，卒以议方成而旋寝事。民国初，复禀请大总统暨农商部批准饬行筹捐兴工，成立浚湖工程局，翌年改为湖工善后局，时有镇邑故绅陈满易，慨然独出巨资四万余金，开浚里湖，以利镇海之农田。民国四年，旅京浙绅宋纬臣等十余人，联名函请前浙江巡按使屈映光饬县筹办开浚，委员督促，并请酌拨公款，以资挹注，经派委会县勘复，咸称非从测量入手不可，当饬前浙江水利委员会组织临时测量队，详测估计，预备疏浚。五年夏测绘藏事，制成简图一副，暨测量报告书一份，举凡湖域之区分，湖水之源委，以及湖岸湖底之情状，均加说明，并拟具工程计算暨概算，附陈善后意见八则，以备采择。以科学方法规划东钱湖水利，当以此为权舆。至于湖工善后局除建立全湖界石外无他工作可记，今已由鄞县政府接收，拟重新改组矣。

重光于查勘之前，详述东钱湖之沿革史，固非专事考古，取博士卖驴之笑，诚以鉴既往戒将来，庶今之水利专家得所措手耳。兹将查勘所得，分为六条：

一、小溪

湖周山岭环抱，合七十二溪流而汇成巨浸。西北山峰，高者无途六百尺，溪水来源不远，故其流亦细。东南部诸水，大半发源于福全灵南诸山之岭，高者逾千尺，故源远流长，如绕韩岭市而出者，水去时溪阔不过三十尺，绕下水村及上水村而出者，水大时溪阔自八十尺至一百尺。诸水皆汇归于湖，当重光等查勘之时，水势尚小，溪面不阔，最阔者仅二三十尺而已。

二、湖区

全湖可划分为三区，其南部曰谷子湖，西界方家塘，南界笠大山，北界师姑山，东接外湖，面积约一千八百九十亩，其东北部有五里塘，横亘西南，与外湖间隔者曰梅湖，面积约四千一百三十亩，外湖面积最大，约有三万二千三百亩，合外湖、梅湖、谷子湖而总名之曰东钱湖。当重光等查勘之际，梅湖水深平均尺半，茭苇满湖，小船航行，尚觉困难，阻碍水流之宣泄，不言可知，且均被人私占为鱼荡矣。谷子湖之方家塘，亦被人侵占养鱼，该处湖水较深，平均约一公尺半，小汽船可以航行。外湖水统自一公尺半至二公尺半，宜于航行，故外海渔船，亦能于此航行。梅湖之水，已变为棕色，气味恶劣，皆因茭苇未除，在水中腐化耳。谷子湖及外湖之水，亦不甚清洁，盖因风波之振荡，淤沙不能沉淀于湖底，湖水与河水不能交流，故此水几成为死水矣。

三、塘碶堰阙

东钱湖有塘四、碶四、堰七、阙四，分述于左：

（甲）在湖之西，曰方家塘，长两千五百尺；曰高湫塘，长两千三百五十尺。此二湖皆为东钱湖与前塘河之堤防。湖之东北曰梅湖塘，长一千五百尺，此为梅湖与后塘湖之堤防。曰栗木塘，长四百六十尺，此为东钱湖与后塘河间之堤防。梅湖与外湖以五里塘隔之，此非防水之堤，仅为交通道路而已。

（乙）在莫枝堰之碶，高约 3.80 公尺，阔约 3.60 公尺，内外水位之差，约 2.5 公尺，由此碶泄去湖水，注入中塘河。在大堰之碶，高约 4.35 公尺，阔约 2.95 公尺，内外水位之差，约 3.00 公尺，由此碶泄去之湖水，注于前塘河。以上二碶均有一门，其余二碶，均有二门，在钱堰（或作前堰）者，高约 3.20 公尺，阔约 3.25 公尺，内外水位差 2.60 公尺，在梅湖者高约 2.90 公尺，阔约 3.25 公尺，内外水位差约 2.00 公尺。由此二碶泄去之水，均注入后塘河，以上三河为鄞东干河，均与甬江相通，唯其间有堰隔之，东钱湖之四碶，天旱则启碶，以利灌溉航行，久雨则闭碶以防洪水下注，淹没农田。

（丙）东钱湖之七堰，曰莫枝堰，曰平水堰，曰高湫堰，曰大堰，曰钱堰，曰梅湖堰，曰栗木堰，其中以莫枝堰为最大，次为平水堰、高湫堰，以上三堰，均分为二部，一部用为拔坝，一部用为磨坝，拔坝用绳索，磨坝纯系徒手，观莫枝堰写真，即可明瞭矣。每日过堰之船数十只，其中以莫枝堰交通最发达，大堰仅有磨坝而已，其余三堰，均无交通可言，早已形同虚设矣。拔坝需纳费，最小船只每艘铜圆十二枚，最大者如外海渔船每艘大洋一元，平均计算每月营业可达二百元，现由何人主持，无从调查，因该处居民不愿告外人也。磨坝皆由船夫自己工作，故不纳费。

（丁）四阙一在高湫堰，一在钱堰，斯二者已淤塞不堪，非高水位时，不能见水，平水堰及方家堰二阙，日夜湍流不息，形同瀑布，泄水甚多，若不加修理，于天旱时，颇影响于灌溉也。

此外尚有小陡门一，在梅湖塘左端，高 2.20 公尺，阔 0.80 公尺，内外水位差 1.10 公尺，亦日夜湍流不息。

四、雨量

东钱湖应容水量，究有几何，以前无精确计算，仅知水由七十二溪而来，今可依据浙江省陆军测量局之地形图，知东钱湖降雨区之大小，根据徐家汇天文台之报告，知东钱湖降雨量之多寡，二者既得，则东钱湖应容之水量，可得而知矣。查得东钱湖降雨区为 81412500 平方公尺，每年平均雨量为 138604 公厘，则得总雨量为 112870290 立方公尺，依据哈根（Hogen）之假定，降雨量三分之一为渗漏，三分之一为蒸发，则流入东钱湖之雨量为 37623430 立方公尺。查东钱湖之面积为 22425000 方公尺，则此湖之深度应为一公尺六八公分，方能容积每年之雨量。

五、灌溉区域

查陆军测量局之地形图，山之高低有同高线表明，而平原之同高线，尚付缺如，故东钱湖灌溉区域，究竟大小几何，殊难推算，即如沿革中所言"七乡之田资其灌溉"及"灌田五百顷"云云，亦不能据以为信，由此观之，非有长时间之水文观察及地形测量，恐不易知灌溉区域之大小。此次仅有一周间之考察，可略知者，由后塘河流出之水，可灌鄞县镇海之田，其余二河之水，仅灌鄞县农田而已。东钱湖与奉化之关系，由陆军图研究之，灌溉似无关系，蓄水或有效用耳。

六、侵占情形

沿湖平地甚少，除湖亭庙至象坎一带，有稻田约数千亩，上水村、下水村、韩岭、柴场岱、赤塘岱、青山岱、丁湾等处，亦有稻田外，居民仅傍山麓，耕种蔬菜、莱菔等而已。总之，湖民职业，捕鱼为多，其恃耕种为生活者尚少也。沿湖村落甚多，人口繁殖，与时俱进，居住问题，似甚困难，傍山建筑，工程难而价值昂，且人民习惯，乐于聚居而不愿建筑新村，故沿湖村庄，均有侵占湖面行为，有以块石为之者，有以中填泥土而外围以石者。石基者，均筑住宅，土基者，均以耕种，前者如殷家湾、陶公山等，后者如下水村等，侵占湖面几何，虽未能实测，约计有数千亩。

以上六条，均为查勘所得，而据实分陈者，惟刍荛之献，尚不尽于此也，盖东钱湖关系鄞、奉、镇三县水利，近年来泥土之淤塞，茭葑之蔓延，人民之侵占，若不加以整理，后患何堪设想，兹拟具管见三条，分列如左：

一、清丈被占湖面

侵占湖面，或建筑住宅，或变为农田，如勒令恢复原状，不但湖民有人满之患，且工程浩大，甚不经济，如任其侵占，不使升科，尤而效之，后患堪虑，不如由公家清丈，凡被侵占之湖面，一律变卖，以所得之款，为浚湖经费，凡现有湖面，切实清理，严禁侵占，如此则公私交受其利，善莫大焉。

二、组织治湖机关

查民国三年曾由地方人士组织湖工善后局，既乏水利专门人才为之指导，又乏工程的款，办理数年，毫无成绩，今已由鄞县政府收回，拟另行改组。唯此湖关系三县水利，由一县主持，恐不易进行，不如照中央规定，凡关系两县以上之水利，归省政府主办，则东钱湖可收归省办，设水利工程处，主持清丈浚湖事务，由省水利局管辖，至于水利经费之保管，由省水利局三县政府及地方联合组织委员会保管之。

三、筹措治湖经费

治湖可分治本及治标两种办法，治本工程大而经费巨，治标工程小而经费少，值此省款支绌，民生困苦之秋，巨大工程。恐非易办，拟先由治标入手，一俟省库充足，民生富裕，再谋治本，犹未为晚。查治湖经费之来源，现可得而筹者，约有左列五端：

（甲）湖地费。湖面被侵，今虽未清丈，大约在千亩以上，将此变卖，可得数万元，购置浅水连珠式挖泥船二只，以为浚湖之用。

（乙）拔坝费。湖内外交通甚繁，每年拔坝费约可收入四五千元，唯坝夫毫无智识，墨守旧法，绳索消耗甚巨，如能应用科学方法，改善工具，既可节省绳索之消耗，又可减少人力。总之，拔坝费至少每年可得盈余一二千元，用为堰坝之修理费。

（丙）河泥费。东钱湖附近砖瓦窑不少，其泥均取之于湖中，每船洋一元，约泥一英方，每年究挖泥几方，虽未调查清楚，然约计之，大约售款或能敷挖泥船之经常费。

（丁）渔荡费。现在湖中有渔荡四，除梅湖渔荡外，均属山吞，无关水利，似可保留，此三渔荡，如能改为省立，以资提倡渔业，否则亦宜征收渔捐，以补助水利工程经费。

（戊）受益田亩捐。此种办法在浙省已属通行，如温岭县之金清港等是也。现在东钱湖受益田亩，究有几何，虽无确实统计，然将陆军测量图详加研究，并依据雨量之报告，除补充河道交通外，灌溉区域至少有一二十万之谱，欲国税项下每亩带征五分，则年可得水利经费万数千元。

以上五者，如能实现，则东钱湖治标工程，庶有豸乎。

至于开垦一层，约有三难，一则工程经费过巨，得不偿失。二则依据雨量报告，现在湖面尚不能容纳其水量，非浚深不可，三则王余丰之请求开垦，纯为个人私利，彼因下水村侵占湖面，产权不能确定，拟利用开垦，以保其产权，查现在省县政府之案牍累累可证明也。苟将东钱湖之沿革史，一经寻绎，其间得失利害，更了如指掌矣。总而言之，东钱湖之效用，可分为三：（一）防灾；（二）补助交通；（三）补助饮水。查鄞县饮水甚咸而硬，甚不卫生，如谋改良，可将东钱湖之水，作为自来水之源，或竟用此为蓄水池，亦未尝不可，唯工程费较巨尔。法京巴黎之饮水，由里昂而来，在文明各国取饮水于数十里外，亦比比然也。（《鄞县建设》第一集，计划调查）

12月18日，东钱湖恢复巡湖制度，设巡湖夫一名，随时察看，月支工资八元。此事后经次年1月召开的鄞县建设委员会第六次会议追认。（《鄞县建设》第一集，会议录）

12月，鄞县县长陈宝麟会同地方人士朱淇园等详细踏勘东钱湖，并拟就《东钱湖整理办法概要》一文，对浚治东钱湖及如何筹措经费提出了具体办法，文末还附有东钱湖各堰、碶、阙之宽度、深度及高度。文录于下：

东钱湖整理办法概要
——民国二十年十二月鄞县县长陈宝麟查勘后拟

一、先修沿江各碶

湖水放入于河，足用而止。河水如无限制的漏入于江，则永不足用。永不足用，则湖水永不能停放，于是湖水遂不能潴蓄。考河中水之用途有三：（一）农田灌溉；（二）村民汲用；（三）船只交通。除上列三用途之外，尚有蒸发、渗透，足以使河中水量消耗。故在农事既过之后，为保持相当水量，供汲用、交通计，不能不陆续放水入河。至少湖中所放出之量，须等于河中蒸发渗透之量。堰旁之阙，有经人工故意凿穿者，或即由于此因。故欲塞阙，必须顾及此点，否则塞后亦必有人再来凿毁（反之如下流足用，患多，则自有人来塞阙矣），况事实上沿江各碶，如下所列者，均损坏漏水乎！

（一）樟木碶	碶长十七丈，堰塘均漏
（二）陈家坝	坝已废坏，漏水甚多
（三）萧家碶	底脚石板余脱以致漏水
（四）包家汇碶	碶板不好碶又漏
（五）陆家堰	去岁大风水有余脱处
（六）毛家塆堰	损坏甚大
（七）背节堰（在定桥村）	急需整顿已用石板杜塞
（八）庙后堰	须展阔
（九）分家漕堰	坍落洞穴
（十）东里堰	要加高

此外如上涨堰、下涨堰、下梁堰、大石碶、庙堰碶、云龙碶、柴家堰碶、金家堰碶、任家堰碶，以及其他各碶，或须修整，或须改造。沿江各碶，造好不漏，则湖水即漏入于河，亦无大妨。盖湖水入河太多，有漫溢之患时，即政府不关闭湖上碶闸，亦必有人起而关闭。今湖上堰塘虽漏无患，所患者河漏耳。故必须先使河不漏。

二、次修湖上各堰塘堤坝

湖上各堰塘均须修理，各堰阙见另表，表所列各堰，测量时间不同，此次勘测共经三日，时值天晴，第三日虽雨不大，水面距堰阙面之高低，虽稍有不同，但无大出入，则各碶闸高低必无大差可知。各堰坝高度似难于再增加，因沿湖村居高低与堰坝略等，

1929 年起长期担任鄞县县长的陈宝麟

如堰坝再高，则民居浸水也。

三、浚深湖底

浚深湖底为根本办法。目下距各堰相近处，湖底与河底之差约七尺至十一二尺不等，可知湖底即多浚五六尺，其水亦仍可放入河中。

浚治方法，可由工程方面详细计划，兹所讨论者，即浚出泥土如何处置。其法如下：

（一）可沿湖筑路。现有塘路多狭隘，又有山脚直落湖中，沿湖无路者。现以湖周九十六里长，假定路面廿英尺阔，高出水面三尺计，一部向岸上土石辟阔，一部用湖泥填出，必可销纳许多湖泥。且沿湖路成后，必可永杜侵占，因界线显明易取缔也。

（二）湖旁湾曲之呑底，可酌量填平，一则可销纳湖泥，一则可解决滨湖村民居住湫隘之困难。

（三）如以上计划，土泥仍有余剩，则可修堤。或以湖面平分减少风浪计，可自陶公山至界址山筑堤。或以村落交通便利计，可自郭家峙至韩岭筑堤。堤以三十英尺阔计之，销纳泥土亦不少。或有以郭家峙至韩岭一堤，其形势如梅湖堤，恐易淤塞，宜多开桥孔，使水流畅，则淤塞可免者。其所虑似是而非，盖湖泊与河流不同，湖形如盂，四围众流潴汇，沙泥自沉淀于中而不流走。况目今沿湖各堰，均用旧式闸板，水自板上放出，而沙泥则在水之下层，无由外泄，终必沉淀湖内。既均在湖内，则淤于甲部与淤于乙部其害维均。故梅湖堤不筑，梅湖之沙亦必停于湖内，故堤之筑否无关大体，只须另筹浚治之策可耳。

以上均为浚治办法之大概。至于浚治后养鱼、植莲、栽树、辟山野、筑新村、美风景之策正多，当专论之。

浚治经费问题。浚治费虽多，不难设筹，而难于开办前之垫款。兹拟浚治经费之来源如下：（一）可抽收受益田亩捐。先筹经费若干，办测量；测量随办随有收入（测丈领照各费），其计划已另订。（二）可拍卖填筑之土地，沿湖居民栉比，及岸线呑曲之处，可以略加整理填筑，使风景及水利均臻美备，必可有土地多出，可以招人领买。（三）可召人开山、领荒、建屋。钱湖风景幽美，浑璞天然，不似西湖曾经拙劣之雕琢。附近如福泉、太白诸山，峰峦叠翠，亦优于莫干。故加以艺术之整理，必为江浙沿海最优美之公园。（四）可招商承办生利事业。除湖山产品而外，游屐宅墅所聚，必能蔚然成肆。

丈量东钱湖各堰、碶、阏，宽度、深浅及高低如下：

平水堰小阙	湖底至水面 2′~0″① 阙下大横石至水底 1′~9″	水面至桥石下面 5′~0″ 阙下大横石至水面 1′~7″	阙阔 5′~7″
平水堰	堰高水面 1′~10″	平水堰高于小阙下大横石至水面 2′~0″	
湖塘下阙有二洞	阙阔 17′~8″ 阙下石上至桥面石下 2′~6″	水面至阙下石底 2′~0″ 下面水洞宽 3′~6″	水面至阙下石上 3′~0″
大堰头	堰高水面 1′~6″		
大堰头堿	堿下有水平石一块，距现在水面为 1′~6″（水势最大时不得使超过 1′~6″）堿宽为 9′~10″ 平水石至桥石下面 4′~1″	堿底至水面深 8′~0″ 内河底至堿内水面 9′~0″	水面至桥石下面 5′~7″
大堰头阙	阙宽为 8′~0″ 水面至桥石下横石上 11″	湖底至水面 1′~10″ 桥下横石上至横石下面 2′~10″	水面至桥石下面 3′~9″
高淑塘	宽为 26′~3″	高于水面 2′~10 至 3′~2″	
韩岭市镇内通湖小河（一）	宽为 7′~4″	水深 3′~6″（水底至岸）	水自距韩岭五里处之洞水亭流来
韩岭市镇内通湖小河（二）	宽为 12′~0″	深为 8′~6″（河底至岸）	水自福寿山，北岙等处而来
上水村之九眼桥	全长为 99′~0″	水底至桥面为 6′~0″	

① 表示 2-0 米，以下同。

栗木堰	堰高于水面 2′~3″ 堰近旁路宽 29′~0″	堰高于近旁路面 10″ 堰高于内河水面 7′~3″	堰宽为 13′~0″
梅湖碶（二洞）	梅湖碶宽为 14′~1″ 外河底至桥石下面 10′~6″	湖内至水面 5′~9″ 湖内底水面高于外河水面 6′~5″	水面至桥石下面 3′~9″
梅湖堰	梅湖堰宽为 32′~0″ 路宽为 9′~10″	堰高于水面 2′~6″	堰高于近旁路面 1′~4″
梅湖塘中部车水处	低于塘路为 1′~9″ 低凹处长为 35′~0″		
梅湖之斗门	斗门宽为 3′~0″	湖底至水面 5′~3″	水面至路面石板 3′~2″
钱堰	堰宽为 30′~0″	堰高于水面 1′~7″	堰高于内河水面 8′~0″
钱堰头碶门	碶门宽为 11′~0″	湖底至水面 6′~4″	水面至桥石下面 3′~10″ 内河底至桥石下面 10′~9″
钱堰头小阙	阙宽为 7′~0″	湖底至水面 1′~3″	水面至桥石下面 4′~0″
莫枝堰	堰宽为 52′~0″	堰高于水面 2′~0″	堰高于塘河水面 7′~4″
莫枝堰碶	碶宽为 11′~5″	湖底至水面 5′~0″	水面至桥石下面 4′~4″ 塘河底至桥石下面 11′~0″

是年春，为发展乡村合作事业，鄞县合作事业促进委员会奉令筹办农村及渔村合作实施区，其中东钱湖为渔村合作实施区，但由于东钱湖一带渔民"终年大部分时日，概在海洋从事捕捞，一时未易实行，暂从缓办"。（《鄞县建设》第一集，建设概况）

是年，李志方出资在沙家垫村口建筑水泥埠头，成立宁湖汽船公司，在中塘河上率先航行汽船，以便利家乡与外地的交通；又在全村建造石板大路。

1932 年

4月，浙江省水利局工程师缪惟宜会同省政府顾问工程师西人萧蔼士抵甬踏勘考察东钱湖。不久，省水利局据此拟有《勘测东钱湖之报告及因整理而施测量之预算》一文，提经临时工程委员会通过。报告提出东钱湖测量预算约计八千元。全文录于下：

勘测东钱湖之报告及因整理而施测量之预算

东钱湖与鄞、奉、镇三县水利上之关系，载在史乘，彰彰可考。民国以还，迭经倡议整理，惜终未有具体计划。十九年秋，建设厅令饬本局联合鄞、奉、镇三县组织整理东钱湖临时工程委员会，虽经遵办，嗣以筹款未获切实办法，竟致搁置。本年四月间，复由省府顾问工程师萧蔼士踏勘报告在案，兹就现在所能获得之资料，参考此次实地踏勘所获之情形报告于下。

1932 年鄞县建设局全体人员合影

此项报告性质，系对于整理东钱湖初步之研究立言，其范围包括下列各种：一、全区概况；二、整理方针；三、测量范围及测量预算。

一、全区概况

东钱湖在鄞县境县治东南约十五公里。东南两面，山岭环抱，为主要水源区域。湖面面积，约计 22.9 平方公里（约合三万七千亩），水源面积约计 62.7 平方公里（约合十万二千亩），湖水之主要去路，计有前塘河、中塘河及后塘河。灌溉所及之田亩，概以甬江、鄞江为限。鄞县江东全部溉水，皆能遍及，镇海、奉化两县之田亩，仅能灌溉一部分。其间水流相通，密如蜘网，中塘河河水流注，仅限于鄞县境内，至前塘河后塘河之水，除流注鄞县境内之外，尚可灌溉奉化、镇海两县一部分之田。水之分配，既不相等，各田受益自不相同，而实际上究竟如何，是则有待调查与实测，始能确定。据历来成说，该湖水利，能及鄞奉镇三县，就现有陆军测量地图推算，鄞县境溉田总面积计 296.9 平方公里（约合四十八万三千亩），镇海县境约 52.0 平方公里（或八万五千亩），奉化县境至多约 98.3 平方公里（或十六万亩），三县合计约 447.2 平方公里（或七十二万八千亩），其中以鄞县境内溉田总面积，或较为可恃，镇奉两县境内溉田总面积，恐不甚准确。溉田净面积，设以全面积百分之七十计算，则鄞县为 207.8 平方公里（约合三十三万八千亩），镇海县为 36.4 平方公里（约合五万九千亩），奉化县为 68.8 平方公里（约合十一万二千亩），三县合计 313.0 平方公里（约合五十万九千亩），较之临时工程委员会成立后，二十年份依据镇海县政府调查受益田亩约四万亩，奉化县政府调查受益田亩二万三千亩弱，均与上列推算之数不相符合，尤以奉化县为最，而鄞县政府则谓

三县合计受益田亩约五十万亩，似又与上列推算总数相近。其实数若干，非经丈量不可，为目前估计田亩需水量计，次数亦足资参考也。

该区农耕状况，以及村民人口生活情形，向无调查统计，适如受益田亩数目，始终未经确切丈量，据普通观测，大约全区田亩多系植稻，至村民人口，设以上述推算之田地面积为准，并以民政厅十七年份土地特刊所列人口密度作一臆测，则鄞县溉田境内或有十六万人，奉化二万人，镇海亦约略相同。三县总计溉田区域内，约有二十万人口。上列各数，虽不足尽恃，然亦足资将来之考证也。

二、整理方针

全区面积，约 477 平方公里（合七十三亩弱），已如前述，东钱湖流域面积，约 86 平方公里（合十四万亩弱），与全区面积约为一与五之比，其他流域面积，如供水与后塘河、前塘河者，尚不在内。以全区地势论，湖之东南，限于山岭，西北限于江流，各河尾闾，均有碶闸，以资启闭，借防咸潮倒灌，害及农田。每年灌田淡水，悉恃该湖蓄水，以为调节，全区水利，虽以农田灌溉最为重要，实则与防洪潦，便航运，以及村民汲用，均有密切之关系，整治东钱湖及各塘河时，自当兼筹并顾，庶不至旱苦水少，潦苦水多。至详细计划与整治方针，须俟测量调查后，始能确定，而最经济之办法，则莫如先行补救现状，将各主要干流与各闸碶善加修治，所谓开源不如节流是已。如仍无大效，再作第二步之浚湖增蓄及其他相类似之工程，逐渐改良，以达最后之目的。兹将今后应行整理之各部及大概整理之方法，略述于下：（一）沿江碶堰：沿江碶堰为区内水道流向外江最要之关键，计有樟木碶、陈家坝、萧家碶、包家汇碶、陆家堰等十余处，现在俱有损漏，应先修筑完固，庶由东钱湖放入各塘河之水，不至无形泄去。（二）湖上各塘：环湖以山为限，惟西北两面有空缺处，筑塘为障，计有高湫塘、方家塘、梅湖塘、栗木塘四处，总计长约二公里，构造尚属坚固，惟间有特别低洼处，并有数处漏水甚多，如高湫塘、钱堰、平水堰等处，是此种漏卮，与湖之蓄水量有关，应加修葺，庶将来蓄泄，始有控制之功效。（三）湖上堰碶：堰有七，曰莫枝堰、平水堰、大堰、高湫堰、钱堰、梅湖堰及栗木堰，该堰等为湖上下船只往来之要道，船货均用人力盘驳，堰顶高度，略有参差，若以民国五年水利委员会测量水准标高为准则，大约在 96.0 与 97.0 英尺之间。碶有四：一在莫枝堰，通中塘河；一在大堰，通前塘河；一在钱堰；一在梅湖堰，通后塘河，均为湖水蓄泄之关键。各碶槛高度约在 89.0 与 90.0 英尺之间，似与前水利委员会民国五年所测湖水平均之高度相仿。今后应先从事测量，决定碶槛高度，然后重新建筑，或稍事修理，以防湖水渗漏，而获最大蓄水之容量。（四）湖中葑草：全湖虽名分三部，曰外湖、谷子湖及梅湖，而实际系属一湖。梅湖虽以五里塘为界，亦与全湖相通，现今葑草丛生，尤以梅湖为甚，依照民国五年水利委员会测量葑草面积，总计约九千亩（约合 5.5 平方公里），合全湖面积百分之廿四，湖底高度大部分在 89.0 与 90.0 英尺之间，梅湖湖底则在 91.0 与 92.0 英尺左右，目下淤积情形，当较前尤甚。沿湖居民，每有占筑情事，屋基之高度，约与堰顶相等（在 96 与 97 英尺之间）。湖之最深处，约有六七尺，浅处则三四尺，其容水量能否增加，即增加后究竟有无利益，须俟测量后细行研究，始能决定。旧时有人提议浚湖，以增容量，殊属最不经济之办法，今如将湖浚深 0.3 公尺，而以全湖面积二十三平方公里计，则应浚深之土方约计七百万公方，以每公方浚深费七角计算，即须浚深费五百万元，恐非地方经济能力所可办到，而况浚湖以增容量之效验甚微耶。梅湖葑草果能设法芟除，亦可增加蓄水量，惟范围过大，需费甚多，此举是否经济，容俟测量后决定之。（五）清理水源：湖水来源，除湖面直接受雨用为蒸发外，余皆来自东南两面山岭间，流域面积约为湖之三倍（约六十三平方公里），水源含沙之多少，恒与湖床淤涨有关，而欲防止泥沙随山洪下注入湖，非培养森林或山涧筑坝不为功。（六）主要水道：湖水出路干流，有前塘河、后塘河及中塘河，支流则遍布全区，为灌溉交通防洪蓄水等便利起见，各干流本身，宜有详细施测，以便将来有切实计划。（七）东钱湖以外之直接水源：东钱湖之蓄水果可调剂全区农田需水量，尚有其他水源直接流入各区者，亦与东钱湖之蓄水量有连带之关系，故宜同时研究，以定最经济之整理方法。

三、测量范围及测量预算

整理东钱湖办法业已概述于前，关于整理方面，应需之测量工作甚多，而最要者不外下列四端：（一）湖底地形及沿湖各碶堰塘堤；（二）沿湖水准；（三）通湖各塘河地形及断面；（四）沿江各碶堰地形断面及各堰间之水准接连。兹再将测量范围概述如左：（一）湖底地形测量面积为二十三平方公里，沿湖各碶堰塘堤为：莫枝堰碶、平水堰、大堰碶、高湫堰、钱堰碶、梅湖堰碶、栗木堰、高湫塘、方家塘、梅湖塘、栗木塘、五里塘。（二）沿湖水准测线长为五十公里。（三）通湖塘河为：前塘河、中塘河、后塘河。河线长度，约为六十二公里。（四）沿江各碶堰应测之处为：樟木碶、陈家坝、萧家碶、包家汇碶、陆家堰、毛家埠堰、背节堰、庙后堰、分家曹堰、东里堰、下涨堰、上涨堰、下梁堰、大石碶、庙堰碶、云龙碶、柴家堰碶、金家堰碶、任家堰碶等处。

以上各项测量，拟地形水准分为二分队，同时举行施测，应需测量时间，概估于左：（一）湖底及沿湖水准测量时间为二个月；（二）沿湖各堰碶塘堤测量时间为二十一天；（三）通湖各塘河测量日期定为三个月；（四）沿江各堰碶测量时间为二个月。以上共需测量期间为七个月二十一天，外加三分之一因雨雪不能工作日期约一个月，共需测量期间为十个月。

20 世纪 30 年代东钱湖一角

测量队预算估计于左：

按月预算，756.00

第一项：薪工，516.00

第一目：队长，200.00

第二目：测量员，100.00

第三目：佐理测量员，60.00

第四目：测夫，144.00

第五目：公役，12.00

第二项：办公费，50.00

第一目：文具，5.00

第二目：邮电，5.00

第三目：消耗，10.00

第四目：旅费，15.00

第五目：杂支，15.00

第三项：特别费，190.0

第一目：出勤费，65.00

第二目：测夫津贴，60.00

第三目：船费，45.00

第四目：木桩费，10.00

第五目：制图费，10.00

以十个月计，应需测量经费为 7560 元。（《鄞县建设》第一集，计划调查）

7月4日，奉化士绅王贤裕召集沿湖人民代表在韩岭孙氏宗祠举行会议，300余人出席，会议决定成立疏浚东钱湖筹备委员会，推王氏为筹备主任，并推金时慕起草疏浚东钱湖筹备委员会组织条例，暂设筹备处于韩岭裴君庙。（《宁波旅沪同乡会月刊》第108期，1932年7月）

10月25日，鄞县政府建设委员会召开第六届委员会第二次会议，对于省水利局要求提拨前湖工善后局积存经费用于测量案，议决："东钱湖浚治事固必要，已无疑义。惟测量工作应与施工衔接进行，方有成效，观前次测量迄未动工，目今标志多不可考，测量经费掷诸虚耗，前车可鉴。现在姑且不论浚冶经费渺茫无着，即测量经费除此存款外，据各县复文均无着落。本县亦无余款可拨。拟请县政府函请水利局将工程计划及经费筹集方法有无把握先行见示，再组织测量队。"（《鄞县建设》第一集，会议录）

是年春，鄞县政府奉建设厅令饬调查境内渔业概况，并依据调查所得情形，拟具指导计划，以便指导渔民组织渔业合作社，发展渔民经济，增进渔民生产。当经派员分别前赴本县咸祥、东钱湖、姜山等渔民集居地点，从详调查。（《鄞县建设》第一集，计划调查）

1933 年

7月，浙江省建设厅厅长曾养甫、浙江省水利局局长一行视察东钱湖，对于前一阶段省县一直争执不下的应否先事测量及测量费问题，明确提出必先测量，始可着手计划，否则计划无所根据。至测量经费，除前项湖工善后局存款提拨外，不足之数，由厅筹措。（《鄞县建设》第一集，建设概况）

8月21日，由鄞县韩岭民众教育馆主持的民众游泳比赛在东钱湖举行。"参加比赛凡三十四人，分少年、成人两组。各界健儿神采飞扬，围观者达三百余人。"（《韩岭民教馆主办东钱湖游泳赛》，《时事公报》1933年8月24日）

9月初，浙江省建设厅提出整理东钱湖须从测量入手，为此"饬由省水利局组织测量队，负责进行测量。现悉水利局奉令后，业将该湖测量队组织成立，委诸暨白塔湖测量主任徐云青为队长，刻已一切均已准备就绪，定明日正式进行测量云"。对于测量经费问题，当时鄞县款产会致函鄞县建设委员会，提出"由湖工局存款提充"。（《测量东钱湖经费》，《上海宁波日报》1933年9月8日）

10月15日，由韩岭民众教育馆发起组织的东钱湖农民利用合作社成立。《上海宁波日报》报道说：

鄞县韩岭民众教育馆，对于合作事业之提倡素极注意，前发起组织之东钱湖农民利用合作社，筹备以来，将近三月，业于昨日上午在大堰头邻湖学校举行成立大会。县府派倪建设科长、叶合作指导员、顾治虫专员，出席指导。主席宋恩溥，记录戴来宾，当选出该社理事及监事。下午将最近购到之抽水机试演，观众拥挤非常，莫不称佳。（《鄞县东钱湖农民利用合作社成立》，1933 年 10 月 18 日）

11 月初，浙江省水利局东钱湖测量队在东湖的测量工作积极进行，其中各水准测量已告完成。《上海宁波日报》报道："浙江省水利局东钱湖测量队自开始测量以来，工作情形已迭志本报。兹悉该队业已将东钱湖三角导线水准及中塘河水准次第测毕，现正着手环湖地形并各区堰碶测量。昨已函请鄞、奉、镇各县将有关东钱湖水利之沿江各堰碶名称并详细地点开示，以便进行云。"（《测量东钱湖》，1933 年 11 月 7 日）此次测量历时九月，工作富有成效。"所有湖之深浅，关系各塘河之断面，及各碶坝之深宽，均经测量竣事"。（《鄞县建设》第一集，建设概况）

是年秋，上海艺华影业有限公司摄制组在东钱湖拍摄《中国海的怒潮》[①]。（《东钱湖畔拍"怒潮"》，《宁波日报》1933 年 11 月 23 日）

是年，东钱湖至宁波城区的公路——宁横线开始修筑，至次年 8 月通车。全线自江东起，经邱隘、莫枝韩岭市、管江、咸祥，最后至象山港之横山埠。其中第二段自莫枝堰渡中塘河，沿老鼠山之西，经戴婆桥、观音庄，越隐学岭，沿东钱湖象坎村至韩岭市。据称，"环湖路沿湖渔村栉比，人烟稠密"。（《鄞县建设》第一集，建设概况）

以东南沿海渔民生活与抗争为题材的电影《中国海的怒潮》（1933）剧照

1934 年

2 月 21 日，赵次胜面见返乡在宁波逗留的蒋介石，要求借款 10 万元，救济东钱湖渔民。（《一年来地方大事记》，《时事公报》1934 年 6 月 1 日）

3 月 24 日，《上海宁波日报》报道，天童林场组织东钱湖造林突击队，开展突击造林工作，成效显著。

[①] 后来此片以其在"艺术上的价值、历史上的重要性和商业上的成功"被法国著名电影史家乔治萨杜尔（George Sadoul）列入《世界电影年表》。

1934 年 3 月 12 日，鄞县植树节在东钱湖大堰头举行

　　7月4日，鄞县名胜管理委员会召开第二次会议，通过由鄞县建设科科长倪维熊提出的《东钱湖风景区初步整理计划》。该计划较早提出把东钱湖划为风景区，所提方法也切实可行。兹录于下：

东钱湖风景区初步整理计划

倪维熊

　　东钱湖夙以水利之功用著称，而风景亦复不殊，只以曩时交通未臻便利，景物未经点染，其名不彰。今宁横路县道垂成，自城至湖，瞬息即达，乘兴来游者，当不乏人。乃者东南交通周览会举行在近，急谋所以整理之策。然欲为大规模之整治，不特费巨难筹，时日亦复不及，爰拟分期进行，先为治标，以启起端。东钱湖峰峦环绕，承七十二溪之流，汇为巨浸，湖面辽阔，缘岸曲折有致，区为外湖、谷子湖、梅湖三部，五里塘、高湫塘、方家塘，映带左右，霞屿、烟屿、螺屿、菊岛，罗列湖中。沿湖村落之大者，有莫枝堰、陶公山、大堰头、郭家峙、韩岭市、上水村、下水村、钱堰村、殷家湾等。山岭之较著者，则有陶公山、桃源山、隐学岭、百步尖、峰鸡山、二灵山、梨花山、擂鼓山、平满山等。寺院则有祈园寺、隐学寺、二灵寺、月波寺等。古迹之渺远者，有隐学岭之徐偃王墓、陶公山之陶公钓矶，近古之可征者，则有二灵山之宋陈禾读书处、月波寺之明相国余有丁读书处等。湖上交通，自莫枝堰越雀岭沿湖至韩岭市，即将通行汽车，今则有汽船往返于莫枝堰、陶公山、韩岭市之间，小湖可达环湖各处。兹拟初步整理事项如左。

村 落

湖上居民大多以出洋捕鱼为业，在江浙沿海居民中有"湖帮"之称，陶公山、殷家湾两处，为渔民集居之所，依山筑屋，层次栉比，栖舟湖畔，晒网滩头，远望景物，如入画图，然试深入其间，则街道湫隘，坑厕密布，大好湖山，为之逊色不少。故街道之整洁，于露天坑厕之取缔，尤为治标首要之举，拟请县府通令沿湖公镇乡公所负责办理，并令就地公安分局协同取缔。

山 林

环湖诸峰，虽非濯濯童山，然茂林修竹，殊不多见，岭下则种植蔬菜，岭上则榛莽荒秽。是以环湖造林，不容视为缓图，急应由县府督同各乡镇公所，积极计划，限期完成。治标之计，则拟由就地各乡镇公所及各寺院，刈艾秽草，伐去恶木，以冀天然之林，得以发荣滋长，至山野浮厝露棺，亦宜由掩埋所速予迁埋。

胜 迹

湖上名胜古迹大都即为寺院所在地，而各寺院又均足为游人憩息之所，故名胜古迹之保存修治，拟请县府通令各寺院负责办理，先从左列各事项着手：（一）船埠及道路，均应修葺，注意整洁，并于出入口及分歧处设立指示牌；（二）寺院内外及各名胜古迹附近，须一律清除整洁，并补植竹木花草；（三）旧有匾额楹联及碑记石壁等，均须保存于原处，但可加以修理或油漆；（四）摩崖或碑石，均应洗刷干净，安置平正，所有字迹，应随其所宜，加以红色、蓝色或白色油饰；（五）危险处所及禁止游人通行之地点，均应明白标字，并加以护栏；（六）山径应以一公尺为最小阔度，如有不足，应即修理，所有陡拔之处，均应砌成阶级至少亦须将土掘成级形，以便行走；（七）择定适宜之处，安置石凳或木椅，以为游人休息之用；（八）寺院名胜古迹附近，不得设立广告牌，或借房屋墙壁作广告之用。

游 船

湖上原有小船，简陋不堪，应予改良，并注意清洁，拟请由县府派员召集船夫代表指示之，并令汽船公司添置汽船，供拖带游船之用，所有小船及汽船价格，一律予以规定标示。（《宁波旅沪同乡会月刊》第 133 期，1934 年 8 月）

20 世纪 30 年代长期担任鄞县建设科科长的倪维熊

6月10日，鄞县名胜管理委员会划定东钱湖、城区等为名胜区，决定推员整理。（《一年来地方大事记》，《时事公报》1935年6月1日）

6月20日，鄞县保卫团总部以莫枝基干队分队不守纪律，派队缴械押回训练。（《一年来地方大事记》，《时事公报》1935年6月1日）

6月，东钱湖上水村与横街村为东钱湖荒滩多年之诉讼始告结束。（《上水横街村讼争东钱湖荒滩》《上海宁波日报》1934年6月26日）

7月12日，鄞县名胜管理委员会、宁波商会决定莫枝与宝幢为鄞县土产自由售卖地点。（《一年来地方大事记》，《时事公报》1935年6月1日）

7月22日，鄞县政府下令彻查王沛德侵占东钱湖案。（《一年来地方大事记》，《时事公报》1935年6月1日）

7月，经一年的筹备，由东钱湖渔民曹世豪、史锦纯等于上年11月间发起筹备的东钱湖外海渔业捕捞兼营合作社在大堰头宣告成立。社员25人，共认股52股，计520元，所有股金已于举行成立大会时一次缴足。"社内设施，暂定捞捕、供给、信用、利用四部并拟先从供给一项着手办理。""该社区域以旧渔源区为范围，全区渔民约有六千人，规模亦大。又以该处渔业状况，仅为渔民集居之村落，并非产鱼之场所，故名为外海渔业，俾资识别。"由于资金有限，"故现下仅能办理社员间之联络与海上互相保护及其他轻而易举之事项。上月间（指1934年10月）曾一度向上海银行借款一万元，以为补助各社员渔捞之用。嗣以时间迫促，手续未备，尚待磋商"。（《鄞县建设》第一集，建设概况）后据1937年4月7日《申报》报道，到1937年年初，该社已发展成为浙东沿海较有规模的渔业合作社。"社员以渔船为单位，计大对五十六对、冰鲜十一只及关系方面二十人，故八十七社员，认股一百零五股，每股十元。该社规模粗具，设总办事处于沈家门、分办事处于宁波及上海，每年营业达二十万元。"（《渔业银团调查温台渔况》，1937年4月7日）

东钱湖农民利用合作社、外海渔业合作社办事处

8月，路经东钱湖的宁横线（宁波城区江东至象山港横山码头）建成通车。

1933年修筑宁横路场景

8月19—21日，鄞县县长陈宝麟"以本年入夏以来，旱蝗成灾，曾数度下乡，视察灾情，及切实计划，亲自指导各乡以防御方法"。21日，陈宝麟至东钱湖一带。次日《宁波民国日报》对此进行了详细报道：

> 八月二十一日晨，视察韩岭镇，镇中之河，经民众教育馆之提倡，与各镇镇公所之努力，已在征工疏浚，人民亦踊跃从事。在韩岭民众教育馆召集本镇公所地方自治人员，从事提倡，掘深各田旁之井，由佃农合作，及清洁镇中街道，暨建筑公坑等镇务。宣传毕，即由韩岭、沼东、钱湖，过五四、五山、生活各乡，而至莫枝堰镇。东钱湖湖水已浅，行舟已人负推挽。大堰因乡公所之后沿湖水尚源源入塘河，莫枝堰堰头水已不流。当嘱徐巡官时鉴转知镇公所设法浚导。因堰下至八家桥一带河道，已由地方人士浚治，如堰上加以浚治，尚可引湖水而下注也。自莫枝堰河中，过河家墊、五港、泗港、潘火桥，沿河两岸以有中塘河水，尚可勉强设法戽灌，但河水已浅若泥浆，人力不足者间有苦燥，惟较诸第九区则胜强许多。除上述各事外，尚督促各乡镇办理公民登记、壮丁名册、积谷等要政，随地视察咸祥公安分局、莫枝堰派出所及驻韩岭之基干队，视察并督促县道工程。此次两日半之时间，经过乡村三十八，为途迁回二百六十余里。原拟用较多之时间，作详密之考察，因今日（廿一日）下午须主席烟民工厂筹备会议事，故自韩岭启程后，除在莫枝堰亲察新设之派出所外，均未及至各乡镇公所，惟另定日期，再行出巡。盖此依民政厅之规定，县长每月须有十日在乡工作也云云。（《陈宝麟视察三十八乡镇纪详》，1934年8月22日）

11月10日，《上海宁波日报》刊登该报记者采访鄞县建设科科长倪维熊的谈话，详述东钱湖历史上疏浚经过。文录于下：

1934年秋完成的宁横线（宁波江东至横山码头），图为东钱湖隐学岭段

鄞建设科长倪维熊谈计划疏浚东钱湖经过情形

浙江省第五特区行政督察专员赵次胜以本年旱魃为灾，田禾歉收，冬令已届，灾民难免为饥寒所迫，铤而走险，沦为盗匪，以致误投法网，不无有悯。赵氏为重视民命，维持治安起见，前曾晋省为灾民请命，并筹划东钱湖整理以工代赈，提请省建设厅核示。建厅以需款浩大，须待省府振灾公债确定及拟发建厅数目后，再行决定如何分配一节，曾志报端。记者昨遇鄞县政府建设科科长倪维熊，询以前鄞、慈、奉三县分担经费，由省水利局主办测量东钱湖及其整理计划。据倪氏见告，谓省水利局测量东钱湖及其整理计划，虽早经竟事，惟县府及本科迄未接水利局之具体计划，至经过情形，当可详告。

在历史上之沿革

按东钱湖在鄞县治东南，距城十五公里，湖之源，承环湖诸峰七十二溪之流，停蓄甚宏，注溉于鄞、镇、奉三邑七乡之田，约五十万亩。其利甚溥，志载唐天宝中鄮令陆南金开拓是湖，废田巨万。宋天禧中守臣李夷庚、庆历八年县令王安石先后增筑旧址，重清湖界，历百有余载，湖浸湮废，菱荇丛生。乾道五年，知县杨布计划疏浚，卒以费巨中辍。贤士大夫，代有建议，未见实行，沿今八百余年，水草之滋蔓，沙石之冲积，居民侵占，更足减少湖水之容量。

民元间发起整治

民国元年，由鄞、奉、镇三县士绅王世钊等，呈准前都督府，组织三县浚湖联合会。民国三年，改组为湖工善后局，并呈准省道，以鄞县螟蝻捐年五百四十元，作为经常费，其事业费，则以募捐办法筹集。嗣后内部组织屡有变更，工作时多间断。但于民国五年间，曾将全湖一度测量，制有草图，并经办理订界修塘及取缔侵占湖地等工作。民国十八年间，鄞县党部以湖工善后局办事不力，虚糜公帑，函请鄞县政府查办。

临时工程会接管

经鄞县府令饬结束，暂为接收文卷器具而外，尚有历年积存款银四千八百余元，一面由鄞县政府函请奉、镇两县派员会商进行办法，旋奉建设厅令，由省水利局会同三县各推员暨就地人士，组织临时工程委员会，所有前湖工善后局移交各项，亦交由该会接管，惟零星工程及取缔侵占湖地等事宜，仍由鄞县政府办理，并设有湖夫一人，临时察看。时旅沪绅商，对于整理东钱湖之举，颇具热忱。

士绅谋从事疏浚

曾一度推派代表，晋省请求拨发公债，以促从事疏浚之举。省中以库空如洗，未允所请。旋经地方人士张申之、蔡仁初等与鄞、镇、奉三县县长集议，并由地方人士公举代表朱淇圆，会同鄞县县长详细踏勘，拟有东钱湖整理办法概要。至筹款办法，佥以舍征收亩捐外，则无他道。而征收亩捐，必须办到随粮带征。故拟于东钱湖流域田亩，提前办理清丈（计划亦由鄞县拟具），其治标办法，则拟先筹募数万元，购小型浅水挖泥船，逐渐浚治。拟挖深一尺之泥，即多蓄一尺之水，易收实效也。

水利局派员踏勘

十九年十月间，建设处技正朱重光曾一度莅甬查勘，草有《查勘东钱湖报告》。二十一年四月间，省水利局工程师缪惟宜，会同省府顾问工程师西人萧蔼士（译音），来甬踏勘后，由省水利局草有《查勘东钱湖之报告及因整理而施测量之预算》，提经临时工程委员会通过。测量预算，约计八千元，即拟以前湖工善后局存款提充。不足之数，由三县计划分担，而三县建设委员会之意见，则以测量工作，应与施工衔接进行，方有成效。

全部计划之决定

故主张俟全部计划确定，经费余有的款，再行复测。至二十二年七月间，建设厅曾处长、省水利局张局长莅甬视察东钱湖，决定必先测量，始可着手计划，否则计划无所根据。至测量经费，除前项湖工善后局存款提拨外，不足之处，由厅筹措。乃于二十二年九月间由省水利局派队，来甬测量，历时九月。所有湖之深浅及关系各塘河之断面，均经测量竣事云。

11月，由鄞县政府建设科编纂的《鄞县建设》出版发行。书末附有《鄞县及其附近名胜导游录》一文。文曰："宁波著名名胜为鄞县之天童、育王、东钱湖，奉化之溪口、雪窦、隐潭、妙高台，镇海之招宝山，定海普陀……"对于东钱湖的名胜特点与游程，文章介绍如下：

20世纪30年代中期的东钱湖风景

东钱湖距鄞县治东南十五里，湖广十八里，承环湖诸峰七十二溪之流，停蓄甚宏。志载唐天宝中，鄞令陆南全（误，应为金）开拓是湖，废田巨万。宋天禧中，守臣李夷庚曾设万金，以此修湖，故亦名万金湖，又号铁面湖。湖东北隅曰梅湖，五里塘为之界。全湖面积约七十一方里，鄞、奉、镇三邑七乡之田五十余万亩，皆资湖水灌溉，现正由省水利局与三县政府规划整治。湖上居民大都出洋捕鱼为业，渔村栉比，以陶公山、殷家湾为最大。湖中一墩，建有岳庙，为渔民所虔奉者，俗称西瓜庙，以其如瓜之浮于水也。湖之四周，峰峦环绕，湖面亦曲折有致，不若西子湖之一览无遗。且浑玉璞金，未染烟火俗气，正待擘划整治，斧凿慎施也。近则宁横路落成，自城至湖，汽车三分即达，欲寻幽觅胜，消夏避暑者，舍此安归？

徐偃王墓宅 县东隐学山旧名栖真，徐偃王隐学于此（按，今宁横汽车即逾此岭而过）。一云在翁洲，王十朋《会稽赋》，翁洲访偃王之庐。（《成化志》）
北朱徐氏谱王葬明州之隐学山。（《延祐四明志》）

陶朱公钓矶 县东南四十五里陶公山，世传陶朱公尝隐于此，有钓矶在焉。（《宝庆志》）

二灵山房 在东钱湖中，有山突然，曰二灵。熙宁间，左正言陈禾读书其中（《乾道图经》），在今下水朴树湾口。

二灵寺 寺以山得名，宋初韶国师建塔山上，熙宁间，左正言陈禾读书其中，

今日二灵山远眺（张全民提供）

延僧知和居之。知和，有道释子也，每有虎相随，当时名播江浙，法席鼎盛。（《乾道图经》）

月波寺　在东钱湖月波山下，宋淳熙五年，越王史浩建，请赐慈悲普济额。（《宝庆志》）创月波楼，叠石成岩为宝泥洞。又于寺建四时水陆道场。明洪武十五年，定名月波。（《闻志》）二十年圮，正统十四年重建。（《成化志》）后又圮。万历间，相国余有丁构五柳庄，御书名山洞府，赐以建坊，在今梅湖外，尊教湾东擂鼓山下。

（游程）自宁波至东钱湖，陆行则由江东包家衙头乘宁穿公司之宁横路汽车，直达莫枝堰，即到湖上，复环湖至韩岭市，其中自寨基至韩岭市一段路线，滨湖建筑，得以领略全湖风景。水行则由江东新河头两眼桥乘宁湖永年公司之汽油船，约两小时可达莫枝堰，堰即湖水入中塘河之咽喉。湖中有同益公司之小汽轮往来于韩岭市莫枝堰之间，乘之亦可以领略山色湖光、水村渔唱。韩岭市为由湖至象山港之要冲，欲览海疆之胜，则驱车再进，三十分钟可达海滨，沿港山如列屏，烽垒相望，古戍荒寒，可兴遐思。欲游环湖各处，则有小船可雇，船可容五六人，风平则行以橹，容与中流，有风则张小帆，逐浪往还，四围山色，一叶扁舟，则又如置身画图，物我皆忘矣。

（舟车膳宿）自宁波至东钱湖，由汽车往，至莫枝堰票价约一角八分，小包车价约一元八分。至观音庄票价约二角八分，小包车价约二元八角，至韩岭市票价四角八分，小包车价约四元八角。至横山埠（即象山港滨）票价约一元一角，小包车价约十一元。至汽船票价，则二等船为小洋二角铜元八枚，拖带航船铜元四十枚。湖中轮渡，自莫枝堰至韩岭市为铜元三十四枚，自莫枝堰至陶公山铜元十二枚，陶公山至韩岭市铜元二十二枚。湖中小船无定价，雇时预为购定，取价亦不甚昂。至膳宿问题，韩岭市及莫枝堰均有小饭店及小客栈，但均不甚清洁，现正在计划招商开设简单整洁、村屋型式之旅馆饭店，以备游客流连憩息之需。（《鄞县建设》第一集，附载）

12月初，鄞县名胜管理委员会举行第三次会议，委员陈如馨在会上报告踏勘东钱湖情形。随后会议就常务委员会提出的整理东钱湖应另组委员会负责办理案，议决呈请第五特区行政督察专员主持组织之。同时就常务委员会提出的整理东钱湖有关历史古迹之墓道以兴观感案，会议决定"先择定隐学山徐偃王墓道、下水史叶母墓道和二灵山陈文介公墓兴修"。其办法则函请县政府"分饬史、陈、徐三姓后裔，集资负责修理，其计划由本会制定转发"。（《鄞县名胜会定芳草洲为风景地点》，《宁波旅沪同乡会月刊》第137期，1934年12月）

1935 年

1月30日，鄞县府下令禁止东钱湖捕鱼。

是月，鄞县政府拟组织整理东钱湖委员会，为此呈文要求第五特区行政督察专员赵次胜主持其事。呈文还提出东钱湖不仅水利上有不朽之价值，而且其名胜也有同时整理之必要，"悉心筹划，不难与西湖媲美"。据《宁波旅沪同乡会月刊》报道：

> 鄞县县政府，为组织整理东钱湖委员会，昨呈第五特区行政督察专员文云，查东钱一湖，为鄞、奉、镇三邑七乡农田灌溉所资，其功用资于水利，关系国计民生者，至重且巨。本府暨地方人士，亦屡有建议，并奉省建设厅迭派专家视察，业由省水利局施以测量，一俟计划完竣，当进而谋工程之实施。行见五十余万农田，咸资利赖，兹所欲陈者，除东钱湖水利上自有不朽之价值外，就东钱湖之名胜言，殊有同时整理之必要。查名胜古迹，吸引游客，为繁荣市面条件之一，杭之西湖，即其明证。东钱湖承环湖诸峰七十二溪之流，湖面既广，湖岸尤曲折有致，只以楼台亭榭之布置，名人学士之题咏，桃柳未能遍栽，道路复嫌偏僻，遂致浙东最著名之大好湖山，如绝代佳人离世独立，其美未显，其名因亦不彰。今自宁横县道落成，自城至湖，瞬息可达，且车经莫枝堰、观音庄、隐学岭、韩岭市等处，悉属环湖要镇，交通既便，发展尤易，设能罗致人才，悉心擘划，积极经营，则不难与西湖媲美。届时游客纷至，非特农村经济，得借以挹注，即工商事业，亦得以繁荣。本县名胜管理委员会，有鉴于此，迭经推员履勘，认有整理之价值，惟以兹事体大，非有德劭望重如钧长者为之主持，计划提倡指导，实不易乐观厥成。爰经第二次会议议决，另组东钱湖整理委员会，负责办理，呈请第五特区行政督察专员主持组织之等语，纪录在卷，理合录案呈请，仰祈鉴核施行。（《东钱湖组织整理委员会》，《宁波旅沪同乡会月刊》第138期，1935年1月）

2月28日，改筑大通坝碶闸列入东钱湖整理计划。

2月起，《时事公报》就东钱湖各类问题发表多篇该报记者撰写的地方杂评，不仅表明该报对东钱湖相关问题的态度与立场，而且也反映出甬上各界对东钱湖的高度关注。

3月12日上午，鄞县各界千余人在韩岭镇裴君庙举行总理逝世纪念造林仪式，"由陈县长主席……次专员办事处赵秘书演说，谓开辟东钱湖，必先在韩岭造林云"。下午鄞县县长陈宝麟等驾舟巡视东钱湖。（《鄞县各界昨在韩岭植树》，《时事公报》1935年3月13日）

1935年3月12日，鄞县各界人士植树活动后展谒徐偃王墓（引自《东钱湖文丛》第二期）

同日，浙江省第五区行政督查专员赵次胜接受《时事公报》记者采访，认为欲求繁荣宁波，必须从开浚东钱湖并建设为风景区入手，"款省效速，应由地方组织委员会办理之"。赵次胜在谈话中透露蒋介石支持其提出的将东钱湖开发为风景区的建议并"令省府从速具办"。（《赵专员与记者谈繁荣宁波市面之热望》，1935年3月13日）

3月13日，《时事公报》刊发该报记者撰写的地方杂评《对赵专员开发东钱湖意见之申义》。文章透露蒋介石支持第五行政督查专员赵次胜提出的将东钱湖开发为风景区的建议，并"令省府从速具办"，文章还公开支持赵氏提出东钱湖应由地方人士组织委员会办理的建议而反对"官办"。文录于下：

对赵专员开发东钱湖意见之申义

第五区行政督查专员赵次胜氏，告述本报记者，谓："余对繁荣宁波，颇具热望，然欲言繁荣，必然从建设入手，故去年余曾向蒋委员长呈请开东钱湖作风景区。东钱湖沿湖四周，山清水绿，苟能再加以人工之点缀，其风景何让于杭州之西湖？

预料春秋佳日，游客如云，商业兴旺，亦将于此可卜。自呈蒋委员长后，立蒙批准，并令省府，从速拟办，黄主席遂令财厅拨款二十万元，一面令建设厅筹划办理。建厅曾派员来鄞设计。现在计划至如何程度，余无所闻。惟以余之意，此种有关数县水利及繁荣地方之自治事业，欲求款不虚糜，效力迅速，实应由有关各县之公正士绅，合组委员会，商议进行，较为适宜。因地方人士，关系切身利害，且熟悉就地情形，自较任何人代谋为完全周密也。"

赵氏自莅甬督政以来，填河凿井，推进建设，表彰乡贤，为民矜式。而除此以外，且为吾甬辟经济上之出路，拟开发荒湖，繁荣市面。其勤民之务，热忱地方，为可感服，且亦良谋灼知，规划宏远者矣。发扬清徽，行将见其克臻上治。惟建设厅奉办此案，时历一载，而计划进行，则犹无表示，滞迟迂缓，不无缺憾耳。

由政府办理之建设事业，公文往返，请示批饬，往往旷日持久，而或者，且不免有虚糜公款，以及成为悬案之虑。欲求款不虚糜，效力迅速，诚不如以"有关各县之公正士绅，合组委员会办理"之为佳。盖有切实负责之组织，则计划专一，进行自速；有审知情形之人员，则事半功倍，糜费可节；有痛痒相关之关系，则筹谋自密，疏漏可免。较之派员办理，请人代谋者，自较为确当而有利也。

试观乎开辟三门湾，政府主张计划之，且二三十载矣，然仅有呼声，未见事实，而建筑宁波中山公园，填塞城区河道，则一经动议，立见实施，工程进行，迅捷便利，历时不久，各告完成。凡此二者，皆由地方人士，组会办理，是则建设事业，政府主办与地方人士自谋经营，孰弊孰利，概可知矣。开发东湖，如欲及早观成，以收事功，故应由就地人士，共起努力。况该湖关系数县水利，影响地方，不为不巨，尤当自谋经营，使其设施咸宜。所希关系各县之人士，能据此理由，向省要求，办理之责，付于人民，监察之事，委诸建厅。而一面，则并望赵氏能向省方代陈厉害，以期邀准。若是，则政府既可无计划设施之劳，而工事乃得有迅捷进行之望，生产建设，短期可成。否则，所谓"整理东钱湖"者，或将与"开辟三门湾"成同样情形，仅闻雷声，未见雨点，欲其成功，不知在于何年何月也。

3月15日，赵次胜主张建设东钱湖应由官民协力整理。（《一年来地方大事记》，《时事公报》1935年3月15日）

3月中旬，浙江省建设厅制订省水产场发展计划，东钱湖名列其中，拟辟为养殖场。（《浙水产场发展计划　辟东钱湖为养殖场》，《时事公报》1935年3月21日）

3月21日，绍属七县旅甬同乡会致函鄞县县政府，指责本地人士戴东原等以公作私，排挤无辜，要求保障东钱湖绍籍渔民利益。《时事公报》报道说：

绍属七县旅甬同乡会前以东钱湖图书馆禁止绍属渔民捕鱼一案，昨特剖陈真相，再呈请县府赐予有效救济，以求切实保障。兹将原呈披露于后：

呈为东钱湖蓄鱼捕鱼问题，报章发现自称东钱湖全体渔民及东钱湖图书馆、邻湖学校之启事，暨永治乡乡长捏词朦请希图嫁祸之举。为特剖陈真相，恳乞救济事案。查本会前据委员马金生等数十人来会报称，会员等在东钱湖捕鱼为生，历时已久。近突有戴东原者集股设荡养鱼，拒绝绍籍渔民入股，并阻止捉捕，请求设法救济或准予划定若干湖面，俾可照章租用，以资生活等语。迭经转呈，并蒙钧府令准就原有鱼荡之范围外，不加禁捕。至纳租设荡，应静候建设厅核示再行饬遵各在案。奉令前因，当经切嘱该会员等息事宁人，静候核示。幸该会员等皆能深体斯意，安分守己，无或越规。方冀合理解决，为期匪遥，为不厌周妥、抚慰无知起见，本会于日前派会员沈丽泉下乡实地调查，晓谕绍籍渔民，耐心营生，毋稍逾越范围，彼等靡不竭诚接受。

迨试商戴东原，则仍视公为私，固执成见。同时阅报知该处永治乡乡长戴来宾、戴登球，竟抹杀事实，朦报钧府，危词耸听，意图嫁祸。且东钱湖图书馆、邻湖学校及以东钱湖全体渔民之名义，所刊登之启事，于颂扬戴东原"仁德仁心，世无其比"，显属别具肺腑。本会仅期能得持平之处置，原不欲于文字上争是非。至此不复再安缄默，不得不为数百无辜无告之客籍渔民，向钧府沥陈下情，幸垂鉴焉。

一、查租用东钱湖、设荡养鱼一节，本会暨戴东原等均经呈请钧府奉令，应俟建设厅审核饬遵有案。该会员马金生等迄能恪遵无违，独戴某借口鱼秧业已运到，于未经准许纳租之前擅自放入，漫无止境。揣其用意，殆以先下手为强乎？倘绍籍渔民亦援例购放鱼秧，则孰为甲有，孰为乙有，将何以辨别？是戴某之故违政府功令，罚有应得。

二、查鄞溪乡各处官河（东钱湖属之），为恐碍及农田水利，早经姜前知事于民国十年示禁设箔养鱼，在盛垫桥羊府庙勒石公告。该戴某等要非乡愚文盲，不应视若无睹，纵认筑篰养鱼，有益无害，亦须详抒所见，备供采择。今突于政府尚无考虑研审之际，不顾一切，悍然为之，其弁髦法令，宁容曲恕。

三、论理戴某于未得准许前，私放鱼秧于官河，不予议处，已属侥幸。其所有权实同消灭，所有稚鱼，应以抛弃充公论。然则官河官鱼，人人得而捕之，任何人概不得妄加干涉。即令退一步而迁就事实，姑认戴某此举似非有意侵占官河，然则戴某守其私蓄之鱼可矣，岂能并湖中固有之水产而禁人捕捉，揆诸"有饭大家吃"之义，戴某其能无愧于衷乎？

四、查戴东原、戴来宾、戴登球等最初具呈钧府，请准组织养鱼场时，所叙理由，未始不堂皇动听。自称环湖渔民，以鱼种几绝，生计困难，屡到馆商筹善策，爰拟组织养鱼场，并列举利益，其中之一端，忆为"渔民生计不妨，而且可有安定职业"。又戴登球等最近呈钧府文内，亦明明有"特购到鲤秧，会集环湖渔民，点于陶公山、许家峙湖中指定为渔民所有"等语。原呈对渔民云云均属泛指赖渔为生之老百姓，绝未说明限于土著。其于沿湖绍籍渔民，初未歧视。此种无分畛域、大公无私之精神，原甚可风。今忽一反其一视同仁之态度，从此世居该处之绍籍渔民，不惟无权捕捉养鱼，即

当年东钱湖农民利用合作社农民厈水工作情形

固有之天然鱼类，亦俨同禁脔。至此则所谓"渔民生计不妨，且可安定职业"之语，允宜添一"惟绍籍渔民不在此内"之但书，方觉符合实际耳。质之戴某，何以自圆其说？

五、至原有鱼荡之外，捕捉鱼类，既为政府所不禁，绍籍渔民之网捕于东钱湖，纯属适法行为无疑，网固盲目，即所获间有少数养鱼，遵嘱放还可矣。何劳小题大做，殴辱之不足，获后私擅罚锾，甚至诬指"绍籍渔民，究凭何种力量，而可如此横行"。本会敢正告戴某等，绍籍渔民所凭借者，只国家政府之法令，与乎自食其力之些微末技耳。第不明戴某等之强占官河，欺压渔民"究凭何种法理，何种力量，而可如此横行"。事实胜于雄辩，何掩饰为？

六、又查以东钱湖全体渔民名义向戴东原鸣谢之启事中，有"倘无知之徒，故意妨害该项养鱼，渔民等当以全力对付"之语。此种口气，何殊挑衅耳。身为乡长之戴东球、戴来宾，不惟不蠲除私见，秉公妥予调处，反自承"东钱湖渔民足有二三千户，绍籍渔民何啻一百与一之比，而湖上渔民，强悍有名，已群起欲灭此朝食"。此种决心，用之于争回沦入外人之手已久之白水权，容无不可。设果施之于弱小无辜之绍籍渔民，窃为不取。

综上各节，该戴某等之假借美名，排挤绍籍渔民，利用群众，别作非分企图，已不可以理喻情动。倘不迅予救济，势必使客籍良民，立足无地，生存无所。迫不得已，谨代提出如下之请求：（一）严厉纠正该戴某及本籍渔民等既往之越轨言行。（二）出示晓谕不得阻碍绍籍渔民捕售原有鱼荡以外鱼类。（三）令饬该处自治警察机关，切实保护绍籍渔民，并禁止对绍籍渔民之一切非法侵害行动，或随时拘送法办。（四）明令公告东钱湖图书馆等在未经核准设荡前，所放之鱼秧，

20 世纪 30 年代中期东钱湖一角

概以自愿充公论。（五）催请建设厅从速核定养鱼悬案，俾资遵循，其他对绍籍渔民生存行为之有效保障。

总之，过去绍籍渔民之和平退避，适足以助长对方之攻击恐吓。是非理宜求直，忍耐亦有限度，万一果如戴某等所称，难免于发生"冲突惨剧，而贻滔天大祸"，虽责有攸归，不容诿卸，究不若防患未然，遏止节外生枝之为是也。除仍秉初旨，约束绍籍渔民守分乐业，毋动意气，免贻口实外，用特备文呈请，仰祈钧府悯恤贫困，扶弱制暴，赐以有效救济，切实保障，不胜迫切待命之至。（《绍属七县旅甬同乡会要求保障东钱湖绍籍渔民》，1935 年 3 月 22 日）

3 月 28 日，由韩岭民众教育馆举办的民众运动会冒雨进行。《时事公报》报道说：

鄞韩岭民教馆发起民众运动会，二十八日冒雨举行，参加者计二十九人，个个精神焕发，喜形于色。一时举行开会仪式，二时出发表演国术拔河，三时表演跳高跳远跑。国术成绩孔繁元、繁璇两兄弟最优。跳高第一陆立久，成绩五尺。跳远第一金相岳，成绩七点五尺。百米第一陆立久，成绩一四秒。二百米第一金相岳，成绩二九秒。四百米第一陆立久，成绩六八秒。五时赛毕，分给奖品。（《鄞东韩岭民众运动会》，1935 年 3 月 30 日）

3 月 31 日，东钱湖图书馆、邻湖公学再次致电浙江省建设厅厅长曾养甫，要求核准"东钱湖养鱼除草"。《时事公报》刊载其电文云：

湖南省阮陵湘黔路工程处，呈浙江建设厅曾厅长赐鉴：东钱湖养鱼除草一案，两电呈厅，当蒙钧鉴。兹以时际促迫，万请即电杭厅照准，免受重大损失，馆校幸甚，东钱湖幸甚。鄞东东钱湖图书馆、邻湖公学同叩世。（《东钱湖养鱼续请核准》，1935 年 4 月 1 日）

3 月底，限于经费，浙江省水利局制订疏浚东钱湖轻易工程计划，决定疏浚工作先从割除葑草、整理沿湖各堰、修葺湖塘、防遏水源泥沙入手。《时事公报》报道说：

浙省东钱湖，在鄞县东南约十五公里，面积约二十三平方公里，灌溉区统为鄞东全部及镇海、奉化之一部，计面积约五十万亩，生聚于斯者不下二十万人。近以年久未整理，一遇水旱失调，每次损失为数甚巨。省水利局考查其原因，约有数端：（一）湖之蓄水量日渐减少；（二）灌溉区域内水道久未疏浚；（三）湖内及沿江各闸堰多损坏，控制失效。故整理方法，应从增加蓄水量、疏浚河道及整理堰闸着手。将来全部整理后，湖身及灌溉河渠之蓄水量增加，闸堰之渗漏可免。五十万亩之农田，平均每亩每年可增加生产三元，每年可得一百五十万元。此次举办工振，疏浚东钱湖亦列入工程案内。惟依照建设厅水利局原拟疏浚办法，须经费二百万元、需时间三年方可完成。但际此库空如洗，如此巨费，决难办到。兹以限于经费，将疏浚范围缩小：（一）刈除湖中葑草，并办理捞浅工程；（二）整理沿湖各堰；（三）修葺湖塘；（四）防遏水源泥沙；（五）浚挖前后中塘河及连络水道；（六）修理沿江闸堰。其中重大工程概从简省，以资节省。暂定由省拨经费为二十万元，其余不敷之款，决在东钱湖一带受益田亩平均分摊。日来水利局正在估计详细工价，并拟详细疏浚办法。总工程师周镇伦，定日内亲赴鄞县视察一周，以便决定工程计划及开工日期。（《省水利局疏浚东钱湖轻易工程计划》，1935年4月1日）

4月3日，为表彰先祖盛德，"以风薄俗"，根据鄞县政府的要求，东钱湖史氏后裔在东钱湖边无量寿庵举行会议，决定集资修建位于东钱湖长乐里的宋代史冀国夫人叶氏之墓，并推史济锵为筹备员，设筹备处于张斌桥下史氏宗祠内。据称，"叶氏早寡守节，遗腹生八行先生，厥后一门三相，再世二王，子孙绳绳，遗泽孔远"。（《鄞东钱湖史冀国夫人墓》，《时事公报》1935年4月6日）

4月5日，因东钱湖捕鱼纠纷，东钱湖图书馆与绍属同乡会各执一词，为消除双方误会，鄞县政府于是日召集双方代表举行座谈会。会上，鄞县建设科科长倪维熊劝导渔民"保护鱼秧，切勿滥捕"。但因图书馆方面未派代表到会，会议"致无结果"。（《县府劝导渔民保护鱼秧》，《时事公报》1935年4月6日）

4月5日，鄞县县政府呈文浙江省政府，"请将东钱湖沿湖土地划出沙田官产清理界外，以清权限而维水利"。次日《时事公报》报道说：

鄞县政府以查东钱湖沿湖土地被人侵占筑屋，迭经取缔在案。兹据报告，有人拟向鄞慈镇奉定沙田清理处，朦报承买湖田，此例一开，纠纷滋多。昨特具呈省政府，请将东钱湖沿湖土地，划出沙田清理界外，以清权限而维水利。兹录原文于后：查本县东钱湖，为鄞、奉、镇三邑七乡农田灌溉所资，关系至重。侵填湖地，向来厉禁，年来沿湖之地，颇多私行填驳，迭经职府严切取缔有案。惟湖界甚广，港湾纷歧、巡视难周之处，私填在所不免。尤以去年天旱，沿村掘河取水，及疏浚船路掘起之泥，堆置堤岸近旁未曾除去，以及上水、下水、郭家峙前、五里塘内各处泥封所淤，渐为居民侵垦，或堆叠树石，将来均在浚除之例。现在全湖整理事宜，正由省水利局计划进行，实施在即。近据报告，乃竟有人拟向鄞慈镇奉沙田清理处朦报承买湖田，此例一开，全湖可塞，将来浚治，纠纷必多。县长为保障三邑七乡农田水利起见，拟请俯准将东钱湖沿湖土地，划出沙田或官产清理范围以外，藉维农业而资灌溉。除函请清理处予以注意外，理合备文呈请钧府鉴核施行。（《东钱湖沿湖土地应划出沙田官产清理范围》，1935年4月6日）

4月6日，《时事公报》发表该报记者所撰的地方杂评《禁止侵占东钱湖湖基之旧案重提》，呼吁对于已被侵占之湖田，行政当局应当严加追究，以儆效尤。文录于下：

禁止侵占东钱湖湖基之旧案重提

本县东钱湖，为鄞、奉、镇三邑七乡农田灌溉所资，关系至重，侵填湖地，向悬禁例。年来沿湖之地，颇多有为民私行填驳，建筑房屋者。迭经鄞县政府严切取缔，惟湖界甚广，港湾纷歧，巡视难周之处，私填在所不免。尤以去年天旱，沿村掘河取水，及疏浚船路掘起之泥，堆置堤岸近旁未曾除去各处，泥封所淤，渐为居民侵垦，或堆叠树石，但将来均在浚除之例。现在整理全湖计划，正由省水利局拟订进行，实施在即。而县政府近据报告，谓竟有人拟向沙田清理处朦报，承买湖地。认为此风一开，全湖可塞，将来浚治，纠纷必多。因于昨日呈请省府，将东钱湖土地，划出沙田或官产清理范围以外，藉维农业而资灌溉。

东钱湖以久久未浚，水草淤塞，泥沙堆积，寻至湖面狭小，时迄现在，已非旧观。若更将沿湖壅塞新涨之地而亦标卖之，成为私产，则侵蚀愈多，周围愈小，蓄水量减，功能消失，沿湖七十余万亩之农田，殆将无不受其影响矣。禁止私人承买，所以顾全公众利益，鄞县政府，呈请划出沙田或官产清理范围之外，取缔朦报承领，理至当，言至顺也。不过尚有事也，为鄞县政府所当注意及之者。未经承买之湖地，县政府固已在设法制止之矣；而已被侵占之湖地，县政府亦应当严究追返还之者也。曾忆去岁夏间，东钱湖人民王振发，曾向政府机关控告王沛德等十余家侵占湖地，营造房舍。侵占何人，占用何人，一一指述，陈告当道，且有"如有虚伪，自甘反坐"之语，玩其辞意，理气甚壮。案由鄞县政府，派员覆勘彻查。及今时将一年，此案曾否告一相当段落，吾人不得而知。倘或彻查以后，湖堰私地仍未辨清返还，或则已知其为湖基而尚未拆屋返还，则为农田水利计，为禁止贪婪狡黠之辈继起效尤计，政府机关又应如何亟谋彻底追查，勒令若辈限期拆让，以保存东钱湖旧日之规模者哉！

4月7日，浙江省建设厅就东钱湖养鱼问题令饬鄞县县政府，认为"东钱湖可否养鱼及其办法如何，暨由此而引起之各种意见，仍须详加研究以臻周密"。为此，要求"省水产试验场会同局县前往查勘，妥为办理，会呈核夺"。次日《时事公报》报道说：

> 鄞县政府前据鄞县东钱湖图书馆、邻湖学校戴东原等电陈东钱湖养鱼之利益，而一方姜山东镇五十三乡镇则提出反对。镇海县建设委员会委员朱灿联，亦以东钱湖养鱼妨碍该县四区水利函请制止。经鄞县政府据情转呈建设厅并案核示在案。兹悉建厅昨已指令县府云：呈二件，为东钱湖养鱼利弊祈核示由，两呈暨抄件均悉，并据东钱湖图书馆、邻湖学校宥电，暨水利局呈复。查此案关系重大，水利局呈复各节，未得要领，究竟可否养鱼及其办法如何，暨因此而引起之各种意见，仍应详加研究，以臻周密。除令浙江省水产试验场派员会同该局、县前往查勘，妥为办理，会呈核夺，并转饬该图书馆等知照。此令。（《东钱湖养鱼事件　建厅尚须详加研究以臻周密》，1935 年 4 月 8 日）

4月8日，《时事公报》发表该报记者撰写的地方杂评《东钱湖可否养鱼问题解决之标准》，提出其标准就是以有否妨碍农田水利为断，主张养鱼之事"不若暂缓"。文录于下：

东钱湖可否养鱼问题解决之标准

鄞县公民戴东原等，以东钱湖图书馆及邻湖学校，拟在该湖筑坝养鱼，而镇海县建设委员会及姜山等五十三乡镇，则以东钱湖养鱼计有三害，经于上月，呈交县府，请求转呈建设厅批驳。所指三害，摘录于下：

一、宁波农事兴衰，关系东钱湖之开塞，过去外湖养鱼，垄断启闭碶闸，足以影响水利。

二、养鱼以后，饲料之放入，鱼粪之排泄，足使湖水溷浊。

三、辟荡养鱼，禁止私捕，则湖外渔民千万人之生计，将告断绝。而东钱湖图书馆及邻湖学校，则以事属可行，弊不至是，亦呈请县政府申解，对各乡镇所陈有害情形，加以申辨。谓：（一）数年以来，湖水满时，泄水灌田，雨水既足，闭闸蓄水，办法未尝变更，若尽开碶闸，则湖水干涸，非但饮料断绝，即火警时也无取水之地。所谓垄断，并非事实。（二）湖中养鱼，除草除污，腐草饲料，为鱼食尽，纵养鱼焉，无碍卫生。（三）湖内之鱼，数经滥捕，年渐久而鱼渐少，及至近来，湖内已无半尺之鱼，辟为渔荡，由环湖渔民所要求，是则与渔民生计可无关系。

设荡养鱼，亦是生产事业之一，在此农村衰落之时，此等农村副业，本有提倡必要，但因上述争持，而可否乃成问题。建设厅以利弊所在，关系者大，曾令水利局复查呈报，以凭核办在案。兹者，更以水利局呈复各节，未得要领，究竟可否养鱼，及其办法如何，令鄞县政府，会同水产试验场，派员查勘，详加研究，以臻周密，妥为办理。

东钱湖之可否养鱼也，问题所在，应以"有否妨碍农田水利"为断。盖此一问题，实为各问题中之最主要者，而其余诸端，乃其次为者也。所谓"有否妨碍农田水利"，换言之，即全湖水量是否能敷养鱼并仍能敷关系农田灌溉之用是也。如遇亢旱之岁，启闸灌田，农田有余不尽之水源，而湖水无枯竭干涸之情形，则养鱼自无问题。但倘或倾全湖之水量，犹不足以利关系农田之灌溉，而复养鱼其中，酌留若干水位，则非但凶旱之年，必启争水纠纷，且养鱼所得，不足以补农产损失，是则利未见而害先至，殊非吾人乐为赞同。

以现在之东钱湖而论，湖淤水浅，且湖面积狭小，蓄水量减，灌溉农田，犹虑不给，若果全湖养鱼，则因水量不济，蓄殖农产，必至两皆不利，然与其同归于尽，曷若废此存彼？此养鱼之事，不若暂缓，待全湖疏浚完竣，水量可告充裕而后，再为兴举，则不利情形可以避免，而所谓促进生产乃有实益之可言矣。

4 月 9 日，绍属七邑同乡会致函鄞县政府建设科，"续请保护渔民，秉公办理"。《时事公报》刊载其函云：

敬启者：

本月五日，贵科因敝会与邻湖小学为东钱湖内禁止捕鱼事，蒙召集双方调解，至深感激。虽对方未到，但敝会意旨业已陈述，度邀明察。惟敝会应郑重声明者，东钱湖应否养鱼问题，敝会绝无成见。如果他人可以养鱼，敝会拟请查明前呈，准予划出一部分由绍属渔民依法呈请租借。如若勿论何人均不准养鱼，而又无禁止捕捉天然鱼类之命令，则渔民事畜有资，当然无所请求矣，此其一。再县府未下禁捕命令以前，如再有人妨害捕捉，任意拘送，则是项违法行为，应请赐令布告周知，否则请求破除情面，依法送办，此其二。至于湖内鱼秧，盖蒙谕知确为渔民所有，绍属渔民为东钱湖渔民之一，当然同在爱护之列，何致自戕其生机，此其三。总之，绍属旅甬渔民，既同在县府管辖范围之下，倘有无以为生情形，县府本能一视同仁，尽其维护之责，原无庸敝会代为陈请。不过该渔民系属本会会员，又系确受切肤之痛，故未敢壅于上闻，代为陈请，绝无自私自利之心，此其四。又互相攻讦，敝会岂敢置喙，对方有灭此（指绍属渔民）朝食之呈，敝会系属同乡会，如若坐视同人为人所灭，岂不失其天职，且亦为会章所不许，故不得不有所陈求，以资救济。案牍俱在，恕不赘陈，此其五。统希鉴察转报县长依法秉公核办，不胜公感。（《东钱湖养鱼事件》，1935 年 4 月 10 日）

旧时东钱湖上捕鱼一景

4月10日，由韩岭民众教育馆举办的全县春耕运动宣传大会举行。《时事公报》报道说：

> 鄞县春耕运动宣传大会昨日在韩岭民教馆行，出席农民八十余人，小学生四十六人。一时半开会，主席汪焕章，行礼毕，出席报告开会宗旨。略谓春耕运动的意义，无非聚农友，讨论农事，及引起对于农耕之重视，而显示当局者重农的意思。次由第四区农场边高元讲：（一）利用科学办法，改良品种，增加生产；（二）提倡合作组织，流通金融，繁荣农村。复次，县党部沈友梅讲春耕最重要的意义：（一）治虫；（二）改革旧习惯及春耕与农事之关系。四时散会。因天雨朦朦，乃宣布终止游行。（《韩岭民教馆春耕运动宣传会》，1935年4月11日）

4月12日，据《时事公报》报道，为整理东钱湖，浙江省建设厅拟组织工程委员会，"由地方士绅参加，共计二十二人"。为此建设厅转请省府核准备案。（《整理东钱湖准组工程委员会》，1935年4月12日）

4月22—24日，浙江省建设厅为会勘东钱湖养鱼案，先后要求省水利局、省水产试验场派员莅湖考察，并于24日与鄞县建设科人员一起会订办法，呈省厅核示，主张灌溉与养鱼兼筹并顾。《时事公报》报道说：

> 本省建设厅，以东钱湖水利与养鱼问题，关系重大，特令定海水产实验场与

省水利局会同派员调查，两机关乃命技师陈椿寿、工程师董开章先后来甬，实地勘察等情，已志昨报。兹悉昨晨董工程师、陈技师由鄞县府倪建设科长陪往东钱湖视察，借以研究该湖水利与养鱼两问题，傍晚联袂回城。昨晚记者访董、陈二君于旅次，倪科长亦在座，叩以勘视东钱湖后关于整理与养鱼之意见。据董君等语记者，东钱湖之水，须灌溉农田，故攸关水利问题甚大，而该湖养鱼，乃生利事业，且鱼能食草，足以澄清水流，于水利亦不无裨益。惟该湖遇有开放蓄水灌溉农田之时，势必因水量之减少，与养鱼方面发生问题，今日建厅所注意而欲研究者，即系此点。据余等视察所得之意见，该湖之效用，首须注重灌溉农田，次为从事养鱼，倘遇农田需用该湖之水时，该湖自应尽量开放蓄水，灌溉农田，不应因养鱼而废弃灌田。盖农田之利害已引起绍民之反对。故该湖今后倘无相当之管理，则因养鱼问题而生之纠纷，必然更多。总之，该湖灌溉农田，固应办到，而养鱼亦应办到，惟对于湖水之如何支配，应先定一标准，庶免纠纷迭起。该湖湖水启闭之执掌，应由鄞县政府负责管理。其开放湖水应依照规定之标准办理，至标准如何订定，尚待研究，惟不外乎首重灌溉农田，次为侧重养鱼。万一天旱之时，唯有将湖水尽量灌溉农田，以救万民，不能更顾及养鱼。至绍籍渔民意见，今晨亦曾询及，藉作参考。昨晚董工程师等即在旅次会拟呈复，董君定于今日回杭复命，陈君亦定今日返定海。（《会勘东钱湖人员之意见》，1935年4月24日）

4月23日，《时事公报》继续就东钱湖养鱼问题发表记者撰写的地方杂评《对东钱湖养鱼问题重申前言》，提出"养鱼之事，不妨暂缓，待全湖疏浚完竣，水量可告充裕而后，再为兴举"。文录于下：

对东钱湖养鱼问题重申前言

鄞县公民戴东原等，以东钱湖图书馆及邻湖学校名义，拟在该湖筑坝养鱼，呈请政府，予以核准，而镇海建设委员会及姜山等五十三乡镇，则以东钱湖养鱼计有三害，呈文县府，请求转呈建设厅，予以批驳。是则此两种人民之愿望，盖为极端相反者也。

昨日，浙省水产实验场技师陈椿寿及水利局工程师董开章，奉令来甬，查勘东钱湖研究养鱼利弊，特与鄞县建设科共同商讨，以臻妥善。设荡养鱼，本为生产事业，际此农村衰落之时，此等农村副业，原有兴举必要，只以有如姜山乡镇等呈县之所谓："宁波农事兴衰，关系东钱湖之开塞。"如若"外湖养鱼，垄断碶闸，足以影响多县农田水利"。故东钱湖之毕竟可否养鱼也，乃成问题耳。

关于本问题之解决办法，记者认为应以"有否妨碍农田水利"为断。所谓"有否妨碍农田水利"者，换言之，即全湖水量，是否能敷养鱼，并仍能敷关系农田灌溉之用是也。如遇亢旱之岁，启闸灌田，农田有余不尽之水源，而湖水无枯竭干涸之情形，则养鱼自无问题，但倘或倾全湖之水量，犹不足以利关系农田之灌溉，而复养鱼其中，酌留若干水位，则非但凶旱之年必启争水纠纷，且养鱼所得不足以补农产损失，是则利未见而害先至，盖非吾人乐为赞同者矣。

以现在之东钱湖而论，湖淤水浅，面积狭小，蓄水量减，灌溉农田，犹虑不给，若果全湖养鱼，则因水量不济，畜殖农产，必至两皆不利。与其同归于尽，曷若废此存彼？此养鱼之事，不妨暂缓，待全湖疏浚完竣，水量可告充裕而后，再为兴举，则不利情形，可以避免，而所谓促进生产，乃有实益之可言矣。

上述意见，记者曾于本报一度为言，且以为持之有故，而言之亦不无其理者，故对于兹事，仍愿以原有之主张为主张，而举述之以贡献于陈、董两君，俾作为讨论解决此一问题之参考焉。

4 月 24 日，水利专家庄崧甫抵甬，并向记者发表其东钱湖治理计划。次日《时事公报》报道说：

省自治委员庄崧甫先生，政治家兼实业家也，此次因公来甬。记者以庄氏曾任导淮委员会委员长，对于水利工程极为熟悉，特以疏浚东钱湖工程计划向询，蒙答如下：余（庄氏自称）研究水利已有二十余年，向以极经济之方法进行工程。东钱湖关系鄞、奉、镇三县农田水利，实有积极疏浚之必要。详细计划，已于去年登载甬地各报。兹再将工程一段约略言之：（一）取糊泥法。湖中糊泥，可用小轮船用机器耙拢后，用抽泥机运到田中。（二）糊泥之功效。糊泥抽到田中，晒干后，可由各农人船运别处壅田。壅多者，三年以内，可以免施其他肥料。对于湖泥堆积问题，亦可因此解决。（三）糊泥之价值。例如湖地六万亩，除二万亩石砾外，其中四万亩之湖中糊泥，每亩一尺五寸，干后为七寸，设每亩田壅干河泥七分，则一亩糊泥可壅田十亩，计四十万亩。每亩糊泥之价值，可抵肥料费二元，其每亩之收获可增加五元，此非余所意想，有经验之老农屡多知之。（《庄崧甫氏治湖计划》，1935 年 4 月 25 日）

4 月 25 日，《时事公报》继续报道会勘东钱湖养鱼案。报道说：

省水利局工程师董开章、定海水产试验场技师陈椿寿，于日前奉令来甬，会同鄞县建设科长倪维熊，查勘东钱湖水利与养鱼一案，已志昨报。兹悉董工程师、陈技师、倪科长，昨已将查勘东钱湖养鱼问题经过，拟具报告，由三机关会衔呈请建设厅核示。兹将原报告录之如次：

查养鱼本为生产事业，且养鱼除草，对于东钱湖蓄水量之增加，亦不无裨益。现东钱湖图书馆等呈请设荡养鱼，各方所持之反对理由，归纳之约有二端：一为农田灌溉问题。因钱湖本为农田灌溉所资，恐养鱼后，一退亢旱，农民与渔民因争水而启纠纷。一为渔民生计问题。因全湖既给承租人使用，则一部恃渔为生之渔民，必失其生活之所。然此二问题，似亦不难设法解决。其解决之办法，经就查勘所得，参以各方意见，拟订原则如下，当否请转呈核夺：（一）东钱湖图书馆等呈请承租设立渔荡，姑准试办三年。（二）东钱湖中除原有核准设立之鱼荡仍予继续使用外，划出五百亩租与绍属渔民使用，以维持其生计，其地点由县政府指定之，又划出五百亩作省办鱼种场之用。（三）对于沿湖各碶之启闭由县政府统制管理之。该湖蓄水原以农田灌溉为主，平时应尽量蓄水，以备旱时灌溉之需，旱时应以农田蓄水之量以定启闭。承租人及渔民不得借口妨碍养鱼阻止放水。至启闭标准，由整理东钱湖工程委员会订定之。（四）为监督承租人并指导养殖捞捕及除草起见，拟请省方采取省水利局拟订办法，设立鱼种场，尽量供给草鱼等鱼种于承租人，以期收除草之实效，并放养鲤、鲫等鱼种，以供全湖渔民采捕。其开办费在水利赈款项下拨支，经营费以承租人缴纳之鱼种费充之，其一详细办法及预算由省水产试验场拟订。（五）承租人应遵照鄞县公共河流湖泊设立鱼荡规则第八、九两条之规定，缴纳保证金及使用费，此项使用费由县专款存贮充整理东钱湖之用。（《专家会勘后东钱湖之今后设施》，1935年4月25日）

4月26日，鄞南各乡民众认为省水利局水产试验场专家所见"偏颇"，续请鄞县县政府"顾全灌溉，制止养鱼"。《时事公报》报道说：

鄞县第八区民乐乡乡长张传松联呈牖民、共和、古塘、铜盆等各乡，昨呈鄞县政府，反对准许东钱湖养鱼。文云：呈为妄谈利害，有意偏颇，请求转呈建厅，准予纠正，以利民生事。窃属乡等前以东钱湖养鱼有碍灌溉，曾经呈请钧府，请求转呈建厅严行禁止。业蒙建厅转饬省水利局工程师董开章及水产试验场技师陈椿寿等，详加勘察，足见我钧长关怀民瘼。正以为从此可报云散见日，是非不难立刊。讵料披阅报章，略谓勘察归来发表意见，以东钱湖养鱼系属生产事业，有利无害等语。又云拟划出一部分充作绍籍渔民养鱼之区，其有意偏颇，殊堪发指。第事关数十万人民生活，不得不再为我钧长一一陈之。窃查东钱湖之水，原为鄞、奉、镇三县天旱灌溉之需，故其国课亦由三县各乡所公认，而属乡等位居鄞南，北与奉化江铜盆浦相连，即该湖流域之尾闾，地高河浅，与鄞东河流大不相同。河水干涸，相差至一月之久。每当天旱之时，全赖湖水灌溉，故开湖时间，以属乡之需要为依归。此乃数百年来相沿成例，双方均各无异言。乃有戴东原者，利令智昏,将以公湖养鱼生利,其为私忘公,固不足齿于人口。而堂堂建厅所派之水利工程师等,亦称东钱湖养鱼之有利无害。试问此种之利,私耶公耶,抑孟子所谓上下交征之利也。该工程师籍贯何地不得而知,想既身膺重职,必当详加考察。苟仅以近日之河水与湖水之日光而论,则于养鱼似觉无妨,倘遇天旱之际,而属乡等农田收获量之丰歉,全视湖水到达之迟早与多寡为标准。彼自私自利之戴东原,在去年灾旱之际,因小数之鱼荡(大乘寺前)及小数之菱塘(大堰头前),尚不容属乡等尽量开放,以致受灾较重。今一旦任彼养鱼,岂能放弃私利而顾及大众乎,则无害之言,岂该工程师所可断言也。且湖非私产,安可任意分划。至于关闭碶闸,并无不合,若须另行订章。此语亦该员发表意见之一,岂亦口如该戴东原之主见,"天旱之时碶闸开放不必尽量,以节水流"为至见耶?诚如此,则曷不将东钱湖改为东原湖,而属乡等亦可免纳国课之责,且河流贵乎畅达,庶余泽均沾。万一设荡养鱼,其多数竹笆,皆能阻碍水利,其为有害无害,不言可喻。总之,该工程师既未博访周咨,任凭彼方之偏言,岂非妄谈利害,有意偏颇。职等为数十万人民生活关系,特再呈请钧府,转呈建厅,准予纠正,并请严行禁止,则恩同生佛,感激靡涯矣。(《鄞南各乡对东钱湖案续请顾全灌溉制止养鱼》,1935 年 4 月 27 日)

5 月 17 日,宁属各县干旱严重,是日起东钱湖放水灌溉。(《一年来地方大事记》,《时事公报》1935 年 6 月 1 日)

5 月 19 日,鄞县县府奉省府指令,会同官产处清理东钱湖被占田地。(《一年来地方大事记》,《时事公报》1935 年 6 月 1 日)

5 月 20 日,鄞县政府建设委员会召开第九次定期会议,议题多为东钱湖事项,其中提出东钱湖被占地田由工程委员会处理,即有余地可由人民缴价承领,经费亦应归湖。

5 月 21 日,《时事公报》发表该报记者撰写的地方杂评《再论整理东钱湖湖地办法》,提出整理标准应以"收地归湖"之办法为原则,公开指出省政府关于清理东钱湖工地之办法"未妥"。文录于下:

再论整理东钱湖湖地办法

关于省政府所指示清理东钱湖土地之办法,本报曾有评述,认为未妥。然而所欲言者,犹感未尽,兹更将前述理由,申论而演绎之如左:

一、东钱湖已被侵占之湖地,可否准许人民缴价认买,应以有否妨害农田水利为标准,不应全然据据成案谋解决。盖已往成案,虽可资为参考,而未来利弊,尤当加以权衡也。

二、依照民五《东钱湖测绘报告工程计划》,拟定保留湖面,为七千余亩,除此以外之土地，则招民承租，开辟种植。迄今时隔十余年，继续侵占者更多，除已被私人侵占之湖地外，全湖面积，是否尚有七千余亩，为一问题。苟或不足此数，而许已经占有湖地之人民，备价购买，作为私有，则湖面狭小，蓄水量减，苟遇荒旱，不足灌溉，七十余万亩之农田，悉皆受其不利影响。是则便利少数，妨害大众，而且主要农产，因此减少，关系所及，尤属重大，窃期期以为不可。

三、民十六东钱湖湖工善后局拟订之"善后办法"，有"侵占之地，在民十一年以前者，责令缴租；在民十一年以后者，则订立界址，不准建筑、耕种"之规定。是明明有时间上以及数量上之限制者也。按诸实际，东钱湖湖地之于民十一年以后被人民私占者，计其面积，当不在少。而省政府则未有明文规定限制，如若已占湖地，悉可允其认领者然。若果如此，则可标卖之土地，数量未免嫌其过大，而东钱湖应有之湖面，或者难免其过小矣。故即使解决办法，以成案为依归，亦尚感觉其不相符合者也。

四、省政府所指令鄞县县政府者，仅谓"迅行划定应留湖面，密订界石，永杜续占"。至于"应留湖面"，积量究属若干，亦未明为决定。如此漫无范围，执行何所准则？因湖面之未经规定，或将使标卖湖地有流于无所限制之弊病，是以记者曾有"成案仅可资为参考而认领则尤应有其范围"之主张。

昨日鄞县建设委员会对于暂定办法，亦曾经一度讨论，有"湖地关系三县水利，应续请将所有湖地仍完全划归工程机关办理，即有余地可以令人民缴价承领，其所缴之价，亦请全部拨归东钱湖之用"之决议。吾人对此议案，固表相当同情，但整理标准，则甚望其能以"收地归湖"之办法为原则，俾全湖面积，得仍旧观，农田水利，受其利益者也。

同日，《时事公报》报道东钱湖邻湖剧社在各地演出情形。报道说：

鄞县东钱湖邻湖剧社成立以来，尚未匝月，因各社员之热心从事，故成绩殊佳。前在大堰头庙作处女表演，颇得观众赞许。现闻该社将于本月三十日仍在原处作第二次公演，剧本已由该社编剧主任史振鹏君编就二出：一名《黑籍怨声》，描写青年被环境驱使而致堕落，颇可作社会的缩影；一名《共赴国难》，叙述青年为国而后牺牲，预料出演，定有一番好评云。又闻该社应前徐镇公民之请，拟于三十一日赴该处表演云。（《东钱湖邻湖剧社第二次公演》，1935 年 5 月 21 日）

是月，奉化县政府建设委员会决定推举江西溟为整理东钱湖流域灌溉工程委员会奉化县委员。（《奉县建委会推定江西溟为东钱湖工程委员》，《时事公报》1935 年 5 月 21 日）

6月初，浙江省建设厅筹备成立整理东钱湖流域灌溉工程委员会，为此省第五特区行政督察专员办事处召集鄞、奉、镇三县县长，举行推选整理东钱湖流域灌溉工程委员会聘任委员会议。遵照省建设厅有关组织大纲和"会选富有水利经验者"的规定，议决聘任鄞县张申之、奉化庄崧甫、镇海朱灿联为该会委员。但对于大纲规定的公民推举之聘任委员如何产生案，会议认为公民推选手续繁重，"拟请变通，改由为关系各乡镇长推选，呈省核示"。（《东钱湖工程聘任委员会议》，《宁波旅沪同乡会月刊》第143期，1935年6月）

8月18—19日，为帮助东钱湖渔民摆脱因钱业风潮带来的资金周转困境，旅沪著名甬籍人士虞洽卿、张寿镛先后致电蒋介石，要求其电令农民银行拨借渔款。函录于下：

函一

南昌行营探呈蒋委员长钧鉴：鄞县东钱湖渔民受甬埠钱业倒闭影响，借贷无门，秋汛在迩，放洋无望，势将坐毙。环请敝会电呈钧座，援去年奉化渔民借款成例，迅赐电饬农民银行拨借渔款十万元，以资救济。除函陈外，为此电请鉴核赐准，曷深公感，宁波旅沪同乡会虞和德等叩。

函二

南昌行营探呈蒋委员长钧鉴：吾甬自多数钱庄停闭，金融极度呆滞。东钱湖渔民受此影响，告贷无门。值此秋汛放洋在即，恐慌万状。该渔民等拟援去年奉化渔民借款成例，请代向我公陈请，请准电饬农民银行续放渔款十万元，俾免数千渔民失业。为此电请鉴核赐准，曷深公感，张寿镛叩。（《东钱湖渔民贷款案致蒋委员长电》，《宁波旅沪同乡会月刊》第146期，1935年9月）

同月，针对戴东原等在东钱湖设箔养鱼，妨害水利，鄞县缪家乡农会干事王阿五及涵玉乡、新建乡、浦江乡、四维乡、福明乡、潘港乡各乡长联名呈请县府并转呈省府派员调查真相，拆除鱼箔，"永禁东钱湖养鱼，以重农业"。（《呈请县政府永禁东钱湖养鱼》，《宁波旅沪同乡会月刊》第146期，1935年9月）

8月24日，东钱湖土绅戴东原为东钱湖渔民借款事，致电蒋介石，要求电令杭州农民银行照借十万元。次日《时事公报》报道说：

鄞县东钱湖公民戴东原，昨为渔民借款事，致南京蒋委员长电云，南京蒋委员长赐鉴：东钱湖外海渔民，出洋期届，而大对船修者百不得一，数千渔民失业矣，治安即受影响。东原视察水灾回湖，受湖民严重督促，义不容辞，愿以图书馆、学校等全部财产作抵，恳电令杭农行，照借十万，迫不及待，恭候福音，鄞县戴东原叩。

（《戴东原为渔民借款》，1935 年 8 月 25 日）

8 月 24 日，东钱湖渔民代表史锦纯呈文行政督察专员暨宁波渔业警察局长赵次胜，认为渔业以其收入之巨，谋生人数之多，实为浙东地方平民恃以为生的唯一生产职业，"现届整理渔具之时，而渔民尚在束手无策中，呈请赵专员严令渔区讨论救济之办法"。（《鄞县史锦纯建议救济今后渔村办法》，《时事公报》1935 年 8 月 25 日）

8 月 30 日，《时事公报》载，韩岭民众教育馆特约农田早稻获得丰收，每亩多收 50 余斤。报道说：

> 韩岭民教馆为实施农业推广，增益农民生计起见，联络省第四区农场，在韩岭合办特约农田四亩，试种改良双季稻，每亩可割谷三百余斤，每亩多收五十余斤。

（《韩岭民教馆特约农田收获成绩优良》，1935 年 8 月 30 日）

9 月 3 日，浙江省水利局决定将整理运河及钱江两计划暂缓实行，先举办整理东钱湖等工程。"东钱湖经费一部分由省库拨发，部分就地摊派，工程定两年，本年冬可测竣。"（《省水利局提先举办整理东钱湖工程》，《时事公报》1935 年 9 月 4 日）

同日，东钱湖绍籍渔民因与本地渔民械斗，向县府请愿，要求切实保障。次日《时事公报》报道说：

> 鄞县东钱湖绍籍渔民，依渔为生，近因屡被摧残，生计断绝，在政府无确切保障之前，不敢下湖捕渔。该绍帮渔民数十人，昨特结队向县政府请愿，要求：（一）责令戴东原具结担保约束湖民不得再有类此情事发生，否则即唯戴东原是问。（二）限日送还夺去之渔网等物，并赔偿所有损失。（三）严令该管警所负责保护，不得推诿徇情。闻县府已允考虑核办。又日前围殴绍帮渔民之凶手忻丰才、阿毛二名，昨经法院一度侦讯，谕令供出主唆人犯，并姑准各以五百元现金交保候传云。
>
> （又讯）鄞县东钱湖甬绍两帮渔民，因争渔迭起争斗，已成势不两立之势。上月三十一日，两帮渔民在湖上又起恶斗。结果，两方均有损伤。该管五乡碶公安分局以事态严重，立派长警四十余名，前往制止，并将为首肇事湖民忻丰才、蔡纪香及绍属渔民二人带局，其详情业志本报。兹悉忻丰才、蔡纪香二人，昨由五乡碶公安分局辗转移送法院检察处侦讯一过。庭谕忻丰才、蔡纪香二人，各以书面五百元交保云。（《东钱湖绍籍渔民分向司法行政要求保障》，1935 年 9 月 4 日）

9月6日，史锦纯再次呈文赵次胜，要求先组织救济宁属外海渔业促进委员会，"以便对外接经借款，贷放渔本，俾得出发入渔，一面则可促成是项救济办法之实现"。（《组织救济宁属渔业促进会》，《时事公报》1935年9月7日）

10月1日，韩岭镇开展征收街道摊贩租金（本日起），充作清道经费。《时事公报》报道说：

> 鄞县韩岭镇街道溪坑，垃圾满积，一到天热，秽气难闻。前虽有韩岭民教馆组织之清道会负责整顿及公安派出所之督促，惟因经费困难，未能收效。兹悉该镇长特呈准县府，征收街道摊贩租金，专充清道经费，自本月一日起，开始征收，双摊每月四角，单摊每月两角，临时摊酌量征收。现已雇用清道夫二人，专负清除街道及溪坑等秽积之责，并请民众教育馆及公安派出所协助设计管理一切，行见今后该镇镇容将一变旧态云。（《韩岭镇征街道摊租》，1935年10月4日）

10月22日，鉴于近年旱灾严重，"各方对该湖之整理，益觉刻不容缓"，浙江省建设厅发起的整理东钱湖流域灌溉工程委员会在鄞县区行政督察专员公署，举行成立大会，"接开首次会议，讨论进行"。《宁波民国日报》报道说：

> 鄞东东钱湖，为鄞、镇、奉三县沿湖农田灌溉水源，受益田亩，达五十万九千亩。沿湖各堰闸碶因久未修理，渗漏不堪，旱时缺水，农事损失甚巨。民元以还，迭经官厅及地方人士倡议疏浚，终以格于经费浩大，筹措匪易，至迄今未见诸事实。自去年旱魃肆虐，大旱成灾后，各方对该湖之整理，益觉刻不容缓，故建设厅近特订定整理东钱湖流域灌溉工程委员会组织大纲，并定今（二十二）日下午在鄞县区行政督察专员公署，举行成立大会，接开首次会议，讨论进行，分志各情如次：
>
> 委员提名：该会设当然委员八人，职任委员九人，除奉化乡镇代表尚未推定外，余已分定推定当然委员，计建设厅（主管科）第二科长朱延平，省水利局长张自立，水利局工务科长周镇伦，水利局工务科主任工程师缪惟宜，鄞县区行政督察专员赵次胜，鄞县县长陈宝麟，奉化县长李学仁，镇海县长张感尘，联任委员计蔡良初（鄞

清末以来，在外经商发迹的东钱湖人纷纷在家乡建造房屋，其中多为西式洋房。图为20世纪30年代中期临水而建的陶公山曹氏住宅

县设计委员会推定代表）、乐振葆（鄞县有关各乡推定代表）、张申之（鄞县府遴选）、江西溟（奉化设计委员会推定代表），奉化有关各乡代表尚未推定，庄崧甫（奉化县政府遴选）、王元斌（镇海设计委员会推定代表）、姚璞（镇海县有关各乡推定代表）、朱灿联（镇海县政府遴选）。

钱湖概况：东钱湖简名钱湖，离县约三十里，全湖面积约计二二点九平方公里（约合三万七千亩），受七十二溪之水，汇集以成，水落相通，密如蜘网。溉田面积，据省水利局测量，鄞县约三十三万八千亩，镇海约十一万二千亩，奉化约五万九千亩，三县湖区农民约二十万人。湖上有堰七，即莫枝堰、平水堰、大堰、高湫堰、钱堰、梅湖堰、栗木堰。沿湖尚有十余碶，泰半惜已损漏。该湖于农事上已如上述重要外，而湖景幽美，峰峦叠翠，亦为本省有数胜境，当局若能积极整理，经之营之，则他日足与西湖媲美焉。

朱延平谈：建设厅第二科长朱延平，水利局工务组主任工程师缪惟宜，业于昨日下午三时许由杭来甬，抵埠后，即往晤鄞县府第五科长倪维熊，有所接洽。晚下榻青年会，本报记者往访，即询整理东钱湖流域进行步骤。据谈，整理东钱湖工程经费，预定一百二十万元，除由振务会拨补二十万元外，其余百万元，将由三县有益农田按亩分期摊募。至如何摊募，尚待明日（即今日）会议筹商。会议中亦以讨论经费为中心问题，至工程进行程度，亦视经费而定。首期工程则先修浚各碶闸堰。水利局长张自立定今日来甬出席成立大会云云。（《发起组织东钱湖工程委员会》，1935年10月22日）

11月，东钱湖旅沪商人曹兰馨兄弟先后捐资5万余元创办陶公山曹氏光裕小学，受到鄞县县政府"传谕嘉奖"。《宁波民国日报》报道说：

鄞县县政府，昨训令私立曹氏光裕小学校董曹兰馨等文云，案据本府第四科科长叶谦谅视察曹氏私立光裕小学，报称该小学为曹兰馨兄弟创办，迄今已历二十三年。经临各费，慨助至五万金以上，热心教育，应请钧府传谕嘉奖，以资鼓励。据此，该校董捐资兴学，数达五万金以上，热心教育，实属难得，应准传谕嘉奖，以资鼓励，惟尚有下列各点，应令该校董遵照办理：（一）体育场四面石墙，应行除去，以免儿童运动时危险。（二）校前隙地应新加泥土，围作校园，以便教学劳作科实习。（三）教员参考书、儿童课外阅读书及高级生应用仪器标本，应拨款三百元，酌量购备。（四）童子军应遵令赶办，最好由该校董筹拨开办费银一〇〇元。（五）每年经常费应增列设备费银一〇〇元，以期充实设备。以上各点，

仰该校董等遵照办理为要，此令。（《鄞县府传谕嘉奖曹兰馨兄弟》，1935年11月14日）

是年，韩岭民众教育馆积极实施年度计划，开展各类活动，东钱湖一带留下了该馆活动的痕迹。以下刊登该馆1935年度事业报告，从中可见其当年在东钱湖一地活动的踪影。

1935年度鄞县县立韩岭民众教育馆实施报告

本年度计划部分

一、已进行的

甲、行政方面

事 项	结 果
1. 修葺馆舍，增添设备	各室屋面加以修扫，新书报室及会客室均装板壁玻窗，新添用具、仪器、图书等共计四十件。
2. 修订及执行各项章则	本馆暂行组织大纲、馆务会议规则、各组办事细则等，均经依遵最近法令呈准修订，并按照实行。
3. 管理各种设备	均经办理登记。
4. 管理经费收支	依照法令及预算认真管理。
5. 办理公文	均尚能迅捷办理。
6. 按时调制及记载填报各种簿册图表	按时调制记载。
7. 编订本年度概况一览表各月份行事历	按时编订。
8. 按时举行馆务会议	每月按时举行一次。

乙、事业方面

事 项	结 果
1. 民众学校	固定编制，办竣儿童班一学级、妇女班二学级。活动编制，曾由历届民校毕业学生二十人实施连环教学，征得小朋友十人，组织儿童自动普及教育先锋团，试行小先生制，成效尚佳。校友会于九月十五日改组，分儿童、成人、妇女三组，每组每月开会一次，曾指导陶公山、管江、咸祥、瞻岐、下水、俞塘等乡镇办理民校，并推行连环教学及组织校友会。

事　项	结　果
2. 改进会	观音庄乡村改进区名义于二十四年十二月终结束，本馆办事处亦经撤销。所有改进事业，专由改进会负责接办并经筹备改进会改组事宜。韩岭镇改进会业于二十五年一月廿九日成立，各项事业，积极进行，并经联络各乡镇教育机关，随时提倡改进会。
3. 合作社	东钱湖利用兼营合作社已指导改组为大堰乡信用兼营合作社。观音庄信用兼营合作社已筹备附设农业仓库，并开除出外旧社员，尽量征收健全新社员。福泉山生产合作社，经改名为韩岭农具利用兼营合作社，下年度初可正式成立。郭家峙生产兼营合作社，下年度可正式成立。贝母合作社办事处，因总社于二十五年六月间解散故亦即撤销。各乡镇曾随时前往宣传，发起组织各种合作社。
4. 生产指导	特约农田，本年度第一学期仍联络浙江省第四区农场合办，收获颇佳，超过普通收量四分之一有余，收起谷粒全由农场高价收买推广，本年度下学期因农场奉省立停办，改由本馆单独设立。特约园艺场，仍设二处，试种除虫菊及改良美棉，美棉收获量甚劣，减低民众信仰不少。除虫菊收获甚佳，惟售价太低，亦利益不丰，故本馆下年度中如不能改善销路，亦将停止试种。科学室已增购仪器及制作标本多种并曾举行科学表演二次。本年各期治虫运动均经按期举行，并在特约农田内示范。关于各种副业，本馆经随时提倡，并曾召开农友谈话会二次。廿五年一月曾与古林、西林等民教馆及县农会等联合举行巡回生产展览会，在本馆展览计三天，观众二千余人。
5. 自治指导	乡镇建设联席会议及韩岭观音庄、管江、大堰头等乡镇举行会议时，本馆均经派员参加，并随时协助推进各项事业。全县保长举行训练时，本馆曾联络各民教馆举行招待大会二次，节目分谈话、茶点、电影等。本镇筹办壮丁训练队，本馆曾以全力协助。全县小学校长暑期训练时，本馆亦曾联络各民教馆举行慰劳，以资共同推进各乡镇自治工作。
6. 精神训练	按时举行各种纪念会，参加人数总在百人以上，并随时举行精神讲话。廿四年十月，曾组织民众郊游队，参谒邻近先贤遗迹。
7. 体育指导	二十四年十月至一月间健身，因每日清晨练习国术，精神甚佳。廿五年七月，续组游泳队，参加者二十余人。二十五年四月，曾联合陶公山中心小学组织儿童旅行团，环游东钱湖一周。二十五年五月，全县举行分区运动会，本馆协助筹备，并训练民众加入民众组比赛，获得全区冠军十分之八九。对于爬山、划船等运动及有价值之民间游戏，曾随时提倡，馆内已增置乒乓台一副。

事　项	结　果
8. 医药卫生	简易药库本年度新添药品、用具甚多，出外及来馆受种牛痘者计七百余人。注射防疫针，因县府设有巡回员，故未举行。急救及简易疗治人数较上年度更增，每日已达十人左右。卫生顾问已特约普益医院金立川先生担任。二十五年一月曾举行全镇大扫除一次。四月四日，儿童节及六三禁烟节曾分别举行婴儿健康比赛、儿童健康比赛各一次，五月五日曾举行扑灭五虫运动。
9. 书报阅览	书报室内书籍、报纸、杂志等均有增添。阅览及借书人数亦较上年度略增，巡回文库现已约定本镇二小学设有二处。在本镇街衢设有阅报牌二处，每日张贴报纸，并由民校学生写贴时事简讯每日一份，贴馆门前。
10. 休闲指导	无线电机已于二十五年四月间修好，继即定时开放，听众拥挤非常。留声机在通俗讲演前后开放，并新添桌上钢琴一架，亦为讲演之辅助工具。音乐会由民校校友组织，每周练习一次，剧社亦为民校校友所组织，国庆日下午及晚上曾举行公演一次，观众共达二千人。本馆现已备有奕棋多种。对于民众各种固有优良娱乐，本馆随时加以利导。
11. 礼俗改良	对于节约服用国货、破除迷信、戒除嗜好、改良陋俗等等，均经举行扩大宣传并续办特约家庭二家，该二家庭本年度内已将文盲完全肃清，对于卫生及陋习亦改良不少。
12. 通俗讲演	每月出发巡回讲演二次，本年度以基本施教区为中心讲演区。馆内通俗讲座每来复日举行一次。
13. 社会调查	韩岭全镇文盲已于七月下旬开始调查，惟未完竣，约须费时二来复。

二、进行未终了的

甲、事业方面

事　项	结　果
1. 改进会	观音庄改进会定下学期改组成立。
2. 合作社	观音庄合作社附设农业仓库，定下学期十一月底前成立，韩岭合作社定下学期十月底前成立，郭家峙合作社定下学期十二月底前成立。
3. 自治指导	须继续以全力协助韩岭镇公所举办壮丁训练。
4. 社会调查	韩岭全镇文盲调查尚须继续调查一来复方可结束。

三、列入本年度工作进程而未进行的

甲、事业方面

事　项	原　因
1. 社会调查	全区社会概况调查，因人力及环境困难，故未举行。

丑、其他临时决定进行部分

已进行的

甲、行政方面

事　项	实施状况
1. 参加浙江省社教人员暑期体育讲习会	派健康生计组主任卢德源前往听讲，为期六来复。

乙、事业方面

事　项	实施状况
1. 协助筹备马山短期小学	由教导阅览组主任秦其寿负责协助筹备，于二十四年十二月开学。
2. 组织服用国货推行队	于廿五年元旦举行成立典礼并宣誓，系联络本镇各机关学校组织，共计队员七十人。
3. 协助举办劳动服务	廿五年二月十二日举行开工典礼，延长时间二个月，计完成自本镇汽车站至下巴山头，六尺阔大路二百公尺，行人称便。
4. 放映教育电影	奉令主持放映教育电影，自二十五年二月廿一日起巡回，第九区本馆、大堰头、咸祥、管江、陶公山，第十区邱隘、五乡碶等处，共计放映七天，观众约五千人。
5. 协助筹备分区运动会	本馆奉令协同筹备鄞县第五、六两区分区运动会，计共出席筹备会议七次，并协助担任事务布置等工作。
6. 举行合作宣传周宣传	于二十五年七月九日联合鄞县县党部县政府举行。
7. 举行儿童年开幕及闭幕典礼	于二十四年八月一日暨二十五年七月卅一日联合陶公山中心小学分别举行开幕及闭幕典礼，参加小朋友、民众各二百余人。
8. 参加全国卫生展览会	中国卫生教育社于廿五年七月初举行卫生展览会，本馆曾参加出品多件。

1935 年度鄞县县立韩岭民众教育馆辅导实施报告

甲、关于调查方面

事　项	实施状况
1. 调查各社教机关概况	第一、二学期各实地调查一次。
2. 调查各社教机关施教状况	随时调查。
3. 调查各社教机关施教上各项困难问题	随时征集。
4. 调查各社教机关施教上所获得的心得	随时征询。

乙、关于联络方面

事　项	实施状况
1. 出席全县辅导会议	均曾遵时出席。
2. 列席地方自治机关会议	第九区乡镇建设联席会议及韩岭、管江、大堰头等乡镇开会议时均经派员参加。
3. 协同主持本学区辅导会议	遵照县府排定日期协同陶公山小学筹备主持，计每学期二次。
4. 联络各社教机关举行各种活动	曾联络本县各社教机关举行生产展览会一次，招待全县训练保长二次。

丙、关于供给方面

事　项	实施状况
1. 编发民校各科补充教材	曾编发国语科补充教材一次。
2. 供给各社教机关参考进修书籍及民众读物	业将书目印发，本年度共计出借是项书籍七十五次。
3. 供给各社教机关施教上应用工具	唱机、科学仪器等随时巡回各处并协同携取县府教育电影机巡回第九、十两区一次。

丁、关于协助方面

事　项	实施状况
1. 协助各社教机关计划施教上各项措施	随时协助计划。
2. 协助各社教机关解决施教上各项困难问题	随时协助解决。
3. 协助各社教机关办理各项推广工作	校友会合作社等。
4. 协助各乡镇筹设社教机关	曾协助设立俞家山、东山、忠应、观音庄等民校。

（鄞县县政府编：《二十四年度鄞县教育年刊》，教育实施报告，宁波华升铅印书局）

1936 年

1月7—9日，由鄞县韩岭、中山、古林三处民众教育馆与县农会联合举行的生产展览会在韩岭民教馆举行，"观众颇为拥挤，约共计五百余人"。（《生产展览会闭幕》，《时事公报》1936 年 1 月 10 日）

1月16日，韩岭民众教育馆发起读书会并于是日举行读书比赛，民众踊跃参加。

1月下旬，浙江省建设厅东钱湖工程处因经费无着而办理结束。

2月7日，鄞县区行政督察专员赵次胜以查疏浚东钱湖为鄞、镇、奉三县水利农田所利赖，沿湖人民得益非浅，"闻省政府有将核准在水利工振款内拨补之二十万元工程经费，移拨公路经费之议，以致举办工程中途停顿"，特具文呈请省政府，要求仍照原案如数拨补并令省水利局工程师回鄞，以便继续东钱湖开浚事务。函录于下：

> 案查职区东钱湖，为鄞、镇、奉三县农田灌溉所资，其关国计民生，至为重大。惟年久失修，日就淤塞，如遇水旱，动辄为害。所以地方人士，自民元迄今，无岁不力谋整理开浚。中经两度测量，疏浚计划，仍未实现。惟厥原因，虽系经费不足，

位于东钱湖南岸的韩岭村，建筑临溪依水而建，沿街各色商铺林立，自古是山乡水陆交汇和集市贸易之地，号称"浙东第一街"，当年繁盛的景象至今依稀可见。

亦由官民未能合办之故。专员就任以来，对于开浚此湖，时加注意，迭经分别呈请，几费筹维。始于二十四年十月二十二日，有整理东钱湖流域灌溉工程委员会之成立，并蒙钧座核准在水利工振款内拨补省款二十万元，以资兴办。省水利局亦已委派工程师等到地实施，为时不久，致无显著成绩。而宁属民众则深以此湖疏浚有望，五十余万亩沿湖农田受益良多，对于钧座振兴农田，为民兴利，行将一劳永逸，垂功千古，民心忭慰，感戴正深。现水利局所派工程师等，以经费无着，工作停顿，且闻前蒙核准在水利工振款内拨补之二十万，有移拨公路经费之议，致使已办工程，一旦停顿，已准公款，中途改拨，悠悠众口，遽失所望。专员为便益农田水利计，为政府取信人民计，拟恳钧座对于已经核准在水利工振款内拨补之二十万元，仍照原案如数拨补。一面迅令水利局仍派工程师回鄞，将该湖整理开浚事务，妥为举办，俾资进行。三邑有秋，深感利赖，为此备文呈请钧赐核示。（《东钱湖整理工程停顿鄞区专署呈请省继续开浚》，《时事公报》1936年2月8日）

2月8日，《时事公报》刊发地方杂评《省拨浚湖费发生问题后人民应有表示》。对于省政府将浚湖费改拨他用之事，要求本地人民奋起力争，请求政府贯彻其"原始主张"。文录于下：

省拨浚湖费发生问题后人民应有表示

鄞县专员公署以浙省政府有将水利工赈款内补拨疏浚东钱湖经费二十万元，移拨公路经费之议，致水利局所派工程师等以经费无着，工作停顿，因已准公款，中途改拨，遂使悠悠众口，遽失所望。乃于昨日，呈文省府，请照原案，如数补拨；一面迅令水利局仍派工程师回鄞，继续举办东钱湖整理开浚事务，以益农田水利而树立政府对于人民之信用。

钱湖失浚，年代已久，河渠淤塞，湖身狭浅，湖面基地，迭被侵占，现所剩者仅七十方里。若不更事疏浚，则蓄水量浅，而其灌溉农田水利之效益，必将年渐低落，寻至于草淤泥积，成为荒土，使沿湖五十万余亩之农田，皆感受其不利影响。此民元以来，地方人民之所以力谋整理开浚而认为社会民生之当务之急者也。其间因经费之无着，致迁延而不举者，二十余年于兹矣。去冬十月，因省府有二十万水灾赈款之拨补，乃得以成立钱湖灌溉工程委员会。估计全部工程经费约需一百二十万元。曾经决议，以省款二十万元，由水利局拟具计划，作为修理碶堰及疏浚塘河两工程之费用，至于所短少之百万元，则先筹半数，择要兴工，由受益田亩之业主，平均负担，每亩每年征费二角，以五年为限，并经推员，拟具征收办法。自上列议案确定之后，修理工程即继之而举，整理东钱湖之呼声，至此方得告实现。初不度省政府之朝令暮改，将拨补浚湖之费复改拨为造路之用，致使东钱湖疏浚工程又发生意外波折也。

年来水旱频仍，农村奇困，兴办水利，谁亦知其较诸开发公路更为重要。今省政府以既经指定拨补浚湖之款而复改拨为筑路之费，非但政务设施，感先后矛盾，而于三邑民生所关尤巨！诚恐现在而不积极推进，停已兴之工程，则此后东钱湖之疏浚，将更遥遥而无期。欲求希望之实现，正不知在于何年何月何日何时矣。赵专员业经向省陈情，为民请命，而吾利害较切之人民，对于地方巨大建设之兴废，岂可嘿然无言？为望三县公民、受益业主，以及关系乡镇，能互相继起，呈文省方，据理力争，请求政府贯彻其原始之主张也！

2月下旬，赵次胜赴杭面见省政府主席黄竑雄，要求将二十万东钱湖疏浚经费继续拨给，并建议"由鄞、奉、镇三县地方人士组织整理东钱湖流域委员会，由人民负责办理，工程由省水利局派员监督"。对此，黄氏表示二十万经费"已允拨给，建议各点亦可采纳云"。（《东钱湖疏浚经费有着》，《申报》1936年2月28日；《疏浚东钱湖经费黄主席允照案拨给》，《时事公报》1936年3月2日）

3月21日，鄞县政府对东钱湖养鱼案公开表态，认为禁止绍民捕鱼无充分理由。在将该案经过呈报专员公署文中提出："东钱湖图书馆、邻湖公学既不将养鱼捕清，反欲借以废除协约之名，禁止渔人入湖捕鱼，以维持其私人利益，殊无充分理由，且绍籍渔民，在东钱湖捕鱼为生，历史甚久，渔户又多，似难遽予禁止云云。"（《东钱湖馆校保管养鱼案县府查无充分理由》，《时事公报》1936年3月22日）

3月22日，东钱湖绍籍渔民分别致函鄞县府、专员公署与浙江省建设厅，要求当局维持绍籍渔民生计。次日《时事公报》报道说：

鄞县东钱湖绍籍渔民，对于当地人民忻鹤寿等呈请保管鱼类一案，昨呈县府、专员署、建设厅等机关云：绍渔民等侨居本县东钱湖者不下数百余人，并已垂百余年久之历史。平时安分守己，在东钱湖捕鱼为活，本无事者。前因当地邻湖小学（主办人为戴东原）未经政府之核准，在湖内私擅养鱼，并将天然产鱼，亦视为己有，竟敢禁止渔民等下湖捕鱼，因此纠纷时起。时生殴伤渔民、夺毁船网等严重案件。经一再呼请政府、法院救济究办，但为种种关系所牵制，数月未能结案。渔民等以生计攸关，不能长时间停止捕鱼，故暂退步，与邻湖小学签订东钱湖捕鱼协约。虽明知条件苛刻，然为生活计，故不得不忍痛接受，直至去年十一月，建设厅颁布明令，以东钱湖经湖工委员会议决，私人养鱼绝对禁止，现已设之鱼荡，限于年冬捕清等语。是则自此以后，邻湖小学对于湖鱼自无主权，而前次所定捕鱼协约，自亦根本无效矣。即经渔民等呈请钧府，转奉建设厅第一一五二号指令，准予作废在案。现阅甬报所载，东钱湖养鱼保管代表忻鹤寿，呈请省县当局，严禁绍籍渔民捕鱼。其文可归纳为三点：一、绍籍渔民朦请推翻协约，在湖滥捕，本地人民均愤怒不平；二、现征得东钱湖图书馆邻湖学校之同意，将全部养鱼交卸全湖公民保管，作补充浚湖经费；三、请求当局严禁奸民滥捕，察其理由毫不充分。兹为逐一辩正：（一）查绍籍渔民前与邻湖小学所订协约，原甚苛刻不平，此次请求废止，系根据厅令办理，事理固甚彰明，何得谓为朦请，且渔民在湖捕鱼，时逾百年，素安无事，对于湖身，亦无影响，更无引起地方人民忿怒之理由，更属疑义，而其所谓忿怒不平者，当亦不过欲将湖鱼占为私有之少数人而已；（二）查邻湖小学私擅在湖养鱼，未经政府核准，根本不能视同私有鱼荡，具有一切主权，上年建设厅颁布限二十四年冬季捕清之命令，已可谓为法外施仁。该忻鹤寿所谓已征得馆校同意，将鱼交公民保管。试问忻鹤寿何人，而可以将面积七十方里、周围九十六里之公共所有即中国籍人民所公有之东钱湖，以"征得"某方同意，而为处置，实不解其法律点何在。所提出养鱼充浚湖经费一语，亦仅表面饰词，混淆听视，实则为邻湖小学主办人之独霸企图耳。（三）湖鱼为公共所有，前已言之，是则绍籍或本籍渔民，在法律不禁之范围内，自得自由采捕，不受任何人之干涉与制止。该忻鹤寿乃竟将正当营生之渔民等，指为"奸民"，究竟所奸何事，应请令其举出事实，以为证明。否则决以法律诉追。总之，忻某呈请之动机，全出邻湖小学主办人之唆使。邻湖小学主办人为希图独霸东钱湖养鱼，每不顾绍籍渔民之生计，横加压迫，过去之雇工殴伤渔民、夺毁渔船网罟等罪恶，指不胜数。今因受省令之限制，无法继续攫取独霸之利益，故有今日之呈请，实为明甚。渔民等阅报之余，对此谬论，诚难缄默，理合备文呈请，仰祈钧府鉴核，务乞垂念绍籍渔民数百人之生计所关，驳斥忻某之无理要求，俾得照常营生，不胜德感。

（《东钱湖绍渔民辩正保管鱼类案》，1936年3月23日）

3月23日，《时事公报》发表地方杂评《对东钱湖捕鱼应否禁止意见》，提出水产之利应公诸地方民众，政府机关"应根据已往成案而为之谋合理的解决"。文录于下：

对东钱湖捕鱼应否禁止意见

自去年以还，东钱湖养鱼纠纷之事，继起迭生，不一而足。在邻湖学校以及钱湖图书馆方面，指绍籍渔民私捕养鱼，因而押人扣船，禁止网捕；在绍籍渔民方面，以邻湖学校及钱湖图书馆，将面积七十万里之东钱湖，悉作为养鱼湖荡，干涉沿湖居民之采捕而垄断其利，认为妨害生计，请县制止。经鄞县政府，于去年七年间，召集双方，洽议解决办法，以防未来事端。经决定规约如下：

一、由县确定鱼网网眼之大小。

二、湖内青鱼、草鱼、包头鱼及各种鱼种，暂定予以保护，而鲤鱼、鲫鱼及其他天然鱼，则准渔民捉捕，并不分绍籍、鄞籍。

三、绍籍渔船只数，以原有数为限，不得增添。

自此规约决定而后，相持不下，冲突屡起，时达半载之东钱湖养鱼纠纷案，始获告一段落，数月以还，幸得相安无事。政府机关对于此事持平处理之态度以及设计解决之办法殊有足以称道者。夫钱湖养鱼，其事未经建厅，核准有案，是则捕鱼本可以不予限制而禁捕却无其理由者也。县政府之所以如此决定者，盖以鱼种已下，故特予邻湖学校、钱湖图书馆方面以几许谅解而顾全已成事实耳。此种和平处置之苦心，在养鱼业主方面，或者不难自知。乃近来，有钱湖公民忻某，呈文政府，谓征得邻湖学校及图书馆之同意，将养鱼利益作为浚湖经费，所养鱼类，改归公民保管，禁止绍籍渔民入湖捕鱼。而渔民方面，则于昨日，辩正其所呈之未合事实情理，于是养鱼纠纷之案，乃至波澜重起。

东钱湖应否禁渔，其主要问题，应以东钱湖有否养鱼以及其养鱼之是否合法为标准。钱湖养鱼，立案未经核准，在法不宜禁捕，而且去冬建设厅召集三县代表在行政专员署开经理湖工委员会，其"私人养鱼，绝对禁止，现已设立之鱼荡，限年内捕清"之议，又为铁一般的事实，且为建厅派员所极力主张而曾由建厅明令饬遵之者。是则钱湖纵有剩余之养鱼，而此养鱼之已非私有可由个人或团体任意处置则移转之者也，盖甚为明显之事。夫如此，东钱湖养鱼之事已根本不能存在，东钱湖捕鱼之事又何须禁止？而忻某与邻湖学校等又何有转移其养鱼保管之权之可言？

吾人以为：东钱湖固待疏浚，然经费来源，则早已议有具体办法；民生不可忽视，故水产之利应公诸于地方民众，政府机关，应根据已往成案而为之谋合理的解决也。

3月24日，鄞县忻鹤寿向鄞县政府声明，并不与闻呈请保护东钱湖鱼类一案。

4月8日，鄞县区行政督察专员赵次胜发起整理东钱湖会议并拟定整理东钱湖委员会组织大纲，择日成立。次日《宁波民国日报》报道说：

鄞县东钱湖为浙东名胜，且为附近各县农田依赖灌溉之所。当局提议疏浚已久，终以经费无着，未见实现。县区专员赵次胜，有望于斯，乃积极整理改善方

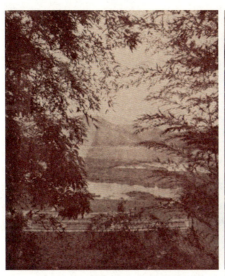

20世纪30年代拍摄的二灵山上之竹　　20世纪30年代拍摄的月波寺后之松

法，于昨日假专员公署，开整理会议。出席者，浙省自治筹备委员庄崧甫、省水利局长周镇伦、鄞县县长陈宝麟、镇海县长张感尘、奉化县长曹钟麟，鄞区专员赵次胜。先由赵专员报告经过概况：（一）东钱湖关系鄞、奉、镇三县水利，至为重大，历经倡议疏浚，未能成事。（二）本席于二十二年经拟具整理东钱湖意见，呈奉委员长蒋，发交省政府核议办理。（三）二十三年蒙曾厅长列入水利工作范围。（四）二十四年四月，率省政府指令，以与萧山东乡江岸工程委员会办法，令水利局拟具东钱湖工程委员会组织大纲。（五）去年十月成立整理东钱湖流域灌溉工程委员会，当然委员赵次胜、陈宝麟、李学仁、张感尘、朱延臣、张自立、周镇伦、缪惟宜，聘任委员蔡良初、江西溟、王元斌、张申之、庄崧甫、朱灿联、乐振葆、姚璞。（六）水利局所拟水利工程，二十万元支配预算：①浚河六万一千元；②修理闸碶八万七千八百元；③购挖泥机三万元；④养鱼场设备费二万一千二百元，另加工程处全部预算二万一千一百五十七元五角，每月一千零七元五角，以二十一月计。（七）迄于本年闻是项核准水利工款二十万元，以省库支绌，不能照拨。经呈奉省令饬知东钱湖委员工程处，先行结束，水利工款二十万元（附原令），须俟地方募款集有成数，继续进行。（八）本席以是项工程急切，拨入之工振款被移用，官厅信用有关。为补救计，特邀请在座各位开会讨论，当经决议：（一）组织整理东钱湖委员会。（二）通过整理东钱湖委员会组织大纲。（三）开办经费二千元，由庄委员崧甫负责筹募，全部工程费俟成立大会讨论。（四）决定本月十八日开成立大会。兹将整理东钱湖委员会组织大纲，探志如左：

组织大纲：（一）本委员会由左列二种委员组织之：①当然委员五人，省水利局局长、鄞县区行政督察专员、鄞县县长、镇海县长、奉化县长；②聘任委员十六人，鄞县十一人，镇海三人，奉化二人，由各县县长就各该县与东钱湖有关热心水利公益事业者遴选报请专员聘任之。（二）本会分下列各股：①总务股；②工务股；③财务股。（三）各股各设主任一人，由委员会聘请之，并于必要时，各股长得酌设有给职员专任办事。（四）本会设正副主席各一人，由委员会推定；（五）本会各委员除当然委员外，得酌支夫马费。（六）本会定每二月开定期会议一次，但遇必要事，得由主席临时召集之。（《东钱湖整理会议》，1936年4月9日）

4月13日，整理东钱湖委员会于是日正式成立并讨论经费筹措等问题。《宁波民国日报》报道说：

整理东钱湖委员会，昨日上午十时，在鄞县区行政督察专员公署，开成立大会，下午接开会议，讨论提案。兹志各情如次。

出席委员：出席当然委员浙江水利局长周镇伦、鄞县区行政督察专员赵次胜、鄞县县长陈宝麟、镇海县长张感尘、奉化县长曹钟麟，聘任委员鄞县张申之（张季樵代）、赵芝室、苏之卿、沈友梅、忻太僧、陈露芗、范实甫、蔡良初，镇海唐爱陆、姚璞、朱灿联、奉化庄菘甫等十七人，列席舒伯岐、赵岳二人，公推周镇伦为主席，行礼如仪。

主席报告：首由主席报告，略云：诸位委员，本会在本月八日曾开讨论会一次，拟定委员会组织大纲，并决定本日开成立大会。今天在讨论备案中，最重要者即经费如何筹集。凡兴办一种工程，最困难者系筹集经费，在未定实施工程以前，应注意下列二点。

整理成就二县受益

（一）有无绝对兴办之必要；（二）有无兴办之价值。如此项工程确有兴办之必要与兴办之价值，则经费无论如何困难，均应设法筹集，将此项工程办理成就。东钱湖整理后鄞、奉、镇三县四十余万亩，耕田灌溉需水问题可以解决，以后无虑旱荒，生产亦可增加，获利自不待述。

搁浅原因约有二端

惟此事各方提倡多年，测量亦复多次，迄今尚未实现，不外下列二因：（一）以前群知东钱湖应整理，而不知究竟如何整理，例如湖身如何疏浚，浚出之土如何堆置，均未切实研究，需款若干，亦未切实估计。（二）现在群知整理方法，但以经费过巨，无从筹措，致未积极进行。

改变计划民办官督

东钱湖之应整理，确系不容稍缓，但总不能以经费关系遂将此事完全搁置，根本无一办法以解决之。水利局对于整理东钱湖，曾估计全部工程经费一百二十万元。省政府为促进该项工程起见，亦经将此事列入水利工振工程内办理，并经议决补助二十万元在案。目前省库空虚，补助经费一时恐难筹拨，地方应负一百二十万元，筹集定亦不易。若非变更整理计划，此项工程恐难实现。盖整理东钱湖之目的，在求蓄水量充足，使农田无受旱灾，如能达此目的，即解决一切需要。故当时最重要问题，即研究应用何种计划达此目的，最为经济。根据此种计划，由地方人民自行筹经费办理。一切工程，集地方资金办理地方事业，政府不过处监督地位，并负技术上指导与协助之责而已。

经济办法先修闸碶

今以整理东钱湖，至少限度，必须首先修理沿江各碶，预计工程费银约八万元，次为修理沿湖各碶，预计工程费银七万元，再次为掘江筑闸，如有经费，再及其他，此为最不可少而最经济之办法。且际此国民劳动服役期间，修理闸碶以后，即可疏浚塘河，以利畅泄。

不可再用土法修补

惟修理闸碶，尚有所报告者，此项修理工程，切不可土法修补。盖土法修补，不及数年，仍遭洞漏，故拟采用 Sinnetingun，取其压力甚大，吹风入穴，水灰一入洞内，即一劳永逸云云。

讨论事项

下午接开会议，讨论提案：（一）工程经费应如何筹集案。决议：以受益田亩，每亩带征一元，分五年征收之。（二）推定本会正、副主席主持日常事务案。决议：公推庄委员崧甫为正主席，赵芝室、唐爱陆二委员为副主席。（三）推定总务工务财务各股主任，负责各该股进行事宜案。决议：公推沈委员友梅为总务股主任，陈委员露芗为工务股主任，蔡委员良初为财务股主任。（四）每二月开常会一次，逢双月十八日上午十时。（五）决定本会办事处案。决议：附设通志馆，施工处临时决定之。（六）养鱼办法，应如何规定案。决议：①湖中养鱼事宜，由委员会办理之；②禁止私人养捕；③由委员会函请鄞县县政府一律禁止湖上捕鱼。（七）标定湖界防止侵占案。决议：依照前湖工善后局十八年所定之湖界为准，如有遗失及损坏者，查明补定，并严禁侵占。（八）规定每月办公费一案。决议：由正、副主席会同各股主任订定，提交下次大会追认之。（九）整理工程如何进行案。决议：俟六月十八日下次会议后再行决定。（十）请推员草拟本会章程及办事细则案。决议：公推忻委员太僧拟定，提交正、副主席及各股主任通过，呈厅核准后施行。（十一）本会图记如何刊制案。决议：本会图记呈请建设厅颁发。（《整理东钱湖工程委会今日成立》，1936 年 4 月 14 日）

4 月 13—14 日，东钱湖整理委员庄崧甫借参加该会成立之机，再度查勘东钱湖并提出沿湖堤塘颇多倾圮亟应加以修理，鱼类食草足以减省不少疏浚工程。《宁波民国日报》报道说：

> 鄞县东钱湖整理委员庄崧甫氏，于民十八年间，曾一度视察东钱湖，当时视察结果刊诸报端。兹因整理委员会行将成立，庄氏为回顾东钱湖水利现状起见，特于本月十三、十四两日，对湖详细察勘。记者闻讯，前往晋谒，承告详情如下：

湖上葑草大半捞除

> 余（庄氏自称）于十三日七时半由宁动身到甬，转宁横路至莫枝站下车，步行至湖亭庙，路阔大，询之为劳动服务成绩，实属可嘉。在庙埠搭小舟，时已九时，但见岸旁上尽堆水草。至郭家峙相近，有七八工人用铁耙捞草，插有旗帜，知为东钱湖图书馆所派。舟近裴君庙立船中而望，此处大批葑草，似已去其大半。查民五所测绘东钱湖图，此处葑草约一方里，蔓延殊甚，今仅剩二三百亩矣，为之欣然。过田螺山，形状毕肖，若能多栽林木，诚良好之风景区也。

大堰塘畔应植白杨

> 至高湫堰塘，登大堰头塘，塘身坚固，门前曾栽松多株，惜被牛羊践踏，迄未长成，应植美种白杨，可免松根之流弊。塘上有亭一，并有农民合作社房屋六间，可作浚湖工程队住宿之用。继视察大堰碑，湖水颇清，水位亦提高，此碑为湖中最大者。旋即至东钱湖图书馆午膳。下午三刻，又乘船出发，过陶公山，由曹家山头向霞屿二灵寺进发。查该处从前长满水草，虽小舟亦难通行，今一片汪洋矣。越二灵山进下水江，今昔大不相同，有多数农人翻草烧灰。此江内外水草占四五

方里，今唯下水村相近约五百亩之数，至向近村处回舟往里梅湖。

五里塘身可以加高

查梅湖面积（民五实测六方里），五里塘实际二公里强，塘身尚固，但不甚高，浚湖时大可加泥使高而阔。进上虹桥，此处为葑草覆生最甚之区，历来被沿湖人士叹为无法疏浚而填塞之议者。今以养鱼之故，竟致三千余亩之梅湖□□丛草，今一变而疏矣，且有二处已全被鱼类吃光。查梅湖养鱼尚是今春放进，最有趣者，所见嫩草之类，都无草尖，如割去一样，俱系今春为养鱼所食去者，全湖内有草处均如此。又从草密生湖中，其污泥在水面亦几可见。今丛草吃去之处，腐泥亦同削尽，水草加深，鱼吃泥之效如此。

梅湖堤塘亟须修理

船只至鸡山村前上岸行二里许至栗木塘，此处有塘有堰无碶，塘身短不成问题，唯堰狭，而旁似平地，应稍加修理。继至梅湖塘，有堰有碶，堰较他塘为高，碶板挂草颇多，并有洞颇大，应改换之。小斗门在塘之西，有二块闸板已散失，致耗水不少，已嘱即日加板修固，此后并严加管理。梅湖塘塘身用石甚少，亦应加修理。视察至此，已五时半，返棹向前堰而回，过下虹桥甚低，非升高不可。钱堰高如大堰，而碶则有中柱，与梅湖同。西首碶板仅闸一排，须加添补。钱堰相近油草□藤颇多。船只往来之江，比前为阔。至月波寺前，又见东钱湖图书馆捞除水草队在此捞草，工作极为紧张。回至图书馆，钟已七下，万家灯火，晚则宿于图书馆中。

全湖景况较胜于昔

十四日上午十时视察方家塘，石块高低，塘身亦应加阔，农人放泥可稍移河边。塘旁有湫缺，耗水甚大，应即填塞。平水堰坝，为湖坝之最低者，故湖水过时坝溢流。平水堰湫缺亦有漏水应修理。莫枝堰碶均固，碶板眼特大，均须改装木□或修固，使水涓滴不流耗。视察毕，已十二时，余此次重来视察全湖，较之七年前情形大不相同。昔日葑草之难除，今则有吃草之鱼代人芟夷。昔患湖水之混浊，腐泥之淤塞，今则有吃泥之鱼代人澄清扫除。将来浚湖工程可以减省不少，而于善后事宜，又可从此着手，以收事半功倍之效。谈至此，记者与辞而出，濡笔记如上。（《庄崧甫畅谈查勘东钱湖经过》，1936 年 4 月 17 日）

6月初,整理东钱湖委员会召开第二次全体委员会议,修正通过章程及办事细则。具体内容如下:

整理东钱湖委员会章程

一、本章程依据疏浚东钱湖委员组织大纲订定之。

二、本会定名为整理东钱湖委员会。

三、本会以疏浚东钱湖湖身,修理碶闸堤塘,取缔侵占及其他一切善后事宜为任务。

四、本会委员人选及数额规定如下:(一)当然委员五人,以鄞县区专员,省水利局局长,鄞、奉、镇三县县长充之;(二)聘任委员十六人,鄞县十一人,镇海县三人,奉化县二人,由县长就各该县与东钱湖有关系所热心水利事业者遴选,报请专员聘任之;(三)前项聘任委员,如本会认为应事实上之需要,亦得呈请行政督查专员派聘之。

五、本会分下列各股:(一)总务股;(二)工务股;(三)财务股。各股主任一人,由本会委员会公推之,并于必要时各股得酌设有给职员,专任办事,唯办事细则另订之。

六、本会设正主席一人,副主席两人,由本会委员公推之。

七、本会各委员除当然委员外,得酌支夫马费。

八、本会定每两个月开定期会一次,遇必要时,得由主席临时召集之。

九、本会经费,除呈请省方拨补外,其余由本会就地筹划之。

十、本会办事处暂设鄞县通志馆内,其工程处,视施工之便利,临时决定之。

十一、本章程由本会通过,呈由省厅核准后施行,其修改时亦同。

整理东钱湖委员会办事细则

一、本细则依据本会章程第五条定订之。

二、本会正、副主席总理本会会务并监督指挥所属各股及各职员所处理之事务。

三、本会所属总务、财务、工务三股其分掌事务如左:

甲、总务股:(一)关于文书收发、编撰、保管事项;(二)关于典守印信事项;(三)关于庶务事项;(四)关于其他不属于工务财务事项。

乙、财务股:(一)关于统计审核事项;(二)关于会记预算决算事项;(三)关于收支报告事项;(四)关于襄理筹划经费事项。

丙、工务股:(一)关于查勘及测绘事项;(二)关于工程设计事项;(三)关于工程实施事项;(四)关于其他一切工程事项。

四、各股事务有互相关系者由各股协商办理,如彼此意见不同时,应签请正、副主席决定之。

五、本会现属职员服务时间，以每日上午八时至十二时、下午一时至五时止，如因时间关系，得临时酌量变通，遇有重要事件，仍需办理完竣，方得散值。

六、各职员对于一切事件，应随时办竣，不得积压，以重公务。

七、本会细则经本会决议通过，呈准省厅后施行，修改时亦同。（《整理东钱湖委员会修正通过章程及办事细则》，《宁波旅沪同乡会月刊》第155期，1936年6月）

6月8日，鄞县县政府财务委员会召开第九次会议，决定准贷东钱湖整理费一万元，分别在县仓积谷款及渔民借款项下拨付，"除原定担保品外，并由该会三主席任保证"。（《鄞财务委员会准贷东钱湖整理一万元》，《时事公报》1936年6月9日）

6月18日，整理东钱湖委员会召开第三次会议，会上订定取缔侵占湖地办法，并决定推员审查《征收受益田亩捐办法》。次日《时事公报》报道说：

> 整理东钱湖委员会于昨天下午一时，在中山公园鄞县通志馆召开第三次委员会议。出席委员庄崧甫、戴东原、唐爱陆、戴养葆、张申之（张幻公代）、蔡芝卿、忻汰憎、赵次胜（叶杏南代）、赵芝室、郑世彬、朱灿联、范宝甫、王文翰、沈友梅、陈露艻、周镇伦、陈宝麟、蔡良等。主席庄崧甫，纪录胡启文。
>
> 甲、报告事项：（一）出席委员十九人。（二）上次会议决案执行情形。（三）奉专员公署转颁本会图记，业于六月四日启用，并呈报及分行查照。（四）向鄞县财务委员会息借一万元，其款俟省政府核准后拨解由。（五）函请奉、镇两县政府酌拨水利经费。兹准镇海县政府函复，该县向无征收此项经费，无从拨补，奉化县政府尚无函复。
>
> 乙、讨论事项：（一）主席提称，忻委员汰憎、蔡委员志卿、戴委员霁荪会提，前奉推起草取缔东钱湖侵占田地办法，业经草拟完竣，当否请核议案。决议：修正通过。（二）主席提称，本会征收受益田亩捐办法，前推本席起草，兹已拟就草案，当否请核议案。决议：请戴委员霁荪、姚委员瑾查后，再行核议。（三）主席提称，前蒙行政专员公署情呈省政府拨银二十万元以充整理本会湖工经费，嗣经核准列入预算在案。兹以本会整理钱湖工程，急待实施，拟逐级电请省政府将前项银款迅予核发，以利进行，是否请核议案。决议：查案呈请。（四）陈委员露艻、唐委员爱陆、蔡委员良初会提，前奉推查勘福建樟木碶一案，业经前往实地查勘，兹拟具报告书，应如何办理，请核议案。决议：查照前省水利局原拟计划，并入本会整个工程计划议办。（五）主席提议，案准郑委员世彬拟送整理东钱湖刍言，又准陶公山公民忻鹤寿先生拟具整理东钱湖刍议各一份，审阅内容足供参考之处，

一生为家乡水利事业奔波的整理东钱湖委员会委员张申之

拟交工务股草拟工程计划时采入，当否请核议案。决议：通过。（六）张委员申之提称，拟分别函请鄞、奉、镇三县政府提先清丈东钱湖受益之田亩捐，以便撙节测量费用，当否请核议案。决议：通过。

议毕散会，并闻该会关于工程计划业经推员起草，一俟草就，即行呈厅核准后，预拟于下月十五日可以兴工云。（《整理东钱湖会订定取缔侵占湖地办法》，1936 年 6 月 19 日）

6 月 23 日，整理东钱湖委员会委员郑世彬在《时事公报》上发表《整理东钱湖刍言》一文，认为疏浚湖身、整理碶闸为东钱湖水利之根本，并提出修筑环湖公路，限定界址，杜绝侵占现象。文录于下：

整理东钱湖刍言
郑世彬

　　查东钱湖关系三县七乡之水利，湖身应疏浚者久矣。曩者屡议屡辍，且系一二人之私议，因于经费，故多难之。今赖贤明行政督察专员及鄞、奉、镇三县县长，为地方兴利，毅力进行，集合三县之公民，共谋整理。其势至顺，其事易举，诚千载一时难得之机会也。顾疏浚为其本旨，整理乃附件耳。不独浚湖，兼须浚河，湖为主要，河亦必须。审其既往，策其将来，斟酌尽善，期臻至当，则百世溥利惠泽之功业，将见于今日成之也。凡与事之人，其乐何如，三县七乡之人受惠何如。世彬钱湖之编民也，自小旅外谋食，久离乡井，惟桑梓念切，对于浚湖观念，时萦梦寐，而平日之假想计划，终付泡幻，今幸得追随诸长官及老兄弟之后，聊尽贡献。窃思兴办地方大事业者，首当体察人情物理，情理既得，则进行顺利，奏功自速也。提案列后：

　　一、疏浚湖身，整理碶闸，为水利根本计。

　　一、疏浚鄞东三塘河（即前塘河、中塘河、后塘河）为辅功计。（说明）各塘河挖起之泥，就近增培，塘身既省，经费亦为水旱辅助不足。

　　一、整理沿湖路线为主要计。

　　一、清丈沿湖路外建垦之地，升课升价，归后局作经费计。（说明）沿湖居民，傍山临水，实逼处此，乃于路外填筑河埠，起建房屋，不得已也，非侵占也，况历年既久，由来已远，成事不说，既往莫追，因人多地窄，拓展无从，沿湖填筑成为惯例矣。今惟升课升价，以剂其平。

一、筑环湖公路（即行人道）为限定址界，杜绝以后侵占计。（说明）沿湖各处房屋栉比，犬牙相错，河磡凹凸不齐，凌乱无状，惟另筑一路，两旁植树，为固定之界限，各处随其形势，勒平牵直之。

一、沿湖各山广栽树木，以培风景计。

一、设机器烧砖瓦厂为久远养湖计。（说明）湖中浚起之泥作烧砖瓦原料，一方可减省泥之处置，一方可作泥料来源，于人工运费互有利赖，将来出售砖瓦之利，为永远浚湖之用。

一、沿湖勒迁浮厝，以肃观瞻计。（说明）浮厝不应存在也，兹限一年为期，有主者必令期内迁葬，无主者到期合葬义山。

一、沿湖兴筑公厕，禁止私人粪坑以重卫生计。（说明）沿湖各处，人烟稠密，粪坑之多，星罗棋布，夹道皆是，使人不能举足，积浊不堪。此种恶习，必须官厅干涉，出示晓谕，或责成乡公所保甲长，限期废止私人粪坑，以资清洁。

一、雇用工人，宜就地人，以防意外计。（说明）建筑宁横公路雇用外省人，粗暴无状，攫取民物，动作滋事，不一而足。惩前毖后，今当引以为戒。

6月23日，鄞县大堰乡公所召开第五次乡务会议，决定禁止在湖滨风景区营葬。次日《时事公报》报道说：

出席乡长戴来宾、副乡长周亿中、保长戴根法等十人，列席督导员陈荣昌，建设委员戴人俊等四人，主席戴来宾，纪录戴翁和。行礼如仪，首由主席报告收到重要文件暨收支账目。（一）奉令购机献寿，本乡应如何办理案。决议：本乡长十四人，乡长副三人，财务委员七人，事务员一人，每人至少拟筹一元，限本月底以前汇缴到所。（二）奉令迁移露棺浮厝，八月一日至十月底概迁义山案。决议：再由乡公所通告，鸣锣周知，责由各保甲长尽量宣传协助。（三）本乡境内弈大山及附近山麓早经划为风景区域，登记期内，一律禁止做坟案。决议：通过，呈县出示禁止。（四）奉令办理荒地登记，应如何着手进行案。决议：限六月底以前，通告荒地保管人来所登记，逾限代为查报，责由保甲长宣传督催。（五）第一保至第六保保长及义警训练津贴暨派出所经费，应如何筹措案。决议：向殷户暂借，就迷信会产捐收集后归还云。（六）主席提，本人自长大堰乡以来，毫无建树，并感办事棘手，无力继续，拟请副乡长继位，俾准辞退休案。决议：挽留。临时动议，建设委员戴人侠、保甲戴登球等提，本乡副乡长史阿苇此次不知受谁怂恿，要求归并陶公乡，以不诚不实之事，任意诬蔑乡长，事务员冤抑不平，呈县彻究，以明真相，而惩刁顽案。决议：通过。（《鄞大堰乡禁止湖滨风景区营葬》，1936年6月24日）

6 月 24 日，《镇海报》报道，整理东钱湖委员会决定处置侵占湖身办法，范围以 1929 年原订湖界为准，处理办法分登记、查测、取缔三项。报道说：

整理东钱湖委员会，前曾修正通过处置侵占东钱湖身办法。兹特将原办法探录如下：

第一条，湖滨各处被侵占者，依照本办法处置之。

第二条，被侵占之湖身，由本会会同各该管乡镇长、副保甲长等处置之。

第三条，处置范围以民国十八年原订湖界为准，其未订界石，显系侵占，或界石遗失损坏及其他任意侵占者，均属之。

第四条，被侵占湖身，无论公有私有、塘堤河埠、有契无契、有粮无粮，均应按照各处实际情形分别处置。

第五条，侵占田地之类如左：（一）宅地。凡私人住宅、公用庐舍以及祠庙、学校等均属之。（二）用地。凡使用场基、护浪塘堤以及公用河埠均属之。（三）农地或农田等。凡可布种作物之田地等均属之。（四）未成田地。凡业已侵占、尚难布种或使用者均属之。

第六条，处置被侵占田地之办法如左：（一）登记。由本会遍发通告，限期令侵占人到会登记。（二）查测。登记后，由本会派员详细查勘测量。（三）取缔。凡侵占之宅地、用田、农田或农地，经查测后，与水利尚无妨碍者，得由本会依测量亩分按照时值征收租价；至未成田地，一律由本会收回。

第七条，凡已经承租之田地，一律发还。（《处置侵占湖身办法》，1936 年 6 月 24 日）

7 月 16 日，浙江省建设厅通知鄞区专员赵次胜，已将所呈东钱湖整理计划及会议录并请指拨经费以资动工等情转呈省府核议办理。（《整理东钱湖计划建设厅转呈省府》，《时事公报》1936 年 7 月 17 日）

7 月中旬，奉化县政府设计委员会第十二次会议决定推派该会委员汪芝盛、王振声履勘东钱湖，以了解"东钱湖与本县关系若何"。（《奉设计会推员履勘东钱湖》，《时事公报》1936 年 7 月 23 日）

7 月 22 日，对于鄞县县政府禁止东钱湖捕鱼，致使绍籍渔民生计告绝，浙江省建设厅、省党部先后训令鄞县县政府、鄞县党部予以更正。《时事公报》报道说：

鄞县执行委员会，昨奉省执行委员会训令云：案查前据该会先后呈为宁绍两属渔民对于东钱湖鱼类捕禁主张互异，县府忽行布告禁捕，绍属渔民生计告绝，请核转设法救济等情一案，当经令复并函达浙江省建设厅查照核办各在案。兹准函复办理本案经过情形，复请查照等由过会，合行抄发原函，令仰该会知照，此令。兹将建设厅复省执行委员会原函披露如下：

案准贵会念五年六月二十日常字第七一一四号公函，以据鄞县执行委员会先后呈为宁绍两属渔民，对于东钱湖鱼类捕禁，主张互异，县府忽行禁捕，绍属渔民生计告绝，请核转救济，转函查照核办见复等由，准此。查东钱湖鱼类捕禁问题，宁绍两属渔民发生争执，前经核定，不得禁止他人捕捉。嗣整理东钱湖委员会重组成立该会，以湖中水草丛生，养鱼可以除草，决议禁捕。鄞县县政府未经呈请本厅核准，即下禁捕之令。绍属渔民在该湖捕渔年代已久，今遽行禁捕，千余渔民生计将告断绝，请准救济。即令饬该县拟具善后办法呈核。该县复函请东钱湖委员会筹议。兹据该会呈略以鄞县志所载唐天宝东钱湖之田赋，就所沾溉之乡而均派，东钱湖之主权即属于三县七乡之人民，整理东钱湖委员会自能代表三县七乡受益田亩之业主，即有执管东钱湖之主权等情，本厅审核所呈各节，与渔业法第四条及施行规则三十五条之规定，颇滋疑义，已呈请省政府核示矣。俟奉令后，再行遵办。相应函复，至希查照。（《东钱湖禁止捕鱼与渔会渔业法规颇滋疑义》，1936 年 7 月 23 日）

7 月 28 日，整理东钱湖委员会主席委员庄崧甫抵杭，与浙江省政府及建设厅会商东钱湖疏浚事宜，"省方允拨新公债廿万元，作为补助费，疏浚工程定下月起开工"。（《庄崧甫晋省商疏浚东钱湖办法》，《时事公报》1936 年 7 月 29 日）

8 月 15 日，因浙江省政府拨补费尚未到位，原定于是日成立的整理东钱湖浚湖办事处展期成立，原定 8 月 16 日开工的浚湖工程也延期举行。（《整理东钱湖浚湖办事处展期成立》，《时事公报》1936 年 8 月 17 日）

10 月 14 日，陶公山发生大火致人死伤惨剧。

10 月 20 日，整理东钱湖委员会驻湖办事处成立。

同月，韩岭生产合作社成立。

同月，浙江省建设厅主办的《浙江建设月刊》第 10 卷第 4 期发表《鄞县渔业之调查》长篇调查报告，文中称鄞县拥有东钱湖、姜山镇、咸祥镇三个渔村，并分别对其现状做了全方位的介绍。现辑录东钱湖部分于下：

鄞县渔业之调查（节选）

鄞县无单纯由渔民组成之乡村，所有渔民，多零落散居各处。今为便利起见，特将各渔村，由地理及习惯上，分为东钱湖、姜山镇、咸祥镇三区，分述其概况如下：

东钱湖地位形势

东钱湖位鄞县之东，距县城三十五里，四面环山，全湖面积七十一方里，湖水自七十二溪流而来，鄞、奉、镇三县之田，均受其灌溉。环湖有下水乡、韩岭镇、陶公乡、大堰乡、殷家湾、莫枝堰镇等六乡，陶公、大堰二乡在其西南，殷家湾在其西，此三乡居住渔民甚多，即所谓湖帮渔民也。

交　通

该地交通颇便，水道有帆船及小龟船可与县城及各乡村来往。陆道有宁横路在其西，宁穿路在其北。由县城乘搭宁横路汽车，三十分钟可抵冠英站，再徒步三里可抵陶公乡。为欲免徒步之劳，可乘宁横车至莫枝堰，换乘小艇，可直达各村，但所费时间较多。此外，陶公乡、大堰乡等处，尚有电话线可与各地通话。

人　口

环湖居民共有八三三〇户，人口三〇五六九人。中以陶公乡最大，占二三四六户，九一二六人；莫枝堰镇一七〇七户，六四三三人；大堰乡一三八八户，五〇一七人；殷家湾乡一一〇七户，四九五五人；韩岭镇一七八二户，二六四七人；下水乡六九四户，二一四七人。

职　业

该地诸乡，概属山地，无可耕之田，故居民除外出经商或营工者外，大都以捕鱼以业。渔业概分之为外海渔业及内湖渔业。外海渔业最主要者，为大对网渔业。此业在民国廿一年时，共有二百五十余对，今所存者，仅一百二十余对，计陶公乡六十二对，大堰乡二十七对，殷家湾三十五对，其余各乡每乡一二对。其次为乌贼拖网渔业，以殷家湾为最多，共八十四只，其次为大堰乡，五十四只。廿一年时，直接从事此业者达五千余人，今直接从事此业者仅二千人。在湖内从事捕鱼者约一千三百余人；所用网具，多为旋网类及刺网类。总计环湖居民直接间接以渔为生者，为数总在一万以上。

渔民生活

该地渔民居住之家室，较各地渔村高大整齐，由表面观之，生活似颇安适。然考其实际，前数年捕鱼尚足自给，近年收入锐减，故工作较之往前愈加辛劳，除在渔汛期间必须度其海上生活，在休渔之四月中，或在湖中捕鱼，或帮同修理船只，或往山中采樵割草等，虽无确定之工作，仍勤劳不怠；妇女则专在家料理家务。

渔民经济

渔民所居之家室及渔船渔具外，概无恒产，其全部收入，岁悉赖捕鱼。今以大对船为例，平均每年每对之渔获金为五千元，除去三千元之资本外，平均每人所得不过一百四五十元，此为强壮青年每年工作之收入。如以该地人口计算，则每四人中仅有一生产者，故此一百四十五元之数，即一家四口生活之所。以此数维持三人一年及一人四个月之伙食，即在生活最低之乡村，已感不足；况该地均属山乡，杂粮之种植不易，故其日常所食，概以米为主，其生活程度较能产番薯等杂粮之地为高，故入不敷出，一届渔汛，非借贷不能出海也。

合作事业

合作事业在外国已收到伟大之效果，然在我国尚不多见。渔业上之合作更绝少，而该地竟能于去年成立东钱湖外海渔业捕捞合作社。该社最初得社员二十五人，共认二十五股，计共收股票五百二十元。时因事属创举，渔民之认识尚浅，且限于能力，无显著之成绩；且因创立未久，基础未固，难取得外界之信用，故以前每向银行借款，多无结果。本年得县政府从中向各银行接洽，并以该社十六名理事之船只房屋为抵押，借款三万元，为补助各社员出海捕捞之用。近年该帮各渔船得出海捕鱼者，赖该社之力不少。

教 育

该地各乡村，小学教育尚称普及，且各校之收费办法，多视学生家庭经济而定，故贫家子弟亦得入学之机会。陶公、大堰二乡之失学儿童为数不多；渔民子弟亦岁有半数得受小学教育之机会。大堰乡且有建筑良善之乡村图书馆一所，足见当地对于乡村教育之重视。统计六乡中，共有高级小学四所，初级小学十四所，共有学生一千四百余名。各校学生，亦多适合法定学龄，各生年龄大小之差甚微，故施教颇易；惜因经费关系，各校教室设备甚多简陋，对于光线空气及桌椅之高低，不能加以兼顾，此其最大之缺点。

卫 生

该地各乡村，对于公共事业之提倡，颇为努力，然对于乡民卫生之指导，尚有无限缺憾。渔民在海上之环境尚佳，而乡居之情形则大异。乡道二侧，茅厕垃圾随地皆是，臭味逼人，不独有碍观瞻，又为传染病之媒介。对于饮水，亦不注意，不论用为洗涤抑为饮料，均取给于湖水。如能在乡中开掘水井，或设沙滤池，其对乡民之健康，当不无补益。乡民尤有一种更坏之习惯，棺木多不肯掩埋地下，露置于乡村附近，小孩死后多仅将草席裹其尸体，悬诸树上。以上种种，实有望办理乡政者切实注意改良之。

风　俗

该地居民，朴素勇敢，对宗族观念甚深，喜聚族而居；且地处湖泽，人人深识水性，尤善操舟，故从事渔业者颇众。渔民富于服从性，对于领袖之信仰极深，故乡政之办理颇易。至于婚丧之礼，一如县城，惟对于婚礼之费用，尚嫌其过奢，每办一婚事，非三四百金不可。

信　仰

本地庙宇随处可见，居民迷信颇深，尤以渔民为甚。每对大对船用于敬神之款，年达七八十元。其所信仰者为太保少保菩萨，过风涛时则呼天上圣母娘娘。查信仰在渔民社会中，作用甚深；盖渔民从事海上生活，至为危险，倘非深信生死祸福悉由神主，则凡遇风波之来，必至举动失措，故其信仰，能在险恶环境中，安其心，壮其胆，使其不致失去操舵之术，于渔业上不无小补。惜其所信非属高尚之宗教，又因此耗费若许之金钱，故仍有加以指导改正之必要。

12月6日，鄞县童子军理事会常务理事吴则民与该会理事暨各童军服务员参观游览东钱湖横山。（《鄞童军服务员昨游东钱湖》，《时事公报》1936年12月7日）

鄞县效实中学高中军训练习队东钱湖行军留影

12月上旬，宁波效实中学青年团先后两次赴东钱湖练习狩猎。《时事公报》报道说：

本埠效实中学青年团，自成立以来，对于各项活动进行不遗余力。该团狩猎队第一组，于上星期日赴东钱湖狩猎情形，业志本报。兹闻该团狩猎队第二组团员二十人，于昨晨六时，由教师陈鸿陆、翁仲圭、曹信父、吕雨墨等率领，仍至东钱湖练习狩猎，下午六时返校。计狩猎水鸭等野禽二十余头，并鲢鱼六

尾，每尾重约六七斤。闻该组将于今晚举行夜餐云。（《效实中学青年团续赴东钱湖狩猎》，1936年12月7日）

12月10日，为筹措东钱湖疏浚经费，赵次胜赴沪将省政府所拨十万公债预约券，向上海银行界抵借，"数计六万，不久即可由沪汇甬"。（《东钱湖公债向沪抵借六万元》，《时事公报》1936年12月12日）

12月11日，浙江省政府召开第八次会议，对于整理东钱湖委员会争执该湖所有权事，决定东钱湖主权归官有，"至授权处分所得地价地租以百分之九十充该会工程费"。（《省府会议决定东钱湖主权归官有》，《时事公报》1936年12月12日）

12月20日，整理东钱湖委员会为定期捕鱼发出通告，各渔民如愿捕捞，依限向会登记。次日《宁波大报》报道说：

> 整理东钱湖委员会，为捕捞养鱼，昨通告各渔民，除谷子湖、赤塘岙外，业由鄞县东钱湖图书馆将全部养鱼交由本会，经派员接管在案。所有养鱼，本会定本月二十五日起，开放捕捞，如湖上原有渔民，自愿代为捕捞者，务须于本月二十五日以前，前来莫枝堰岳庙内声请登记，本会给予捕捞旗帜，以资标识。其捕获之鱼，按照成例一百分之八十五归本会，备供治湖经费，一百分之十五归渔民劳工收益。特此通告云。（《东钱湖定期捞鱼》，1936年12月21日）

12月24日，由整理东钱湖委员会拟具的《东钱湖鱼类养捕规则》，经浙江省渔业管理委员会核准，呈请第六区行政督察署出示布告。（《东钱湖委会渔类养捕规则核准》，《时事公报》1936年12月25日）

12月25日，东钱湖委员会开始办理湖内渔船登记，为此颁布通告，登于《时事公报》：

> 为通告事，查本会决议东钱湖鱼类养捕规则第五条规定，湖内原有渔民，应一律向本会报称登记，由本会编定渔船牌号，未登记之渔船，不得入湖捕鱼，经呈准浙江渔业管理委员会备案在案。兹定于本月二十五日起开始办理，是项登记，凡湖内渔民，不分籍贯，应一律向莫枝堰岳庙内报请登记，由本会给予黄色旗帜，以资执证，俟渔船牌号制就后，再行换给，特此通告。（《东钱湖委员会开始办理渔船登记》，1936年12月25日）

12月底，由鄞县县政府地政处派员于10月间开始的东钱湖一带图根测量至此全部告竣。"计测成平地及山地面积共约九万五千余市亩。本月（指1937年1月）十号以前，即可开始分户清丈，并闻图根测量员分为两班，分向南北推进云。"（《鄞

殷家湾旅外商人孙祖英于 1936 年在家乡所建的十四间，
至今仍保存完好

县府地政处东钱湖图根测竣》，
《时事公报》1937 年 1 月 7 日）

是年，鄞县县立图书馆置
图书巡回车，送书至陶公山、
韩岭、五乡等 10 个巡回文库
陈列处。

1937 年

1 月底，鄞东公民鲍静观、
戴人侠等发起组织东钱湖通讯
社，聘戴东原为名誉社长，戴人侠为社长兼发行人，鲍静观为编辑，余振朝为助编，
戴来宾为广告主任，戴敦甫、忻甫贤为外勤记者，社址设于东钱湖图书馆。（《东钱
湖通讯社定期成立发稿》，《时事公报》1937 年 1 月 7 日）

1 月上旬，整理东钱湖委员会所拟《东钱湖鱼类养捕规则》，浙江经省渔业管
理委员会第 123 号指令和浙江省第六区行政专员公署第 129 号指令核准，"布告渔
民遵守"。（《东钱湖鱼类养捕规则》，《时事公报》1937 年 1 月 7 日）

2 月 1 日，蒋介石与夫人宋美龄游览东钱湖。

是年年初，韩岭生产合作社"在岗泗岙等处垦植油桐，并成立农产品贩卖部，以
图逐渐推广"。（《韩岭生产合作社垦植油桐》，《宁波民国日报》1937 年 5 月 12 日）

1938 年

4 月 21 日，《时事公报》报道殷家湾乡民乐善好施受表彰。报道说：

> 鄞县政府兹据第九区乡建设联合办事处主任陈荣昌呈报，殷家湾乡住民郑经
> 多乐善好施，请予嘉奖等情。县府以查该民家仅温饱，自奉节约，而能慨助白米十石，
> 施赈贫乏，具见乐善好施，殊堪矜式，应予嘉奖。昨特颁发奖状，以昭激励云。（《殷
> 家湾乡民郑经多乐善好施受县府表彰》，1938 年 4 月 21 日）

6 月 4 日，鄞县抗日自卫委员会举行第四次委员会议，其中决定鉴于东钱湖福
泉山荒地颇多，由鄞县政府派农业技术人员会同忻委员桂泉及有关乡镇履勘，设计
提会核办，以便"备失业民众垦殖之用"。（《鄞抗卫会将勘东钱湖福泉山荒地》，

《时事公报》1938 年 6 月 5 日）

6 月 8 日，争执两年的东钱湖月波寺寺产讼诉判决，"判为寺有"。《时事公报》报道说：

> 鄞县东钱湖月波寺，为名胜之一。民国十七年间，该地余姓子孙，以为寺产为余姓私有，令前住持僧显月书立租山字据，旋向县府请求补契，复于十九年将山判与外人，乃由寺向余姓判归。该僧故后，由其徒志元继任。民国廿五年，夏余氏复拟设法变卖，寺僧乃与之交涉，未得效果，诉之于高钱乡乡公所，申请调解，又未成。该寺既为十方公有，载在邑志，且在乡公所言，势难任其摧夺。于是该乡前任乡长钟仲宾邀同就地士绅，迭向司法机关呈诉。履勘三次，始于本月八日庭审终结，判为寺有，缠诉两年，始获平息云。（《东钱湖月波寺产涉诉判决》，1938 年 6 月 29 日）

6 月 13 日，鄞县抗日自卫委员会韩岭市分会召开第三次委员会议，决定推员督募自卫经费，"电知各乡镇公所将前抗援会令饬劝募之布鞋，限五日内募缴来会"，并举办区内脚夫、车夫登记。（《鄞抗卫会韩岭市分会推员督募自卫经费》，《时事公报》1938 年 6 月 15 日）

7 月 17 日，鄞县抗日自卫委员会韩岭市分会召开第四次委员会议，为激励民众抗日士气，决定在东钱湖中心建纪念塔，并定期举行东钱湖游泳竞赛大会。（《韩岭抗卫会拟在东钱湖心建纪念塔》，《时事公报》1938 年 7 月 18 日）

8 月 6—7 日，鄞县抗日自卫委员会韩岭市分会主办的东钱湖民众游泳竞赛会在东钱湖谷子湖觉济寺举行。《宁波商报》报道说：

> 鄞县抗卫会韩岭市分会主办之东钱湖民众游泳竞赛会，除分会全体委员担任主席团外，已聘定陈县长为大会会长，吴常委为副会长。竞赛地点择定东钱湖西首谷子湖觉济寺（俗名角尺寺）前，定今日（六日）下午二时起举行预赛，七日下午二时举行决赛，沿湖各村民众报名参加竞赛者颇形踊跃，多属湖中游泳能手，竞赛节目有二百公尺、一百公尺、五十公尺、廿五公尺等多种，分为壮丁、儿童、妇女三组。该分会为鼓励比赛人员兴趣起见，向各界征集奖品甚多，凡与赛者均可得相当纪念品。闻陈县长定明晨偕同夫人公子前往参加，妇女宣传队长伍华麟已于今晨率队员十余人出发前往同场宣传，各界人士前往会参观者亦甚众多云。（《东钱湖游泳赛今日预赛》，1938 年 8 月 6 日）

是年，鄞县县府战时流动施教团建立片幅 16 毫米流动电影放映队，在城区和莫枝等乡镇巡回映出《复仇雪耻》《最后胜利》等抗日影片，以激励民众抗日救国的精神。

1939 年

12 月 12 日，韩岭民众教育馆召开社教辅导会议。《宁波民国日报》报道说：

> 鄞县韩岭民教馆昨在韩岭市召开第九社区社教辅导会议。到会者计有沙家山乡校等二十四单位，由主席报告推行社教方法，继讨论研究问题，历时颇久，并闻该会下届活动定为生产展览。（《鄞韩岭辅导会研讨社教》，1939 年 12 月13 日）

是年，由李能为主编的《宁波大观》一书在上海出版。1931 年由浙江省建设厅技正朱重光撰写的《查勘东钱湖报告书》一文改名为《整治声中的东钱湖》收录其中。该书另收入陈宝麟的《鄞县渔船渔业之调查》，文中说，本县业渔之民不在少数，尤以东钱湖之渔民有渔帮之称，渔民大嵩港约 1000 人、姜山约 2000 人、东钱湖约 5000 人。

是年前后，旅沪商人李志方为改善家乡百姓饮水条件，多次组织在沙家垫村挖井取水，均无功而返。

1940 年

1 月，陶公乡乡长忻桂泉集资兴学，设立南安小学一所，"该校系完全小学六学级，附设幼稚园一班"。（《忻桂泉集资兴学》，《宁波民国日报》1940 年 1 月 15 日）

是年，钱湖区辖内已拥有县立韩岭镇、陶公山、钱高乡三所中心学校，初等教育在钱湖一地有一定的发展。

1941 年

是年，旅沪鄞县商人曹兰彬在家乡陶公山捐资续建光裕完全小学。

1942 年

2 月，设于宁海前童的鄞县县立临时联合中学为便利年幼学生就近入学，以补

《济众亭记》石碑

曹兰彬是旅沪著名木业商人，在家乡东钱湖有诸多善举，这是他在陶公山曹家山村渡口建造的济众亭及其碑记。现在已湮没在众建筑中。

习学校名义在县内东钱湖、古林、桂林、五乡处设立分部。（周时奋主编：《鄞县志》，中华书局 1996 年版，第 1539 页）

9 月 13 日，《上海宁波公报》刊登《鄞东风景区东钱湖》一文，惜今仅见其前面部分。文录于下：

鄞东风景区东钱湖（节选）

鄞东之东钱湖，起源于太白山麓，周围十八里，本名东湖，又名钱湖，一名万金湖，总称东钱湖。汇聚七十二溪，湖水澄清，团圞如镜。滨湖山峰围绕，如眠狮，象鼻，如鸡冠，如凤鸾，如马如牛，状态不一，各秉其形。其地极度沧桑，曾隐迹陶朱，载归范蠡。有名胜古迹，风光清幽，贺知章曾有诗赞东钱湖云："尽说西湖足胜游，东湖谁信更清幽？一百五拾客舟过，七十二溪春水流。白马影边映霞屿，翠微深处满月波。天然景物谁能状，千古诗人吟不休！"

四岸地土肥沃，居民赖其为生。产物以米茶为大宗。近水而居的，亦赖捕鱼为生。

全湖有十景，曰陶公钓矶，曰余相书院，曰上林晓钟，曰白石仙枰，曰二灵夕照，曰霞屿寺岚，曰殷湾渔火，曰芦汀宿雁，曰百步耸翠，曰双虹落彩。今为一一述之。

（1）陶公钓矶。在湖之西北，陶麓之颠，有岩天然如钓台，耸出其间，相传为陶朱公下钓处，后人咏其景曰："霸越归来别有天，一竿秋雨一蓑烟。云山早遗倪迂画，风月先为贺监缘。白发未曾簪我辈，青袍无奈著当年。生涯自分惟如此，留与高人闲水边。"

又云："陶公遁迹羡知几，山麓当年著钓矶。浪涨深潭红雨堕，烟通孤馆绿阴围（上有烟波馆，下有龙潭）。一竿旧事随流水，片石长存伴落晖。自有湖天开宝后（前沧海，后桑田，后成东钱湖），骚人多少此因依。"

（2）余相书院。一名"月波"，相传为余阁老（明时）晚年攻书处，恋其地清幽，前临湖，后依岩（巨蝠），后人有诗咏之曰："小筑围林息官情，湖山从此结新盟。晓吟竹叶当窗碧，午听茶声入梦清。昔日山中栖宰相，于今洞里访先生。游人欲问读书处，夜半书楼月尚明。""余相书院点缀多，迩来凭眺竟为何？竹窗疏影愁明月，柳岸层荫长碧波（柳岸即五柳先生之五柳庄）。叠石洞寒悬巨蝠，望湖亭冷架新萝。不堪遗像萧条在，为想当年击筑歌。"

10月10日，鄞县显承小学学生在国庆日游览东钱湖。《上海宁波公报》报道说：

> 鄞东前东戴村之显承小学于国庆举行秋季旅行东钱湖。于上午八时，由校长毛子尉、教师康际义率领高年级男女学生多人，由校出发，经石桥村、观音庄、四角岭、葛家池、大堰头，而至目的地。在湖滨午膳后，即棹遍游湖中之景致。诸生在游时，或拍手唱歌，或亲自摇船。至下午三时，循原路返校云。（《显承小学旅行东钱湖》，1942年10月19日）

11月1日，国民党鄞县县党部从宁海迁回东钱湖，开展敌后活动。

是年，旅沪鄞县商人任水阳在韩岭购房十余间，创办义成小学。

1943年

是年，以梅湖淤塞过甚，开垦为田，得田三千亩。抗战胜利后因镇海农民强烈反对，又恢复为湖。

1944年

5月18日，由县长俞济民发起的东钱湖塘工委员会成立，并在陶公乡光裕小学举行首次会议，确定设办事处于东钱湖月光寺。县长俞济民兼任主任委员，常务委员由俞子良、叶谦谅、俞志清、张葆灵、戴东原、何维、戴玮春担任。（《鄞县水利志》，河海大学出版社1992年版，第467页）

是年，鄞县通志馆与鄞县文献委员会合并为鄞县文献馆，设址于韩岭市之梅园

（次年9月迁回宁波市内中山公园右侧之鄞县文献会旧址），并聘前联合中学校长汪焕章为馆长。

1945 年

2月7日，鉴于东钱湖水利涉及镇海、奉化，治理东钱湖不止塘工一端，六区行政专员公署发出第109号训令，将塘工委员会改组为东钱湖整理委员会，由鄞、奉、镇三县共同参加，六区行政专员公署为其主管机关。

1946 年

2月26日，东钱湖整理委员会举行成立大会，会议制定《东钱湖整理委员会组织大纲》，并推举周大烈为主任委员，陈如馨、沈友梅为副主任委员，会址设在宁波商会。同日，《宁波日报》发表社论《寄东钱湖整委会》，对该会寄予厚望。文录于下：

寄东钱湖整委会

一个团体自有一种使命，今日开首次会的东钱湖整委会，顾名思义，其使命当在于商讨整理有关东钱湖各项问题的方案。在宁波言宁波事，整理钱湖在复员建设声中，是一桩值得重视的事，因此我们不惮辞费，愿就整理工作中最吃重的一二问题，献其"一得之愚"，以寄出席整委会诸君。

钱湖整委会的成立召开，实由梅湖垦田存废纠纷所促成，成为纠纷的梅湖垦田存废的争执，本质上是一个水利问题。原来梅湖位于钱湖的东北隅，纵横四千余亩，惟因年久失浚，业成一片淤田。去年春天，沿湖居民呈准政府筑闸修堤，在这片淤田上垦出三千亩许，种了稻禾。当时，有若干人啧有烦言，认为梅湖化田有碍钱湖灌溉区的水利。迨战事结束，一部分人士力主梅湖垦田复湖，是项意见并经呈准六区专署。"化田为湖"在垦户方面自然又成难题，于是形成了所谓"纠纷"。

这一纠纷的酿造，自然公说公有理，婆说婆有理，各界人士也各有见仁见智之论，我们自不便妄下断语。梅湖垦田三千亩，每亩出谷五百斤计，每年增产谷不下一百五十万斤。在技术落后的中国，这样大规模的垦拓，奖励犹恐不及，又何忍毁其既成？反之，梅湖化田后的确有碍钱湖灌溉区五十万亩田之水利，每亩以歉收十斤计，每年歉收总数达五百万斤，即三倍于梅湖垦田的产量，则梅湖垦田岂容不"化田为湖"。

　　然而我们认为争执的双方，只要不是感情用事，还没有走到如此不可协调的极端。"维持梅湖垦田并且不以此影响到梅湖灌溉区的农田水利"是我们理想上兼筹并顾的两全之道。这一想法并不是没有根据，因为梅湖本已葑菱交掩，蓄水的机能不大，今后若能从根本上着手整理，自可无争于此区区了。根本整理有如下述：（一）疏浚湖床，以增容量；（二）筑高堤闸，以保水位；（三）除荭芦苇，以少蒸发；（四）广植树林，以防流沙；（五）浚治河道，以畅流量。

　　上述五点，决非空中描摹。至于入手先后、实施细节，其方案自有专家制定，可勿赘论。

　　梅湖垦田的存废，无疑地会成为这次整委会讨论的主题，然而凡此工程问题，最宜尊重专家意见。专家的着眼点在乎社会的总的经济利益，不会像一般人自称客观而实在以偏概全。出席整理会诸君对此或有意见者，我们认为可以为自己所代表的利益争得面红耳赤，但不宜意气将事、固执成见而捐弃了"大人风度"。

5月4日，宁波旅沪同乡会成立东钱湖协赞会，推张申之等11人为常委。《宁波日报》报道说：

　　宁波旅沪同乡会，徇宁波东钱湖整理委会之请，集合同乡二百余人，组设整理宁波东钱湖协赞会，业于五月四日召开成立大会，由主席魏伯桢及宁波东钱湖整理委员会主任委员周大烈致词，陈如馨报告原由，继由出席委员共同议定章程，推选张申之、魏伯桢、穆子湘、方椒伯、篑延芳、厉树雄、金润庠、黄振世、葛杰臣、吴从先、范鹤言等十六人为常务委员，宣告成立。

　　整理宁波东钱湖协赞会章程草案：

　　第一条，本会为协助宁波整理东钱湖而设，定名曰宁波整理东钱湖协赞会。

　　第二条，本会由旅沪同乡热心公益者组织而成，负协力赞助之责。

　　第三条，本会设办事处于宁波旅沪同乡会。

　　第四条，本会对于整理东钱湖事项，得随时研究整理方法及设计，并向整理委员会提出建议，如整理委员会有委托办理事项，应视力之所及，接受其委托，代为办理。

　　第五条，本会设委员无定额。

　　第六条，本会设常务委员十一人，由委员会推定之，办理本会一切事宜。

　　第七条，本会设主任委员、副主任委员各一人，由常务委员中推定之。

　　第八条，本会遇必要时，随时由主任委员召集全体委员会议，以出席委员二十人以上，方得开会，其议决以出席过半数为准。

第九条，本会常务委员，除日常到会外，每两星期开会一次，由主任委员召集之，遇必要时，则召集临时会。

第十条，本会设秘书一人，由常务委员会聘任之。

第十一条，本会应办理会务之需要，由常务委员会议决，得设组办理之。

第十二条，本会会务费，由各委员捐助之。

第十三条，本会之任务，以宁波东钱湖整理完竣为终了，宣告结束。

第十四条，本会之设立，应向浙江省区行政督察专员公署声请备案。

第十五条，本章程经委员会议决施行，修改时亦同。（《宁波旅沪同乡会成立东钱湖协赞会》，1946 年 5 月 9 日）

20 世纪 40 年代后期担任宁波旅沪同乡会理事长的刘鸿生

6 月 27 日，宁波旅沪同乡会理事长刘鸿生致函六区专员公署：同乡会为协助宁波治理东钱湖，决定设立宁波整理东钱湖协赞会，会址设在同乡会内。

7 月 31 日，以办理区内公共事业为宗旨的鄞东钱区宪政协进分会在陶公乡中心国民学校成立，陈麟书、张维富当选为正、副理事长，"出席各乡当然委员五十余人，会场情绪至为热烈，计议决要案七起"。（《鄞东钱区宪政协进分会成立》，《宁波日报》1946 年 8 月 2 日）

8 月 21 日，浙江省政府主席沈鸿烈视察东钱湖，"对建设东钱湖风景区表示赞可"。据报道，是日上午沈氏巡视各机关后，午后与陪同人员即直奔东钱湖视察。"船中沈友梅氏为沈主席详述东钱湖历史及有关水利诸端，并提出东钱湖有三点优于杭州西湖：（一）环湖皆山，但两面较高，西湖西面山高，日光易于斜照，夏季不如东钱湖凉爽；（二）面积比西湖较大；（三）湖水深于西湖。有此三端，若能造成浙东风景区，将来必为中外人士游览之所。沈主席聆听后，于汽艇中四顾湖上，亦颇为赞许。汽艇至莫枝堰，过堰直抵五里塘。沈主席于巡视并听取各方意见后，除对建设风景区一事首表赞同外，至有关水利诸端，似在慎重考虑中，未有若何明白表示。后返抵莫枝堰登岸至普益，当由该乡乡长郑文彬、士绅郑宜亭殷殷招待，至晚七时半始返抵专员公署。"（《沈主席昨巡视各机关后亲莅东钱湖》，《时事公报》1946 年 8 月 22 日）

靠山面湖的陶公山村落曾是忻氏族人的集聚地，房屋鳞次栉比，如今风貌依旧，已入选"宁波市历史文化名村"

　　同日，据《宁波日报》报道，浙江省民政厅察酌各县情形及当前治安需要，"指定鄞县四明东钱两区署，应于八月底以前裁撤"。（《四明东钱两区署八月底以前裁撤》，1946 年 8 月 21 日）

　　8 月 22 日，《时事公报》为沈鸿烈视察东钱湖发表社评《为东钱湖问题谨告沈主席》，希望沈氏此行"一定要给这问题以一个根本的解决，为鄞镇十万农民，奠定永久的福利的基础"。文录于下：

为东钱湖问题谨告沈主席

　　沈主席昨天到甬，今天（二十一）下午，就要视察东钱湖去了。可见沈氏对于东钱湖问题非常关心，而且还是已关心得很长久了。这回来甬，一定要给这问题以一个根本的解决，为鄞镇数十万农民，奠定永久的福利的基础。

　　我们知道东钱湖是有关于数县水利的，而鄞县所关尤巨，不过我们耳中听到"东钱湖问题"这个名词，似乎也还只是二十年左右光景的事，以前它虽然是在六邑水利上占着重要的地位，却从不曾成为什么问题。涝则闭塞，旱则开放，向来如是，如是而已。两县数十万农民，一向只享受着它的利益，不曾发生过什么异言和争执。

　　为什么会发生所谓"东钱湖问题"呢？东钱湖为什么会成问题了呢，是因为日久淤塞有妨水利么？这当然也是一个原因。我们知道东钱湖面积虽大——辽阔的地方，听说有十八里，我也曾到过那里。从陶公山的山麓，望着对面的韩岭市，但见一片波涛浩渺，无异大海——而深浅不一，浅的地方是很浅的，少旱便露出湖底来。以有关数县数十万农民利益之唯一的水利，而有如是情形，当然不能听其自然。所以一向以来，也常常为人提议为大规模的疏浚，而迄未曾实行。大抵因为工程浩大，经费难筹，所以欲举而复止，这也诚然有不得已的地方。可是东钱湖在近十几年来，所以成为问题，较大的原因，并不是在于一般人所认为重要的农田水利的关系，而是在于常常有一批人，不知存着什么心，或者要平白把这个湖填起一块来，作为别用；或者要划作鱼荡，为生财之道。这些主张和计划，虽已都是过去的事情，大抵还有人记得，因为这批人大抵都在地方上有特殊地位和势力或在政治上有相当背景，所以每当这种主张或计划提出来时，农民总引起一阵的惊忧，也会略略闹成过纠纷，可是幸而总不成事实。

　　不论怎么说，东钱湖总是六县最大的唯一的水利，即使没有其他问题的纠纷，单为农田灌溉之计，疏浚也就决不可缓，何况历来还夹有其他的纠纷。最近梅湖问题，即其最显著的一例，这个纠纷，怎样造成，怎样扩大，近因是什么，远因又在哪里，这里用不多说，由此总可以见到东钱湖这个问题若不设法作一个总的一劳永逸的解决，农田固然要遭受影响，因而同样影响到六邑的民食，还恐怕时时要闹出像梅湖的案件来。

沈主席来甬，下车第一件事，即是视察东钱湖，我们听了，真是替农民高兴极了。沈主席的意思，固不仅为梅湖问题，不过梅湖问题，却也是一般民众所万目睽睽的一事。单就农田水利问题而言，一面是几百家新垦户，将因此而弃田失业，一面则是镇海数万农民，将因得不到湖水之灌溉，而有歉收之虞，两面的关系，都太大了。我们为此也曾写过一些文章，发表意见，主张公平解决，不要偏于一方，因为倘若只采"两害取轻"的原则，给予简单的一个判断，说是为了大多数的农民利益，只得把那对方少数人的利益，作为牺牲，这实在不特舆情未洽，即于理也有些说不过去，因为垦户他们不过是应征承垦，是曾化了相当的资本和气力在这个新填的湖上的。现在却忽然又要复田为湖，使他们所化费的一切代价，尽付东流，数百人倾家荡产的情形，可想而见。这个责任，究应谁负，且不具论，这个情形，怕谁也不能熟视无睹的罢。所以对于这一件事，必须有一个公平的办法。若何使垦民于损失重大之中，得有相当补偿？若何使镇邑数千亩水田，不致久失灌溉之利？又若何使此事可以从此以后，永远不再有什么纠纷？这就全要靠着沈主席详密考虑，想出一个千稳万妥的方法来。至于这个问题的责任问题，我们是一向主张"大事化小事，小事化无事"的，只要就目前的情形，给予一个解决，使两方各感相当的满意，也就算了，不必再多所追究，以致反而妨碍此事之正面的解决，这是我们对于这个问题的一个管见，愿谨贡献于沈主席之前。

10 月上旬，浙江省政府水利交通会议召开，决定将整理东钱湖列入"今年下半年明年工作计划"。（《疏浚各县河道》，《宁波日报》1946 年 10 月 30 日）

10 月 15 日，《宁波日报》刊登胡之湘的《东钱湖秋的点缀——陶公山会头戏》一文，详细介绍了当年"重九"（重阳节）前后在东钱湖一带颇为流行的地方戏——会头戏及其社会影响。文录于下：

东钱湖秋的点缀
——陶公山会头戏
胡之湘

年年如此，陶公山的"会头"，并不是偶然凑合的，住在东钱湖的人就很明了：每逢"重九"前后的十余天中，便有一番大热闹，什么演戏啦，赛龙舟啦，等等，确然会引起二千多户居民疯狂性。

　　说起这"会头"，姓忻的是年年当办，奉的"鲍府尊神"，其奉"胡府尊神"的是姓曹、方、王等几家挨年轮值的，二家尊神苦闷了一年，每当此时，便是大交红运。所以这些尊神的好节目，不该是"人"看的，而是"神"看的，于是像苍蝇一般闹哄哄乱在一起的，还不是"喧宾夺主"借借光而已。

　　届时闹况是不可言喻的。早几天，行驶甬莫线的宁湖公司小汽轮，每日像一条长尾巴一般拖着六七艘客船载来了，从宁波、上海甚至还有从外国来的乡亲们，有作主人的，有作客的，也有赶生意经的行贩们。忙煞了一班航行内湖的渡船老大，像穿梭一般拉客人、讲价钱。

　　"重九"傍晚，笔者被朋友相邀，前去观光，虽然有点儿细雨，却不十分碍。从莫枝堰到陶公山，向西南，要渡过五六里的湖面。照例，只要摇出了一个湾头，便能很清晰地望到陶公山的山和密层层排列不规则的房屋，但今天却被雾气所蒙蔽，看老大一橹橹摇着，约莫化了一小时光景到了。

　　湖岸旁已罗列了许多船只，很像一个个连接不断的小岛。岸上已响着如瀑布击在山石一般的响音，加着猛响着的锣鼓声，使人几乎震聋了耳朵。

　　戏场上都起燃了汽油灯，此外，大街小弄也都装上了，那二个庙前，更点起眩目的宫灯。我相信"不夜之城"的上海也不过如此吧！人挤是挤极了，看起来都似一颗颗立体圆的东西滚来滚去，身上发着一阵阵的汗液，夹混特多的"粪坑"臭，叫人发呕。但这些摆着牛肉、水果、香烟、点心摊的摊贩们，如入"鲍鱼之肆"，却大做起交易。我偶然问起一个相熟的："一日能做多少？"大言不惭，十万元绰绰有余，不禁咋舌一跳。这时，一个旁人接着说："真是好了你们，穷了我们，这里两班戏的开销每天至少也得百把万，就我说，亲友来了，推又推不得，一天间也得万余元，真是倒霉的了！"

　　本来吗，我一想："陶公山原不是富庶的地方，俗话有句：'陶公山一山，不如殷家湾一湾。'种田人限于这狭长地形，发展不来，水里的出产，仅足糊口，几个营商的大贾都在外边，偶然回次家是兴高作乐，化几个钱不在乎。可是苦了这些中下阶级，东拉西凑，负了债撑场面，真是受了大可不必的冤枉。"

　　前几天，我跟普益医院负责人计算起来，假以十天为期，陶公山笼统的化费移作公益，足够建立一个设备很好的医院，要是拨助到这里来，更可锦上添花了。

　　时间已将近子夜，细雨早歇，台上还正咿唔地哼得起劲，再也无心看去。当跨上了船，迎着风儿走，反觉得有些寒意。这时回头看去，亮光烛天，我默然想："这也许能够购买一架'X光线机'一样的代价吧！"

10月20日，为确定宁波自来水厂水源，经旅沪甬籍著名人士刘鸿生、厉树雄联络，行政院善后总署水利卫生工程师美籍人士浦伦、鲍杰二人，偕同圣约翰大学工学院院长杨宽麟由沪来甬分别勘察东钱湖、江北新港，认为从工程经费言之，似以采取东钱湖水源为比较便利。同日，浙江省政府决定"从一万二千吨工赈面粉中指拨面粉五百吨，作东钱湖施工之用"。（《美工程师昨日来甬》，《时事公报》1946年10月21日）

11月2日，鄞县县渔会暨东钱湖外海渔业合作社恢复。次日《宁波日报》报道说：

> 本县县渔会暨东钱湖外海渔业合作社，于抗战期中，因环境关系，不能出洋捕渔，先后宣告停顿，业经前理事史锦纯等积极整理完竣，于昨（二日）下午一时在史家湾史氏宗祠举行复业大会，由省参议员沈友梅、省建设厅管合处驻六区视察叶枚、县府合作室主任张鉴、县府社政指导员盛浪平出席指导，计到会员及社员一百余人，主席史锦纯。行礼如仪后，报告整理经过，继由各指导长官致词，即开始讨论并推举忻根友等九人、曹世浩等五人为渔会理监事，史锦纯等九人、史瑞华等七人为合作社理监事，并决议要案多起。（《鄞县渔会告恢复 东钱湖渔合社亦复业》，1946年11月3日）

11月6日，东钱湖整理委员会为梅湖纠纷平息在《宁波日报》上刊登"启事"。称："查梅湖纠纷前由浙闽分署宁波工作大队龚大队长贤明暨本会陈副主任委员如馨调解妥协，所有前《宁波日报》登载梅湖纠纷新闻镇海农民竟挟武器暴动系传闻失实，特此声明，以实听闻。"

11月10日 行政院善后总署顾问吴景超博士偕同视察员张祖良、浙闽分署仓储科长邵荷生一行，由鄞县城河整理委员会主任陈如馨等陪同，赴东钱湖勘察。（《行总吴景超博士今日察勘东钱湖》，《时事公报》1946年11月10日）

12月上旬，根据省参议会和省建设厅的要求，东钱湖水利参事会开始筹组。《时事公报》报道说：

> 浙省建设厅准省议会函，检附建议迅即疏浚东钱湖决议案过厅。查该案前经水利交通会议议决，列入本省大型水利工程计划之一。特令饬六区专署，从速筹组水利参事会，以便进行疏浚工作。闻专署奉令后，为亟谋是项工程早日实施起见，经参照奉颁水利交通会议水利部分记录，组织东钱湖水利参事会，除专署科长为当然参事外，并聘请党部书记长、参议会议长及水利（或农业）技术人员、地方士绅等为参事，于昨附具名册，呈请建厅，准予核聘，以便推进工作云。（《疏浚东钱湖筹组水利参事会》，1946年12月7日）

12月中旬，为加快疏浚东钱湖及梅湖移垦工作，行政院善后总署浙闽分署决定增拨赈粉千吨，并拨旱地挖泥机一架。（《疏浚东钱湖及移垦　增拨赈粉千吨》，《时事公报》1946年12月17日）

12月23日，浙江省建设厅厅长皮作琼视察东钱湖，要求东钱湖工程尽快动工。其间，东钱湖水利参事会组成人选确定。次日《宁波日报》报道说：

> 省建设厅皮厅长对本县东钱湖建筑工程，极为重视，此次趁来甬之便，特往实地视察。日昨清晨七时半，偕同建厅吴视察人亚、本县陈县长、汪科长殿章、沈省参议员友梅、生产协会专员郑南森、东钱湖水利工程师鲍哲英暨陈如馨、于凤园八人，由新河头舟行至湖。先巡视莫枝堰碶坝、平水堰碶坝等处，午时回至莫枝堰普益医院进餐。饭后续往视察上下虹桥、梅湖、五里塘等处。皮氏于归途中指示称：东钱湖工程应尽速动工，并先拟定工程计划及工程预算，为便利工程起见，可在莫枝堰设东钱湖水利工程处湖上办事处。又谓：该项工程步骤，首须整理环湖堰闸碶坝与梅湖口上下虹桥之水道，次及于沿江堰闸碶坝云云。临晚抵甬，由陈县长假座中央酒楼欢宴，对东钱湖工程今后实施计划，讨论颇详。
>
> （又讯）东钱湖水利工程由皮厅长指示后，已定本月廿五日开始动工云。
>
> （又讯）东钱湖工务所已设立，地点在宁波小梁街救济院内。东钱湖水利参事会，人选已由六区专署报省核聘，计当然委员俞济民、于凤园、陈佑华、周灵钧、葛延林，聘任委员周大烈、沈友梅、沈明才、陈如馨、胡葆祥、曹云鹏、朱灿联、毛翼虎、吴次乾、邬伯之。（《皮厅长视察东钱湖》，1946年12月24日）

临水而建的东钱湖村落

1947 年

2月8日，东钱湖水利参事会第二次委员会议召开，决定东钱湖第二期工程计划为建筑环湖路路基，并疏浚湖身，修建碶闸。次日《时事公报》报道说：

> 东钱湖参事会，于昨召开第二次委员会议，出席委员陈佑华、毛翼虎、沈明才、葛延林、陈如馨、俞济民、周大烈、于凤园、沈友梅。主席陈如馨，首由主席报告工程处初步工程进行情形，继讨论提案：一、通过特种委员会规程。二、工程处拟定第二期工程计划：（一）建筑环湖路自鄞横路莫枝堰站起点，经黄泥岭筑跨湖堤至青山岙，前进至庙陇、擂鼓山、钱堰村、五里塘，至梅湖碶，利用疏浚湖身土方，建筑环湖路路基。（二）修建沿江碶闸，以资节流，而利灌溉。（三）疏浚湖身。（四）建筑跨湖堤，利用浚湖土方，建筑自庙陇山至陶公山曹家海跨湖堤一埭，长六百公尺。（《东钱湖二期工程建筑环湖路路基》，1947 年 2 月 9 日）

2月9日，东钱湖水利参事会造林、寺庙、文献、宣传、建设五特种委员会是日起"按日下午三时举行"。其中特种造林委员会是日下午三时在县救济院举行，推杨亚农、张葆灵为正副主委。《时事公报》报道说：

> 鄞县东钱湖水利参事会特种造林委员会，于昨日下午三时，假救济院举行首次会议，出席沈友梅等，主席陈如馨，讨论要案：（一）推杨亚农、张葆灵为正副主任委员。（二）推胡起涛、郑南森、陈祖舜、金晋卿四人为常务委员。（三）推杨亚农、张葆灵起草造林计划及实施保护办法。（四）择定隐学寺附近设立苗圃，并推杨主委负责办理。（五）前项苗圃山地，约计二十余亩，为救济院所有，请陈如馨、杨亚农接洽。（六）推杨亚农、郑南森向塘工委员会接收农具、图书等，以资应用。（七）苗圃开办费，由水参会指拨。（八）推杨亚农兼苗圃主任。（九）函请鄞、奉、镇三县府，于本年度植树节，在东钱湖环湖适当地区，分别造林。（《东钱湖特种造林委会昨举行首次会议》，1947 年 2 月 10 日）

2月14日，《申报》刊登宁波将东钱湖辟为风景区并期待与西湖媲美的消息。报道说：

> 修建东钱湖，开辟风景区，业经东钱湖水利参事会积极进行，所有第一期工程已告完成，第二期建筑工程，业经决定，业已开始测绘，计：（一）建筑环湖路，自鄞横路莫枝站起，经黄泥岭筑跨湖堤至青山岙，前进至庙陇、擂鼓山、钱堰头、

五里塘，直至梅湖，并利用浚湖土方，充作路基。（二）沿江碶闸，一律加以修建。
（三）全湖湖身，加以疏浚。（四）建筑自庙陇至陶公山曹家山头跨湖堤一埭，
长约六百公尺，仿照西湖苏堤式，中建湖心亭，与西湖媲美。（《宁波东钱湖辟
为风景区》，1947 年 2 月 14 日）

2 月 19 日，韩岭镇召开本年度第一次镇民代表会，议决复兴韩岭镇计划等案。
《宁波日报》报道说：

> 鄞县韩岭镇，田少民贫，生产衰落。镇长金晋卿，为锐意生产建设计，拟定
> 计划，函请镇民代表会，聘请沪甬同乡，协助完成复兴。昨日该乡召开本年度第
> 一次代表会。议决：（一）通过卅六年度自治经费收支概算。（二）推员审查中
> 心学校卅五年度第一学期决算、第二学期预算。（三）调整自治事业经费征收数
> 目，甲等每月五千元，乙等四千元，丙等三千元，丁等二千元，戊等一千元。（四）
> 修正通过复兴事业办法，聘请郑文治、金绮等二十五人为委员。（五）组织自治
> 事业、中心学校基金筹募委员会，聘请金燮荣等三十三人为委员，成立民众阅览室，
> 修筑防风墩，改善湖边风景。（《鄞韩岭镇计划复兴》，1947 年 2 月 20 日）

2 月 25 日，因梅湖复湖尚未实现，镇县人士呼请早日完成，以利农田灌溉。《宁
波日报》报道说：

> 梅湖被废为田后，业经两载，经多方呼吁交涉，始于去秋七月间，由第一工
> 作大队长龚贤明，及甬绅陈如馨等，数度赴镇，调处解决，限于同年十一月底，
> 恢复梅湖原状，并修复业被破坏之沿湖碶塘堰坝，由龚、陈二君，负责保证，如
> 期竣工，曾将该项调解笔录，报请浙江省政府核示，并咨请鄞、奉、镇三县县政
> 府备查在案。兹悉恢复梅湖委员会主任委员王宁远，鉴于转瞬春耕即届，农田需
> 水方殷，诚恐是项工程，不克如限完成，特于前日协同该会委员虞述圣、张三元、
> 李百年等，前往梅湖四周视察。讵料该湖之栗木塘，破坏如故，梅湖碶门，依然大开，
> 上下虹桥，迄未修复，莫枝堰及钱堰之两碶，破漏不堪。于视察后，联袂赴甬，
> 往访负责保证人龚、陈二君，经交涉后，仍无结果。该会为恐蹈覆辙，酿成巨灾，
> 特于昨日分向镇海县参党政各机关呼吁，请仗义执言，迅予转函东钱湖负责人，
> 火速将被破坏之沿湖碶坝堰塘，予以修复，俾得有巨量蓄水，以利农田灌溉云。（《镇
> 县人士呼请恢复梅湖》，《宁波日报》1947 年 2 月 26 日）

3 月 1 日，为适应东钱湖开辟为风景区之需要，鄞县警察局设立钱湖警察分驻所。

3月7日，新潮社通讯员东山在《宁波晨报》发表《开辟东钱湖刍见》一文，提出治理东钱湖五条建议，"以待主政诸公之采纳与指正为幸"。文录于下：

开辟东钱湖刍见

东钱湖昔称西湖，又名万金湖，距宁波东南卅里，位于鄞县第九、第十两区之间，四面群山环抱，湖岸线长达八十里，广袤万余亩，全湖水量可灌鄞、奉、镇三县七乡百万余顷农田，最深处约五六尺，浅处仅一二尺。据传说，"东钱湖本是一片农田，因下河鄞、奉、镇百万顷农田，常遭旱荒，于是将其筑堤设闸，汇集七十二涧溪水积蓄成湖，以备天旱，灌溉之用"，可见东钱湖对三县水利之重要。

在唐宋时期，地方长官曾屡次兴工，惟因湖面广大，施工不易。迨近年来，湖中杂草丛生，淤塞更甚，甚至小船亦不能通，一遇亢旱，湖上交通断绝。今政府成立参事会，专司其事，行见其经之营之，不日成之，曷胜企盼。笔者生长湖滨，于当地民情风俗，知之较稔，而就多年之心得，不揣冒昧，爰陈一举有五得之刍见。前考议浚湖之事所难解决者为浚工上浮泥乏处安放，又议作砖瓦者，因其泥质皆芦根、石子、菱壳等，所以亦成空谈，今试将五得之事实举之如下：

（一）将利用浚上浮泥自莫枝堰起至韩岭市上止筑长塘一埭，长约十八里，阔约十三丈，塘脚入水八尺。虽不生水量，塘身高离水八尺，则水量大增。论其泥质，将全湖浚上之杂泥填塘身为最好之资料，占其泥量适足容纳，则湖泥有放置之处，一得。

（二）将湖堤筑马路可通宁横汽车道，塘之两边种植杨柳、桃花等，既可助风景之美，又因该湖面阔，一遇暴风，覆舟伤人年有数十起。乡人过湖畏之如虎，塘堤一隔，水势必和，二得焉。

（三）集资将塘中马路两旁留三丈五尺，一边公售与商民造街屋，每间阔一丈三尺，计价每间二百万元，足有五千多间可造，其资足有十亿余万元，将此款筑马路、人行道等并水泥平桥五六座，以便舟楫往来，以利交通，此三得焉。

（四）蚌壳山上立纪念碑，通环湖路，将山下筑公园一座，以供游览。塘之两方装铁门二道，夜间守门二三人，则居民可高枕安卧。街上装置电灯电话，街屋每百间一段隔装公坑垃圾，以免大火之患，则此街市真可称世外桃源理想新村，此四得焉。

（五）湖上侵占水地争讼积案累累，考其原因，缘湖上居民背山面水，人浮于地，居民又不肯离出身之地，事出于不得已而违官令。若照此计划实行，不禁而自息矣，藉以安民，五得焉。且湖民所居之地街道崎岖，行路狭小，再加露天粪缸触目皆是，夏秋之间卫生大非所宜。故若将湖塘之屋基地官令公标卖出，则陶公山、殷家湾、韩岭市、里山、五山头等居民稍有积蓄者，无不踊跃争购，捷足先登矣，基地惟恐不敷分配耳。至于外人游览避暑，必与日俱增。

一得之见，敢作负喧之献，以待主政诸公之采纳与指正为幸。

3月11日，东钱湖汽船开航。

3月13日，东钱湖水利参事会"拨到赈粉百吨"。同日，鄞县警察局钱湖分驻所召集地方士绅，"商讨应兴应革事宜"。次日《宁波晨报》报道说：

> 鄞县警察局，前以东钱湖地方，有开辟为本县风景区之建议，为适应事实之需要及配合当地环境起见，经呈准筹建直辖钱湖分驻所，业于本年三月一日成立，并以提高长警水准，招考学警，施以训练一节，业志本埠各报。顷悉该所所员于祖谦，为贯彻王局长建警旨意，于昨日下午一时，召集该地士绅王信懋等二十余人，商讨应兴应革事宜，结果甚为圆满。兹将通过各案，摘录如下：（一）筹置水龙一具。（二）设置民众阅报处两所。（三）购办垃圾桶六只。（四）设置清道夫一名。（五）取缔有碍卫生之私坑，并筹建公坑两所。闻不日筹办云。（《钱湖警察分驻所积极建设东钱湖》，1947年3月14日）

3月21日，东钱湖水利参事会举行第三次会议，《时事公报》报道说：

> 陈如馨主席报告组织特种委员会、建设委员会经过及编辑东钱湖导游。讨论事项：（一）下虹桥地方，建设松桩篾堤一道，已由葛顺记营造厂承筑，计工程费一百四十万元，除已给付该厂一百万元外，其余四十万元，俟工程完竣经验收后，再行发给。（二）本会疏浚工程，不日即可开始，拟组织工程顾问团，以资襄赞，由鄞、奉、镇三县政府，开列名单，再行加聘。（三）第一期工程计划，呈奉省建设厅核备在案，赈粉亦已领到，先将栎木塘、下虹桥、小斗门、梅湖碶修理完竣，并疏浚自下虹桥至梅湖碶止部分。（四）略。（《东钱湖水参会举行三次会议》，1947年3月22日）

3月22日，《宁波日报》报道东钱湖水利参事会各特种委员会工作进展情况。报道说：

> 东钱湖水利工程进行计划第一期工程，已由省发下工赈面粉一百吨，着手建设。兹探悉各特种委员会工作推进状况如下：（一）造林委员会已择定隐学寺附近约三十亩地，设立苗圃场，推杨委员亚农为主任，明春约可出苗木二百余万株。（二）

旧时木船是东钱湖人主要的交通工具，如今已是难得一见的风景（张全民提供）

寺庙修建委员会择地五百亩，建立示范丛林。（三）文献委员会推张于相为主任委员，并推定汪孟颙、卓葆定编修东钱湖志，目录已草拟就绪；建设委员会推王文翰为主任，林志鹏、俞子良副之，拟先在湖上筹设旅行社一所，并拟编《东钱湖导游》小册云。（《东钱湖将开始疏浚》，1947 年 3 月 22 日）

4 月 10 日，东钱湖水利工程开始挖浚梅湖。《时事公报》报道说：

鄞东东钱湖水利工程，自省府核准该湖改进水利工程及增建风景后，已于本月十日，开始动工。其第一步工程计划，为疏浚梅湖及建设新型莫枝碶、大堰头碶、钱堰碶、梅湖碶、小斗门、栗木塘闸、平水堰水阙、湖塘水阙、觉济寺前水阙、钱堰水阙等十处碶闸。近十日来之初步工程，全在梅湖底之疏浚，因该湖将湖水放干后，恐将遭四周农田种作影影，故近日积极加紧工作，雇工百余人，并召集沿途民众义务劳动服务，及增加船只输送湖泥。闻近日已将大部茭荸从生烟塞处，初步修浚。

（又讯）鄞东东钱湖水利工程，近日加紧疏浚梅湖，闻疏浚梅湖之湖身，东、西两处为五五公尺，挖深一公尺，共计挖土为二十二万立方公尺。若依照上月预算，每立方公尺三千五百元计算，需费七亿七千万元，目今只领到善救署面粉一百吨，尚有二百五十吨未发，恐于梅湖疏浚后，其他工程，一时难以动工。（《东钱湖水利工程已开始挖浚梅湖》，1947 年 4 月 22 日）

4 月 22 日，《时事公报》载，为便利东钱湖游客起见，东钱湖水利工程处着手编录《东钱湖游湖指南》一书，"闻于近日开始编绘图形，撰写沿湖风光之短文，约于七八月间可出版"。（《东钱湖水利工程已开始挖浚梅湖》，1947 年 4 月 22 日）

4月底，东钱湖水利工程初期工作完成。

5月27日，东钱湖水利参事会举行工程会议，决定"九曲港铜盆浦拟建新式碶闸，每受益田亩征收食谷一百斤"。《时事公报》报道说：

奉县东钱湖水利参事会，为讨论第二期工程，昨举行会议，主席陈如馨，讨论事项：

甲、查第一期沿湖碶闸堰坝等工程，业将完竣，兹因耕种农具，需水孔亟，湖内工程因无水上挖泥机，已无法工作，待秋收之后再行施工，作为第三期工程之进行。

乙、第二期工程计：（一）柴家堰碶。（二）柴金碶。（三）徐古洞坝。（四）鲍家汇碶。（五）庙堰及庙堰碶。（六）教场底碶。（七）下堰头碶。（八）义成碶。（九）杨木碶。以上共约工料费四亿九千四百九十一万，依照现实物价指数，审核尚无不合，除工程费由赈米抵充外，其材料拟由受益田亩捐抵充之。

丙、九曲港、铜盆浦碶，以七孔新式碶闸建筑，计预算十三亿七千零四十万元，经详细研究，尚无不合。该项碶闸一经筑成，自云龙碶至铜盆浦一带，咸水田完全成为淡水田，计受益田亩约二万亩，且于水利交通，尤为便利，拟征收此项工程受益费，每亩征收食谷一百斤，分两年征收之，提交参事会核议后，转呈省建设厅派员复核后行之。

丁、新建湖岭头至枥斜碶闸一座，及开辟湖岭头至枥斜河道，准横溪乡公所函请东钱湖至葛家峙湖岭头新建堰坝，及湖下新辟河道意见书后，当将前项设施由工程处派员实地测量，一俟测量计划完竣，再行讨论。（《昨东钱湖水参会讨论第二期工程》，1947年5月28日）

5月30日，东钱湖水利参事会举行第四次会员大会。《宁波日报》报道说：

东钱湖水利参事会，于昨日下午二时召开第四次会议，出席委员沈明才、沈友梅、陈佑华（汪殿章代）、周灵钧（汪侠代）、毛翼虎（沈代）、陈如馨、周大烈，列席工程处鲍哲英。主席陈如馨，决议事项：一、主任委员陈如馨，因工程进行殊多阻碍，请辞去主任职务，一致挽留。二、查第一期沿湖修理碶闸等工程及挖掘梅湖土方，最迟至六月十日全部完工，本会拟先期呈请省方及行总浙江分署派员勘验，以资结束。三、通过工程处送交第二期工程经常费支出概算书（三十六年六月至十月止）。四、前奉省建设厅指令分配本会陆地挖泥机一部，准善后救济总署电复，已饬属迅予装配启运，水上挖泥机一部，已电请增拨，因本会亟待应用，备文呈请省府转请迅予拨给。五、新建九曲港、铜盆浦碶，筑后，自云龙碶至铜盆浦一带咸水田，完全成为淡水田，计受益田亩二万亩，且于水利交通尤为便利，拟征收此项工程受益费，每亩早晚二季各收食谷二十五斤，以两年为限，并函请县参议会核议。六、查沿湖碶闸堰坝，被居民捕蟹网鱼凿洞，实有破坏工程：（一）由会分函鄞、奉、镇三县政府出示布告严禁，并转有关乡镇公所及警察所严密监视，妥为保护；（二）设置巡视人员。七、呈请建设厅转函浙江善救总署拨给砖瓦制造机一座，以冀彻底消耗湖泥。八、通过工程处将三十五年十二月起至三十六年二月底止工作人员薪给依照省调整薪给数一次补发。又三十六年五月份工作人员薪给，依照浙江区此次新调整薪给发给之。（《东钱湖第一期修浚工程最迟六月十日可完工》，1947 年 5 月 31 日）

6 月 23 日，《时事公报》报道东钱湖工程补助费即可下拨。"省府沈主席日前在京曾与中央接洽照拨本省大型水利工程补助费，业获照准。此项工程为永瑞陡门中吞港及东钱湖水利工程，该款即可拨下。"（《东钱湖工程补助费即可拨下》，1947 年 6 月 23 日）

8 月 27 日，东钱湖水利参事会举行第六次会议，继续讨论各碶闸修建工程，宣布东钱湖二期工程各碶堰次第完成，决议在陈婆渡附近筑碶闸。《时事公报》报道说：

> 东钱湖水利参事会，昨举行第六次会议。主席陈如馨，报告：（一）东钱湖莕荇弥漫，五里塘一带不下万余亩，经商请华纶造纸厂同意，将此项莕荇雇工芟割，供销该厂作为造纸原料。（二）本会第一期沿湖工程，计修建栗木塘、梅湖碶、上虹桥、下虹桥、小斗门、大堰碶、方家塘阙、平山阙，西与疏浚梅湖一部分，已于六月十日前次第完工。第二期沿江工程，计修建义成堰、柴家堰碶、柴金碶、鲍家堰碶、徐古洞坝、庙堰头碶、教场底碶、杨木碶。除义成碶外，其余工程，已于八月十日前次第完工。至沿江义成碶、界牌碶、楼家碶、老杨木碶、乌丰碶、教场底坝等，毋庸修理。讨论要点：（一）除陈婆渡附近镇安桥建筑碶闸，拟就计划图表，呈省核示，材料由会采购，比价手续，交主任委员办理。（二）镇海小港乡，请修建一杨碶及戴家碶，两碶既非东钱湖灌溉流域，本会毋庸办理。（三）各碶闸坝设管理员，由陈县长议定管理办法及服务规则。（四）鄞南萧皋碶及鄞东同善碶，未完工程，由本会继续办理。（《东钱湖二期工程各碶堰次第完成》，1947 年 8 月 28 日）

9 月 4 日，《大报》发表署名象贤的文章《募建东钱湖示范丛林缘起》，认为东钱湖是建造佛教丛林的好地方，呼吁人们积极参加此项活动。文录于下：

募建东钱湖示范丛林缘起
象 贤

　　人类生存于大自然间,仰观俯察,朝吟夕思,其智力精神之发展,日新月异,益臻丰富。印度文化博大精深,世所称美,夷考其故,则获益于大自然者匪浅。而佛教理境,原自森林哲学,此已为世界思想史上之定论矣。贝叶西来,法流东注,重视理境之浚沦,偏爱大自然之情赏,亦未稍变。青岑碧嶂,时有野衲卓锥之地,翠浪白云,尤合作家选佛之场,不唯隔绝尘嚣,盖有资乎启发于玄虑者也。深山大泽,实伏龙蛇;斩棘披荆,有劳净侣。是以穷乡僻壤,率先出现梵宇,而后居民环绕,渐成村落。由是观之,佛教阐扬文化之力既伟,僧徒开拓山荒之功亦大矣哉。

　　若夫现代中国,渐趋向于资本经济之文明,麕集数百万群众于都市,日与大自然疏,其耳目之所濡染者,无非夭身促寿之境象,尘网鞅掌,俗虑纷烦,精神肉体,交受煎熬。社会先觉者忧之,为谋群众身心之康健,力辟自然风景之秀美,使争心逐利之念减,爱水玩山之情生;以陶熔其性体,而开拓其胸襟,是即如来所谓:"慈导众生,澄神诸有。"试观国内名山大湖之间,僧徒汗血染成之兰若,不可缕指。然而世人有昧其拓荒者之劳而横施残暴者,岂不悖哉。明州山水秀丽,东湖尤称佳绝,列一十八峰之清净身,流七十二溪之广长舌;天光云影,荡摇澄碧;月波霞屿之明瑟,福泉二灵之幽胜,历为古高僧知和、大观、德韶、志磐辈游息吟咏著述于其间,岂仅为湖山生色而已。惜乎年代湮远,玄风扫绝,虽尚有隐学祇园点缀烟波,然古人不作,终与云水相阒寂矣。

　　兹有浙江省东钱湖水利参事会主任陈如馨先生与会中诸君子,既经浚治全湖而利灌溉,复图增辟风景以壮观览,乃计划于湖山胜处建一佛教示范丛林,邀集高僧胜侣为修学讲道觉场,不使武林西子专擅其美,直与天童育王鼎足而峙,别立特种委员会,主持进行其事,预会者皆释门一时之选。

　　窃以明州为膏腴之邑,名士硕哲、达官富商遍海内外,信仰释氏之教者独多,素有佛国之称,其于此举也,必有乐与登高一呼而万山皆应者。树信根之枝干,增胜概于乡邦,肇斯福基,共励善业。昔有须达长者造园供佛,与舍利弗尊者绳地次,尊者语曰:"汝于此绳地,六欲天中宫殿已成。"况此无限极心,捐清净财,若多若少,一一悉周法界,将见布金不让于西域,缔构独杰乎东湖。梵宫突兀,与千古云山并壮;宝铎铿锵,融万物殊类同真,不亦懿欤。

　　9月28日,《宁波日报》的《社会服务》栏目发表署名"鄞东莫枝堰航船乘客之一"来信,反映鄞东莫枝堰航路遭受汽船局欺侮情况,要求社会各界主持公道。函录于下:

编者先生：

　　鄞东莫枝堰航船行驶莫枝堰与宁波新河头有十余年历史，船主郑贵兴，人颇忠实，招待旅客，亦极谦和，为本镇商民所乐乘。十余年来，向安无事。自胜利后，有宁湖、永年两联汽船局，亦行驶莫枝堰宁波之间，交通尤称便利，该汽船局营业亦称不恶。讵该局主持人，定欲郑贵兴航船合作，不准单独行驶，并百般要挟苦力。船主受其威胁，不得已与其合作，改为莫枝堰拖船，一月来所得工资，仅三十万元，除船租外，个人生计尚难支持，一家数口顿起饥饿。该航船为生计挣扎，不得不宣告脱离，照旧行驶。无如汽船局屡次借端肇事，并将其航船橹舵强行背去，且加暴船主。贵兴不得已请求县府调解。汽船局不遵县府调解，凶暴如故。贵兴乃向法院控诉，经鄞县地方法院判决，仍令该航船单独行驶莫枝堰宁波新河头，被告不得借词阻挠等判决书，送达在案。该汽船局非未不遵法令，且变本加厉，纠集船夫三四十人，以武力殴打。廿一日上午八时，贵兴航船照例由莫枝堰开抵宁波，船中乘客数十人，行驶中途，突有形如航船模样随后尾追，驶行船边，才知为汽船局纠来船夫数十人，声势涌涌，夺船而过，将其航船与来船联系，如临大敌，乘客惊惶，纷纷上岸。有女客某，亦欲上岸，被船局船夫推拉几乎落水，吓得该女客脸色灰白，并声言诸多旅客，今天不许上岸，亦不许乘汽船，为乘航船的报酬。一般乘客，只得步行至甬，饱受虚惊。郑贵兴以寡不敌众，孤掌难鸣，船被其系至今尚未解决，一家数口，生计告绝，惟坐视待毙耳。鄙人顾船主郑贵兴系一劳苦之贫民，赖苦力所得，以支持家境，奚能与有雄厚资本者争抗？久仰贵报主持正义，言论公正，为特详叙事实，准赐刊登读者呼声，并请各界正义人士主持公道，不胜感德之至，此上宁波日报社。

鄞东莫枝堰航船乘客之一

　　（《鄞东莫枝堰航船遭受汽船局欺侮》，1947 年 9 月 28 日）

　　12 月 10 日，《时事公报》报道，由鄞县田粮处代征的当年 10 月、11 月份东钱湖工程受益费稻谷实物，共计一万三千四百三十石七斗二升七合。（《东钱湖及鄞西征起水利受益费》，1947 年 12 月 10 日）

　　12 月 22 日，《宁波日报》报道，为开发东钱湖风景区，旅沪宁波帮巨子厉树雄等发起兴筑宁横路盛（垫）莫（枝）段。报道说：

　　宁穿长途汽车公司，自宁波至宝幢线通车后，继续修筑璎珞线，惟所需资金为数颇巨，经该公司前月三十日股东会决议增资为二十亿。日前该公司总经理王文翰氏，赴沪筹集资金，经旅沪同乡踊跃投资，已圆满完成任务，于昨晨乘江静轮返甬。王氏在沪时，旅沪巨商宁波建设协会主席厉树雄氏曾商请恢复宁横路之盛垫桥至莫枝堰线，以便开发东钱湖，建设风景区。王氏当表赞同，惟加筑是线另需资金二十亿，方克完成，厉氏表示乐于筹资。该公司为达成是项建设任务，拟于下次股东会时提请增资为四十亿，并拟先行动工修筑，一面并由东钱湖水利参事会着手建筑环湖公路，俾与开发东钱湖计划相配合，预期可于明年春季完成全部工程。届时并将招待中外嘉宾，秀丽之东钱湖中经人工雕饰，其妩媚必不亚于西子湖。（《开发东钱湖风景区》，1947 年 12 月 22 日）

是年，东钱湖水利参事会主任陈如馨撰写《建设新宁波刍议》，对建设新宁波提出详尽的实施方案，并把开发东钱湖置于十分重要的地位。文录于下：

建设新宁波刍议
陈如馨

宁波，居温带，濒大洋，物产丰饶，形势利便，举凡世界大都市应有之条件，无不具备。二千年前，徐福由此航东瀛三岛；五百年前，郑和由此历南洋东非。时上海仅扬州一欧脱耳。且两宋间，东钱湖与西子湖，均秀甲东南，著闻当世，

东钱湖水利参事会主任陈如馨

则宁波固亦中国风景胜地也。清道光年，《南京条约》成，始与上海同列通商五口，自此上海骎骎成巨埠，至今一跃而为亚东交通之总枢，杭州风景亦渐驾苏州而上之。举宁波与沪杭较，文化落后，建设濡滞，自惭形秽，可慨孰甚。然而沪杭之蔚然日盛，系谁之力？两地之富商大贾，通材硕学，下至学子工友，店伙负贩，宁波籍实居泰半。吾甬人之有造于两地，讵不甚大。以整个国家立场而言，固未可以楚材晋用，舍己耘人，而拙于谋己，有负乡邦。此吾同乡之旅居上海者，似应深自内疚者也。今者世界之全面和平，既完全实现，宁波之文化建设，自未容再缓。爰敢不揣冒昧，略献刍议，条列策动与实施方案，以供关心乡邦者之采纳。父老兄弟，幸共鉴诸。

甲、文化建设之策动

一、成立宁波建设协会于上海

集合七邑旅沪同乡中财政家、实业家、教育家、科学家组织之，有建设投资之权，负计划募款之责，其章则另订之。

二、创设宁波信托股份有限公司于宁波并设分公司于上海

由七邑旅沪同乡及宁波就地殷富集款组成之，定资本十亿元，先收二分之一，计五亿元，分为五百组，以百万元为一组。由发起人三百人，每人负责一组或数组，完全募足，开始营业。营业范围，先设金融部（以办理工业、农业、渔业、教育及其他商业贷款为营业），次设保险部（并办水上保险）、信托部（办理公用事业、交通事业）、地产部（包括营造），其章则另订之。

乙、文化建设之实施

一、组织整理山田委员会于宁波

宁波七邑，山田多有未尽其利者，垦殖造林，并划区广设公墓，以无主之墓，集中掩埋，并试办集体农场制数处，以资提倡。建议官厅召集熟识地方情形之公正人士，组织成立。具体计划，切实实施，其章则另订之。

二、开辟东钱湖

（一）筑环湖马路（计长九十八华里）。

（二）筑堤二堘或三堘（每堘计长八十华里），一名孙堤，一名蒋堤。

（三）筑湖滨公园四处。

（四）筑湖心公园并造纪念塔。

（五）移孔圣殿于面湖背山处，城区有关文献可纪念之祠庙，移建附于其邻近处。如全谢山祠等，造杏林十亩至五十亩，并筑藏书楼。

（六）修关岳庙于面湖背山处，城区有关武功可纪念之祠庙，移建附于其邻近处。如旌忠祠等，并造桂林十亩至五十亩。

（七）新建大规模新式中正纪念厅，并建立铜像于面湖背山处。有关于抗战有功可纪念者及战利品之纪念馆，移建附于其邻近处，并造梅林十亩至五十亩。

（八）新建大规模新式中山纪念堂，并建立铜像于面湖背山处。有关于革命之可纪念者，移建附于其邻近处，并植各国各省之花木十亩至五十亩。

（九）移老城隍庙于面湖背山处，作为七邑有功于地方之行政长官之纪念祠。其他同等性质之专祠，附筑于其邻近处，并造李林十亩至五十亩。

（十）移新城隍庙于面湖背山处，作为七邑有功于地方之乡贤纪念祠，其他同等性质之专祠，附筑于其邻近处，并造榴林十亩至五十亩。

（十一）改建祇园寺、月波寺等，并劝告城区各大寺移建于山间，作为僧侣用功处，并建火葬塔于寺旁，或造甲等公墓于其邻近处，并造藏经阁于大寺侧，植以各种果木五十亩。

（十二）移佑圣观、报德观改筑于山间，附建义火祠于其旁，作为过教用功处，植以各种花卉五十亩。

（十三）移城区大规模之庵改筑于山间，附建节孝祠于其旁，作为女僧用功处，并造葡萄棚十亩至二十亩。

（十四）移城区寺庙一所于山间，改建居士林，作为老年人隐居之所，并植樱桃十亩至五十亩。

（十五）移城区寺庙数所于山间，作为各宗教修心之所，并造柿林、桔林等十亩至五十亩。

（十六）修理在湖之名人坟墓，并移七邑四郊可纪念之墓于山间（城郊被拆之墓），各植各种之松柏，托僧尼保管。

（十七）建筑疗养院及大规模之医院于面湖背山处，植以各种乔木。

（十八）建筑国际招待所，并设西式餐馆。

（十九）建筑四明大学暨四明职业中学于面湖背山处，有关于教育事业，附设于其邻近处，如运动场、图书馆、博物馆等，并造杏林十亩至五十亩。

（二十）划住宅区十处，听民众自由建造，惟建筑物不能逾地亩三分之二，其三分之一须植以花木。

（廿一）奖励旅外侨民，广建庄子、别墅，其办法另定之。

（廿二）划地数十亩为苗圃，数十亩为农业试验场。

（廿三）划地数十亩为牧场，划地数十亩为养兔场。

（廿四）规定全湖为鱼场，其办法另定之。

（廿五）筹建警察所六处，并造水上警察船二只。

（廿六）①扩大砖瓦厂；②椅子岙开石塘；③办挖泥机二部；④试办水泥厂；

三、辟城区为面业区、住宅区

（一）移建司令部于江北白沙。

（二）建保安处于湖西警察局原址，并建分处于江东西郊、南郊边界。

（三）建县公署于原址，各局处所暨中央政府、省政府所属机关，集中办事。

（四）移建运动场于西郊或南郊，并在八角楼旁筑水泥桥一座。

（五）每区择地建筑区公署，警察分局筑其旁。

（六）建宁波公学于高塘墩，专收高中学生，分文、理、农、工、商业、警，在北斗河上建水泥桥一座。

（七）建救济院于高塘墩，所属各所，集中收容，并恢复乞丐收容所。

（八）每区择地建区立小学二至三所，每所收学生二千名以上，并办初中一所，并图书馆分馆一所。

（九）每区设民众食堂一所。

（十）于南郊、西郊、江东、江北建公园各一所。

（十一）扩大中心医院（孔圣殿划入）。

（十二）于江东、江北、南郊、西郊各建殡仪馆一所，并设火葬塔于北郊沿江处。

（十三）筹划自来水厂及化粪池。

（十四）筹办公共汽车。

（十五）建筑中正桥。

（十六）筹办传染医院。

（十七）扩大图书馆，恢复文献委员会，并设广播电台日：演讲改建民众心理。

（十八）整理后之隙地空田归民众赎买，所得之款，作为建筑费用，呈院核准。

（十九）劝导民众自动移建祠堂于郊外规定地（以地价售出之款为移建费，不致扰民）。

（二十）疏浚新河塘，划为风景区。

（廿一）修理天封塔。

（廿二）划湖西竹洲及关岳庙财神殿原址为风景区。

（廿三）将开明桥鼠疫焚烧之基地招商筹建百货公司。

（廿四）完成城河委员会未竣之工程，并修理已成之马路。

（廿五）除江东有宁穿路、江北有鄞慈镇路、南郊有鄞奉路外，西郊应辟鄞西公路，北郊应辟沿江公路至梁山伯庙止。

（廿六）多设义务小学，扫除文盲。

（中略）

将四郊隙地空田造成平民住宅（楼屋）五百间至一千间，以市中心之小屋调换，使平民可以就近做工，而城中之住宅商店亦可重新发展。

以上所列，规定五年完成，由吾七邑民众动员建设，组织宁波建设委员会，分工合作，筹划经费，由宁波建设协会及信托公司向殷富劝募，或呈院呈省拨款补助。浚湖、填土、筑路工作，由征工负其责；搬运材料、运输物件，由教养所收容人及监犯负其责。众志成城，端赖广为宣传。如馨一孔之见，学识未充，瑕疵必多，尚希大雅宏达，加以指正。殚思尽虑，展其宏笔，坐言而起行之，则宁波之文化建设，

当不在沪杭下矣。（《宁波旅沪同乡会会刊》复刊第 12 号，1947 年 3 月 10 日）

1948 年

1 月 8 日，整理东钱湖第三期水利工程标价，因承包商投标数目与原定底数相差甚微，其中一项竟完全相同，各方闻讯大为吃惊，认为其中不无情弊。为此浙江水利局科长裔寿杰邀请地方人士在水利参事会举行谈话会，各方商谈结果，主张取消此次比价，另行办理投标事宜。《宁波日报》报道说：

> 整理东钱湖第三期水利工程标价，因包商投标数目与原定底数相差甚微，其中一项且完全相同。各方闻讯大为惊奇，认为此次比价，不无情弊。本报昨对此事，已曾有揭载。兹悉浙水利局科长裔寿杰，特为此事于昨日下午三时邀请地方各界人士假水利参事会举行谈话会，交换意见，参加者计有：裔寿杰、王文翰、周大烈、沈友梅、金臻庠、陈如馨、夏寅治，宁波建筑业工会代表英瑞鹤。谈话结果如下：（一）第三期工程投标结果，地方人士认为工程价值较高，发生误会，现为融洽舆情，经商谈拟将工程比价结果，予以取消，提交参事会下次会议讨论之。（二）上项比价如经参事会决定取消后，即由参事会另行办理投标事宜。（三）为统一事权、节省经费起见，建议省政府拟将施工事宜直隶参事会办理之。（《钱湖三期工程比价结果　各方商谈主张取消》，1948 年 1 月 9 日）

1 月下旬，为着手浚湖工作，东钱湖水利参事会委派工程师鲍哲英，赴沪向善后救济总署农林部机械农垦复员物资管理处订购美式抽水机六台。"计八寸抽水机连柴油引擎，每具实价美金五百二十四元，四七五寸抽水机连柴油引擎，每具实价美金二二六点五三。兹悉今日运到第一批三具，其余再度往运。"（《钱湖水利参事会运到抽水机三具》，《宁波日报》1948 年 1 月 27 日）

1 月，东钱湖水利参事会主任陈如馨撰文，劝告东钱湖民众起来植树。文录于下：

劝东钱湖民众起来造林
避免风灾减少水患　湖水澄清林壑幽美
陈如馨

诸位父老兄弟，你晓得东钱湖从前是怎样一个地方？是很清幽而繁荣的一个风景区，除东钱湖之外，又有陶公钓矶、二灵夕照、双虹落彩等十景，他如祇园寺、月波寺、大慈寺、忠应庙、白石庙等，大大小小不下数十处，而名胜古迹更美不胜收。说起来真不亚于西湖，何以现在比不上西湖呢？这其中是有原因的，我就将这原因写在下面：

　　无论是山林、湖塘、屋宇，没有人去爱护他，经过了相当时期，山林则榛莽遍地，湖塘则苻菱蔓延，屋宇则颓垣瓦砾，还有就地的人，侵占的侵占，到后来连地都没有了，不要说这话太深刻，事实上的确是如此的。东钱湖也是经过这段阶级演成现在的状态，要回复从前的繁荣和清幽风景，非从保护入手不可。现在东钱湖水利参事会，就是做保护湖水的工作。因为东钱湖的水，能灌溉鄞、奉、镇三县的农田，最为重要，可称是浙东最大的蓄水库，所以由政府来设法疏浚，但是仅是一个湖不能成为风景区，其他各部之改造和建设，大家都要分段做起来，如寺观由佛教会来改造，建造马路等由政府和人民共同来做，造林由地方父老兄弟来培植，如此分工合作做起来，各部同时进行，不数年就可逐渐恢复从前的旧观了。然而造林不仅是能点缀风景，且还有其他的利益，在东钱湖四周一片荒山，极希望大家在这些空旷山地，栽种树木，随时加以保护，数年之后，蔚然成林。山上泥沙，因树根散布，不至和水流入湖中，湖面就不会淤塞，能保持湖水澄清，且可避免暴风的摧残和旱天的干涸，因树林能削弱暴风的力量，树根还能含蓄水份，久雨不成灾，久旱不干燥，造林有这样的利益，至点缀风景、林壑幽美，还是余事。望诸父老兄弟，大家起来共干吧。（《宁波旅沪同乡会复刊》第21—22期，1948年1月15日）

2月25日，《宁波日报》载，鄞县县长陈佑华与水利参事会陈如馨、鲍哲英赴省"谒见沈主席暨建设厅皮厅长"，"东钱湖水利工程处决改组为东钱湖水利工程所"。报道说：

　　陈县长于昨日偕陈如馨、鲍哲英等自杭搭车返甬。据悉，在省曾谒见沈主席暨建设厅皮厅长，对东钱湖工程事宜有所请示。东钱湖水利工程处决改组为东钱湖水利工程所，至嗣后之工程计划亦经具体决定云。（《陈县长公毕返县》，1948年2月25日）

3月1日，鄞县1948年度造林运动会举行，决定本年度集中造林地点为东钱湖四周。《宁波日报》报道说：

　　鄞县三十七年度造林运动会，昨在县府举行。出席各机关法团代表等十余人，主席陈县长，报告造林运动之意义及本年度造林目标，继由汪科长报告农林部颁发之卅七年度植树节造林要点。讨论事项议决如下：

一、造林地点城区由县府负责，择定中山东路及外马路，行道树枯萎者均再补植，东大路之行道树仍用法国梧桐补植，去年成活之树用支柱支之，今年新植之树，用竹篱保护之。乡区由各乡镇公所负责。至集中造林地点，为东钱湖四周，请东钱湖水利参事会负责。

二、树苗采购由各负责机关自行办理。

三、城区各机关团体需要苗木，少量由县府发给，大报量由县府代购，均须于三月七日以前向县府建设科登记，以便统筹。各机关、学校之苗木，应将数量、地点等项列表报县，以便汇报。

四、所植树苗保护，乡区由各乡镇公所负责，东钱湖由水利参事员负责，城区行道树由县政府通知各道旁之店铺负责。

五、定三月十二日上午九时在公共体育场举行，各机关团体推派代表二人，各学校推派代表十人，植树地之空穴预先由农推所派工挖妥。

六、农具由农推所设法筹集。（《本年度集中造林地点定为东钱湖四周》，1948 年 3 月 2 日）

3 月 3 日，为进行东钱湖第三期工程，东钱湖水利参事会召集有关各方座谈，决定三期工程为挖湖泥并筑堤两道。（《东钱湖三期工程挖湖泥筑堤两道》，《时事公报》1948 年 3 月 4 日）

3 月 4 日，东钱湖水利参事会举行本年度首次会议，推陈如馨、沈友梅为正副主委，决定三期工程定期招标兴工。《时事公报》报道说：

东钱湖水利参事会，昨举行第一次会议，出席郑小隐、陈佑华、林志鹏、胡振亭（王积庆代）、毛翼虎、施求臧、王宁远、王文翰、周大烈、沈友梅、顾荆庸（沈友梅代）、陈如馨，列席鲍哲英，主席陈如馨。

报　告

主席报告：（一）鄞县粮管处截至本年一月份止，共征起工程受益费稻谷一万五千七百〇六石二斗四升一合。（二）自改组成立后，经呈请省建厅备案，并晋省请示今后工程事宜。（三）向救济署配购抽水机情形。

决议事项

一、本会业已改组就绪，公推陈如馨为主任委员，沈友梅为副主任委员。

二、查省拨水利贷款四亿元，饬购稻谷，准备今后工程费用，照本加利归还。

三、本会及东钱湖水利工务所工作人员，应与县政府同样待遇，由陈县长、陈如馨，会同审查，提交下次会议追认。

四、本会第三期工程，拟特挖起湖泥，自庙弄山经陶公山防浪堤，及霞屿至址界山筑堤一埭，又自黄泥岭脚至青山岙筑堤一埭。经召请鄞东各有关参议员、乡镇长、农会常务理事，互询意见，佥认前项所拟工程计划，切合实际，一致赞同，决定照座谈会意见通过。

五、兹准鄞县政府转奉省建设厅代电节开：东钱湖之梅湖地带，最适于淡水养殖，及植莲农场之兴建，应即转知东钱湖水利参事会，拟订利用生产办法一案。决遵照前令，划梅湖五里塘外污田一百亩，作为植莲农场试验区，由会承办。

六、准鄞县政府函，以戴祥原请求在东钱湖谷子湖内组设鱼荡，次拟推展至梅湖、南沧湖，以增生产等由，查该处养鱼，是否与水利无碍，或就东钱湖内，由本会整个组设鱼荡合作社案，决议保留。

七、本会拟就东钱湖沿湖各处及荒山荒地遍植林木，以防流沙，而减少风浪，由会致函沿湖乡保甲长，提倡私人在湖边山地造林。

八、梅墟乡代表赖绥棠面称，老杨木碶两头碶脚渗漏颇剧，每遇涨潮，咸水侵入，该处一带农田，遭受损害，请为设法修理，以益农田等由，决派工程人员前去设计，提交下次会议讨论。

九、查韩岭市附近湖面较阔，每遇风浪，船只时有倾覆，兹为减少风浪，决将百步尖面前湖面较阔之处，填筑防浪堤一埭。

十、陶公山前面，与防浪堤筑桥一座，并为衔接新堤，再筑桥座一，以利水陆交通。

十一、庙弄山傍，拟筑船闸一座，以利船只通行，而便启泄大水。

十二、查前项工程投标结果，因价格太高，地方人士发生误会，经一月八日座谈会决议取消，兹据投标人申请，因远道投标，损失甚巨，请为贴补等由，以无案可稽，所请应毋庸议。

十三、查第三期工程新计划，业已完成，决定投标事项：（一）取最低标价，但不得超过本会预定单价。（二）投标日期本月十四日。（《东钱湖三期工程决定期招标兴工》，1948 年 3 月 5 日）

3 月 4 日，《宁波日报》的《四明农村》栏目发表王浩的文章《宁波需要造林》，文中有一节专述"绿化东钱湖"，辑录于下：

> 再如东钱湖四周围的山上，亦非常需要造林。东钱湖是鄞、奉、镇三县的蓄水库，去年天时大旱，各乡稻谷都欠收，只有东钱湖附近一带农田，灌溉无缺，稻作得能顺利生长，仍能丰收。我想受惠农民总都会对兴修东钱湖负责人感谢，然而欲

使东钱湖以后蓄水无缺，还需要培植涵蓄水源的林本。现在造林与兴修水利可说一事之二面，关系非常密切。闻说兴修东钱湖负责人，已培植多量苗木广大造林，这的确是一件可欣喜的事，但是要使满山都是苍葱的树木，还需要受东钱湖灌溉的农民，自动多多造林，切实保护。（《宁波需要造林》，1948 年 3 月 4 日）

3 月 7 日，《宁波日报》报道，水利参事会议定东钱湖三期工程投标办法并由"上海行总价拨多种机械"。报道说：

> 浙江省东钱湖水利参事会，此次决定开始第三期工程，并拟定标价及投标办法如下：（一）工程名称：东钱湖蓄水库塘身土方工程。（二）工程地点：自庙弄山经陶公山至址界山。（三）工程数量：共分三标，每标约有土方二万余公方。（四）投标人资格：凡领有本国政府卅七年度甲种营造业登记证并富有有关水利之土方工程经验暨有相当资本者。（五）投标日期及地点：三月十四日下午二时以前在宁波小梁街廿一号本会投标。（六）开标日期及地点：三月十四日下午二时在本会当众开标。又凡愿投标者，自本年三月七日至三月十三日止，携带证件先向该会登记领取比价简章等件，缴纳图样费每标国币十五万元（无论比价及得标与否概不退还），开标前缴纳押金每标国币一千万元，不得标者发还。
>
> （正风社讯）东钱湖水利参事会，最近由上海行总价拨多种机械，计大小提士引擎各二，离心唧筒及莲蓬头铁管等另件，已于日前搬运到甬，现在本埠江东省立宁波高工厂中检试，尚有一部挖土机尚在运输中。（《东钱湖三期工程投标办法已决定》，1948 年 3 月 7 日）

3 月 12 日，鄞县公民许晋卿、忻元华等在《时事公报》上就东钱湖筑堤发表重要"宣言"，对筑堤地点表示异议。文录于下：

> 浚湖有关于三县七乡之水利，筑堤有关于沿湖数十乡村之交通、经济、民生等之发展，均为百年大计，关系綦重。设计伊始，宜慎重将事，以大众利益为目的，求其尽善尽美，使工不虚施，财不浪费。此次东钱湖水利参事会于改组后第一次会议决定第三期工程拟将挖起湖泥，自庙弄山至陶公山防浪堤及霞屿至址界山筑堤一埭，又自黄泥岭脚至青山岙筑堤一埭等等。查南岸址界山至陶公山防浪堤为东钱湖南北最狭处，此堤完成不过将东钱湖截成两个，对西南面辽阔之湖面仍未减少风浪，覆舟之惨祸仍必继续发生，此应请商讨者一也。址界山土名下风岸，人烟稀少。若至上水韩岭，仍须长途跋涉。此堤完成，对于南北交通并未便利，此应请商讨者二也。址界山为荒僻之地，人口既少，农业又缺。此堤完成，对于经济并无价值，此应请商讨者三也。黄泥岭至青山岙一堤完全便利汽车公司，对

经济、交通并无价值，糜费公款莫此为甚，此应请商讨者四也。庙弄山至陶公山一堤一经完成，航运受阻，水灾易成，因：（一）此线为全湖船只通莫枝堰要道；（二）湖中之水平日宣泄全赖平水堰，一遇淫雨，宣泄延缓，水灾易成。此应请商讨者五也。总之，浚湖筑堤为百年大计，同人等为爱护家乡，为争取时间，为全湖人民福利计，不能坐视无言。兹特提出下列之紧急呼吁：（一）要求主管维持二月廿六日报载之筑堤工程，即自陶公山烟屿起至上水尖山头筑南北长堤一堤，为全湖经济交通大动脉，可永绝覆舟惨祸，并开九至十三个以上桥洞，以便利湖东西之交通。（二）要求主管停筑庙弄山至陶公山一堤，免阻碍航运及酿成水灾。（三）要求主管停筑黄泥岭脚至青山岙一堤，以免浪费公款。（四）要求鄞、奉、镇三县耆老以及社会贤达同作正义之主张，毋使百世之功错于一朝。（五）要求政府重视事实。（六）要求疏浚三堤塘河及支流，以谋鄞奉镇水利作治本之解决。以上六点望主管当局参酌事实，重新考虑，免演成事变，将来长堤完成，交通、经济、水利、民生实利赖焉。谨此宣言。（《公民许晋卿忻元华忻眉寿郑文治等对东钱湖筑堤发表重要宣言》，1948 年 3 月 12 日）

同日，水利参事会将其苗圃之苗木分发给沿湖各乡镇种植。次日《宁波日报》报道说：

> 上午九时，本埠各机关在公共体育场举行仪式，到党政等机关十三个团体，宁中、甬江等四校，共计二百余人，由陈县长主席，即席致开会词，建设科长汪殿章、民教馆长周正祥，相继致词。会后各机关代表即分地种植苗木，陈县长亦手植白杨二株于大成殿右角，以资倡导云。

> （新潮社讯）东钱湖水利参事会，为纪念植树节，并点缀湖上风景，及巩固堤塘，防止流沙，减少风浪起见，经本月四日第一次水利参事会决定，于昨日上午将该圃之苗，分发与沿湖各乡镇公所，策动湖滨一带乡民普遍种植，由该会苗圃主任杨亚农主持，苗木种类有马尾松、子柏等数种，数量约在十万株以上云。（《昨日植树节》，1948 年 3 月 13 日）

3 月 13 日，东钱湖水利参事会主委陈如馨就许晋卿等所发宣言，发表谈话，重申东钱湖筑堤计划不变。

3 月 14 日，东钱湖蓄水库塘身土方工程，由水利参事会主持招商承包，杭州天坛营造厂每公方（即立方米）以谷 22.2 斤单价计算得标，次之为卢盛记、蒋荣记二家。是项工程，如遇以后湖水干涸，五里塘外淤地露出水面时，土方拟改就地淤地取土时，则单价改减为每公方谷 17 斤计算；又如，普通土运在 30 公尺以内者，则单价当以每公方谷 8 斤计算。（《东钱湖塘身土方工程招商承包昨开标》，《时事公报》

1948 年 3 月 15 日）

3 月 16 日，许晋卿等联名致函《时事公报》，认为陈如馨 3 月 13 日讲话不切实际。

3 月 17 日，《时事公报》登载《对东钱湖筑堤问题许晋卿等重申意见》，并发表短评《东钱湖筑堤问题》。短评要求争执各方以公正之立场，本客观之态度，权衡轻重，以成此不朽之业。二文皆录于下：

对东钱湖筑堤问题许晋卿等重申意见

东钱湖水利参事会主委陈如馨，对东钱湖筑堤，发表谈话各节，曾志十四日本报。兹本县公民许晋卿、忻眉寿、忻元华、郑文治等，认陈君意见不切实际，昨特联名致函本报，录其意见如下：

一、百步尖在湖之西南，面积虽阔，向无覆舟之祸，且非航行要道，要知风力有向背，覆舟有地段，按诸历史，覆舟常在上水附近，此段筑堤，所谓"可以减少风浪"真是自欺欺人之谈。

二、建筑不必要之黄泥岭至青山岙，与庙弄山至曹家湾，及霞屿至址界山三堤之经费，移筑南北长堤，何得谓经费无着。

三、疏浚三埭塘河，以增加蓄水量，谋鄞、奉、镇水利，作治本之解决，此为民二十六年省水利局长精密测量所得，此种宝贵意见，晋卿尚能忆及，如果经费确实短促，何不先浚塘河，次及筑堤。

四、陶公山街道狭窄，确系事实，所谓"无法开辟交通路线"，完全不明真相，且一月十二日报载陶公山湖滨开辟公路云云。前后矛盾，莫此为甚。

五、自陶公山防浪堤筑堤至址界山，约长七八华里，只开一个桥洞，湖上船只之夥，东西交通如何便利，若上水至下水，势非绕道不可，所谓便利交通，其谁信之。

六、庙弄山至曹家湾，为大水狂流汇合之处，一旦筑堤，只开二个桥洞，宣泄不及，数十村落，竟成泽国，生命财产之损失，如陈如馨君能负完全责任，敝人等可不再呼吁矣。

总之，晋卿等所要求修筑自陶公山烟屿起至上水长堤一条，实为全湖经济、交通、民生、风景之企求，他非所计云云。

东钱湖筑堤问题

东钱湖第三期工程计划发表后，就地公民许晋卿等，对筑堤地点表示异议，并对水参会负责人之谈话，认为不切实际，致函本报重申意见。

建设东钱湖工程艰巨，经费浩大，而施工之得失，有关于水利交通经济者至巨，诚所谓百年大计，不容忽视。水参会经专家之设计，绅耆之集请，省府之请示，而始有此决策，考虑不为不周；许君等以地方之人，言地方之事，熟知情形，洞明利害，其所言当亦可信。

吾人以为一事之兴，利于此者或有害于彼，欲求尽如人意，决非事实上所可能，双方苟能各以公正之立场，客观之态度，鉴别得失，权衡轻重，以成此不朽之业，诚万民之幸也。

3月19日，东钱湖水利参事会举行有关第三期工程座谈会，决定暂停建筑蓄水库。《宁波日报》报道说：

浙江省东钱湖水利参事会，前奉省令饬主持第三期筑堤蓄水工程，于本年三月十四日开标，详情已志本报。兹悉自该工程标价发表后，外传此次标商，有联合情弊。又公民许晋卿、忻元华、忻眉寿、郑文治等，发表宣言，对该期工程之设施，提出异议。该会认有详加研究之必要，特于昨下午二时在本埠小梁街会所召集有关第三期工程座谈会。计到委员沈友梅、陈佑华等七人，主席陈如馨。经决议事项如下：（一）第三期蓄水筑堤工程，虽有天坛营造厂得标，因谣诼纷传，暂予取消。（二）呈省说明暂停蓄水库工程理由。（三）现在水量较高，浚湖淘河，值此春耕时期，诸感未便，俟秋收后再行讨论。（四）现拟定先行修理老杨木碶，改筑徐古洞涵洞及义成碶等工程，以保持水量。（五）俟夏季湖水干涸时，加高五里塘及完成梅湖引水河道之塘身，以增加蓄水量。此项工程，拟仍归得标商天坛营造厂承揽，其工价须依照第三期之标价每公方稻谷八斤计算之。（六）韩岭市前之防浪堤，俟夏季湖水较小时，与决议第五点同时兴工，其筑堤地点由工务所会同就地乡公所决定之。前项讨论案系临时紧急动议，提交下次大会追认之。（《东钱湖水利参事会决定暂停建筑蓄水库》，1948年3月20日）

3月下旬，由旅沪绅商集资建造的东钱湖第一大桥——南安桥落成。《时事公报》报道说：

鄞东陶公山东钱湖之许家屿，夙为风景区，该屿四面环湖，旧时架有大木桥一座，年久失修，霉烂歪斜，有碍行人。去年六月间，由旅沪绅士忻桂泉、忻礼轼、忻秋云、忻盛成等发起募集巨款，改建三眼水泥钢骨桥梁，由县府测量规划，定名南安桥，桥身长百尺，阔十五尺，庄严雄伟，可称东钱湖第一大桥，刻已落成。闻就地人士，以大功告成，定农历三月初三日满桥开光，举行通桥典礼，并拟演

戏庆祝，将有一番热闹云。（《东钱湖第一大桥南安桥落成》，1948 年 3 月 26 日）

3 月 28 日，《时事公报》报道，尽管各方颇有异议，省府及建设厅对东钱湖水利工程"决仍维持原计划"。报道说：

> 浙江省东钱湖水利参事会，前奉省令，以第三期工程，计划建筑长堤，以完成蓄水库为主体，旋因第一次招标与第二次招标均有情弊，又当地公民许晋卿、忻元华等发表宣言，对上项工程计划提出异议，经参事会先后决议，改变工程计划。兹悉省府沈主席、建设厅皮厅长，认为上项缺陷不无补救办法，既定计划，决仍维持，昨已派中华工程联合公司张君携带挖泥机前往东钱湖勘察云。（《东钱湖水利工程决仍维持原计划》，1948 年 3 月 28 日）

旧时东钱湖木船（张全民提供）

4 月 17 日，《宁波日报》发表浙江省水利局科长裔寿杰谈话，认为"东钱湖筑蓄水库绝无不利影响"。报道说：

> 浙江省水利局科长裔寿杰，顷对整治东钱湖第三期蓄水工程，综合各方面意见，发表谈话如下：
>
> 据闻各方对东钱湖工程之意见，兹作分析答复：东钱湖工程，自去年起，利用救济物资，将沿湖沿江碶闸修理完竣，并将梅湖一部份加以疏浚，已有相当效果。参事会负责人陈如馨先生，对于兴建东钱湖，抱有极大之希望，去年曾说明计划，分下列四项步骤进行：（一）水利；（二）交通；（三）生产；（四）风景。本人对斯四项计划，深表赞同，至拟举办第三期建筑蓄水库工程，地方少数人士，

或不甚明晰，发生误会。本人再将湖内筑蓄水库之理由，详为答复：

东钱湖水源多来自东南诸溪，其来水量之最多者，即下水村之下水溪。兹查该湖湖身淤积，蓄水减少，故天旱时农田灌溉用水，每形不足，如不设法改善，则影响四十万亩农作非浅。现拟在下水溪溪流所及处围以土塘，并利用五里塘原有塘身加高及四围环抱之群山，筑蓄水库，使下水溪之来水蓄集其间，待库外满水用干后，即可随时泄放，以资补助。蓄水库范围系自址界山筑堤至陶公山防浪堤前折向东北经擂鼓山、钱堰村接五里塘，沿塘至上虹桥折向南沿山径虾公山、二灵山到达址界山，筑成蓄水库，拟增高水位一公尺一公寸，可增加水量六百六十万立方公尺。其全部经费（以每亩征谷十斤）需征二年可完竣，如用疏浚湖身挖土而欲增加同等水量（即六百六十万公方），其经费如照上法征收，需四十年方可完竣，且无此庞大之空地可容纳泥土。省方在核定此蓄水库计划以前，即曾详加研讨，如将沿湖碶闸加高蓄水，则将淹没沿湖各村庄。经考虑再三，惟有在湖内筑蓄水库，蓄水供给灌溉，至于湖内人士虑及修筑蓄水库，发生淹没村庄田庐一节，请勿以此为虑，请诸位放心。同时希望湖内人士，切勿因为所见小见，影响整个水利进行。倘若再事争执，致使工程停顿，嗣后灌溉一旦发生缺水之患，湖外人士必将发生怨言，想诸位深明大义，决不愿为湖外人士所共弃。对于修筑蓄水库及修建交通路线，孰轻孰重，明如诸公，当能审察。

又查第三期蓄水库工程，原为增加蓄水量，按址界山起至陶公山防浪堤止筑堤一埭，并在堤之两端筑船闸各一，俾湖内船只来往，农民施肥，可随时过闸，决无影响航运及其他事宜云。（《东钱湖筑蓄水库绝无不利影响》，1948年4月17日）

4月19日，《宁波日报》发表署名"天行者"的文章《日丽风和游东钱》，认为在春光明媚季节游东钱湖是最适宜不过的了。文章还以游记的形式，详细介绍了东钱湖的著名景点，读来颇有兴味。文录于下：

日丽风和游东钱

杭州有西湖，名闻世界，实则西湖虽好，已含有人工美，求其天然美的，要算我们宁波的东湖了。东湖一名东钱湖，犹如西湖之称为西子湖，其湖面积很广，约比西湖大五倍，两岸相距约八十里，容纳七十二条溪水波流浸灌，看去一片汪洋，和海相似。湖上万山回合，古迹风景都不比杭州西湖以下。明人袁菊寒游是湖后，曾做了这样的一首诗："尽说西湖足胜游，东湖谁信更清幽。三百六日客舟过，七十二溪春水流。白鸟影边霞屿寺，翠微深处月波楼。天然景物谁能状？千古诗人咏不休。"我们读了这诗可知前人也如何推崇东钱湖啊！

东湖在宁波的东乡，距城有三十里，假如从上海起程的话，先乘轮到了宁波，再雇车到新河头乘去莫枝堰小轮船，不到二小时便可到了。

在这春光明媚时间，我认为游东湖是最适宜不过的。笔者这次回里，特地去重游了一次，看一路青山含笑，喜不自禁。对着这个东湖，好如见到一位久未见面的老友，其一种愉快情形，真非笔墨所能形容哩！

陶公山

游东湖的，第一就忘不了陶公山。山在东湖西面，相传是陶朱公隐居的所在。陶朱公是范蠡的别号，这是许多人所熟知的。当时据说他因不得意于越王，就同着西施逃出来，隐居东湖一个山麓下（即今之陶公山），过着逍遥神仙似的生活。靠近陶公山有陶公钓矶，是陶公钓鱼的地方。在宋朝宝庆初年的时候，鄞县县令胡榘建了烟波馆和天镜亭在这钓矶的上面，今则年代久远，遗迹湮没，不知沦为谁家的屋基！陶公山的居民，约有四千多户，曹姓和忻姓，均蔚为大族。前面有陶公山中心小学，规模颇大，校门外有隙地一方，种满桃柳，风帆沙岛，出没可数，居留此间，大有飘飘出世之想。此地居民业渔居多数，生活并不忧虑。记得宋（应为清——引者）人李杲堂有竹枝词云："此地陶公有钓矶，湖山漠漠鹜群飞。渔翁网得鲜鳞去，不管人间吴越非。"可称写实之作。

天 行

从史家湾，走上陶公山的山巅，山高数百尺，并无高大的树木。我坐在一块大石上，从衣袋里取出望远镜，望着湖山的四围，只见烟霞二屿，和柳汀珠菊诸岛，远近低浮，二灵古塔，拔地如笋，还有那蜈蚣山色，献奇于前。南边螺屿半岛，突入湖中，百步尖诸峰，翠钻云际，东北青雷飞凤诸山，或起或伏，低浮如带，山的四围，满植翠柏苍松，微风过处，松涛澎湃，有说不尽的雄伟奇观！

乔荫山庄 隐学名山

螺屿的南面，有山一座叫郭家峙。旁有乔荫山庄，规模雄伟，庄门对着韩岭诸峰，岚影波光，映入窗槛，风景更觉美观。庄里有额一方，系康南海所书，左边石壁上，刻有碑记，是庄光云先生所做的，现在这篇文字已收进《新古文辞类纂》里了。

乔荫山庄的右面，不数百步便是祇园寺。这寺从前叫做泉月寺，经过智圆和尚重修而改祇园。这地方傍山面湖，景色清幽，寺后丛篁蔽天，可以避暑。隐学山在它的右边，山下有一古寺，额上题有"隐学名山"四字。此寺历史很久，据说是周朝徐偃王读书的地方。里面有一放生池，是唐朝时寺里和尚开凿，清水一泓，现在已变为澡池了。靠近隐学山的左边，有明代户部尚书余文敏公的墓，墓傍插着高高的石笋，墓后埋着深深的断碣，前面的石人、石马，有的立着，有的卧着，使人看了，发生无限的感慨！

史卫王坟

出隐学山，泛舟东行，约半小时，到了凤山舍船登陆，越上慈云岭。回望石径蜿蜒，高挂翠微，好似素丝缠着青螺一般。岭下古墓，墓旁有几枝石笋，都有一丈多高，已剥蚀得不像样子了。这所古墓里面葬着的，就是宋丞相封作卫王的史弥远。据父老传说，史弥远在宋朝很有权势，难免得罪了许多人，恐怕死后给翻尸弄骨，所以在沿湖共造了七十二个的坟，至于真的王坟，就在这里。和我同去的一位族人（也是姓史的）对我说："当初我们史氏很盛，有句俗话是：一门三宰相，四世两封王。所以史王坟造得非常讲究。你看：这两边排列的不是翁仲、石马、石羊吗？前后左右，不是高可参天、大可数十抱苍松翠柏吗？可知当时建筑的规模，是何等雄伟呢！可惜目前史氏子孙，不十分兴旺，所以翁仲、石兽，如今已东倒西歪，只有几树苍松，掩映于夕阳溪流了。"我听了族人的话以后，逗起无限感慨，想起弥远当年，做了二朝元老，爵封卫王，权倾宋室，也可说是一世之雄。谁知到了现在，桐棺三尺，长埋黄土；青山寂寞，绿草萋萋。"夕阳流水"，徒使游人兴叹罢了！

出了卫王墓门，逶迤东行，不数百步，就到大悲寺。寺为宋朝绍兴二十年所建，嘉定十三年，丞相史卫王改为功德寺，额上有"尽忠报国"四字，系嘉定皇帝亲手所书。前面有万功池和七级浮屠，只因年深日久，经过了许多尘劫，所有古迹，皆残废了，所有池水，也干涸了，只有宝塔梵宫，相倚于夕阳小风间。

由大悲寺越迈一条山岭，便是横街。山中人家，数十成邻，篱舍纵横，鸡犬相闻，仿佛如世外桃源，走到村前，便听到水声潺潺，抬起头来，只见数十尺高的珠瀑，从山巅下垂，激石成声，溪流一曲，环绕着村前，溪上积石如星，大者似鼓；小者似卵，临流濯足，白沫溅头，几疑置身于沧浪深处哩！

月波寺　五柳山庄

在湖的东面，月波山和擂鼓山的中间，有一所寺院，叫做月波寺。寺前有石柱二株，柱一题着："大湖流日月，深谷驻乾坤。"苔藓斑驳，字迹已模糊了。寺的西边，有一间小屋，塑着余敏公遗像，上面挂着一块匾额，写着"名山洞府"四字。考此寺，系宋代王浩所建，他当时在这个地方，垒石成岩，建造宝陀洞天。到了明朝洪武十五年，才出名为月波寺。后来户部尚书余文敏公也建了一座五柳山庄。在这地方牌坊上面的"名山洞府"四字，是神宗皇帝亲手所写。至清代康熙十年，余文敏公死了，后人就在这地方建起了一座祠堂，叫做余相祠堂，只因年代已久，楼阁废为丘墟，要想找寻五柳山庄的遗迹，已不可复得了。

二灵山房　罗汉院

靠月波寺的西边，有一个擂鼓山，对面有座二灵山，突出在湖水中央，三面环水，好像一个半岛的样子，是东钱湖最特别的山岭。二灵山的上面，有一所二灵山房，这山房是五代时韶国师所建，取名金栏。到宋朝时，陈禾曾在这里读书。后来有个知和禅师，在寺里修道，说是常有二只老虎陪伴他，因此改名二灵。至今年代虽多，还算是湖上的名刹。

从二灵山乘小船向湖的西面摇去，过珠岛到蚌壳山。蚌壳山是湖里的一座小岛，风景倒还不错。向北行到了青山的山脚，见一寺院，额上题着"罗汉院"三字，据传是晋朝建福三年所造，听说唐朝天祐的时候，有十八个和尚，在山顶上出现，因这缘故，就出名为罗汉院。这种无稽之谈，我们固然不可相信；不过它有这样悠久的历史，莫怪寺里要发生许多神话。到清朝宣统元年，把这寺院，改为钱湖学校，隔不多时，复改为湖工局，现在则改为青山禅寺。白云苍苍，真不知有多少次数的变换呢！游湖足足三天，还有许多地方没有去走。

4月21日，设于韩岭的鄞县韩水乡农会召开首次会员大会，建议东钱湖水利参事会开掘湖岭头至丁湾河道。次日《时事公报》报道说：

> 鄞县韩水乡农会，昨日召开首次会员大会，出席会员一百十余人，列席县政府沈余占、国民党县党部吕律、县农会金晋卿。讨论决议事项：（一）呈请上级转呈县政府，准本会购买抽水机一部，以利灌溉。（二）发动疏浚韩岭部分溪流。（三）划定韩岭上畈为植棉区，上水为席草推广区。（四）建议东钱湖水利参事会开掘湖岭头至丁湾河道，被掘毁农田，请调换适宜田亩，以利湖上农民生产，并改选金晋卿、金根棠、俞宋坊、蔡久龄、钱锡年、徐贞铸、史富仁等七人为理事，金时运、史根财、史美法为监事，互推金晋卿为常务理事，金时运为常务监事。（《鄞韩水乡农会首次会员大会》，1948年4月22日）

4月25日，鄞县大公乡农会召开理监事紧急会议，一致反对东钱湖修筑蓄水库。《宁波日报》报道说：

鄞县大公乡乡农会，于前日召开理监事紧急会议，计出席理监事忻杏生、许时生、余绪钊、忻兴保等，讨论东钱湖建筑蓄水库事宜。当场均认湖内建筑蓄水库增高水位一公尺一公寸，有淹没田庐、妨碍湖上交通之虞，一致表示反对，向本届县参议会呼吁转请省府核办。兹录其全文如下：

呈为吁请停筑蓄水库疏浚东钱湖完成长堤计划，并多开桥洞解除人民疾苦，以重财力物力，仰祈转请省政府饬东钱湖水利参事会遵办由：

窃东钱湖开辟于唐代，年久失浚，淤塞日甚，迄今水量极度低落，急需疏浚湖床，以防旱灾，而利灌溉，实为当务之急。近阅报载东钱湖第三期水利工程，拟自址界山筑长堤一条，经陶公山防浪堤至五里塘上虹桥，以完成蓄水库为目的，与原有浚湖筑堤之旨相背。一旦蓄水库完成，不惟水路交通、民生经济反受重大打击，且水害是虞。农民生等生长斯土，熟悉利害，一方面为使工不虚施，财不浪费计，一方面为鄞、奉、镇三县及沿湖数十乡村福利计，不敢缄默，谨向参议会诸公陈之。查东钱湖未成湖时为三万六千顷之民田，原有之江河仍在，如猫尾江等。今此等江河均已淤塞，只要就原有江河分段疏浚，即能增加蓄水量。如蓄水量仍感不足，可就原有谷子湖（大湖内小湖）等地疏浚之，其蓄水量定能超过蓄水库而之上。再浚湖为巨大之工程，非一蹴能几，必需与时间、空间、财力相配合。今年不成，明年再浚，今日浚所地，明日浚彼处，非在一时间内同时疏浚完成之谓也。今不此之图，拟于大湖之中建一蓄水库，徒耗财力，此应请停筑者一也。

蓄水库完成，长堤高筑，如同城墙，舟楫之往来，势必经过船闸，平日一二小时可达，今则非四五小时不可，且船闸开闭有时，不能船到即开，船去即闭，必须集有相当数目之船只，方才启闭。若日以千只往来之舟楫计之，其时间之耗费，已属惊人，遑论交通，应请停筑者二也。

东钱湖一称万金湖，渔船赖以为生者不下千余户，此等渔民皆在霞屿及下水江口一带，择水草之处捕鱼，今在该处建筑蓄水库，水位加高，湖草绝迹，千余渔民，捕捞失所，生计断绝，告诉无门，故蓄水库之建筑，有碍民生，此应请停筑者三也。

东钱湖发源于福泉山，顺下水村而下，平日赖全湖蓄积与八缺之宣泄。今以长堤阻之，若夏秋间山洪暴发，船闸失效，堤塘溃决，奔流汪洋，庐舍为墟，此时再行设法救济，已感其晚，故蓄水库建筑易酿成水灾，此应请停筑者四也。

沿湖村庄，皆负山面水，农民等平日全赖南岸田地耕种为业。今一旦水库完成，水位加高，此等田地，均被淹没，农作断绝，生产停顿，此应请停筑者五也。

　　综上事实，浚湖筑堤为农民等所迫切要求，在湖中建筑水库有害无益，如建筑水库，无碍民生、交通、田亩耕种，农民等何敢喋喋。伏念参议会诸公，来自民间，关怀民瘼，试竭蛙肠，敢陈肤论，仰祈为民请命，转请省政府饬东钱湖水利参事会审查利弊，权衡载重，停筑蓄水库，移其财力、物力于早日疏浚湖床，并完成长堤，功德无量矣。（《大公乡农会举理由五点反对东钱湖筑蓄水库》，1948 年4 月 27 日）

5 月 2 日，为东钱湖水利参事会拟筑蓄水库，东钱湖沿湖民众代表召开座谈会，呼请省府停筑蓄水库，"并请鄞、奉、镇士绅共主正义"。《时事公报》报道说：

　　东钱湖沿湖民众，为东钱湖水利参事会建筑蓄水库，有碍生存，特推派代表本月二日下午一时，假座陶公山忻氏亦政堂，举行座谈会，计出席民众代表韩水乡蔡济清、俞宗坊等，前堰头史忠钊、史德方等，及陶公山许晋卿、忻元良、许时生等，大堰头戴根法、史锦纯等百余人，当场一致认建筑蓄水库有碍沿湖民众生存，向省府吁请停筑。兹探解决议案如下：东钱湖水利参事会，建筑蓄水库，有碍生存，沿湖各乡，应如何设法建议案。决议：一、申述理由，建议省府。二、推定各单位负责人：（一）参议员蔡济清、忻元华。（二）乡民代表史锦纯、忻惠赓。（三）农会代表忻杏生、俞宗坊、戴根法、忻楚定、忻信保、忻厚甫、忻汉祥。（四）渔民代表包品梅、许友富、忻贵芳。（五）地方士绅忻德域、许晋卿、忻元良、郑文治、忻本立、史忠钊、曹海伦。三、在必要时，向省府呼吁，以促政府注意。四、如蓄水库必须建设，发起救乡运动。五、推蔡济清、史锦纯、史德芳、忻杏生、忻眉寿等为代表，向鄞、奉、镇三县士绅，呈请主持正义。六、筹组东钱区乡谊会，推蔡济清、许晋卿、忻元良、忻杏生等为筹备人。七、推忻眉寿为建议省县呈文起稿人。（《东钱湖民众座谈会》，1948 年 5 月 5 日）

5 月 18 日，浙江省政府电令东钱湖建筑蓄水库"克速开工"。对此，鄞县公民许晋卿仍力主反对。《时事公报》报道说：

　　鄞县参议会，前据陶公山乡农会常务理事忻杏生及渔民代表忻桂芳等书称，停筑东钱湖蓄水库，完成浚湖筑堤计划，并多开桥洞，以利民生交通，请呈省核饬东钱湖水利参事会办理，经一届七次大会第三次会议决议，电请省政府核办后，昨奉省府电复开：查此案据建设厅派往宁绍区视导水利局科长裔寿杰报告略称"东钱湖蓄水库，施工争执，商同鄞县陈县长佑华，于本年四月十六日，邀约反对兴筑蓄水库之代表许晋卿、忻眉寿等，在鄞县县政府协商，经阐述兴筑蓄水库，为增加湖外农田灌溉水量，对于湖户各村庄，并无妨害。又在址界山至陶公山一段蓄水库堤两端，各建船闸一座，湖内船只往来及农民施肥，可随时过闸，航运交通，亦无不便。该代表等深为明了，已表示不再坚持成见"等情，除令东钱湖水利参事会仍遵原定计划克速开工外，特此电复云。

本报昨接大公乡公民许晋卿来函，对于东钱湖建筑水库，坚决反对，兹摘录如后：东钱湖建筑蓄水库计划，沿湖居民，深悉就地山川情形，佥认有百害而无一利，所以条陈利害，吁请停筑，否则如无害有利，或利多害少，湖民求之不得，岂有异议。

夫东钱湖本为一大蓄水库，迄今久失治理，水量减少，病根在淤积日多，湖床日浅，东钱湖水利，当局对症下药，亟应疏浚湖床，以增容积，今乃置病根——湖床淤浅于不顾，而挖肉补疮，于大蓄水库之内，另建一小蓄水库，舍本逐末，真令人不解。如谓建筑小蓄水库，可增高水位一公尺一公寸，能灌溉四十万亩农田，则疏浚大蓄水库，扩大容积，岂不更增水量乎？更有进者，现在湖床淤积，置诸不理，另筑一个小蓄水库，变东钱湖为上、下二湖，将来小蓄水库再行淤积，若再另筑一个小小蓄水库，变东钱湖为上、中、下三湖乎？是化整为零，决非善图，至四十万亩农田，均分布于湖外三埭塘河之间。今河槽已浅，水量减少，不但夏秋间航行为难，且常侵入盐潮，为害农田，实匪浅鲜，如能予以疏导，使湖水与河水相互调节，水量充沛，旱魃不能施其虐，大水不足以为患。再查水库工程，以开辟船闸，为便利航运之用，尤为可笑，查船闸须设于有涨落潮之处，始为合理，东钱湖何来湖汛，若说"船只可以随时过闸"，试问库内之水，如何蓄起？今举一反三，此其谓专家设计，其谁信之？

现在沿湖居民，遑遑不安，而水利当局，置若罔闻，竟以条陈利害为误会，且将湖工迁延，诿过于沿湖居民，民意云乎哉？水利云乎哉？其对于筑水库之利益，仅云无淹没村庄之虞，忍者是言也，不幸而言不中，民该受苦，谁尸其咎？（《东钱湖建筑蓄水库省令克速开工》，1948年5月19日）

5月26日，为东钱湖拟筑蓄水库，东钱湖乡民代表分谒甬上耆绅，"坚主反对"。鄞县参事会议长周大烈等向阮厅长面陈利害，并请阮氏莅乡视察听取民意。同时耆绅郑宜亭致函水参会说明反对建筑水库之理由。次日《时事公报》报道说：

鄞县东钱湖沿湖居民，对水参事会筹建蓄水库事，引起各方反对，详情迭志本报。兹悉各该乡民特推代表蔡济清、忻杏生二人，于昨日备函分谒本埠耆绅孙表卿、毛懋卿、赵芝室、张申之、周大烈及本报社长金臻庠，陈述建筑蓄水库与沿湖居民之利害关系颇详，请为主持正义，收回成命，以顺舆情，情词至为恳切。闻县政视导团阮毅成团长于昨晚应金廷荪君邀宴，当经周议长、金社长等向阮氏作一度之说明，陈述利害，请转向省方以民意为重，准予收回成命，以免发生不幸后果，并请阮氏此次能亲莅东钱湖实地视察，听取乡民意见，业经阮氏表示首肯云。

又东钱湖耆绅郑宜亭昨为建筑蓄水库事，特致函水参事会主委陈如馨、沈友梅文云（上略），历观报纸所载，疏浚东钱湖一案，众议纷纭，未免舍本逐末，大失宗旨。夫湖应浚深蓄水，以灌溉三县七乡农田，此最扼要办法。湖床浚深后，而湖下至甬各塘河，亦应一例疏浚，此乃兴水利除旱灾一定不易之良策也。前十余年庄崧甫先生为会长时，宜亭寄迹杭州，犹乘火车至甬开会，列席两次，曾有建议案提存，应请查检一阅。此为谋地方公益，本其良知而发表意见耳。近为湖中拟建设蓄水库一事，殊与浚湖本旨相反，于是由许晋卿、忻眉寿等提出理由，明白声告，以筑蓄水库有害无利各情形，屡陈贵会，恳请转呈省府裁夺，务望与会诸君，一本公道正义，对于筑水库一事，力主撤消，不以假利民之名，而实贻祸害民也。如为经费关系，必须建筑蓄水库，亦希择与交通无妨碍之处，如梅湖建筑。余年七十有九矣，惟目睹大患所在，不得不沥以告，诸希采纳为幸。（《东钱湖乡民代表昨来甬　分谒耆绅坚主反对》，1948年5月27日）

5月29日，宁绍区县政视导团勘察东钱湖，并视察沿湖各乡村、学校等，听取各方对兴筑蓄水库的意见，决定先浚下水两溪流，再行兴筑蓄水库。次日《时事公报》对此有详细的报道。文录于下：

宁绍区县政视导团团长阮毅成、副团长陈景陶，团员方洪浦、曹云蛟、楼铭、冉永、陈济年、王逢吉、陈嘉玉等一行，昨上午九时半，由县长陈佑华，科长柳楷、项泽耕、汪殿章，东钱湖水利参事会正副主委陈如馨、沈友梅，秘书胡启文，工务所兼主任鲍哲英，参议员洪宸笙、胡起涛、戴东原等陪同，前往鄞东勘察东钱湖蓄水库工程，并视察沿湖各乡村。在船中，阮氏等听取陈主委如馨报告地方人士反对筑东钱湖蓄水库之详细情形，并由工务所鲍兼主任，报告工程计划概况。方视察等听取胡起涛报告肥合社业务状况，并对湾头农民请愿各点，予以研讨，借谋合理解决。

十一时到达莫枝堰，在埠头列队迎迓者，有渔源乡长郑文彬，总干事吴致远，钱湖警所长于祖谦，大公乡长忻礼桐，士绅郑宜亭、史济行，参议员蔡济清、忻元华及下水请愿民众、志方学校童军等百余人。阮氏等上岸后，即与欢迎者一一握手为礼，旋至普益医院稍憩，并邀集蔡济清、史济行、戴东原、忻元华等，对东钱湖水利工程，作初步之检讨。经阮氏垂询反对理由及改善方针后，当由陈视察及鲍工程师等，告以建筑蓄水库之详细计划，并对各代表等认为贻害各点，予以解释，再由阮氏保证下水乡田地房屋，绝不遭受淹没祸患。蔡等认为满意。同时方视察由柳科长陪同视察该警分所。省训团冉科长，由向科长陪同视察中心及保国民学校等处，对各负责人垂询颇详，并予指示。

历一小时许，阮氏等离渔源乡，渡湖至陶公山时，下水请愿民众愈聚愈众，约一千余人，均手执红绿纸小旗，并横幅布条，上书"下水人民为反对建筑蓄水库请愿团"及"欢迎县政视导团"等字样。该乡中心国民学校童军，列队候埠恭迎。上岸后，由童军前导，民众夹道聚观，请愿者拥挤于后，情况紧张。经由阮厅长、陈县长召集该请愿代表等，集合该乡中心学校操场，先后训话。略谓：蓄水库暂不建筑，决先疏浚下水两溪，将水流导入湖中，可免淹没之灾。详细情形，已告知贵乡参议员蔡济清，必能详予转告，希安心农田工作云云。训话毕，对该乡公所及中心学校保国民学校，一一巡视，并查阅户口册、报告表等，颇为详尽。午应洪参议员之邀，在洪氏坟庄午膳。饭后，再邀集士绅许晋卿、忻眉寿、忻杏生、蔡济清、史济行等，对东钱湖建筑蓄水库工程，作进一步之检讨。听取许等反对建筑意见后，即由公路局陈工程师，逐项解释。为顾念民瘼，施工程序，酌予变更，决先行疏浚下水溪流二条，并再筑堤一埭，借以保护田地房屋，惟原则无可厚非，但宽以时日，以观后效，再行兴筑，沿湖田屋，如因筑水库而被淹没者，准以田易田，或筑堤保护。至交通妨碍部分，则加筑船闸一道，以利交通。许等认为可行，但须重行召集有关士绅商讨后，方可决定。三时许，阮氏等仍由陈县长陪同至韩岭，巡视韩水乡公所，及该乡各机关学校等，并指示一切。

五时半返甬，迨船抵本埠，万家灯火矣。当晚应银行公会公宴于通商银行。闻阮氏等定今晨由陈县长、王局长等陪同前往鄞东新建、郧源等乡视察。下午假宁波商会大礼堂，举行县政座谈会云。鄞警局王局长，于今晨陪同视导团至鄞东五乡碶、宝幢一带视察后，即将亲赴四明山区督剿云。（《县政视导团重视水利　昨勘察钱湖水库工程》，1948年5月30日）

5月31日，水利参事会召开第三次会议，认为东钱湖蓄水库建筑困难，要求省方收回成命。次日《宁波日报》报道说：

浙江省东钱湖水利参事会，于昨日下午一时举行第三次会议，出席王文翰、周大烈、毛翼虎（王代）、郑小隐（石代）、林志鹏、陈如馨、沈友梅、陈佑华，列席蔡良初、鲍哲英。主席陈如馨，讨论事项经决议如下：一、开辟鄞南陈婆渡朱家新河及新建桥梁一座，又新建鲍家埠堰头桥梁及月浦堰头桥梁各一座，又朱家堰头填建拦水堤一道，又新建徐古洞碶一座，除呈报省建设厅核备外，各项工程，业已分头招商承包兴工，请予追认案。决议：追认。二、奉省政府令饬将蓄水库工程克日兴工等因。查此项工程，沿湖民众因虑有淹没之可能，一再声明坚决反对，本会应如何办理。决议：声叙理由，详述困难，再行呈报省方，收回成命。三、准鄞县田粮处函代征工程受益费稻谷，除提运外，为数尚巨，因恐存储日久，损耗甚巨，请速将征存未提稻谷克速设法移运等由，因如何办理，请公决案。决议：（一）已订契约之包工，其工程费提先加保酌情发给；（二）其已决定之工程提先兴工。四、准鄞县合作社联合社函，为举办紧急粮贷，拟请拨借稻谷二千石。又鄞县私立正始初级中学函，为建筑校舍，捐款一时未能齐集，请暂借稻谷五万斤。又准鄞南士绅王廷赓先生面称，因建筑甲村河碶，请暂借稻谷一百石，俟今庚秋收登场后，仍归还实物各等由，应如何办理，请公决案。决议：除与水利有关新谷登场确有实物收入者，听息一分，准予酌情借放外，其余一概缓议。（《东钱湖蓄水库建筑困难　水利参事会请收回成命》，1948 年 6 月 1 日）

6 月 2 日，许晋卿、忻寿眉等东钱湖各乡士绅致函鄞县县长陈佑华，要求对东钱湖水利工程审慎办理，"主张先浚下水溪，实验后再议筑水库"。《时事公报》报道说：

东钱湖各乡士绅许晋卿、忻寿眉、忻杏生、史锦钝、蔡济清等，对水利工程提供意见，日昨致函陈县长云："兹以建筑蓄水库事，曾引起湖民恐慌，致有请愿之举，经钧长一再训示，保证暂不建筑，始各欣然，实所庆幸。今将与工程师陈济年、鲍哲英等，对水库工程商讨后，吾方提供意见，作书面报告于后：

一、先浚下水溪三条（前误二条），即大慈岙、南岙、杨山岙，另筑提防一埭，以免淹没田亩，待溪流疏导完竣后，作二三年之实验，其功效如何，使农民得水利后，取得合作，再建筑水库。

二、在二三年间，可将原有蓄水用之梅湖，彻底改造，因其地处偏僻，田地尤少，既无妨碍交通，又无水灾之虞，工程轻而易举，可引柴场岙十里溪作来源。

三、为增加三县七乡农田水量，须疏浚塘河及支流，因塘河为东钱湖水源之输血管，此治本之大计也。

四、以田易田办法，须与农民详加商讨后，再行决定。

五、船闸关系湖民生计极大，因湖民日常生活方式非局外人所能想象，此点更须研讨。

总之，事关水利交通、民生百年大计所系，务审慎计划，求其尽善尽美，使工不虚使，财不浪费。民无信不立，务恳钧座代民作主，地方幸甚，人民幸甚云。（《对东钱湖水利工程许晋卿等提供意见》，1948 年 6 月 3 日）

6 月 12 日，国民政府水利部工程师陈之颙视察东钱湖，认为建筑蓄水库实为当务之急。《时事公报》报道说：

> 水利部简任视察工程师陈之颙，于四月间自京出发，辗转视察闽、苏、浙三省水利工程，本月十日抵甬，十二日由水利工程处主任工程师鲍哲英等陪赴东钱湖视察。据云，该处建筑蓄水库，决无淹没田庐、妨碍交通之处，欲使周围五十万亩农田水量无虞匮乏，实为当务之急。翌日并赴陈婆渡，视察该地水闸，以该水闸能迅速建筑完成，收阻咸蓄淡之效，使九曲江变成淡水，周边两万五千亩地直接受惠，而东湖方面之水亦可视其为一通路，并得灌溉附近五六乡村，嘉惠农村，至为欣慰。当晚返甬，并驱车至县府，与陈县长商谈关于农田水利事宜。记者特访晤陈工程师于水利参事会，据谈，薛部长笃弼对东钱湖水利甚表关切，因其灌溉田亩多至五十万亩，实为一大水库工程；且部方对保养原有工程，较之新建工程尤为重视，并发表书面视察观感（见专栏）。又据鲍工程师谈，在未开始筑库前，将着重浚大慈岙、南岙、杨山岙三下水溪，并于秋收以后，开浚郭家峙至栎斜一河道，以向该区附近灌溉。关于本埠创办自来水工程事宜，亦有初步计划，请陈工程师带往中枢，俾能从速促成。陈工程师定今早乘汽车赴杭，再转道诸暨、金华一带视察云。（《水利部工程师陈之颙视察东钱湖返甬》，1948 年 6 月 14 日）

6 月 14 日，陈之颙在《时事公报》上发表《视察东钱湖观感》一文，认为治理东钱湖的根本办法在于从速兴筑蓄水库。文录于下：

视察东钱湖观感

陈之颙

> 东钱湖的利益是人所共知的，但日后的危机，却少人注意到，万一长此以往，前途将会不堪设想，也许终有一日会使五十万亩良田，都得不到水。所以目前大家要眼光放远，及早筹划，不能辜负了我们祖先们的苦心。为了明了起见，我们先说它的历史。
>
> 据府志载："唐天宝中鄮令陆南金开拓是湖，废田巨万，宋天禧中守臣李夷庚、庆历八年县令王安石先后增筑旧址，重清湖界。"
>
> 可见东钱湖的创设，是曾废了巨万良田而成功的，并且以后因了湖田曾筑旧

址、重清湖界，这正表明我们祖先是如何为了大众着想，而牺牲小部人的利益的。这也的确因为五十万亩田，系于这一湖的水，所以不能容此湖水减少，因此我们正应当本先人的意见来继续扩展湖水的水量，至少也要能保持先人的成果。但我们看看东钱湖的目前情形，有着很多减少蓄水量的可能，这也就是这五十万亩田的大危险。主要点有：

第一，湖田的侵占。

第二，湖内泥沙的沉积逐渐增加。

第三，沿湖碶闸的漏水。

这三点内沿湖碶闸的漏水，因去年的整理，已全部修好，但这也会慢慢坏的，所以必需要养护的工作做得好才能维持得住。不过在目前已不成重要问题，主要的还是一、二两点。第一点，湖田的侵占，这往往是湖水的致命伤。必需立法严，时常清理，务使湖田不能产生，方可免得莠民得志而良民失却保障。东钱湖内这种湖田正多，如下水一带的湖田，就需要彻底铲田还湖才行（本人只到了下水，其他的地方的湖田，亦应同样处置）。因为这种田，是损人利己得来的，站在大众利益观点上，必须铲除，何况这原是我们祖先为了五十万亩田人的利益，牺牲了的田地，而今叫他存在来为害五十万亩人的利益，于理上是说不通的。第二点，湖内泥沙淤积，日益增加，这是自然的现象，所有的湖都难免不淤。为了避免湖水容量的减少，有几种方法，一种挖深，一种筑围堤。为了事半功倍，一方挖深同时利用挖出的土做围堤来蓄水，是最经济、最聪明的办法。例如目前拟在东钱湖修筑水库，就是利用这一方法。就现在计划做八公尺宽的堤。挖去的泥是四十万方，而做堤增加的蓄水量，可到七百万立方公尺。但如只浚湖，我们所能得到的容量，最多只四十万方，两者相差到十六倍以上。所以我们如不做水库，只来浚湖的话，要用到十六倍以上的力量，才和做水库相同。同时，时间损失尤大，我们民众的负担也因此增加得多。照以上所说的比例，应出十斤谷来做水库。那就要一百六十斤谷来浚深湖，才能得到同样的效果。这大家应该明了他们利弊了。总之，目前的东钱湖如不立时高瞻远瞩，立定意志，去从头整理，则东钱湖终将产生不良的后果。最后，我提出东钱湖整理的方法，应该：

第一，加强管理东钱湖有关事件，派员经常养护已成工程。

第二，清理湖界，彻底铲除湖田。

第三，从速兴筑蓄水库。

6月18日，许晋卿在《时事公报》上发表《读〈视察东钱湖观感〉后》一文，公开反对水利部陈之颛之言论，认为陈所见乃是听了一面之词，且时间仓促所致，"民众唯一的要求，为生活之安定"。文录于下：

读《视察东钱湖观感》后
许晋卿

昨阅报载水利部陈之颛工程师来东钱湖视察后，所发表的一篇观感，吾人读后有着下列之感觉。

一、东钱湖水量之减少，全为淤积所致，民廿五年时曾开始整理，将沿湖碶闸漏水部分，完全修好，后因战事发动，未竟成功，致拖延至今，殊感可惜。

二、我们祖先留给整个东钱湖来蓄水，我们应该从整个着想，若另建一个小蓄水库，是乃化整为零，等小蓄水库留待后代子孙来整理时，那一定怪我们没有高瞻远瞩，弄一些小聪明，贪些小便宜，给后代来麻烦，那么真是上无以对祖先，下无以对子孙了，且亦违背今日部定保养原有工程的原则。

三、彻底铲除湖田，吾人确有同感，但下水数十亩田，此为淤田，尚嫌不够，梅湖五千亩以上湖田值得注意。

四、工程经费不应靠鄞县农民单独负担，每亩十斤谷，应该停征，改由国库支出。

五、上月美国西北部哥伦比亚河堤岸溃决，损失浩大，科学先进如美国尚有此失，若东钱湖新建工程，则吾人不敢信任，因过去之作风，已使民众失望，故今后工程非经二三年之实验，未有确切保证的，决难使民甘服。

六、建筑修蓄水库确能淹没田庐，鲍哲英工程师自认有九百亩以上农田遭殃，居舍不计，则其妨碍交通亦势所必然。湖民熟悉就地情形，故较他人推算准确可靠。不客气的说，还是一个剥夺民众的生存权、工作权、财产权的计划，然问题所在，为增加六七百万公尺水量，是否尚有其他办法？这是值得研讨的，然须主事者放弃利其所利的成见，作公正客观的检讨，但我们知道有更妥善、更经济的办法。

七、陈工程师指出东钱湖大危机有三点，我们希望今后水利工程，应集中于东钱湖除弊（覆舟断交通）兴利（修筑南北长堤），暂缓陈婆渡水闸工程，免分散财力、物力。

八、陈之颛先生听了一面之词，又以时间局促，难免对当地历史沿革有欠了解之处，这也无足为怪，然民众唯一的要求，为生活之安定。

6月21日，《时事公报》报道，宁波旅沪同乡会为东钱湖建筑蓄水库事，"特具呈浙建设厅表示异议"，认为其事"百功一而害十"。报道说：

东钱湖上的一叶扁舟（张全民提供）

宁波旅沪同乡会，为东钱湖建筑蓄水库事，特具呈浙建设厅表示异议，其原文云：

窃本会连日迭接桑梓父老及乡民团体来函，纷请向有关各方呼吁，制止东钱湖兴筑水库计划之实施，洋洋洒洒千万言。综其大要，不外下列数点：

一、东钱湖为唐时民田三万六千顷所改筑，千百年来，鄞、奉、镇三县七乡之农田，赖以灌溉，向无旱荒之虞，兴筑水库，徒耗财力，实系庸人自扰。

二、历代治湖者，莫不以疏浚为尚，诚以如东钱湖面积之大，葑荽淤塞之处，若加疏浚，蓄水量决不患其不足，盖钱湖即蓄水库也，舍现成之大水库而不治，乃欲于大水库之中别筑小水库，其愚诚不可及。作此主张者，如嫌全湖之面积过大，则五里塘内之梅湖，又现成之小水库也，又何云之而不治？

三、疏浚之利，既增水量，又便交通，复状观瞻，大多数主疏浚湖者，更主张兼浚三条塘河，以利灌溉，而便交通。若筑蓄水库，则堤高如城，徒阻交通，何如疏浚，一举三得之为愈。

四、筑蓄水库，有五害一大患。（一）库中水位增高，沿湖数十村落，将变成泽国。（二）湖边之田，将悉被淹没。（三）一部分渔民，生计将告断绝。（四）因交通之被阻，影响农作物之生产与运输。（五）因交通之被阻，影响船户之生计。但此尤害之小者，最大祸患，为将因此而制造不测之水灾。盖东钱湖之水多发源于福泉山，平时全赖湖之容涵及四碶八缺之宣泄，得免泛滥。水库若成，则夏秋之间，山洪暴发，水为堤阻，库内居民，首为鱼鳖，继之而库堤溃决，洪水奔放，全湖之庐舍为墟，此时再谋救济，岂不冤哉？

五、精于计划而善于处事者，常能收事半功倍之效，拙者则事倍而功半。一般金认东钱湖水库之兴筑，将为事百功一而害十，当局何苦必欲为此，人言藉藉，谓主事者实别有企图，此或言之过甚，但创此计划者，不明东钱湖地理形势，不识利害，不谙前人良善法规，是可断言。观其以往所修理之碶缺情形，即可证明。主事者见八缺漏水，急从而阻塞之。不知缺有自然泄水作用，水位增高至相当程度时，水即自然由缺下泄，负调节之任务。被阻塞后，湖上即多水患。碶所以泄水，向有闸板五块，第一块闸板之开放，由镇海农人主之，第二块属于奉邑，第三块属鄞人，最后两块，则虽设而不开，盖欲留此两板之水，以供湖民饮用也。兹则改闸板为统块螺旋式，开放时螺旋向上，水由低处下泄。去年大旱，湖水于是涓滴不留，湖民饮水涸竭，瘟疫滋生，谁实为之，孰令致之？主此者虽未必即为计划筑库之人，但其不明东钱湖之地理形势，认识错误，则初无二致。

本会归纳各方意见，大要可分为三：（一）誓死反对修筑水库，年老乡民谓虽尸谏亦不辞，流血亦所甘。（二）疏浚淤塞，必要处增筑堤塘，以利交通而增风景，绝对拥护。（三）缺之已塞者，听之，碶则要求于碶门之底部酌量加高，俾湖民得留最低限度之水，以供饮料，而免疫病。本会以群情激昂，所言实有至理，兴筑水库计划，确有不明地方情形及利害关系之处，为特据情吁请钧府，迅令鄞县水利参事会打消此计划，疏浚工作，应尽先施行，碶门之底，酌量加高，亦属轻而易举。伏祈俯赐采纳，以顺舆情，而免变患云。（《东钱湖建筑水库事百功一而害十》，1948 年 6 月 21 日）

6 月 24 日，《时事公报》载，浙江省政府面对舆论强大压力，决定由东钱湖水利参事会定期召集有关人士"共同审议决定"。报道说：

鄞县东钱湖建筑蓄水库问题，引起沿湖民众反对，详情迭志本报。大公乡陶公山公民许晋卿等，曾为此事具呈建设厅请求收回成命。兹奉省府批令文云：

呈悉，正核办间，复据建设厅案呈宁绍区县政视导团移送该民等呈一件，案同前情。查该项工程，闻鄞、奉、镇三县五十余万亩农田增加灌溉水量，其工程计划，原系东钱湖水利参事会策动。由前东钱湖水利工程处测量设计完成，复由该会审议，报经本府转送水利部核定举办。兹据前情，除电饬东钱湖水利参事会定期召集鄞、奉、镇三县参议员及灌溉区域有关人士共同审议决定，届时并由本府建设厅皮厅长，暨水利局孙局长前往出席指导外，仰即知照，此批。（《东钱湖建筑蓄水库系由水参会策动》，1948 年 6 月 24 日）

6 月 26 日，浙江省水利局局长孙寿培在鄞县水利参事会主持召开临时会，决定停筑东钱湖蓄水库。次日《宁波日报》报道说：

浙江省东钱湖水利参事会蓄水库工程座谈会，昨日下午一时假小梁街该会举行。出席者省水利局长孙寿培，周大烈、金臻庠、蔡良初、郑宜亭、郑小隐（李松龄代）、戴宙、郑文彬、戴东原、林志鹏、应存俊、王金康、蔡钧汉、忻元良、许晋卿、忻杏生、蔡济清、忻礼桐、张美伦（子期代）、王兴邦（陆代）、王振祥、史锦纯、杨亚农、陈如馨、金一淼、叶芝泉、姜箫甫、傅绍峰、陈佑华、王廷赓、赵芝室、施求臧、张申之、王文翰、胡延麟、沈友梅等。讨论事项：前奉省令饬将蓄水库工程克日兴工，旋经湖上民众认前项工程有淹没沿湖田庐之可能，请求停止建筑，复经本会转呈省府。兹奉指令已由省建设厅长偕同水利局孙局长来会出席指导等因。奉此前项建筑蓄水库工程，应否停止或兴建，并今后应进行之工程事宜，请详加讨论案。决议：一、停止建筑蓄水库工程，呈复省府收回成命。二、先除葑茭。三、将淤泥建筑南北长堤一埭，多开桥洞。四、沿江未修理碶闸堰坝修理完备。五、疏浚下水三大溪流。（《水利参事会讨论决定停筑东钱湖蓄水库》，1948 年 6 月 27 日）

东钱湖畔斑驳的石墙见证钱湖岁月的沧桑

7 月 10 日，署名"紫青"者在《时事公报》发表《闲谈东钱湖》一文，认为东钱湖是未化妆的"西施"，呼吁立即加以整治。文录于下：

闲谈东钱湖

近来不时在报上看到关于东钱湖工程问题的文字。说起东钱湖，虽然不像西湖能够引人注目，但我们展开地图，很容易在浙东一角找到这一境块未经开辟的处女地，却不能寻着为诗人歌咏的西子。但一点已足可为东钱湖所自傲，至少是表示它的面积大过后者。从功用上说，三县七乡的农田，要依靠它的灌溉呢。

从我们浙东说，到过东钱湖的人，大约很多，但都是浮光掠影、走马观花，能够知道她美的所在的，却不多。所得的印象，可能是童山濯濯，碧水浩浩。到过一次，再没有重游的心思，岂不辱没了这位未装的"西施"！古人说："竟说西湖足胜游，东湖谁信更清幽。"真的，西子姑娘固美，东钱湖亦自有她引人入胜的地方。这就是它的十景。

这十景是：陶公钓矶、余相书楼、百步耸翠、霞屿锁岚、双虹落彩、二灵夕照、上林晓钟、芦汀宿雁、殷湾渔火、白石仙枰。

本来每景之后，还附诗一首，像注解一般，更可按图索骥。这里限于篇幅，只得割爱。所可惜的是，此湖自唐天宝间废田为湖以来，久已失修。现在湖身日狭，湖床日浅，再不整治，梅湖可为前车也，更谈不到水利与风景了。

8月13日，东钱湖水利工程第三期开标。次日《宁波日报》报道说：

浙江省东钱湖水利参事会第三期工程比价，于前（十二日）下午三时举行，标价工程名称：（一）老杨木碶。（二）乌丰碶。（三）后鄮溪。（四）曹家防浪堤前至址界山筑堤一埭，并加高五里塘。出席者：建设厅代表余永年，陈如馨，毛翼虎（·王代），镇海县政府代表陈芝茂，周大烈（周代），沈友梅（兼代鄞县党部），王文翰，陈佑华（汪代），施求臧，东钱湖水利工务所鲍哲英。参加碶闸工程投标厂商有建华、徐庆记、大福、蒋荣记、启泰、葛顺记、新森泰等家，参加浚湖筑堤土方工程投标厂商有元胜、卢盛记、丁银记三家。审查碶闸工程结果如下：（一）老杨木碶标价最低为葛顺记，计稻谷八万五千八百三十一斤，惟细核单价，实有错误，应予取消；其次标价为徐庆记，计稻谷十一万三千九百二十五斤，细核单价，尚无不合，应予得标。（二）后鄮碶标价最低为徐庆记，兹查本期工程比价简章第三条后段每一厂商以承办一个工程为原则，该厂不能兼得，应予放弃；其次标价葛顺记，计稻谷五万五千八百六十二斤，细核单价，尚无错误，应准得标。（三）乌丰碶标价最低为徐庆记，查该标与第二标情形相同，照章亦在放弃之列；其次标为新森泰，计稻谷四万一千七百零五斤，细核单价，尚属相符，应准得标。审查浚湖筑堤土方工程结果如下：（一）五里塘加高二英尺在塘外取土以增容量，每立方公尺计稻谷七斤，应由丁银记承做。（二）自址界山至曹家山防浪堤浚湖筑堤工程：甲、自址界山至中段两旁取土每立方公尺稻谷八斤，船运堆堤土方每立方公尺稻谷十五斤，应由元胜厂承做。乙、自曹家山防浪堤至中段取土单价与甲项相同，应由卢盛记承做。以上（二）、（三）项筑堤工程须留桥孔五处，不计土方。浚湖筑堤土方工程暂先开标，再由该会检同计划图表报请建设厅核办。(《东

钱湖水利工程第三期比价审定》，1948 年 8 月 14 日）

9 月 3 日，鄞县参议会第一届第八次大会第五次会议举行，会上讨论提案多起，其中涉及东钱湖事项如下：（一）拟将东钱湖郭家峙试植莲菱案。决议：交东钱湖水利参事会计划办理之。（二）关于调整东钱湖第三期工程计划，认有未妥，拟具意见，请东钱湖水利参事会根据鄞、奉、镇三县共同决议原则施行，当否请核议案。决议：函请东钱湖水利参事会核议。（三）县府饬东钱湖水利参事会速即重修梅墟石塘以利农田水利案。决议：县政府饬东钱湖水利参事会迅速修理之。临时动议：迅速疏浚鄞东塘河及支流河道而利交通案。决议：函东钱湖水利参事会计划办理。（《鄞参会第八次大会讨论完毕圆满闭幕》，《宁波日报》1948 年 9 月 5 日）

9 月 12 日，东钱湖水利参事会正副主任委员陈如馨、沈友梅提出辞职。

9 月 14—15 日，沈友梅在《宁波日报》上连续刊登"启事"，即日起辞去参事会本兼各职。"友梅猥以铨才辱蒙浙江省政府谬爱，聘任为浙江省东钱湖水利参事会参事兼副主任各职，两载以还，自愧德薄能鲜，在会少有建树，总以所兼公职过多，实觉有兼顾难周之苦，与其徒负虚名于公无补，决拟辞去本兼各职，以轻罪责，自登报日起对会一切概不负责。此启。"

9 月 15 日，鄞县县农会第十一届第一次会员代表大会召开，各乡农会 46 个单位代表 83 人出席。下午举行大会，主席胡起涛报告一年来工作状况，继讨论提案，其中涉及东钱湖多起：一、东钱湖水利参事会沈副主委友梅，热心水利，泽及农村，阅报载辞去该会本兼各职，本会应如何表示案。决议：（一）面请打销辞意。（二）电省挽留。二、开辟郭家峙至栎斜河道业经东钱湖水利参事会拟具计划，并经县参议会一届七次大会通过施行，秋收将届，应请从速及时施工案。决议：函水利参事会从速及时施工。三、东钱湖整理工程暨蓄水库计划，因施工困难，有暂缓进行之议，事关农村水利，本会应如何表示，提请讨论案。决议：（一）蓄水库工程计划原案既经保留，该项筑库经费，官经筹有的款，拟请移作前、中、后三条干流疏浚之需。（二）整理湖界，以防侵占。（三）湖内外非有关水利工程计划，应请即日停止进行。（四）陈婆渡碶闸渗漏，应请赶修。（五）质询整理工程停顿原因，并请迅速依照原定计划早日实施。（六）鄞、奉、镇三县农会，应参与东钱湖水利工程设计之机会，以收集思广益之效。（七）上项各点函东钱湖水利参事会办理。（八）函请奉、镇二县一致响应。（《农会代表大会昨决议请特增农贷数额》，《宁波日报》1948 年 9 月 16 日）

9 月 18 日，水利参事会召开第四次会议，推周大烈为主任委员，并议决多个事项。次日《宁波日报》报道说：

东钱湖水利参事会昨召开第四次会议，出席陈佑华、蒋孝安（陈芝茂代）、王文翰、吴求剑（王介一代）、沈友梅、周大烈、陈如馨、施求臧、顾荆庸（沈代）、林志鹏（陈如馨代），列席鲍哲英。主席陈如馨，讨论事项：

一、准陈主任如馨函，以因事务兀繁，精力不济，请辞去主任职务案。决议：照准，并公推周参事大烈为主任委员，惟周参事以责任重大当时允加考虑。

二、沈副主任友梅，以本身所兼公职过多，实有兼顾难周之苦，提出辞去副主任职务，并请另推贤能接充案。决议：照准，并推陈参事如馨为副主任。

三、准鄞县粮管处函，以代征工程受益费稻谷，其带征公费，照实征数提支百分之二点五，因是项稻谷征储表报等工作，加添人员办理，现在币制改革，员工薪给标准提高，原定提支公费率委实不敷应用，拟自八月份起所有征起三十六年度旧欠及三十七年度稻谷，应提公费，请提高为百分之五计算，以免本处赔累等由，应如何办理，请核议案。决议：代征公费准百分之四，呈省备案。

四、修建沿湖沿江碶闸堰坝，大部已告完竣，兹准工务所函，拟疏浚下水港口水道，以利排水，而增容量，请核议案。决议：由工务所计划办理。

本会因工程浩繁，为谋设计完善起见，拟加聘建设委员案。决议：定期召开建设特种委员会决定之。（《东钱湖水利参事会推周大烈为主委》，1948 年 9 月 19 日）

1949 年

1 月 6 日，《宁波日报》刊登浙江省建设厅设计完成的《东钱湖水利工程计划》。全文如下：

东钱湖水利工程计划

东钱湖水利工程，业由省府列入本省十年建设计划内，兹将建设厅设计完竣之工程计划探志如下：

一、缘由

东钱湖在鄞县东南 15 公里处，全湖面积约 20 平方公里，其灌溉所及之地为鄞县江东全部及镇海、奉化两县之一部，总计面积约 50 万亩，生聚于斯者不下20 万人，以久未整理，湖底逐渐淤塞，蓄水量日减，区内河道又久未疏浚，益以沿江各闸堰多有损坏，致失控制调节之效。每遇旱年灌溉水量，即有不敷之处。

三十六年间，曾利用厅总救济物资及地方筹款，将沿江堰坝加以整理，惟功效尚不十分显著，亟应计划整治，以利农田灌溉。

二、计划概要

本计划以增加蓄水量及整理河道为目的，其应办之工程分下列各项：

甲、蓄水库工程：东钱湖水源多来自东南诸溪，就中以下水溪水量为最大。兹拟利用湖中淤积之土在湖内围筑土堤一道，使成一蓄水库，俾将下水溪等来水蓄潴其间，随时泄水接济灌溉之用。堤线自址界山起至陶公山曹家前防浪堤，近向东北，经擂鼓山、钱划村，接五里塘，计新建土堤 47700 公尺，面宽 10 公尺，平均高度 3.5 公尺，并以干砌块石护坡，原有之五里塘，则予以加宽培高，并加砌块石护坡，计长 1100 公尺，复在址界山及陶公山附近，建筑船闸一座，以利舟楫通行。

乙、开辟郭家峙至栎斜引河：县南各乡与东钱湖间无直接水道可通，引水不便，拟在郭家峙及栎斜村间，开辟引河一道，全长 1365 公尺，拟定河底宽为 1 公尺并于高度变换之处建筑船闸一座，以利舟楫通行。全河计需挖土 50000 公尺并即利用挖方在两岸填筑土堤。

丙、疏浚塘河：本区内主要河道有三，曰前塘河、中塘河、后塘河，以久失浚治，逐渐淤塞，应分别加以疏浚，三河全长约 45 公里，约计应挖土 500000 公方，其余重要联络水道约 80 公里，亦拟酌予浚深，约计挖土 800000 公尺，两共挖土 1700000 公方。

三、工费估计

工程名称	单 位	数 量	金额（金圆）	附 注
新筑蓄水库土堤及块石护坡	公尺	4700	400000	
培修五里塘及块石护坡	公尺	100	50000	
船闸	座	3	120000	北界山一座，陶公山一座，郭栎引河一座，每座约为 4 万元
开挖郭栎引河	公尺	1305	35000	约计挖土 50000 公方
疏浚塘河	公尺	45000	720000	约计挖土 900000 公方
疏浚联络支河	公尺	80000	560000	约计挖土 800000 公尺
收购用地	亩	1000	150000	蓄水库应收购用地 900 亩，引河工程应收用地约 1000 亩
拆迁房屋	平方公尺	5000	10000	蓄水库工程应拆迁房屋 5000 平方公尺
合计			2045000	
管理费约 10%			205000	
总计			2250000	依三十七年八月十九日限价估算

四、进度及分年经费暨员额估计

本工程拟分三年完成，第一年完成培修五里塘建筑蓄水库及船闸二座，第二年完成疏浚塘河工程，第三年完成郭枺引河暨船闸一座，并疏浚联络支河。其分年所需经费估计如下：

年 次		1	2	3	总计
项 目	工程费	675000	720000	600000	2045000
	管理费	68000	72000	65000	205000
	合计	743000	792000	715000	2250000

五、利益

本年计划完成后，东钱湖蓄水量可增加 6600000 立方公尺，区内农田 500000 亩当不致再有旱灾之虞，平均每亩每年以增加稻谷 50 市斤，约值金圆五元计，共可获益 250000 元，一年之增益即可抵偿全部工程费用。

1 月 14 日，《宁波日报》报道，浙江省政府致电镇海县府，认为东钱湖修堤蓄水有利于灌溉，"所称废湖为田一节，自属误会"。

镇海县政府顷奉省政府代电：（三十七）亥真四字第五六一二号代电悉，正核办间，复据镇海县参议会电阅前情。查梅湖于三十六年春间，经有关各县地方人士集议，废田还蓄湖水，供应灌溉，早经本府核准，电饬有关各县知照在案。至东钱湖水利参事会计议在东钱湖内修筑堤塘，增加蓄水计划，系由五里塘钱堰起，经陶公山防浪堤而迄地界山修成水库，提高水位，梅湖与该库，有上、下虹桥孔相通，如水库内水位提高，则梅湖水量自亦随之增加，对于该县灌溉区域，不无裨益，所称废湖为田一节，自属误会云。（《东钱湖修堤蓄水有益灌溉》，1949 年 1 月 14 日）

2 月 18 日，鄞县县府召开造林运动会议，决定本年度造林重点在于绿化东钱湖。《宁波日报》报道说：

鄞县府昨召开造林运动会议，决定本年度造林计划如下：

一、补植城区行人道树，以白杨及法国梧桐等为主，树苗由县农推所供给。

二、绿化东钱湖，利用滨湖各寺庙荒山隙地造林，由县府会同佛教会勘定地点，强迫植树，并派员监督。东钱湖各乡镇，由各乡镇公所造乡有林，同时发动各乡农民自动造林，由东钱湖水利参事会以隐学寺苗圃培植之二百五十万支马尾松等树苗，供给各寺庙及各乡镇造林。

三、所植树苗由县府令各乡镇公所警察所严密保护，并发动林地附近民众组

钱湖公墓公司董事王宽诚后成为香港著名的"红色资本家"，1986年去世后安葬于东钱湖畔

织保林协会。

四、植树节仪式定三月十二日上午九时在县党部礼堂举行。（《绿化东钱湖本年造林计划决定》，1949 年 2 月 19 日）

3 月 23 日，由旅沪著名宁波商人李康年、王宽诚等发起成立的宁波钱湖公墓股份有限公司开业并于同日在上海《申报》刊登开业启事。其文曰：

本公墓设于宁波第一名胜东钱湖滨象坎王家山之麓，介于白象、狮子两山之间，占地六十余亩，背山面湖，风景秀丽，土质高燥，交通便利，布置雅洁，设备齐全，举凡礼堂、殡舍、憩室、花园、牌坊、亭榭、墈路、沟渠、花树、绿篱无不匠心独运，精密设计。兴工以来，倏逾两年，最近各项建筑业将次第落成，自即日起开始营业。倘蒙赐教，无任欢迎，佳穴无多，尚希从速。此启。

董事长：李康年。

常务董事：柴秉坤、秦琏瑄、任庭珊、张翊琨、章显庭、李庆新、张取琳、戚连章。

董事：王宽诚、倪晋衢、范桂馥、徐志章、陈蔚成、张志棠、张功裕、林宗敏、陈积骅、徐利琢、张志绥、任鹤龄。

常务监察人：张紫金。

监察人：章沛霖、方伯奋、张翊清。

经理：任庭珊。

副经理：张取琳、张志棠。

墓园：宁波东钱湖象坎村。

办事处：上海南京路慈淑大楼三二〇号；宁波江厦街一三五号。

电话：九五九八八二二二六。

4 月 3 日，东钱湖一航船险遭倾覆。《宁波日报》报道说：

本月三日上午十一时半，鄞东莫枝堰开下水航船，至虾公山湖面遇风，自船后吹来，因船头装有柴油一桶，载重逾量，船头沉入水中，船舵缆绳亦吹断，行李浸湿，岌岌可危，乘客大喊救命。适有由下水开出往莫枝堰之航船驶至该处，急将旅客驳渡至岸，船重减少，得免覆灭。（《东钱湖中有风浪》，1949 年 4 月 4 日）

四

当代篇

1950 年

8 月 24 日，鄞县人民政府在《宁波时报》上披露，东钱湖疏浚工程重大，"是本县治水任务中一个主要的重点工程，将设专门机构逐年整治"。对此华东军政委员会曾派工程师来鄞实地考察。（《东钱湖疏浚工程重大》，1950 年 8 月 24 日）

11 月，东钱湖外海渔民协会成立。

12 月，筹建东钱湖养鱼场。

1951 年

是年春，国营东钱湖养鱼场成立，当年冬天开始养鱼。

5 月 27 日，为深入了解东钱湖水利情况，适当调节水量，防止水利纠纷，宁波地区专署召开东钱湖水利会议，会上成立了东钱湖水利委员会，由鄞、奉、镇三县代表中推选 7 人组成。该委员会负责调配水量、管理碶闸、设计水利工程、调解水利纠纷等。（《东钱湖已放水灌救旱田》，《宁波时报》1951 年 6 月 3 日）

8 月，鄞县人民政府组织 3000 名民工、200 只农船，国家拨款 2.4 万元，历时 40 余天，清除东钱湖葑草 3600 多亩。

1952 年

1 月，宁波地区专署成立东钱湖管理委员会，配备工作人员 3 名，专员公署建设科科长奚德祥兼任主任，鄞县县政府建设科科长李焕章为副主任。

8 月，再次组织清除东钱湖葑草，国家拨款 1.3 万元，历时 20 余天，清除全部葑草。此后由于湖内大量养殖青鱼等食草鱼类，有效地抑制了葑草的生长。

1954 年

是年冬起，历时 2 年，全面整治东钱湖，清理湖界，废弃沿湖低处田屋，修理湖塘、堰坝、碶闸，扩大湖面 400 多亩。湖容量从 3000 万立方米增加到 3600 万立方米。9 月 24 日，《宁波大众》报道说：

> 在鄞县的东乡，有一个东钱湖。这个湖可真不小呵！周围有九十多里，面积有三万八千来亩。这个大湖不是天然湖，而是人造湖（起先是依山形筑长短塘贮水，到唐朝天宝三年废田开广，以后历代多有修治）。这是我们的祖先的智慧和血汗的结晶。这些智慧和血汗，化成清澈如镜的湖水，灌溉着鄞县、镇海、奉化三个县四十一乡的三十多万亩良田，创造了沿湖农田土质好、水源足、产量高的优越的条件，所以人们颂赞这个湖为"万金湖"。
>
> 但是，在国民党反动统治时期，东钱湖遭到一连串的破坏，特别是俞匪济民和他的走狗们霸占了东钱湖的一部分——梅湖（废湖为田），结果引起了很多水利纠纷和争水械斗。在那些日子里，富饶的鄞东南闹了饥荒，饿死了人。解放后，当地农民在国家的扶助下，进行东钱湖整修工程，沿湖的塘坝碶闸都整修一新，梅湖的一千多亩葑草也清除了。国家还拨款兴建了铜盆大闸、印洪碶、界牌碶，共计化去人工五万余工，使东钱湖的蓄水量大大增加。去年沿湖地区旱了六十二天到七十三天，但由于湖水充足，仍然获得丰收。
>
> 随着合作化运动的发展，东钱湖将出现一个新的面貌。鄞县人民政府已计划把整个湖塘加高一公尺半，增加蓄水量三千五百万公方，即较现有蓄水量增加一倍，可以扩大灌溉面积至四十万亩，举办自流灌溉六万亩，并为灌区实行全面机械灌溉和全部改种连作稻创设条件。这个工程分三期进行，主要工程包括开通寨基岭，挖建渠道，增设湖水节制闸一座，可使横溪、甲村等六个乡四万亩农田，在改变现在的湖水流道后缩短流程二十多里，受到直达灌溉，甲村抽水机站的水源也能得到保证。
>
> 鄞东农民听到整治东钱湖的消息后，都欢欣鼓舞。他们说：这是社会主义建设！同时，整治东钱湖，也将促进当地农民走上合作化的道路。（《让东钱湖之水为农村造福》，1954 年 9 月 24 日）

1955 年

2 月 23 日，宁波地区、专直属机关干部、驻甬部队官兵千余人在东钱湖旁植树

18 万株。^①次日《宁波大众》报道说：

> 昨日，天空是阴沉沉的，但是鄞县东钱湖边白石山上活跃着一群又一群的人们，这是中共宁波地委、宁波专署直属机关干部和人民解放军驻甬某部官兵 1500 多人组成的一支绿化大军。这天，就在白石山和平峨山种上了 18 万株树苗，其中有马尾松 12 万株、麻栎 6 万株。
>
> 这次绿化，地专机关除少数同志因工作需要留机关外，都热情地参加了。他们在早晨四点钟就起身，当他们离开宁波市的时候，天色还是灰蒙蒙的。大部分同志又都是步行到东钱湖，少数做筹备工作的同志在 22 日夜里几乎一夜未睡。在绿化队伍赶到东钱湖后，原定要休息一下的，但同志们热情高涨，立即赶上山种树了。据专署林业局技术员检查结果证明：这次种的树一般都合乎技术标准。驻宁波的人民解放军某部，这天也一早带了干粮、工具从宁波赶来，官兵们个个情绪饱满。为了保证植树的技术合乎标准，他们在事先还特地请了专署林业局赵仰夫副局长专门来上了技术课。
>
> 东钱湖在宁波的东乡，是宁波的风景区之一，山上有白石仙坪、双虹落彩、余相书楼等十大名胜古迹。但是在解放前，山林多被破坏，周围有两万多亩荒山、光山，经常闹洪水暴发。去年，地专机关已经在那里种上了一批幼苗。这次地专机关又给东钱湖周围的群山新种上了一批树苗，可以相信东钱湖以后会变得更美丽、更富饶。（《东钱湖旁植树 18 万株》，1957 年 2 月 24 日）

2 月 26 日，《宁波大众》报道东钱湖绿化运动相关计划。报道说：

> 鄞县东钱湖是全区有名的大湖，湖岸线长达九十六里。中共鄞县东钱湖区委，为了绿化东钱湖，在二月八日区委扩大会议上，作出了沿湖地区进行造林的决议。计划在今年春季，种植马尾松等用材林三十六万株，油茶四万亩，水蜜桃和桑树四百五十亩。这个决议，现在各乡都通过互助合作代表会议进行贯彻。下水乡六个农业合作社、三十一个互助组，都将春季造林列入主要生产内容之一。他们准备共造林十四万五千株，种油茶一百六十亩。高钱乡农民，二月廿一日起已经开始行动。（《绿化东钱湖》，1955 年 2 月 26 日）

4 月 7 日，《宁波大众》报道整治东钱湖初步工程已经开始。报道说：

① 20 世纪 50 年代中期起，东钱湖成为宁波暨鄞县开展绿化运动的一个重要基地，历年城区与鄞县的绿化示范活动几乎无一例外地都在此举行。

三月二十四日，鄞县人民政府组织了沿湖地区的民工一千多人，摇着二百多只农船，到梅湖捞葑草。计划在二十天内，把梅湖一千三百多亩的葑草全部捞光。

省农业厅已经批准了整治东钱湖的计划。计划中决定要逐年把湖塘加高。目前东钱湖的蓄水量为三千九百多万公方，能够灌溉沿湖地区三十万亩左右稻田。整治计划完工后，蓄水量增加将一倍左右，周围并有六万亩稻田可以自流灌溉。（《整治东钱湖初步工程已经开始》，1955年4月7日）

是年起，为保证粮食供应，国家开始实施统购统销政策。6月26日，《宁波大众》报道了这一政策的实施给东钱湖渔民带来的好处。报道说：

鄞县东钱湖区沿湖居民，有三分之一是渔民。解放以前，粮食掌握在投机奸商手里，沿湖渔民往往捕上鱼换不到粮食吃，只好把捕上的鱼当饭吃。渔民顾万清，有钱买不到米，含着泪把孩子也送了。

自从国家实行粮食统购统销后，每年沿湖渔民出海前，国家保证供应粮食。渔民不再吃投机粮商的苦头。今年，沿湖出海捕鱼的渔民达七百多人，国家及时调拨十一万多斤粮食，让渔民们下海去安心捕鱼。渔民们说："粮食统购统销是救命政策。"（《粮食统购统销带给东钱湖沿湖渔民的好处》，1955年6月26日）

7月12日，《宁波大众》报道东钱湖的重要水利设施——自流灌溉渠的修筑情况。报道说：

湖水哗啦啦冲出闸门，翻滚了几下，循着渠道，平静地往下流去。这就是鄞县东钱湖梅湖区解放后修筑起来的一条全长三四里路的自流灌溉渠。它是利用湖高田低的地形，在梅湖区装了一个闸门，根据湖边稻田需要，随时开闭，引水灌田。

早在许多年前，沿湖劳动人民为了摆脱繁重的体力劳作，修筑起这条自流灌溉渠。国民党反动统治时，连年失修，自流灌溉渠受到破坏。那时，梅湖区边的黄呇畈三百多亩田，天一晴要断水，水一放要浸煞稻苗，就这样，只能种单季稻。

解放以后，党和人民政府领导农民兴修水利，把旧的已经破坏的自流灌溉渠重新进行修理，把一条大水沟掘通，又新开了一条三里路长的大水沟。同时，挖掘了大小支沟三十多条，并设专人负责放水。这样，死去的自流灌溉渠复活了，灌溉的田亩也从一千亩扩大到二千亩。凡是自流灌溉地区，都可以不用牛力、人力车水。

由于自流灌溉渠的修通，再加上今年政府领导农民除掉了梅湖一部分葑草，水量更充足，今年灌溉渠附近就种上了一百四十六亩连作稻。（《东钱湖的自流

灌溉渠》，1955 年 7 月 12 日）

1956 年

1 月 7 日，《宁波大众》报道东钱湖渔场大批鱼种迁居的情况。报道说：

> 入春以来，天气渐暖，正是淡水养殖业放养鱼种的大好时光。鄞县东钱湖养鱼场去年繁殖的一百万尾花、白鲢鱼种，已有三十四万尾放到赤塘岙暂养。由于外荡水域大、饵料丰富，已放养的三十四万尾鱼种体质比前大有好转。现在养鱼场打算将尚留养在内塘的六十万尾鱼种继续放养到赤塘岙。到清明前后，鱼种规格普遍达到三寸以上时，再放到谷子湖暂养，以逐渐适应大湖环境，到六月中旬再把鱼种放出大湖。（《入春天气好　放养鱼种忙》，1956 年 1 月 7 日）

6 月 19 日，《宁波大众》在头版刊登署名"东钱湖鱼场全体职工"的来信，披露了东钱湖水利工程质量问题并要求加以改正。[1] 函录于下：

编辑同志：

> 鄞县东钱湖水库，从去年秋收后到现在，已经蓄足了一湖水量。很好地运用湖水，对保证周围 30 万亩水稻丰收和东钱湖的渔业生产增产，有密切的关系。但目前却出现东钱湖水大量流失现象。

> 原来，在今年春耕前，东钱湖沿湖的部分农业生产单位，为了提高工作效率、节约劳动力，在沿湖开辟了许多自流灌溉系统。这原是件好事。但是，由于施工粗糙简陋，不求质量，就发生很多漏洞。如高湫塘等五个自流灌溉沟渠中，由于没认真做夯土工作和水泥填缝工作，建成以后，个个都发生漏水，尤其是建造在方家塘觉际寺地方的一个沟渠，从建成后就没有闸板，湖水一直向外自流着。原来湖上的几个水闸碶门，也有漏水。这样，不但每天每夜都有大量湖水白白地向外漏出，而且日子一久，可能会影响湖塘的坚固。

> 为了保证今年农田用水的需要，鄞县农林、水利局，当地政府及农业生产合作社，应该迅速杜绝这些漏洞，决不能让湖水白白浪费掉。

东钱湖鱼场全体职工

---

[1] 20 世纪 50 年代中期起，东钱湖成为鄞县一地兴修水利的重要地区，但由于急于求成，不少工程存在质量问题。

　　编报人说：东钱湖水库的蓄水，对附近 30 万亩农田的灌溉有密切的关系。因此，东钱湖鱼场职工提出的意见，是重要的。鄞县水利部门和当地政府、农业生产合作社应该很好注意，迅速纠正。同时，这件事情也告诉我们：虽然我区去冬今春在兴修水利方面，取得了很大成绩，但是有许多水利工程质量不高，存在很多问题。为了使这些水利工程在保证战胜水旱灾害上切实发挥有效的作用，避免因质量不好而造成意外损失，我们应该抓紧时机，进行一番检查，迅速改变那些质量不好的工程。（《不能让东钱湖的水白白浪费掉》，1956 年 6 月 19 日）

1957 年

10 月，浙江省畜产公司在东钱湖新建麝鼠育种场。《宁波大众》报道说：

　　最近我国从苏联运来 300 只麝鼠种畜，决定在贵州和浙江二省试养。本省领到种畜 100 只，浙江省畜产公司经调查勘察后，选择在鄞县东钱湖西北隅的梅湖蟾山畔建立试验场。这个试验场今已开工建筑。（《东钱湖新建麝鼠育种场》，1957 年 10 月 6 日）

1958 年

　　7 月，中共宁波地委、行署联合发文，成立宁波专署福泉山牧场，职工 202 人。

　　是年，东钱湖加高湖塘 50~60 厘米，提高蓄水位 20 厘米，增加蓄容量 800 万立方米，总蓄容量达 4400 万立方米。新建大堰楔闸 1 座，改建、新建小斗门 11 座。

1959 年

　　1 月 29 日，《宁波报》刊登《整风一年面貌改　金色鱼儿满钱湖》一文，全面介绍国营东钱湖养鱼场上年进行"大跃进"的情况，认为国营东钱湖养鱼场"八次大鸣大放大破保守迷信，四项技术改革奠定丰收基础"，从而获得空前大丰收，甚至提出"人有多少办法，湖就可以出多少鱼"。从中可以看到当年"大跃进"运动在宁波的一个侧影。文录于下：

整风一年面貌改　金色鱼儿满钱湖

地方国营东钱湖养鱼场，在全国工农飞跃发展的一九五八年中，全场获得有史以来第一次鲜鱼丰产。去年全年出水的大活鲜鱼，由一九五七年的一百十六万斤提高到二百八十六万余斤，翻了一番半。

从去年三月以后，正当天气由寒转暖的养殖季节，东钱湖养鱼场就展开了一个以整风为纲，带动养鱼业大发展的运动。全年通过八次较大规模的群众性的大鸣大放和依靠群众进行整改的方法，在养殖技术中作了四项重大的改革，创造了全年大丰收的良好条件。

东钱湖是有悠久的养鱼历史的鱼场，场内有不少有四十多年养鱼经验的老工人。但从解放以来，他们一直沿用旧的"春放冬捕"的放养方法。去年四月，在第一次群众鸣放以后，大家在社会主义建设总路线的鼓舞下，绝大多数工人要求试验常年放养和常年捕捞的方法来达到大量增产。这个方法在党的支持下实行了，由于常年放养，提供了常年捕捉的条件，出水鱼量日日增加。在去年的六、七月间，鱼场就一反常规在暑天里网了四十万斤青鱼出品销售。

整风以后，给鱼场职工带来了新的干劲和敢想敢作的思想作风，在农业推行密殖时，鱼场工人提出了湖泊也要密殖和大面积的高产。在场党支部的领导下，首先开始种"试验田"，划出一两亩面积的池沼作试验性的放养，放殖鱼苗比一般增加了三四倍，经过饲养，在起水时，达到了亩产七千斤的高产，比原要求亩产二千斤提高了两倍半。这个经验今年已经全面推行了。今年的放殖量比往年增加了两倍以上。

东钱湖鱼场历年所需要的鱼苗，都是向长江流域采购来的。由于外地路远和运输途中死亡率高，因此成本很大，去年推行密殖以后，鱼种需要量也大大增加，外地找不到这样多的鱼苗，这时工人们就展开了自行繁殖和孵化。为了吸取经验，场长带头，用面盆等工具作多次试验，终于获得成功。自孵自养的成功，就自力更生地解决了一百二十多万子口鱼苗供应，既保证了当年的捕捞，也制造了今年捉大鱼的条件。

把天然养殖改为人工养殖。在整风辩论生产时，工人说："人定胜

20 世纪 60 年代前后的东钱湖一角

天，鱼是人养的。"也有说："人有多少办法，湖就可以出多少鱼。"在"献宝"中，工人莫致祥建议用小鸡草喂鱼最好，因此在湖边栽植了一批饲草，加强人工饲喂，全年放了大批螺蛳和各种大批饲草。鱼口得到饲料以后，成长率非常快，一般的青鱼和鲤鱼，已从过去年长三斤增到六斤左右。

在大跃进的一年中，鱼场得到了全面的发展，工人们不但为城市工人提供了大批的渔产品，而且也为国家创造了大批财富。这个鱼场的工人，全年为国家创造了一万余元的利润，大大增加了国家财政收入。

9 月 3 日，在迎来中华人民共和国成立十周年之际，《宁波报》在《光辉跃进的十年》专栏中，刊发专版文章，全面介绍东钱湖的历史与现状。文录于下：

鱼米之乡

东钱湖水泛金光

一九五九年八月下旬的一天，旭日东升，万里无云，微风拂拂，水面上泛起层层金浪，把宽阔的东钱湖打扮得格外美丽和雄壮。一阵咿咿呀呀的摇橹声、板桨声，引着一只只渔船从殷红湾树丛中钻到湖心，立即左转，破浪前进，直取对岸。

船到下港口，一刹那，约在一千亩大的水面上，撒下了天罗地网，罗网越缩越小，鱼儿乱窜乱撞，跳出一丈多高的水面，构成了一幅"鲤鱼穿龙门"的美景。三小时后，千百条鱼儿集中在一二片庞大的水面，水花四溅，不到几分钟，二千多斤鱼儿就乖乖进船，偶尔有鱼逃出网处，就有人钻到湖底抓回来。他们为在国庆节前捕捉四十万斤，争取六十万斤鱼儿而战斗。

同样是这个湖，同样是这些渔民，可是十年前的今天，湖容是这样衰老，四面怨歌，死气沉沉；而今天，她是这样鲜艳，造福人民。

过去渔民苦连天

那是解放前五六年的事情。

那年，渔业资本家由戴东原出面，历史上第一次在东钱湖养上了鱼。吃人的枷锁一道又一道套在渔民的颈上。资本家以养鱼为借口，限制多种鱼具入湖，规定捕鱼种类、地段。天哪！东钱湖是周围几百户渔民唯一的米缸，仅有的几颗米也要被掠夺而去了。

渔民们再也忍耐不下去了！他们团结起来，和资本家打官司，可是，在人吃人的社会里，穷人会有出头日子吗？渔民们见告状无效，就团结一致，继续在湖里捕鱼。渔霸就找来伪警察，派出巡逻船到处捕捉吊打渔民。有一小船被抓到后，这些毫无人心的家伙，不但毒打人身，竟将小船剖开，企图置人活活饿死。那时，苛捐杂税，又日益加重。陈成德回忆过去，愤怒地说："当我们过着有一餐没一餐的生活时，反动派还要抽百分之二十至三十的鱼税。这还不算，有一天半夜里我捕鱼回来，碰上反动派的岗哨，他把大鱼拣去，过几天碰到向他要钱，这个凶手竟打我两个耳光，这是强盗！"

现在渔民乐逍遥

解放后，渔民们久旱逢甘雨。一九五二年，国家在这里建立了国营东钱湖养鱼场，放养了一百十八万尾鱼。周围渔民生产、生活怎么样呢？不同的社会结果完全两样。党和政府首先考虑了渔民生活，五二年初期积极地把渔民组织起来，按船编队，有秩序地照常入湖捕天然鱼；当年下半年起，党又领导他们逐步走上互助合作道路，国营养鱼场积极帮助，把五二、五三两年捕获的天然鱼，全部支援渔民生产、生活，帮助他们在周围河流也养了淡水鱼；党又领导他们，发展海洋捕捞，经过五四年水上民主改革，渔业生产大发展，特别是去年大跃进、公社化以后，这里的渔业生产得到了大发展，国营养鱼场在湖里养了二万四千亩，各种鱼类二十种左右，还第一次养上毛蟹、海蛎、鲻鱼等。公社组织了渔业大队，拥有各种渔船百余只，在二○四○亩水面养上了鱼，还建立了加工厂、织网厂，渔民生活大大提高。他们说："过去渔民苦黄连，现在渔民乐逍遥。"

贫贱者最高贵

面广三万一千五百亩的东钱湖，要将养下的鱼都捕上来是一个难题。有人曾说这是石沉大海。戴东原养鱼没有结果，这也是原因之一。过去被认为是"贫贱者"的渔民，他们有无穷的智慧，有广大的神通。养得下，一定捕得上，第一年他们集中了三四百只渔船，用游丝网连结在一起，摆起长蛇阵，横阔大湖，向前挺进，把鱼儿赶到湖谷，捕上一○六万斤。但是，他们嫌这个办法化力太大，群策群力想办法。一九五四年起，用网赶鱼成功，效率提高近十倍，捕上鱼儿二百另二万斤。叶文松饶有风趣地说："国民党说我们最笨，但我们的智慧超过了他们这些自以为顶聪明的人。"

渔业大发展

十年来，党提出了一系列发展水产事业的方针，照耀着渔业生产展翅高飞。

一九五六年他们贯彻"就地取材、就地培育、就地放养"的"三就"方针，开辟了一九九亩内塘，自己培育鱼苗，还创造性地采用鲤鱼与鲫鱼杂交，就地孵化，成本降低一半，解决了鱼苗不足困难，促进今年养殖事业特大跃进，已放养二三〇〇万尾，比前几年年养加二十倍以上，相等于前几年养殖总和二倍以上。下半年还准备放养三三〇〇万尾。今年要捕获三百万斤，要比大跃进的一九五八年，再增加百分之五十。

他们又贯彻了密养、精养先进技术，做到以水养草、以草养蓄、以蓄肥塘，繁殖饲料，饲养蓄牧，增加鱼的饲料，肥育大鱼。

两岸稻花香

解放十年，东钱湖上，不仅出现了渔业大发展，而且，在农业上，也是一片新气象。解放前，东钱湖水深一点三公尺，灌溉横溪、丘隘、姜山等地二十五万亩稻田（内东钱湖区三万亩），这些土地有三分之二只有十天水量，沿湖两岸也有很多"靠天田"，因此流传着"水放三天不下雨，沿湖稻田叫皇天"的民谣。解放后，东钱湖经过连年整顿和加固，蓄水量从三千二百万方增加到四千八百万方，水位也提高到二点二公尺，受潮水灌溉的稻田增加到五十多万亩，沿湖还建成了八千多亩自流灌溉田。

几年来，湖区粮食产量迅速增长。解放初，沿湖三万亩稻田平均亩产只有四百斤左右，到一九五八年，粮食产量已经增加到七百十一斤，特别在公社化后，今年一季早稻就收了五百多斤，一季产量超过解放初时的全年产量，并出现了很多千斤田。韩岭大队石后畈，是个山岙畈，过去因为湖水浅，东钱湖的水灌不到这里，平均产量只有三百多斤，今年，全畈七十多亩稻田，早稻平均收了八百三十斤，成为全社的丰产畈。

十年，只有这短短的十年，东钱湖起了翻江倒海的变化，湖岸上的渔民和农民以激动的心情说："是党，给东钱湖带来了青春；是党，给我们带来了幸福。"

东钱湖冬捕场景

湖上人家——访东钱湖畔老渔民张元龙

早晨，朝阳从地平线上慢慢升起，透过朵朵白云，在宁静的东钱湖上反射出万道金光，把整个大地照得通红通红。

这时候，湖畔出现了一只小渔船，小船迎着阵阵微风，一颠一簸地向湖心驶去。老渔民张元龙下湖捕鱼去了。

张元龙在东钱湖畔殷湾村已经住了整整五十年了。这个祖孙三代都以捕鱼为业的人家，几十年来，天天和湖水打交道。

湖上生活使他们对整个东钱湖熟悉得像自己的家一样。这是东钱湖畔一户极普通的渔民之家。但是，就在这个普通渔民的心里，却交织着多少辛酸和欢乐的回忆：在两个不同的社会制度里，虽然同样是一个渔民，他们祖孙三代却得到了完全相反的遭遇。

那是四十多年前的事情。那一年，元龙的父亲——一个很有本领的渔工，因为无钱看病，眼睁睁让两只布满红丝的眼睛，一天天失去光明。最后，双眼完全瞎了。但是，生活的皮鞭还在不断地抽打着他，没奈何，他只得瞎了眼睛还去替渔霸做最低等的生活，一年挣回二三石米钱。

那时元龙才八岁，为了不使他在家挨饿，母亲含着眼泪把他送到一个瞎子先生那里去"领路"，这样又过了好几年，吃尽一世苦难的父亲死了。谈着、谈着，老渔民眼圈红了，显然，这些辛酸的回忆激起了他悲痛的心情。

好容易度过了八个艰难的年头，元龙在十六岁那年，就替"长元"（渔业资本家）去当渔工。从此，千斤生活重担开始压到这个还不很懂事的孩子身上。

"渔工可不是人当的。"老渔民以沉重心情说："那时候，我们半年在海洋，半年在湖里，下海捕鱼那几个月，名义上工资是十三四石大米，可是实际拿到的每年只有七八石，譬如向'长元'去借钱，八斗米钱当一石，利息最低也要二分。下半年回家来，辛辛苦苦在湖里捕些鱼，但是渔价却低得吓人，三斤鱼一升米，还要扣除二三成渔税。这样，渔民个个'寅吃卯粮'，年年背债。"

过去，渔民是"三寸板内是娘房，三寸板外是阎王"。渔民生命是用头发系着吊在半空中的。在茫茫大海里，低头见海水，抬头见青天，谁也不知道什么时候会遇上狂风暴雨。

一九三八年，日本鬼子占领了沈家门。渔港被封锁了。元龙和几个渔民也被隔绝在沈家门不能回家。这样整整过了两年，他老婆带着三个孩子经过九死一生的斗争，到沈家门来找到他，一家虽然团圆了，但是以后的生活却更难过了。就在这一年，他们把十四岁的女儿送给人家当童养媳。元龙的弟弟也在这一年被抽去当壮丁，以后一直没有回来。

解放了！新生活给元龙一家人带来了欢乐和幸福，悲惨的生活离开了这个老渔民，并且永远也不会再回来。大儿子惠明在一九五六年进了上海复兴岛渔轮公司，现在是渔轮驾驶员；小女儿进了工厂，现在是个织布工人；大女儿阿花夫妻俩的生活也过得很好：八岁的小孩子惠国，下半年就要上学……伴随着这些一起来的是家庭经济生活的变化，去年，他家里全年总收入在六百元以上。

但是，最使这个老渔民感动的是党对他的关怀和帮助，一九五七年下半年，元龙患了一场急性盲肠炎，当救护车把他送到宁波第二医院时，人已经病得昏迷不醒了。当时，他只带去四十多元钱，钱不够，但医院里不顾这些立即替他开刀，经过诊治，化去的钱都是以后陆续付清的。病后，社里为了照顾他的身体，让他休息了四个多月，又把他从外海调回来，分配在东钱湖里捕鱼。

经过多少年辛酸生活的老渔民，虽然现在生活舒服了，但元龙从来也没有忘掉过旧社会的一切悲惨。他经常说："我的一家能够有今天这样的生活，全靠共产党，没有党，我这条命不死在海里，也得死在病里。"

"万金湖"

东钱湖曾以万金湖为名。这廿一平方公里碧波万顷的湖水，蕴藏着多少富源，给人们带来了幸福。东钱湖的湖光山色构成了秀丽动人的钱湖十景。那芦汀宿雁、陶公钓矶、上林晓钟、余相书楼、霞屿锁岚等优美景致和名胜古迹，每年不知吸引了多少旅人？

宽广的湖面上，革命草、水浮莲、水菱等，给青青的湖水铺上了一张张绿绒。水，是鱼的世界！青鱼、草鱼、白鲢、鲤鱼、鲻鱼、鳊鱼、蟹虾等五花八门，应有尽有。鲻鱼是咸水移殖到湖里来的，鳊鱼肉朦味鲜，清炖炖别有风味；银鱼山周围银鱼多，洁白柔软，鱼丝炒蛋更是脍炙人口。

在那峰峦重迭、绿荫缤纷的湖边，苍松、翠柏、秀竹等，成为市区重要的竹林木柴炭供应地。这里有一种香樟树，可制芳香油，又可制樟木箱。还有白术、贝母、土人参等药材和桃、李、桔等水果。郭家峙的玉露蜜桃、红桃、白桃也很出名。陶公山的冬瓜、南瓜，韩岭带豆、下水萝卜，以及烟叶、络麻、蚕桑等等数不清的农特产品。泥土里还有质量很好的耐火泥、电磁石呢！

看那清清的湖水，湖底里有的是取之不尽的上等肥料，还有优质的青紫泥——最好的制砖瓦原料。"湖塘赤壁"就是砖瓦窑的烟火映红天边的壮观而得名的。东钱湖水是市自来水厂的主要来源，周围的大小水库可蓄水防洪，又能发电作动力。环湖公路全部完工后，人们可以乘着汽车饱赏东钱湖风光，进一步发展东钱湖的经济特产更为有利。

12月2日，《宁波大众》发表曹信忠的文章《东钱湖的变迁》，介绍东钱湖的历史变迁。文录于下：

东钱湖的变迁
曹信忠

东钱湖在宁波城东南约十五公里的地方。这廿一平方公里碧波的湖水，给人们带来了无限的幸福。

东钱湖的湖光山色构成了秀丽动人的钱湖十景。那里有芦汀宿雁、陶公钓矶、上林晓钟等等优美的风景和名胜古迹；湖面上，革命草、水浮莲、水菱等，像铺上一张绿毯；东钱湖水是宁波市自来水厂的主要水源，周围的大小水库可蓄水防洪，又能发电。可是，东钱湖的历史是经过一番曲折的、天翻地覆的变迁。

唐时，东钱湖地区有废田十二万一千二百十三亩（唐时每亩合现在八分五厘），四周围山，树木茂密，为野兽出入之所。这个地区有好多短小的江河，其中三丈左右的有三条，一叫猫尾江，一叫卧龙江，一叫梅福江，分别发源于韩岭、下水、柴场等丘陵地区，向西北流入甬江。但这些江河一到旱天，江水干涸；若遇暴雨，大水泛滥，淹没田地，淹死人畜；所以东钱湖地区一万多亩耕田连年遭灾；亩产多则百斤，往往颗粒无收。因此当时人口很少，到唐太宗贞观时也不过百余户，三百余口。在公元七四五年（唐玄宗天宝四年）下令凡所有中男（十六岁—二十岁），丁男（二十一岁—五十九岁），都要修湖五十天，在这期间免收"租""调"（是唐时的税制）。以后做了迁拆坟墓房子等准备工作，又用明州（即宁波）对外贸易收入雇用常役二千名。到七四六年（唐玄宗天宝五年）春正式开工，其时筑湖者有徭役万名，常役二千名，其他人等一千名，共一万三千多名。首先在莫枝、钱堰、梅湖、大堰筑四碶，然后用土筑莫枝塘、高湫塘、梅湖塘、栗树塘、平水塘、钱堰塘、方家塘、大堰塘等八塘，前后共十三年。到公元七五八年（唐肃宗至德三年），陆南金为筑湖事被杀，于是工程停止，其时湖初步筑成，能基本蓄水，明州部分地方受到其益，粮食亩产达二百斤左右。后来湖因年久失修，渐渐淤塞，失去蓄水作用，又因湖不与下河相通，船到下河必须抬过湖塘，交通十分不便。到公元一九二八年（民国十七年），伪县府曾主张掏湖，但结果湖没有掏，只在湖边建立了几十块湖界而已。抗战前伪县长俞济民曾将梅湖水放干，折合田二千四百余亩卖给农民，后因引起广大群众的反对，一年以后才又恢复为湖。在一九四二年到一九四九年的七八年间，由于遭到敌伪种种破坏，湖便浅了四五十公里，再加大地主、富商、绅士等在湖中大筑其防波堤，填屋基地、填操场、填田，使湖面积缩小很多。

解放后，人民政府号召挖湖，在党的领导下，经过了湖区人民一年多辛勤劳动，为患数百年的芦苇基本被挖尽了；以后又二次筑高湖塘、堰塘，使蓄水量大增，抗旱力也从解放初的三四十天增加到七八十天了。

现在东钱湖分南仓湖、东仓湖、中仓湖、梅湖、格子湖、嘉泽湖等六部分，面积达二万七千余亩，受七十二溪之水汇集而成，能蓄水三千五百九十六万四千立方以上，灌溉着五十余万亩土地，抗旱力八十天左右。湖中出产的鱼类每年收入也有数十万元。今年国家又拨款四百二十万元，修筑东钱湖。如今的东钱湖，青山映碧水，湖岸稻花香，六畜兴旺，鱼虾满塘，风景秀丽如画，到处洋溢着欢乐、幸福的气氛。

1960 年

1月6日，《宁波大众》在头版报道短途运输网密布东钱湖，东钱湖地区交通条件有了显著改善，"出门一副担，腰酸背痛挑过山"的日子一去不返，"湖上船如梭，山间车如龙"，一年进出物资四万多吨。报道说：

> 钱湖公社与大嵩、横溪相邻，四面是山，当中是湖，特产丰富，有竹、木、柴炭、粮食、塘鱼、矿石、建筑材料等产品，每年约有二万五千吨物资，供国家建设和城市人民的生活需要。全社每年进出的运量共约五万吨。因环山绕湖，出门就要翻山越岭和靠湖内小船，运程一般在二十到三十华里，运输历来依靠户挑背负，很不方便。过去社员说："又怕浪、又怕坝，大量物资又积压"；"出门就是一副担，腰酸背痛挑过山，不知何日不要担"。深刻地反映了广大群众要求改变山区交通面貌的强烈愿望。
>
> 解放后，党十分重视山区交通建设工作，领导群众修建了十公里公路和手拉车路等，从而开发了山区经济资源。公社化后，又新造和新修了船只四艘（是六吨的），在公社党委的领导和支持下，广大队员积极努力，运输面貌日新月异，目前船上都新做了竹篷，铺了舱板，改善了队员们在船上的生活，并贯彻了勤俭办社、勤俭办企业的方针，建立了修船场，装进电话、广播机，最近又装上电灯，现在每一只船上都有防护设备。在修船当中克服了原料和材料不足的困难，短短时间就把船只都修好，大量物资源源外运，不断提高队员收入，支援了国家建设。到目前止进出物资四万多吨，为干线集中了大批物资，不仅有力地支持了工农业

生产和人民生活的需要，而且使广大社员增加了副业收入，同时也增加了运输工人收入，还积累了资金一万多元，从而在一年内很快改变了山区和平原地区物资积压的现象。

为了加强短途运输工作的具体领导，公社党委确定一个书记分管，工业与交通同时抓，建立了运输大队，设立了渡船队、搬运队、车运搬运站、堰场队，由工交委员会直接领导和指挥，并配备了会计、业务员等具体工作人员，组成了以各大队和各经济部门共同参加的管理委员会，制订了运输规划，最近又实行了"三统"（统一运价、统一计划、统一调度）管理。建立运输大队以来，大大发挥了运输队员的生产积极性，出勤率达到百分之九十五；运输工人们还通过大闹技术革新和大闹群众运动，自制了土法起重机，提高工效三倍。本来十五吨塘鱼从船里搬上汽车要八人化五小时，有了土法起重机，十五吨塘鱼从船里拉上汽车只要三人，一个半小时就行了。这样既高工效又安全，大大节省劳力。通过不断的技术革新，消灭肩背挑的劳动。（《短途运输网密布东钱湖》，1960年1月6日）

2月1日，东钱湖环湖筑路工程领导小组成立，开展环湖筑路工作。

3月11日，《宁波大众》发表谢枋的长篇文章《东钱湖赶西子湖》，赞美解放后东钱湖的巨大变化。文录于下：

东钱湖赶西子湖

谢 枋

杭州有个西子湖，宁波有个东钱湖。西子湖有十景，东钱湖也有十景；西子湖边有个岳庙，东钱湖上也有一个岳庙。正因为"淡妆浓抹总相宜"的西子湖太美丽了，所以生活在东钱湖的前辈们，总是费尽心机地想把东钱湖装扮起来，和西湖媲美。

虽然如此，但由于在旧社会里，以农渔为主的东钱湖农村，能够游山玩水、饮酒吟诗的，毕竟只是少数地方官僚和一些有闲文人，他们无法也无能把东钱湖装点更美，纵使想学西湖，也不过"东施效颦"，枉费心机罢了。

只有在解放了的今天，"东钱湖赶西子湖"才真正成为人民的愿望，并迈步向这个目标进军。党领导东钱湖公社社员建设东钱湖，不是修葺庙宇，创建楼阁，而是从发展生产着手。

东钱湖四周翠山环抱，山外有山。绿化山头从来就是建设的重点。解放后历年种植的林木，不胜计数，现在已经是茂林修竹、峰峦叠翠了。但是规模更大的绿化运动，还是在人民公社化以后。人民公社打破了区域界线，汇集了人力资源，去冬以来，每天有成千上万的绿化大军上山种树，环湖群山，已经种下了数百万计的树苗，而且有许多山头开辟成梯田带状。更值得欢欣的是，经过统一规划后种下的树苗，大多是四时鲜果，而且连片成林，互不间杂。有的是满山桔林，有的是桃园……虽然栽下百果无数，却是各有境界。可以想见：一当春暖花开，东山红，西山白，落英缤纷，湖光掩映，是一幅多么诱人的景色！在郭家峙、青山岙一带的桃林，已经含苞待放。古人叹息而不得的桃源仙境，不久就将在此出现。郭家峙生产队社员的经济收入，桃子就占了十分之四五。这真是既美化了东钱湖，又丰富了生活。

正因为这样，社员们的干劲就像春潮一样，一浪高于一浪。一跨进东钱湖的大门，就可以看见许多用白砖彻成的大字，嵌在山头："东钱湖花果园""桔林山""幸福山""百果试验园"等等，标志着社员们的劳动成果；"共产党万岁""毛主席万岁"则反映了社员们对恩人的感激心情，而"东钱湖赶西子湖""香化东钱湖"的雄心大志，也赫然镶嵌在果园林中。

东钱湖湖面比西子湖大好多倍，湖港曲折，湾里有湾，而且源远流长，灌溉着无数良田；湖里又盛产鱼虾，每年在一百万斤以上。因此，它又是"鱼米之乡"的宝库。解放后不断疏浚筑坝，蓄水量大大增加了。

东钱湖四周虽然没有亭台楼阁，但是柳荫夹岸，绿波漪涟，早晚鱼舟点点，银鳞闪耀，深得自然之美。自大跃进以来，环湖的宁（波）横（山）公路，已经通车，不久前，公社党委又号召全体社员突击三天，修筑一条自韩岭到下水的公路。从此，东钱湖公社沿湖的四个大队之间，汽车通行无阻，环湖公路也将最终完成了。车过湖滨，风景如画，远近旅客，谁不想停车饱览一番呢！

东钱湖，这个人杰地灵的胜地，不久还将成为宁波的文化中心。

"东钱湖赶西子湖"，这充满着革命浪漫主义的口号，鼓舞着每一个东钱湖公社的社员，它将逐步成为现实。记得有人赞叹西湖的风景比画图还美，曾唱过这样的诗句：

"昔年曾见此湖图，
不信人间有此湖；
今日打从湖上过，
画工还欠着工夫。"

我想套用这几句诗，改动一下，作为结语：

"打道钱湖赶西湖，
不信竟有此宏图；

今日打从湖上过，

两湖应作姊妹呼。"

5 月，越南鱼开始放养东钱湖。当时《宁波大众》报道说：

最近，在宁波市东钱湖放养首批越南鱼，这批越南鱼是从广东运来的，越南鱼还称非洲鲫鱼，是在一九五七年时从越南移入我国。

越南鱼繁殖快，一年能产五至八次卵，成活率高，能耐低氧环境，食性粗杂，可利用污水作饵料，生长快，半年左右就可食用，并且，这种鱼肉质细、脂肪多、骨刺少，美味可口。（《越南鱼放养东钱湖》，1960 年 5 月 14 日）

1961 年

是年，为应对粮食短缺，扩大农田面积，重废梅湖，建立国营梅湖农场，垦田 3000 余亩。

1963 年

是年秋冬间，三溪浦水库至东钱湖上虹桥兴建长 7.1 千米的引水渠道，扩大引流量。

1964 年

8 月 22 日，《宁波大众》设立《在人民公社大道上》专栏，并首篇刊登缪复元《现在有了两个"东钱湖"》一文，为中华人民共和国成立后东钱湖翻天覆地的变化叫好。文录于下：

现在有了两个"东钱湖"
缪复元

东钱湖今昔

东钱湖，这个人们心目中的"万金库"，在解放以前，它却像一只"出气锅盖漏粪缸"，破烂不堪。九条湖塘，都是千疮百孔，漏水严重，湖面上被厚厚的葑草盖着。湖底一年年淤浅，蓄水不到三千万立方米，加上鄞县东南其他地区的水，合起来也只有八千万立方米，远远不能满足鄞东南三十五万亩灌溉需要。当时反动政府，也曾作过清除葑草、疏通湖底的计划，每年向农民收入八斤谷子一亩的经费。这样一直收了五六年，但这些官老爷除了侵吞这笔农民血汗钱肥了自己外，却没有给群众办一点好事。后来为了平一平民愤，在陈婆渡造了一座碶。这座碶因偷工减料，漏水严重，现在已经废掉了。由于东钱湖长期蓄不足水，使下游大片农田既怕旱又怕涝，太阳一晒地上一片白，晴上一个月禾苗一片黄。鄞东人民常常过着吃不饱、穿不暖的生活。

解放后，人民翻身作了大地的主人。党和人民政府为了发展农业生产，发动群众对东钱湖进行了治理。首先清除了葑草，并整治湖界，扩大湖面四百余亩，使蓄水能力提高到三千六百万立方米。为了使野草不再生，湖中养起了草鱼。接着对千疮百孔的湖塘进行了修理，使湖塘不再漏水。一九五七年冬、一九五八年春，鄞东人民依靠集体的力量，又把几条湖塘进行了加固加高，使湖水贮蓄量达到四千三百万立方米左右，比原来增加五分之二。同时新建碶闸一座和自流灌溉斗门一座，使河湖农田得到自流灌溉，东钱湖面貌一新，真正成了"万金库"。

另一个"东钱湖"

种田靠水，无水受旱，一九五八年遭到了八十八天大旱，鄞东南的河水快枯了，东钱湖的水也差不多了，七万多亩农田断水受了害，鄞东人又尝到了水的苦头。就在这一年的下半年，人民公社成立了。鄞东人民从那时起，经过五年的艰苦努力，在天童三溪浦地方造起了一座蓄水二千万立方米的大水库。去年鄞东南人民又从三溪浦水库到东钱湖修起了一条十六华里长的大渠道，从此东钱湖这个天然大水库和三溪浦这个人工大水库就连在一起，互相调剂水量，组成了强大的水利灌溉网。

三溪浦水库的建成带来的好处说不完。二千万立方米的水能解决多大问题，只看去年的事实吧！去年遭到春、伏、秋三次干旱，三溪浦水库放水二千多万立方米，与东钱湖一起不但解决了鄞东南地区的灌溉用水，还解决了宁波城市的供水问题。去年十四号台风期间，三溪浦上游一次连续下雨七百十三毫米，过去在这种强大台风暴雨侵袭下，将会给三溪浦下游带来很大的灾难，但是鄞东南人民用自己血汗换来的三溪浦水库发挥了巨大的威力，把天童上游洪水栏在水库里面，不但使水库附近村庄农田免受灾害，并大大减轻了下游广大农田的内涝压力。

如今鄞东鱼米乡

解放以来，鄞县东乡人民在党的领导下，用自己的力量治理了东钱湖，新建了三溪浦水库，疏浚了河道，在沿奉化江、甬江的七十华里的江沿上筑起了江塘，还修建了三十多座碶闸和其他六百多处小型水利工程。提水方面，装上机电灌溉设备四百六十多台，实现了提水机电化，使鄞东地区水利面貌起了重大变化。目前，抗旱能力达到七十天以上，一次连续降雨三百五十毫米不会受涝，农业保收田有二十万亩左右，占耕田总面积五分之二，农业生产稳定增长。去年遭到了三次干旱和一次强风暴雨袭击，邱隘、天童等地区每亩平均产量仍然超过八百斤，今年早稻又获得了大丰收。富饶的鄞县东乡，只有在人民当了大地的主人以后，才真正成为鱼米之乡。

12月28日，鄞县人民委员会下发《关于收回"东钱湖周围山地所有制"的通知》（〔64〕鄞字第319号），决定将东钱湖周围过去委托给生产大队、生产队经营管理的机动山收归国有，由天童林场接管。文录于下：

莫枝、云龙、高钱公社，天童林场，农林局：

为了迅速绿化荒山，保持涵养水土，保证东钱湖灌溉的四十万余亩农田的稳产高产。经研究决定，将东钱湖周围国家机动山收归国有。希有关地区认真做好以下工作：

一、凡东钱湖周围的国家机动山地过去委托给生产大队、生产队经营管理的，从今起由天童林场接管，其所有制归国家所有，由天童林场专管，并设立专管山、地的生产队。

二、接管山、地中必须处理好有关政策。

1. 山脚的旱地问题，坡度在15度以下的，仍归生产队使用种植，但其所有制，属国所有。其余应一律收回国家经营。

2. 关于现有林木问题，在国有山地区范围内的林木，凡是国家造的林和飞子成林或土改时留下来的林木，一律归国有。凡是生产队或大队及其个人购买的苗木造的林由国家按照树木生长情况，折价后归国有，已成林可收获的果木林，仍归生产队集体所有，由队经营，但地皮应收归国有。五六年果木可仍由生产队护育收益或折价归国有，两种方法可协商解决。

三、在这一工作未做好前，任何单位或个人都不得破坏砍伐，必须认真负责保护，有意破坏者，据其情节轻重，必须予以处理。

　　为了做好这一接管工作，希各公社有关部门，必须认真负责，做好思想教育和处理好有关政策工作。接通知后认真研究贯彻执行。

　　抄送：水利局、公安局。

一九六四年十二月二十八日

　　（《鄞县水利志》，河海大学出版社 1992 年版，第 484 页）

1965 年

12 月，莫枝西堰改用电动升船机。

莫枝堰双轨过坝装置旧址

　　是年起至 1970 年，东钱湖陆续加高湖塘，其中填高房屋 443 间，浸没农田109.5 亩。

1966 年

是年，东钱湖水利管理委员会成立。此后，东钱湖由东钱湖管理所管理。

1971 年

11 月，福泉山牧场改名为鄞县福泉山林牧场。

是年，开避寨基岭引水河渠，新建郭家峙引水闸 1 座。

是年，为疏浚东钱湖，鄞县水利局购置挖泥船 1 艘，配以 4 只水泥驳船，以进行常年疏浚。

1976 年

是年秋，东钱湖建成自大公至沙家山长 1700 米、中设 3 座碶桥的湖心塘堤。

1979 年

7 月，福泉山林牧场改名为鄞县福泉山茶场（现名宁波市东钱湖福泉山茶场）。

12 月 1 日，鄞县革命委员会发布《关于加强东钱湖水利和山林管理的通告》（鄞革〔79〕172 号），要求进一步加强对东钱湖水利和山林的管理。文录于下：

东钱湖福泉山郁郁葱葱的茶园

东钱湖是我县鄞东南三十余万亩农田灌溉和城乡工业、生活用水的主要水利工程。灌区广大干部群众为保护好东钱湖的水利设施和绿化造林作出了积极的贡献。但是，由于林彪"四人帮"极左路线的干扰，东钱湖的一些水利工程设施及环湖周围绿化的林木不断遭到破坏和侵犯。为了维护群众利益，保护国家资财，进一步加强对东钱湖水利和山林的管理，特通告如下：

一、东钱湖水利工程及其周围山林，必须严加保护，不准破坏。当前要坚决刹住填湖、毁林等影响蓄水面积、破坏东钱湖的歪风。东钱湖管理所工作人员，必须严格遵守国家政策、法令和有关规章制度，坚守岗位，认真管好水利工程和山林，同一切危害水利工程、破坏山林的行为作坚决的斗争。

二、沿湖社队和单位要教育干部、群众协助东钱湖管理所加强对湖塘、碶闸的管理。严禁任何单位和个人擅自启闭碶闸和启动涵闸搞自流灌溉；严禁在湖塘上放牛、扒口、堆石；严禁在湖塘脚下摸鱼、摸虾、挖塘坎石；严禁在湖塘界内填湖造田、造屋和劈山填湖等。

对于在 1975 年年底以后，已在湖界山界内造田、造屋，但未办理过征用手续的，必须向东钱湖管理所办理登记手续，然后根据具体情况进行处理。

三、今后各单位为了建设需要征用湖界内面积，都应该按征用土地的有关规定，办理好土地征用手续后，方可动工。凡过去没有办理土地征用手续的，现在正在基建的工程，应立即停下来，补办征用手续。对于违反征用土地规定的，要严肃处理。

对需要在国有山地采石、挖土、埋尸的，都必须事先征得东钱湖管理所同意，由东钱湖管理所指定地点进行。

四、东钱湖周围国有山林已基本绿化，必须加强培育管理，严禁偷盗国有林木，严禁毁林开荒和以拆坟埋尸为名损坏林木。

五、对保护东钱湖水利、山林有显著成绩者，应予表扬和奖励。对违反本通告有关规定的单位和个人，应视其情节轻重，分别采取批评教育、赔偿、罚款等办法予以处理，情节严重的要依法惩办。

一九七九年十二月一日

（《鄞县水利志》，河海大学出版社 1992 年版，第 484—485 页）

同年，农业部与宁波地方联合投资在福泉山茶场建立了我国北方茶叶良种繁育示范场，占地面积 240 亩。

1980 年

1 月 5 日，鄞县革命委员会批准建立东钱湖综合厂（后改名为鄞县电子仪表厂）。

1981 年

9 月 22 日，鄞县人民代表大会常务委员会发文（鄞人〔81〕11 号），同意恢复东钱湖区建制，管辖莫枝镇、高钱乡、韩岭乡、下水乡。

1982 年

是年秋，韩岭经大寺、下水、绿野岙至洋山岙公路通车。

1983 年

5 月，鄞县航运管理站与莫枝镇人民政府发布《关于加强东钱湖水运治安管理、确保运输安全的通告》，并组织人员对湖上无证营运的客渡船船户进行教育劝阻，责令其停航停业。（《东钱湖风大浪大　无证船怎保安全》，《宁波日报》1983 年 6 月 3 日）

12 月 9 日，《宁波日报》报道，作为宁波地区最大的淡水鱼基地——东钱湖养鱼场到 12 月 5 日，已向国家投售各种淡水鱼 70 多万斤，超额完成派购任务。（《东钱湖养鱼场派购任务超额完成》，1983 年 12 月 9 日）

是年，东钱湖里塘加固，套井止漏。

1984 年

3 月 22 日，读者王小夫投书《宁波日报》的《建议与呼声》栏目，建议对东钱湖加强管理与规划，把东钱湖打扮得更加美丽。

5 月初，鄞县水利局、城乡建设环保局等单位就东钱湖开发建设问题召开座谈会，5 月 14 日，《宁波日报》以一版的篇幅将有关发言"择其要者"予以刊登并加"编者按"，提出要把东钱湖建成真正的万金湖。此后东钱湖开发与建设开始引起宁波上下的关注。文录于下：

以旅游为重点全方位综合开发

鄞县城乡建设环保局工程师　马行元
鄞县建筑设计处工程师　施广成

我们认为，东钱湖应以发展旅游为重点进行全方位综合开发。

开发条件极其优越

东钱湖的开发条件极其优越。首先，本身具有丰富的自然风景资源。东钱湖山、水、林皆备。历史上曾有双虹落彩、百步耸翠、霞屿锁岚、白石仙枰、二灵夕照、芦汀宿雁、殷湾渔火、陶公钓矶、上林晓钟、余相书楼十大风景点。沿湖有七十二溪，加上南北外湖、谷子湖、梅湖，岸线曲折蜿蜒，四周群山环抱，林木青葱。这种湖、山、林交迭，形成湖外有山，山外有湖，山重水复，极富变化的自然景观。以湖面而论，其广袤浩渺，曲折有致，风光旖旎，不下西湖。

其次，沿湖历史文化风土资源也很丰富。这里有春秋战国时期的范蠡偕绝代佳人西施隐居于湖畔陶公山的历史记述，有为纪念宋朝王安石治湖而修建的庙宇，有晚清时率众起义的农民领袖史致芬起义就义遗址，还有唐朝的石塔、南宋的石窟和窟藏的石龙、佛像。加上沿湖其他庙宇、历朝名士的墓道、新出土的古墓葬以及历代骚人墨客留下的关于东钱湖的不少诗词歌赋，使东钱湖极富吸引力。

第三，地理位置适中而又优越。东钱湖于宁波东南15公里，交通便捷，它距宁波老市区和滨海工业区既不太近，也不过远。

第四，东钱湖还可发挥其独特的水面优势。人们可以开展水上游览、荡桨、钓鱼及水上狩猎活动，还可效法国外兴建人工湖滨浴场；把体育运动引入旅游区，建立水上活动中心，举办有摩托、赛艇、划水、冲浪、水球、跳水乃至龙船比赛等多样水上活动项目。还可办水上餐厅，设置水榭亭台、水上栈曲桥，使人们的亲水性获得很大满足。

最后，东钱湖开发尚有其他一些有利条件。如气候温和，可利用的季节长；位于工业发展区的上风向，污染少；四周物阜民腴，物质供给条件好。

全方位开发设想

综上所述，开发东钱湖条件是好的。正因为如此，更要强调全方位、多层次立体开发。山上、湖面、水底都上，突出旅游，兼带水上活动、体育运动、疗养、文化娱乐、广播电视、教学、会议服务，也要兼顾水利、供水、水产养殖等等。

在总体布局上，重点要相对集中。例如建立水上运动中心，可适当专辟湖区，浴场、游泳馆及其他配套设施可集中其附近。后方基地可适当集中在莫枝和陶公。在突出重点的同时又要注意全局合理分布。

全湖建筑造型应精心安排。新建人工风景建筑，不仅要注意和山川环境协调，而且应具有当地民族风格，同时要和现代化的科学管理和先进的设备相结合，西餐、咖啡、舞厅、高尔夫、弹子房、网球场可以有，武术场、素食斋、清真馆、风味餐厅、香茗茶室也要有。让西式花圃和中式庭园园林，桥牌、扑克与象棋、围棋，威士忌、香槟与茅台、汾酒，和谐地统一起来！

此外，要加强开发的可行性研究，运用系统工程学的知识对开发项目进行有机科学的安排。不能同时全面上，应有重点、有秩序地开发，做到长远规划分年实施，这符合量力而行原则，还可以早年收益，积累资金。

最后，还应认真地注意电力能源、交通、通讯、食宿、文娱、商业服务、医疗等基本设施的配套和环境的保护。没有充分的配套设施，要开发也是办不好的。

一湖水变为两湖水
鄞县水利局　傅　缪

发挥东钱湖的水利优势，进一步开发水资源，是综合治理和多层次利用东钱湖的一项重要内容。

东钱湖目前湖容 4400 万立方米，实际可供水量 3600 万立方米左右。对于扩容问题可以从三个方面进行设想。其一，加固加高湖塘，增加湖水蓄积量。其二，清湖界和疏浚深挖。对沿湖违章建筑和围垦应清障整复，再利用目前分湖大堤轮流疏浚，增加蓄水，将所挖之泥，在湖中堆砌成人工岛，种以树木、花卉，筑以楼台亭榭，这既解决湖泥出路又可增添湖光山色。其三，东钱湖主流之一的下水溪控制了 25 平方公里的集雨面积，且有良好坝址，可拟建下水水库。以上三项措施，若能实施，就能新增一个东钱湖的水量。

但由于东钱湖只有 84.5 平方公里集雨面积，来水不足，所以可考虑在沿湖适当地段建立翻水泵站，在多雨丰水期，将鄞东河网余水翻入湖中。

实施以上方案，在造价上，迁移安置上，水资源的代价上（翻水经费），会有许多不合理之处，但比从外地长距离输引水，可能合理些。

上述设想其实施可行性如何，需进一步探讨。

发展东钱湖交通之设想
鄞县交通管理局　严国庆

东钱湖是一个待于开发的旅游区，其交通现状是：陆湖有环湖公路一条（从上水经韩岭，莫枝到钱湖），并兼通四方，西北通宁波地区，东北达天童，东南通镇海、象山，西南达奉化。水路有客货轮直达宁波并转各地，湖边且有渡轮往返于莫枝、下水、韩岭、大公等地。虽然东钱湖目前水陆交通尚称便利，但为了适应东钱湖开发利用的需要，还需有一个大的发展。

一、建新路，改旧路。新建上水经沙家、五里塘到钱湖的公路，改建原环湖公路。

新建和改建后的环湖公路宽二十米，总长三十公里，为分段铺筑水泥、柏油及块石的高级路面；公路两旁种植松、柏、柳、桃、梅等绿化行道树。

二、筑路地。修筑大公至沙家跨湖堤坝并贯以形式各异的桥梁五座，堤中间为旅游车道，两旁铺栽草坪和花木，并筑以若干廊、亭、栏、椅。

三、疏航道。加宽、疏浚宁波经下应至湖边平水堰的航道及整疏河内各航线。

四、交通服务。开设东钱湖水陆交通服务公司，提供旅游快艇、汽垫船、电瓶船、太阳能船、脚踏船、手划船等多种水上旅游交通工具。开展环湖公路以及至宁波、未来邱隘火车站、天童寺、育王寺等专车运输和出租汽车服务，并建造交通旅游服务大楼，接待广大旅游者。

五、办学校。湖边开办一所交通院校，培养内河、沿海、远洋船舶驾驶、轮机管理等专业人材。

东钱湖捕鱼

东钱湖应成为鲜活鱼库、赏鱼场所和渔业研究开发中心
鄞县水产局　吴祈根

宁波以"鱼市"著称，东钱湖是渔业发源地之一，解放前故又称"渔源乡"。

东钱湖自然环境优良，纬度适中，气候温和，水温摄氏十六度以上时间达八个月，雨量充沛，水质肥沃，酸碱度偏中性，营养盐类和饵料丰富，适宜于鱼类繁殖生长。经调查，有经济鱼类四十余种，除鲢、鳙、草、青、鲤、鲫、鳊、鲂、鲍、鳝、蚌类、螺类、虾类等等外，还有名贵的鳜鱼、毛蟹、河鳗等。

目前东钱湖养鱼是"大水面粗养"，单产低，今后如集中开辟鱼塘，改粗养为精养，养殖品种可不断增多，产量可以大幅度提高，成为鲜活鱼库。

鱼也是风景资源之一，如青岛的"水族馆"、杭州的"花港观鱼"等都是著名的旅游点。东钱湖不但可设动物园、植物园、博物馆，还可设水族馆，划一处地方为钓鱼游览和观赏各种鱼类的场所，还可以开设"鱼味馆"，专门供应各种鱼虾类名菜，以满足游客的多方面的需要。

东钱湖，渔业发展历史悠久，凡来过东钱湖的我国水产专家一致认为，东钱湖是个好地方，可以作为水产科学研究和科学实验场所。有鉴于此，宜参照太湖设立一个渔业研究开发中心，恢复水产院校，应用生物工程技术创造繁殖新的优良鱼种，并摸

索渔业优质、高产、高经济效益的经验，开展水产学术技术交流，培训水产技术人才。

治湖小史

中国水利史研究会会员 缪复元

东钱湖是历史上遗留下来的众多海迹湖泊中的一个，早在晋朝时就有记载。唐天宝三年（公元744年），鄞县令陆南金，相度地势，将西北部几个山口封堵，筑湖塘和置溢洪堰，形成这个人工湖泊。宋天禧元年（公元1017年），郡守李夷庚重修湖塘。据清全祖望《万金湖铭》所记，当时湖分东、西二部，西湖先成，东湖后辟。宋庆历八年（公元1048年），著名政治家王安石任县令时重清湖界。宋嘉祐年间（公元1060年前后），重修四闸以控制湖水蓄泄，立平水石于左右，作为放水标准。宋治平元年（公元1064年），主簿吕献之，重修六堤，即现在的方家塘、高湫塘、梅湖塘、栗木塘、平水堰和钱堰塘，并于青山吞湖堤旁建嘉泽庙，以纪念陆南金和李夷庚。后因葑草滋蔓，湖底淤积，并有私垦情况发生，南宋乾道五年（公元1169年），守臣张津及其后赵伯圭开始议及除葑草之事，遣县令杨某详细丈量，终因费用太大，无法筹措而未能实行。宋淳熙四年（公元1177年），知县姚枢，复清开湖，时皇子赵恺镇明州，转请于朝，进行一次规模较大的疏浚，历时六个月，去葑二万一千余亩，但由于未能将所除草运走，不久重新生长。宋嘉定七年（公元1214年），提举常平使程覃代理郡守，捐钱买田一千亩，以所收租谷作每年疏浚资金，但此项收入后被新任县官移作别用。宋宝庆二年（公元1226年），尚书胡榘守郡，进行大规模疏浚，他增置田亩，将湖内500户分成四组，每人每年给谷六石，管理和清除葑草。经过这次清除后，十六年无发生葑草为患。宋淳祐二年（公元1242年），制守陈恺实行买葑之策，农闲时收买水草，农民捞草交卖踊跃，对除湖草起了积极作用。在以后的元、明、清期间都进行过不同规模的疏浚。最后一次疏浚始于光绪十八年（公元1892年），由张祖衔发起，忻锦崖继之，奔走呼号。民国二年，镇海富商陈协中助以巨资，又在青山寺设湖工局，先浚梅湖，后及全湖，历时三年告成。

解放以后，人民政府曾多次组织疏浚，并加固加高湖堤，规模较大的有四次。

关于东钱湖的整治，古人、今人提出的设想颇多，其中以明代邱绪最为详尽，他主张：固湖堤，明水利，严侵塞之禁，重泄漏之罚，去茭葑之害，公水草之利，筑堤以通道，围土以成山。他的许多建议是很有见地的，今人尽可参考。

5月，东钱湖管理所被评为全国水土保持先进单位。

5月底，上海读者投书《宁波日报》，为开发东钱湖献计献策。6月4日该报刊登来信并加"编者按"。辑录于下：

> **编者按：** 这位上海读者在来信中，对开发利用东钱湖提出了建设性的意见，犹恐文字不尽达意，又描图示意之，其热忱实在可嘉！我们殷切期望在外地和本地的有识之士，为宁波市的建设积极贡献良策。

> 宁波日报社编辑同志：

> 近由亲友邮来五月十四日贵报一份，在二版上读到几位专家对开发鄞县东钱湖的宏观设想，深为赞赏。我不揣冒昧，也想从开发东钱湖旅游资源着眼，谈些陋见遐想。

> 东钱湖受群山环抱，湖岸蜿蜒曲折，若以其形而筑路，迂回折腾，事倍功半；不如于二山或二岸的港汊之间，填入疏浚之湖泥，充作湖堤路基。这样湖中有湖，山前有山，堤岸相续，防波阻浪，既便利环湖交通，又解决了湖泥消极作用。湖堤取自废弃，费用自然极低。现附上原图，添加的黑线，以示新堤路基。

> 从东钱湖西岸，出谷子湖、殷家湾，到以分湖堤为界的北部湖泊，是近期开发较有效益的湖区。但由于西岸居民较为集中，屋宇参差，如果新建设施，难以协调，所以重点项目，宜置于东岸一线。不但旧景可复，而且新意尽可渲染。

> 武昌东湖塑以屈原像，筑以行吟阁，二者皆矗立于临水湖滨，这既为纪念三闾大夫，也是为东湖添彩生色。浙东原是历朝人文荟萃之地，史诗陈事，易于取材，东钱湖自亦大可借鉴。

> 东钱湖极宜作为宁波至天童及育王等地的中转旅游点。为此除了修建必要的饭店、旅馆设施之外，还须在湖的西岸、东岸两北端，增设往返天童、育王两地的车站，使行程缩短，为发展旅游事业创造有利条件。(《为开发东钱湖献计献策》，1984年6月4日)

6月，中共鄞县县委派出调查组，就东钱湖的现状和开发利用前景进行了初步调查。认为当务之急是要组织统一的开发机构，制止对东钱湖资源的破坏和掠夺。6月22日，《宁波日报》报道说：

> 鄞县县委近日派出调查组，就东钱湖的现状和开发利用前景进行了初步调查。

　　从调查情况看，当前亟待解决的是要组织一个统一的开发机构，昨确定有关政策。东钱湖四周有莫枝、韩岭、下水等三个乡镇和二十几个村落，还有一批部门单位，由于各有"婆婆"，对东钱湖的开发利用，出发点不一，矛盾百出，带来很多问题。较为突出的是掠夺和破坏东钱湖资源问题，如毁湖现象迄今尚未完全制止。据有关部门统计，近十年中，有 60 余个单位和一些群众，填湖三万二千平方米，拦湖造田八万五千平方米，直至现在少数单位和个人还在这么搞，造成湖面缩小，蓄水量下降。根据调查组的调查，鄞县县委和县府将专题研究解决办法。（《鄞县结束对东钱湖的初步调查》，1984 年 6 月 22 日）

同日，该报报道莫枝镇以东钱湖为依托，加速建设旅游集镇的情况。报道说：

　　位于东钱湖畔的鄞县莫枝镇正在加速开发旅游资源，为建设开放式的旅游集镇而努力。

　　今年以来，在市、县文管部门的协助下，莫枝镇组织了文物古迹调查组，对沿湖进行勘察、调查、测绘、拍照，进一步研究了风景点的点缀措施。最近还在编纂"补陀洞天""岳王庙""二灵塔"和"月波山仙人洞"等钱湖风景旅游画册。在集镇建设方面，当前正在拆建新街"三角地"。这里将开辟街心"湖图公园"，建造商场大楼等，今年计划建筑面积为一万平方米。其他如学校、医院、工厂、机关等将按新的格局建筑，居民点也按区域规划进行布局。（《莫枝镇加速建设旅游集镇》，1984 年 6 月 22 日）

7 月 13 日，东钱湖经济技术开发公司和莫枝镇归侨、侨眷联合会在莫枝镇成立。
9 月 12 日，鄞县钱湖区正式挂牌，下辖莫枝镇、高钱乡、韩岭乡、下水乡。

1985 年

2 月 13 日，《宁波日报》报道莫枝镇加快东钱湖旅游开发的情况。报道说：

　　莫枝镇试试看饭店和中国银行宁波支行最近商定了双方合建饭店新大楼的具体方案。同时，上海总工会与莫枝镇合办的上海总工会工人渡假村场地也在抓紧测绘，力争五月份破土。这是东钱湖旅游资源开发迈出的扎实一步。

　　东钱湖景色秀美，吸引着越来越多的旅游者，可惜缺少休憩畅饮的场所。随着对外开放和旅游事业的发展，东钱湖这块璞玉愈来愈受到人们的注意。上海总工会率先看中了湖畔"望鱼跳"这个地方，决定投资五百万元，建造占地五十亩的工人渡假村。莫枝镇民办的试试看饭店也随改革之潮崛起，近年来羽毛渐丰。他们想拿出四十万元资金，再由中国银行宁波分行提供资金一百万元，合资建造新大楼。这座新大楼拟建在莫枝镇口，面积四千五百平方米，拥有二百只床位。一年之后，游客既可在此凭楼远眺浅酌，亦可携酒泛舟湖上，其乐无比。（《东钱湖开发迈出新步伐》，1985年2月13日）

3月，宁波—莫枝—钱湖公共汽车线路开通。

4月21日，东钱湖第一个正式建成的风景旅游点——岳鄂王庙对外开放。

6月10日，鄞县人民政府发布《关于加强天童寺、阿育王寺、东钱湖风景区管理的通告》（鄞政〔85〕第63号），以切实保护风景胜地的景观资源，加快旅游事业的开发。文录于下：

天童寺、阿育王寺是省重点文物保护单位，又是国务院确定的全国重点寺院。东钱湖为宁波市旅游开发重点区域，为了切实保护风景胜地的景观资源，加快旅游事业的开发，现通告如下：

一、在风景区内新建、扩建建筑物，必须按规定向县城建局办理申报手续（其中在东钱湖风景区内的，应先经钱湖区公所审查同意），擅自动工者一律作违章论处。东钱湖风景区内的现有违章建筑，由钱湖区公所清理后作出处理。筑坟必须在当地政府指定的墓地。天童寺周围自伏虎亭起夹道松两旁的现有违章建筑，由天童乡政府负责限期拆除。

二、严禁擅自在风景区内开山采石挖土。东钱湖风景区内的所有采石、轧石点，一律在今年六月底前迁出风景区；逾期未迁的，停止供电，停止供应器材物资。确属因修筑公路或基建而必须开山的，应经钱湖区公所批准后，在指定范围和期限内施工。

三、严禁擅自在东钱湖塘界内填湖造田、建房和筑路。一九八○年以来未经批准的单位和个人，必须向钱湖区公所补办登记手续，然后视具体情况进行处理。今后，因建设需要填湖或利用湖面的，必须经钱湖区公所审查同意，报县水利局办理手续，才能动工。

四、所有单位都应严格执行国家有关环境保护的法令法规，严禁向风景区水域排放污水。东钱湖风景区内现有企业的废水排放，凡未达到国家排放标准的，要限期改进，逾期仍未达到标准的，应予停产或关闭。今后，凡风景区内兴建工商企业，都必须经环保部门审查同意后，才准予开业。

五、严禁在风景区内擅自攀折、砍伐竹木花果，破坏自然植被。严禁任意在文物古迹、建筑物、山岩和竹木上刻字涂写。严禁在天童万松关风景林旁边挖土造田。

六、风景区内的各类摊位必须整洁有序，设在指定的地点，并自觉服从当地政府和工商行政部门的管理。凡擅自设摊、妨碍交通、影响观瞻的，由当地政府会同工商行政部门限期拆迁。

七、县人民政府授权钱湖区公所对东钱湖风景区的保护和开发进行统一管理。

以上各条，希各有关单位和广大人民群众遵照执行。违者视情节轻重给予处分，直至依法惩办。

一九八五年六月十日

（《鄞县水利志》，河海大学出版社 1992 年版，第 485—486 页）

6月4日，宁波市政协文史委员会和文化组部分委员考察东钱湖文物古迹，认为东钱湖是宁波市大有开发前途的旅游胜地之一，应该全面规划，采用多种形式，逐步开发利用。

东钱湖文物古迹众多，其中石刻公园 2001 年成为国家重点文物保护单位

6月19日，《宁波日报》刊登回乡探亲的俞松年的来信《东钱湖何时长留客？》，认为东钱湖旧貌依然，还在沉睡着。函录于下：

1985 年航拍下的东钱湖周围田野

东钱湖何时长留客

近日来宁波探亲，又一次畅游了处处有景、景景似画的东钱湖。因我出生在东钱湖畔，也不止一次领略过东钱湖的优美风光。可是，不知为什么，这次游览东钱湖后，却有一种说不出的抑郁、惆怅之情。我离开家乡三十余年了，而这个被称为具有"西子风光，太湖气魄"的风景胜地的东钱湖仍旧貌依然，她还在沉睡着。

东钱湖，千余年来直接造福于民，历来有"摇钱湖""万金湖"之称。省、市以至于全国都很关心东钱湖的开发、利用。听说东钱湖将划为浙东重点旅游风景区。为加强对东钱湖的开发，专门成立钱湖区，管辖莫枝、高钱、韩岭、下水等沿湖乡村。宁波市六届党代会专门讨论并作出相应措施。由此，我们在全国各地工作的宁波人，无不为之振奋，衷心遥祝东钱湖面貌日改，家乡人民富裕。我也常以这种心情，关注着桑梓的变化。可是，每次来家乡，除了"民房多了几间，乡友长大几岁外"，没有激奋人心的变化，东钱湖始终是一块未经雕琢的璞玉，且不为更多的中外游人所知道。

东钱湖美景待客游，游客乍到又离去。这是因为解放三十五年来，四面青山环抱的东钱湖沿岸，竟找不到一座像样的招待所、宾馆、餐厅。宁波市的游客也是日出游湖日斜归，又何况来自远道的佳宾呢！这次我投宿莫枝镇新建的"试试看饭店"，每次"解手"还得到处找便所，这就使众多的榻者犯难，不想再"试试看"了。

"城头回首距几何，忆得好处长经过。最思东山春树霭，更忆东湖秋水波。……"试问东钱湖何时长留客？

8月19日，东钱湖被列为浙江省风景名胜区。

10月，为时1年的东钱湖水产资源首次调查结束。《宁波日报》报道说：

> 市水产研究所科技人员首次对东钱湖进行水产资源调查，取得了重大进展，从整整一年的实地采样调查表明，在拥有集水面积六十多平方公里的东钱湖中，科技人员新采制的鱼类标本就有草鱼、青鱼、鲢鱼、鲫鱼、鳊鱼、鲂鱼等四十种，并有极为丰富的浮游动植物。（《东钱湖水产资源首次调查结束》，1985年10月6日）

1986年

6月11日，《宁波日报》刊登读者来信，指出东钱湖水域被蚕食，水量在减少，认为保护东钱湖、建设东钱湖刻不容缓。函录于下：

> 东钱湖环湖皆山，蓄水成湖，有"小西湖"之称，是我市主要旅游胜地之一。然而，近年来，大有"江河日下"之危。
>
> 东钱湖附近山头，义冢墓穴，层层营筑，每逢暴雨，水土流失，浊泥污水，倾泻湖中。目前湖心水位只有两米左右，湖水不断减少。
>
> 更令人忧虑的是，近年来，不少单位和个人，在沿湖水区填土垒石，大兴土木，蚕食湖面。特别是一些厂家，为扩展场地，或在湖边筑堤围土，或往湖心倾倒大量断砖碎瓦，致使湖面日趋缩小。
>
> 随着宁波对外开放形势的发展，东钱湖将日益为世人所青睐。因此急需采取对策，制止侵占湖面等种种危及东钱湖的做法。保护东钱湖，建设东钱湖，刻不容缓！（《东钱湖水域被蚕食水量在减少》，1986年6月11日）

是年秋，东钱湖大堰头碶试用玻璃钢闸门成功。

1987年

2月22日起，《宁波日报》第4版连续10个星期日刊登《东钱湖十景史迹》，向广大读者介绍东钱湖丰富的历史文化。

5月27—29日，宁波市旅游发展规划研讨会召开，会议提出宁波旅游近期应重点开发天一阁、保国寺、东钱湖旅游资源。

6月，宁波市政府正式确定东钱湖为市、县淡水商品鱼生产基地。

10月1日，《宁波日报》报道市科委组织的"东钱湖渔产性能"调研课题通过评审。报道说：

> 由市科委组织的"东钱湖渔产性能"调研课题，最近通过了评审。
>
> 东钱湖是我市最大的淡水湖，全湖面积21平方公里。经过科技人员近两年时间的调查，基本弄清了东钱湖湖泊形态环境、水质状况、浮游动植物数量、渔产性能等，为政府进一步开发、综合利用东钱湖广阔水域，发展商品鱼基地提供了决策依据。（《"东钱湖渔产性能"调研课题通过评审》，1987年10月1日）

11月14日，《宁波日报》发表市水产学会张建江的文章，认为东钱湖渔业管理出现的问题应妥善加以解决。文录于下：

鱼蚌之争
——东钱湖渔业管理出现的新问题
张建江

> 东钱湖，是我市也是全省最大的淡水湖之一，总面积21平方公里，环湖周长45公里。目前有水面2.4万亩，集水4460万立方米，可供灌溉、交通、饮用、养殖之用。淡水养鱼水面保持1.8万亩。1951年，筹建国营东钱湖养鱼场，当年冬天开始养鱼，1952年起捕商品鱼1.08万担。经过35年发展，平均每年为国家提供商品鱼35.5万公斤。1986年，全湖包括社会鱼产量约1.50万担。其中，国营渔场产量0.92万担，创产值103.94万元，获净利43.23万元，上交国家税金4.41万元，为国家作出了很大贡献。
>
> 近几年来，东钱湖出现了鱼蚌之争的情况。由于养蚌育珠投资少，沿湖农民一哄而起，纷纷下湖插竹搭栅养蚌，目前，约有五分之一的水面养蚌，占了精养鱼水面146多亩，湖面连片竹栅，不成样子，鱼蚌之争十分激烈。
>
> 东钱湖水源丰富，开发利用的潜力很大。今年6月市政府正式确定东钱湖为市、县淡水商品鱼生产基地，但鱼蚌之争不妥善解决，进一步开发东钱湖就会遇到困难。为此，笔者建议当地政府，应教育沿湖农民听从渔管会管理，群众到国营渔场水面养蚌必须征得东钱湖渔场同意。在水产养殖上，应坚持以鱼为主，多种经营，统一规划，合理布局，充分利用广阔水域，为国家提供更多的水产品，丰富城乡人民的生活。

要划定养蚌区、养鱼区，养蚌不宜超过要养水面的 5%，且不能阻碍湖面交通、捕捞和旅游观光。东钱湖周围涉及 3 区 6 乡 28 个村，而养蚌又涉及众多的群众利益，因此，建议按《渔业法》和农牧渔业部经国务院批准新近颁布的《渔业法实施细则》的有关规定，妥善处理，并采取有力措施，加强管理。

1988 年

1 月 7 日，《宁波日报》发表文章，认为东钱湖生物资源丰富，渔业生产大有潜力。文录于下：

位于我市的全省最大的湖泊东钱湖，面积为 21 平方公里，湖内生物门类众多。据最近科委调查，东钱湖内有生物 108 属，归属 8 门 20 目 44 种，藻类数目繁多，浮游动物有 138 种，底栖动物 35 种，软体动物 13 种，这些水生动物的共生为发展渔业生产创造了天然条件。

从已采集到的标本看，东钱湖内主要经济鱼类有：青、草、鲢、鳙、鲫、银鱼、乌鳢、鳜鱼、三角鳊、团头鲂、鳗鲡等 20 余种。营养化的水体，给东钱湖的渔业生产展现了广阔的前景，东钱湖目前已年均产鱼类 7000 担上下。1986 年为 9216 担。但据湖中现有生物的生物链相互间作用利用率估算，仅鲢、鳙两种鱼类，每年每亩水面仍可增产 27.5 公斤。8000 亩养鱼面积，年增产潜力可达 4400 余担。另据测算，以底栖生物为主要饵料的鲤、鲫等什食鱼类，年产量也可从目前的 0.5 万公斤上升到 6.5 万公斤以上。此外，湖中的虾、蟹生产潜力也十分大。（《东钱湖生物资源丰富　渔业生产大有潜力》，1988 年 1 月 7 日）

1 月下旬，宁波市召开建立东钱湖商品鱼基地研讨会。《宁波日报》报道说：

省、市、县二十余名水产专家日前实地察看了鄞县东钱湖养鱼场，并就建立淡水鱼商品基地进行了研讨。

东钱湖水产资源丰富，水陆交通便利。去年养鱼场在湖中共放养鱼种一百八十四万尾，产鱼四十二万公斤。在研讨会上，专家们建议制定养殖、增殖、捕捞、保护相结合的渔业生产方针，在为城乡市场提供商品鱼的同时，逐步做到稳定水位，增加放养品种，合理混养，并加强渔政管理以充分利用水生资源优势，提高经济效益。

专家们还对影响东钱湖鱼产量进一步提高的制约因素进行了探讨与分析，并对灌溉与养殖、育蚌与养鱼、集体放养与个体捕捞等矛盾提出了不少看法和改进措施。省高级工程师李庆坛还提议成立东钱湖管理委员会，以协调各方关系，共同管好水、渔、景、山、地，开发建设好东钱湖。（《我市召开建立东钱湖商品鱼基地研讨会》，1988 年 1 月 27 日）

5 月中旬，宁波市历史文化名城规划组对东钱湖文物古迹进行考察，其间该小组在福泉山茶场发现一座明代寺庙殿堂建筑。

6 月 30 日，《宁波日报》发表王水的文章《东钱湖，民俗的宝库》，认为东钱湖民俗内涵丰富，值得发掘。文录于下：

东钱湖，民俗的宝库
王　水

宋代诗人王观咏东钱湖诗曰："水是眼波横，山是眉峰聚，若问行人去哪边？眉眼盈盈处。"（见《送鲍浩然去浙东》）这对钱湖的清秀面目描述极为妥帖。她没有西湖粉妆玉琢的贵妇风姿，没有华丽色彩和脂粉气。确切地说，东钱湖乃是一个"天然去雕琢"的二八村姑或渔家少女。无意招惹游人，内涵却十分丰富。

在国内外已经形成"野游"风气的今天，看来很值得发掘一下她的民俗资源。

如果你有机会到"陶公钓矶"一游，就会看到那里依山傍水的"蜈蚣街"，上坡下坡，都以条石或卵石铺地，街两旁密层层地排列着明清古建筑。这些建筑随地形而变异，有的窄而高耸，有的依山势而筑，有的侧墙随巷街而呈圆弧形，千姿百态，显示了古代工匠的聪明才智。这房屋又一律青砖白垩、黑瓦红椽，显得古朴秀丽。当地人会告诉你，请你留意找一找那些竹笆泥、棕丝泥墙的低屋，说不定正是江南已绝无仅有的宋、元民居哩。难怪有许多美术、建筑爱好者到此地写生，浙江美术学院还把这里定为速写基地之一。

大公村忻家沿山石级前，排列着几幢墙门高峙的建筑物。你不但能认出这是电视剧《华罗庚》取景的所在，还能领悟这正是上海近代建筑——石库门房子的前身。如果你对此感兴趣，乡人们会不无矜持地告诉你："莫看房子造得好，这可是两三百年以来，老一辈劈风斩浪从海龙王那里捞来的！"接下去他们会向你讲述忻、许、陈诸姓的来历，他们怎么征服海洋柯渔，怎样发明了车船过坝技术，怎样打造"冰鲜船"到宁波、上海、沈家门开渔行，怎样走向上海、香港、东南亚……以后你就会明白，全国罕见的"忻"姓，有多种祖先传说，有来自福建南安说，有方孝孺（就是冒死写"篡"字被朱棣灭十族的那位硬骨头）子孙说，你眼前也许会浮现三百年前"小浙江"（甬江）渔业兴旺的景象："港舟舳舻相接，其上盖平驰可十里也。"（明王士性《广志绎》）这位王先生所描述的东海渔俗渔法，也会有这儿老者的口碑得以印证。这样，你一定会立时顿悟：难怪钱湖内河渔民竟使用翘首摇橹船，酷似东海福建柯鱼船，这也许是积习相传的原因吧！

如果你信步走到那些飞檐翘角的古庙前、凉亭下，白发老者会向你讲述杨苗和他的3万亩水浮田是怎样沦为湖泊的；一位贪心的渔夫藏匿了不义之财金脸盆如何遭到报应；罗隐秀才如何狂放不羁……后者原本出于闽、粤，在此地广为流传又是一个谜。如果你走进钱湖山区，那里还有许多谜，如划龙船祭大禹、供养倒饭盏的"庙堂"人、吹打抬轿为生的惰民风俗等等。而渔民的召魂仪式、穿的类似超短裙的"水绔"和大如灯笼的"笼绔"，一定会使你饶有兴趣。

如果作民俗野游，你就会明白宁波市的专家们关于东钱湖建设必须避免"喧宾夺主"建议的根由，理解保留大公古建筑的意义。你也许会对沿湖绿化少而洋式建筑多而惋惜，会对大公青石板路拆除代之以"石屎"路面而摇头……

东钱湖，这个千年渔湖，愿她永葆朴素而美丽的青春。

12月，东钱湖千亩旅游果园在韩岭、象坎、茶亭3村动工兴建。（《东钱湖兴建千亩旅游果园》，《宁波日报》1988年12月17日）

1989 年

4月22日，香港著名宁波帮人士王宽诚骨灰被安葬在东钱湖畔。
5月7日，东钱湖发生两船相撞造成4人落水、1人死亡的重大交通事故。
10月，上海总工会疗养院在东钱湖畔落成。

1990 年

1月，东钱湖至天童的旅游公路开通。
4月，东钱湖风景区开发建设总体规划通过初审。16日，《宁波日报》报道说：

由市规划院和鄞县城建局联合设计的东钱湖风景区开发、建设总体规划方案，经过有关部门论证，于日前通过初审。

东钱湖风景区开发建设总体规划是以湖面为骨架、田园风光为特色而设计的。景区总面积为72平方公里，景区分为民俗风景区、古文化区、高山茶叶区、野营活动区等5个，有二灵夕照、芦汀宿雁、白石仙枰、陶公钓矶、普陀洞天、百步

20 世纪 90 年代初的东钱湖

耸翠等 70 余个景点，将成为我省最大的山水交融的湖泊型风景名胜区，该工程投资约 8000 万元，分近、中、远三个阶段实施，近期已落实修复西瓜庙、湖心塘、普陀洞天等景点和沟通 15 公里环湖公路的计划。（《东钱湖开发建设总体规划通过初审》，1990 年 4 月 16 日）

5 月 27 日，鄞县邀集专家论证东钱湖开发规划。6 月 2 日，《宁波日报》报道说：

27 日，鄞县县府邀集省、市、县有关部门领导、专家百余人，就保护、管理、开发东钱湖规划，进行了研究和论证。

专家们认为，22 平方公里的著名风景区——东钱湖，为国内海滨城市所罕见。它具有风景旅游、疗养休养、水上运动、养殖和灌溉等多种功能，是浙东"黄金"旅游线上的一颗明珠。目前，《东钱湖风景区开发建设总体规划》已通过县级初审。在近期，先从以下 10 件事起步：整修西瓜庙，资金已基本筹集，7 月初动工；新建儿童公园，计划今年 10 月初破土；风景旅游点园林配套工程，面积 600 亩，今冬明春完成开垦种植任务；沿湖周围的 200 多具石雕群，集中布点，建造一座石雕公园；在东钱湖入口处，建立一座东钱湖标志的牌楼；计划购买旅游快艇两艘；开通下水纪家庄至高钱乡堰头 5.7 公里的环湖公路。与此同时，还拟修复"芦汀宿雁""白石仙坪""二灵夕照"的风景点。（《鄞县邀请专家论证东钱湖开发规划》，1990 年 6 月 2 日）

10 月 9 日，鄞县举办东钱湖金秋联谊游湖会，近百名香港同胞参加。次日《宁波日报》报道说：

"花好月圆金秋重逢故乡人，政通人和湖山喜迎远方客。"昨天，东钱湖综合游乐场彩旗飘扬，金龙飞舞。香港知名人士王剑伟先生、李惠利先生等近百名港胞在这里兴致勃勃地参加了东钱湖金秋联谊游湖会。

游湖会是这次金秋联谊活动的组成部分。鄞县县委书记邬烈明代表全县人民对全体来宾表示热烈欢迎。中午 12 点，全体来宾分乘 3 艘游艇游览烟波浩渺的钱湖美景，陶公钓矶、二灵夕照、补陀洞天、霞屿锁岚等景点一一收入眼帘。艇过湖心塘入南湖后，来自鄞县云龙镇的两支龙舟队作了竞赛表演，另外 10 多艘帆船、赛艇竞相泛舟，湖面顿时出现一幅"百舸争流"的五彩图画，令港胞们赞不绝口。在岳鄂王庙登岸后，来宾们饶有兴趣地观看了船上捕鱼表演。

游湖会结束后，来宾们意犹未尽，感叹"时间太短，看不够钱湖美景"。随后，部分来宾参观了天童寺和阿育王寺。（《近百名香港同胞昨参加东钱湖金秋联谊游湖会》，1990 年 10 月 10 日）

10 月，东钱湖风景名胜区开发基金会成立。

11 月，东钱湖风景区总体规划通过评审。

1991 年

4 月 3 日，《宁波日报》报道各方集资开发建设东钱湖的盛况。报道说：

今年我市将通过多方集资的途径，加快开发建设省级风景名胜区东钱湖。

根据省级评审通过的总体规划，今年东钱湖景点建设将筹建岳鄂王庙的越文化公园、小普陀公园和古石雕公园的前期工程，建东钱湖标志牌楼，改建沙孟海书学院，迁建张斌桥。此外，今年 5 月将成立钱湖龙舟队，2 万亩大地林网化工程与 8 个景点的植树绿化也将全面辅开。

自去年 10 月东钱湖风景区开发基金会设立以来，各地群众纷纷解囊，目前基金会已收到单位、个人捐款近百万元。（《各方集资开发建设东钱湖》，1991 年 4 月 3 日）

9 月，鄞县东钱湖风景旅游区管理局成立。

11 月 19 日，杭州魔术团为开发建设东钱湖专程来甬义演。

12 月 22 日，霞屿公园奠基，东钱湖旅游经济开发区加快开发步伐。《宁波日报》报道说：

鄞县东钱湖霞屿公园昨日举行奠基典礼，风姿绰约的省级名胜旅游区将新添一景。

东钱湖霞屿岛上的"补陀洞天"，是现有的主要旅游景点和县级重点文物保护单位，日客流量在千人以上。

新景区设计规划由杭州园林设计院承担。整个公园包括霞屿全岛和部分湖堤，面积2.4公顷，划分成宗教活动、草坪、旅游服务、水景观赏等6个功能小区。该景区总投资386万元，分两期实施。首期工程明年初动工，预计两年内建成。

此外，鄞县儿童城工程承包签约及开工仪式，也在昨日上午同时举行。（《霞屿公园昨日奠基》，1991年12月23日）

1992 年

1月26日，《宁波日报》刊发周时奋撰写的长篇通讯《为了那一片宝石蓝——东钱湖风景名胜区开发纪实》。文章详细记述了改革开放以来特别是90年代前后鄞县各级政府与社会各界为把东钱湖建设成为风景名胜区而做出的不懈努力。文录于下：

为了那一片宝石蓝
——东钱湖风景名胜区开发纪实
周时奋

人们需要休息，旅游本身就是一种积极的休息。尤其是工业文明愈益发达的今天，现代人的心灵世界更向往着大自然。而到过宁波东钱湖的游客，没有一个不迷恋的。这片湖泊，水晶般的纯情，璞玉般的无华。它那特有的田韵野趣，也引起了有关部门的重视，为了进一步开发我市的旅游景点，东钱湖理所当然地成了"最佳选址"……

莫负一片好山水

1990年2月，春寒料峭。

新上任的鄞县县长金海腾伫立在东钱湖边，他被这一片宝石蓝般的湖水陶醉了。

这里离宁波市区的直线距离仅有9公里。遗憾的是，当时并没有多少宁波人知道这片水面竟是"两浙第一大湖"，更少有人想到，在全国沿海14个开放城市中，这里是唯一的天然湖泊型风光资源。

金县长深知一个充满大自然情趣的风景区对于一个正在兴起的大工业城市所具有的价值。他用一句话概括了他的全部感想："委屈了一片好山水！"

东钱湖，这片"委屈"了的山水，无时不在泛动着天赋地予的灵气。这里峰峦嵯峨，青山如屏，淙淙的山泉跳着浪花，向那片蔚蓝注入了一汪深情。越国大夫范蠡曾偕西施在这里隐居，北宋政治家王安石曾在这里修水利、行青苗、初展变法宏图。这里有"一门三宰相，四世两封王"的名氏望族，这里曾筑过山中学士、湖上诗家的离馆别业。夕阳西薄处，看千年古塔危然刺空；杜鹃声声里，有桃花流水鳜鱼鲜美。流翠白石、垂岩瀑布、出峡流水、断山横云，这是自然的壮美；东方初曙，迎客船到，暮色褪尽，卖鱼人散，这是人世的安谧。东钱湖，这片赏心悦目的山水，有着多少隽永的韵味呵！也许她太安谧、太宁静，人们只在野趣真情中静静体味。但是，没有喧闹，没有繁华，也就没有知名度。

开发东钱湖，这又何尝只是县长的心头一念。前几任的县委、县府领导和有识之士都萌生过、酝酿过种种开发方案。可是谈何容易，东钱湖足足有西湖4倍大。一个西湖尚且用了数十代人的努力，更何况这一片偌大的处女湖呢。

金海腾说："开发东钱湖，这肯定是跨世纪的工程。然而万事总有个起头，何不从我们做起？"他大胆地在常委会上提出自己的设想，结果是"英雄所见略同"。

然而，一个县的中枢机构，有多少的大事要抓啊。怎么办？

县委书记邬烈民、县人大常委会主任王雅根、县府老顾问张群洁和政协主席刘守本，以及许许多多有志于开发东钱湖的同志，都提出了宝贵的建议。

群策之后，酝酿成一个"两不误"的办法：依靠群众，"业余"开发。

在许多有志开发东钱湖的人士中，有两个人值得一提。

一个是钱湖区委书记钱根福。这条东钱湖畔土生土长的汉子，正被一种深沉的历史责任感"压迫"着。这时候，他悄悄把环湖4乡的干部叫到一起："开发东钱湖，提高家乡的知名度，一定会反作用于经济。"

这的确是真知灼见。当我们一听到茅台酒，就会感到贵州并不遥远，因为知名度会产生亲近感，也会缩短人们的心理距离。

于是，当县里领导还在进一步统一思想的时候，东钱湖边却赫然拉开了大标语："增我钱湖美，造福后来人。"

另一个人叫周正良，鄞县城乡建设局局长。这个工程师出身的行政干部，从专业的角度对东钱湖开发担起了一种自觉性。当大家正在议论该不该开发东钱湖时，他已经悄悄地带上一支"小部队"，跋涉在环湖的山山水水之间。他已经在酝酿东钱湖的总体开发规划了。

热情、远见与科学，永远是成功的前提！

1990 年 10 月，东钱湖风景名胜区开发基金会在湖风浪花中成立了。

这一天是星期日。完全出于自愿，鄞县县级机关的数十名干部和一批企业界人士利用假日，在这里集会议事。

基金会是地地道道的民间组织，但是以个人身份参加的却有鄞县县委书记、人大主任、人大常委会委员、副县长、部长、局长，甚至有市人大主任和市府副秘书长。基金会通过章程，以鼓励和发动社会各界共同关心、支持东钱湖开发为己任，向社会募集资金，组织开发事宜。

这个民间组织没有权力，只有义务和热情，只有率先的示范作用。他们频繁地开展活动，但都在星期天，或工余的夜晚。工作人员没有任何补贴，包括夜餐费和下乡补贴。作为基金会会长的金海腾"利用职权"，颁布了一项"优惠政策"：为鼓励星期天加班，基金会向有关工作人员提供工作午餐——一碗咸菜面。

基金会的工作是大量的：制订和组织评审了总体开发规划、设计实施项目、展开宣传攻势……

通过一系列的动员会、宣传会、协调会，开发东钱湖逐渐形成了社会共识。金县长说："东钱湖是人民的，就要全社会来关心、来建设。"

开发的帷幕就此拉开了……

钱湖芦苇荡（张全民提供）

炽热的情感

首先被开发的呼吁所撩拨起来的，是环湖 4 乡 5 万名老百姓的心。

开发需要钱，但地方政府的财政首先得用于发展经济。怎么办？老百姓说："蚂蚁也有四两力，我们先来表表心意。"

莫枝镇西南有一个西瓜岛，早在宋代，这里就盖了一座岳王庙，如今虽然壁裂瓦破，毕竟是一处点缀风光的景物。

严阿四、徐国良等 8 位农民一合计："我们把旧庙的房屋修一修。" 8 个人慷慨解囊，一下凑了 8400 元。

四方闻讯，不甘落后。莫枝镇居委会的一批老公公、老婆婆也从床垫下、衣厨夹层中亮出了"小金库"；有的老人心更急，将平时攒下的几十个鸡蛋，拿到集上卖现钱。集腋成裘，老人们竟捐了 7130 余元。

据了解，岳庙工程的 17 万元资金，都来自群众。

它成了湖区第一个修缮的景点，那里没有袅袅香火，却永远供祭着千万个百姓的真诚之心。

在某种动机的驱使下，默默无闻的人会忽然发出惊人之举。

钱友良，一个以精打细算著称的小厂厂长，突然捐上了 5000 元钱，这是他 1990 年全部的奖金收入，他一下成了个人捐款的大户。

钱友良不是暴发户，他理厂有道，不越政策方寸，他的东海蓄电瓶厂因此被评为国家二级企业。

钱友良，你完全可以从集体积累中支出更多的钱，何必动你私蓄？

钱友良回答极其平淡："我本是个普普通通的木匠，靠政策好，使我发挥了一点作用。党恩在心，不报不快。"

在东钱湖，有这样想法的何止钱友良一个。翻翻基金会的那本入款账册：孙贵堂 5000 元、忻红儿 3000 元、陈华国 3000 元……每一笔数字背后都有一个动人的故事。

基金会收到了一笔邮汇：43.3 元。在"寄款人"一项里只填写着：43 名红领巾。稚气未脱的钢笔字上闪动着孩子们的耿耿之心。

群众的捐款在源源汇集。4 乡的老百姓说：我们一起来捐个项目吧，表表我们共同的心愿。

5 万个乡民集资 25 万元，要为两浙第一湖矗立起一个"门户"。

不久的将来，如果你在莫枝镇北首 302 国道的岔路上，见到那巍然屹立的大牌坊时，请转告随行者：这牌坊浇筑着 5 万颗炽热的心。

群众的热情，在干部们的心中砥砺激荡，韩岭乡全体干部也不知由谁提议，每人都捐出了当月的全部工资。全区干部共捐资 12000 余元。

全县的共青团员也激动了，他们提出了捐资 10 万元的目标。

县妇联更实际些，她们要为东钱湖捐上一座儿童公园。

县长金海腾说："作为一方行政领导，我要与群众共担大义。"他捐了个"空头支票"：1000 元，分期付款。

一个县长月薪几何？ 160 元，连补贴总共才 270 元。他也有妻儿父老，也要买柴米油盐醋，一月所剩又有几何？但他却开始兑现了，第一次 200 元，几个月后，又是 200 元……

1991 年春节刚过，金县长收到了一笔 300 元邮汇和一封信。寄钱人是上海川沙县的一个农民，叫傅龙华，他与东钱湖毫无瓜葛。信中说："你们正在为长江三角洲的人民办一件好事，就算上我一份吧。"

一天，基金会又收到一个 300 元邮汇，落款是：宁波西郊农民张德宝。宁波西郊，出西成桥至凤岙、姚江之滨、鄞水之畔、四明之阳，700 余平方公里的大概念，张德宝住在何处？不图感谢的张德宝是人民中平凡的一员，也是伟大的一员。

为了这片宝石蓝的水面，还有多少局外人付出了慷慨。美国加利福尼亚州著名建筑设计师张爱俐在湖边一叹："真有这样美的地方。"当即把随身所带的 2500 美元的旅费慷慨献出。香港捷丰工程公司女主人朱平珠慷慨应允：我出 10 万元人民币。刚从欧美载誉而归的著名魔术师杜林森，专门为东钱湖义演 3 场，将全部演出收入的 12000 元捐入基金会。

而下水乡退休的老干部史永和则骑着自行车走遍村村庄庄，动员修建王安石纪念馆。纪念馆修缮共花去了近 30 万元，其中 10 万元就是他募集的，另外的 20 万元，则是群众用义务工的形式完成。

这里无法一一列举那些动人的故事，而且故事的本身远比我叙述的动人。

一年多来，基金会共募集了 158.7 万元。对于偌大的开发工程来说，这笔款项仅仅是沧海一粟，但正是这精卫填海的第一石，使东钱湖从沉睡中开始苏醒了！

政府部门在加紧行动

1991 年 3 月 12 日，宁波市委书记项秉炎登上了韩岭山，他望着那片浩淼的春水说："开发东钱湖，功在当代，福在子孙。上下左右要形成共识。"在他的带领下，市机关干部在湖边挥锄种下了一批绿化树。市级机关决定从去年起把东钱湖作为造林基地。这一年他们种下了 20 亩桂花，数年后那里将成为"桂花飘香"的新景点。他们还种了 30 亩桃花，使湖畔又平添了一个"桃花源"。

项书记说，市级机关 70 多个单位 4000 余名干部，要在这里连续植树 5 年，1 年探索、3 年突击、1 年扫尾。

天下无林不成景。在这里，市领导正表现出一种卓越的远见：绿化是景区开发中最基础的工程。

陪衬着东钱湖那一汪碧波的是环湖 9 万亩青山，可这批青山并非从来就是那么郁郁葱葱。

1984 年全省林业普查时，这里竟有 6000 亩荒山。钱湖区委作了 3 年的努力，才使两个重点荒山乡摘去了"帽子"。

荒山换绿装，这仅仅是一般的要求。作为风景旅游区，光有生态效益还远远不够，它还要兼有观赏功能和经济效益。

钱湖林科站林业工程师罗衍林带着几名林技人员在环湖的峰岗涧岙中整整踏勘了两个月，制定了总体绿化规划。1991 年 7 月，在著名林学专家李贤超的主持下，这一规划通过了专家评审。

我去采访的那天，正赶上钱湖区林业工作会议。会上立下军令状：1992 年钱湖首先要造出一片花果山。下水乡要完成 1293 亩杨梅林，其中 140 亩丰产坊将以硕果迎宾；韩岭乡千亩旅游果园将让游客流连忘返，其中 40 亩樱桃园将在明年收获季举办"樱桃会"；高钱乡将建成千亩杉木基地；而莫枝镇又在入湖的平原大做文章，这里将有千亩农田防护林示范畈和万亩大田林网。不久，钱湖区就要成为宁波市第一个林业达标区。

300 年前，有个诗人李邨嗣到东钱湖走了一遭，深为其地果品之丰盛而感动："象坎人家接栎斜，春来白处尽梨花。树头裹到冬深摘，一颗真消冰雪粗。"

这个计划实现后，如果李老先生再世，不知要作如何的赞美呢！

杨柳初传花信风

东钱湖充满了希望和信心。先让我告诉你几个项目破土动工的信息吧。

当东钱湖开发刚刚拉开序幕的时候，县妇联立刻意识到这里将出现黄金地段项目竞争。她们呼吁：请为孩子们保留一席之地！

以母亲和孩子的名义所发出的呼吁，能不重视？

"请说，要哪一片山水？"

县妇联原主任赵雅飞朗声答道："庙陇山。"

庙陇山，濒谷子湖临岳王庙，视野辽阔，天地清朗，堪称黄金地段之最。

县妇联决定在那里以长城为主题，建造一座别致的儿童公园。杭州市园林设计院欣然承命，派出强手，在一个月内赶出了一套图纸。根据设计，在庙陇山将依照长城中八达岭段的样式，以 10∶1 比例缩小，建造一个"袖珍长城"。"长城"上还有烽火台连绵相望，可供登临眺望。"长城"内是各种游乐设施，"长城"外的水滨，是水上儿童游乐场。

妇联有多少钱？赵雅飞牙关一咬："儿童福利基金会投入 17 万。"

哈，这一点经费想开工？

县府顾问张群洁站出来了："发动乡镇企业，我老头子要动动最后一路'拳头'了。"张群洁从不轻易动用个人威信，这位当年四明山的老游击战士，今天却要为孩子们动用一下了。他用蝇头小楷，认认真真地向骨干企业的厂长们写了数十封动员信……

1991 年 12 月 22 日，杭州市园林工程公司的隆隆建筑机械开进了庙陇山，儿童城终于破土了。

位于南北湖要冲的霞屿岛，以南宋石窟"补陀洞天"而著名，俗称小普陀，闻名于海内外。

近几年来这里一直是朝圣者的"麦加"，而且有更多的无神论者也汇入这支大军，当然他们"朝拜"的是山水。霞屿岛平均每天起码有五六百人登临，假节日客流量可达到二三千人。

杭州市园林设计院承担了霞屿岛公园的设计。这里将以宗教文化为基调，以植物造景为特色，围水环堤后，形成湖中有岛、岛中有湖的景观格局。宁波市旅游局与东钱湖风景旅游局合资 150 万元，还准备在这里兴建一座水上餐厅。甬港服装总厂则准备在碧潭清波间捐建一座汉白玉的大型雕塑"出水观音"，五乡煤气瓶厂也要捐献给游人一座精致典雅的休憩处——临仙阁。

1991 年 12 月，在清脆的鞭炮声中，霞屿岛公园举行了奠基仪式。经过今冬的实质性准备，公园将于明春正式动工。

东钱湖的实质性开发开始了。

这是一次在科学的整体指导下的逐步实施。

在著名的建筑学家、浙江省城乡建设厅副厅长胡理琛的主持下，东钱湖制订了整体开发规划。

根据这一规划，全湖将分游览欣赏、旅游活动和管理服务三个功能区。整个风景区内又分成 7 个景区 44 个景点：殷湾景区以水乡民俗为特色；陶公景区以吊古赏湖为特色；霞屿—二灵景区将以 10 个景点组成水上景观区；栎斜的瀑布密林处将开辟野营区；南湖是水上运动基地，也许在将来，那里会训练出一批夺魁奥运的水上健儿；云锁雾障的福泉山也不甘寂寞，她以千亩茶园的奇观向游客振臂，享受茶文化，请上这里来。

1991 年 9 月，"东钱湖风景旅游局"正式挂牌视事，湖区的开发纳入了行政的轨道。

　　　　幸运的东钱湖，你在千万人的热望中打扮梳妆了，你在社会主义的阳光下整
冠亮相了。那一片好山水绝不会再委屈下去，因为你是一片希望之湖！

5月，东钱湖水上乐园建成开放。

5月10日，鄞县人民政府发文撤区扩镇并乡，撤钱湖区，扩莫枝镇，并韩岭乡、
高钱乡、下水乡为东钱湖镇。

9月，由鄞县人民政府主办的第二届东钱湖文化艺术节举行。

12月1日，《宁波日报》报道东钱湖旅游开发开始形成热潮。报道说：

　　　　知名度日益提高和环境的不断改善，使东钱湖迎来新的开发热潮，据11月26
日统计：近半年来，东钱湖旅游经济区已有11个投资项目签订合同或达成协议，
总投资项达2.64亿元。

　　　　总面积55.9平方公里的东钱湖风景区，拥有极丰富的自然和人文景观资源，
目前，景区内的王安石纪念馆、岳鄂王庙、二灵塔等景点已修葺一新，珍藏书坛
巨匠墨宝的沙孟海书学院已在湖畔落成，由霞屿寺及由水上观音、临仙阁等景点
构成的霞屿公园正在抓紧施工，兴建中的鄞县儿童城第一期工程行将告捷。此外，
投资4000万元的东钱湖宾馆可望明年上半年投入使用，投资1700万元的水上餐
厅也即将开业，由群众集资24万元的东钱湖标志牌楼，如今已矗立在镇北的省道旁。
与此同时，程控电话的安装、水电设施的配套及绿化带的建设，更使这里的投资
环境明显改善。

　　　　东钱湖镇通过广泛的内联外引，今年6月香港武夷装修有限公司与当地签订
了总投资1600万元的楼花源渡假村合资开发项目，美国温泽·格莱姆西公司9月
与东钱湖房地产开发公司达成了合资开发美丽阳光城的协议，总投资达1亿元。
双鸭山矿务局等单位也看中这块宝地，决定在东钱湖开辟疗养基地。目前，近期
规划中的迪士尼乐园、水上运动竞赛区等项目正在向国内外广泛招标。（《东钱
湖旅游开发形成热潮》，1992年12月1日）

12月5日，由港胞李达三捐资60万元建造的东钱湖镇中心中学教学楼举行奠
基仪式。

1993年

5月，沙孟海书学院在东钱湖畔建成开放。

位于东钱湖畔的沙孟海书学院是东钱湖的一道文化风景

10月7日，《宁波日报》报道，东钱湖旅游区改善旅游环境，吸引中外游客，形成"游、吃、住、行"系列产业。报道说：

10月1日，在东钱湖"芦汀宿雁"著名景点，一家功能齐全的"万金酒楼"正式开业。

近年来，东钱湖旅游风景区坚持以"兴游"为"龙头"，"吃、住、行"配套设施同时上，形成了一个"游、吃、住、行"连锁产业带，改善了旅游环境，吸收了大批海内外游客。

今年1—9月份，游客人数43万人次，超过了去年全年游客总和。

去年年底至今，该旅游区又先后建成了儿童城（小八达岭）、水上观音、水上乐园等新的景点和娱乐设施，"小普陀"霞屿公园正在建设中。

为了适应这个"旅游热"，他们迅速发展了一批第三产业。

"中巴"车由原来的3辆剧增到40辆。水上快艇发展更为迅速，目前已有32只。投资6000万元的东钱湖宾馆即将竣工。万柳园宾馆第一期工程已投入使用，第二期工程正在施工，今年新增大小饭店20家。

同时，一批中外合资的度假村、别墅区正加紧兴建，"白石仙枰"等景点也在紧张地施工。

最近，他们又新培训了20多名专、兼职导游。（《改善旅游环境　吸引中外游客》，1993年10月7日）

12月6日，东钱湖石雕文化考察报告会举行，与会考古与工艺美术专家10余人经过鉴定，认为南宋石雕具有重要的历史研究价值。

1994 年

2月10日，由中国音乐家协会、中央人民广播电台等单位联合主办的首届中国"黄河口杯"行业金曲展评颁奖大会在北京人民大会堂举行，《美丽的东钱湖》获金奖。

2月16日，《宁波日报》刊发该报记者撰写的长篇通讯《湖光山色正诱人——东钱湖开发建设纪实》，报道东钱湖近年开发建设情况。

3月24日，东钱湖水面发生两艘快艇相撞倾覆致使12人落水1人死亡的重大交通事故。不久，鄞县人民政府先后颁布《东钱湖旅游摩托艇暂行规定》和《东钱湖旅游船舶安全管理若干规定》，大力整顿东钱湖水上客运秩序。

3月底，京沪专家领导会聚宁波，共商东钱湖开发大计。经过实地考察，对于东钱湖旅游开发，他们认为既要挖掘历史文化内涵，又要以旅游的需要为出发点，充分利用现有的山水条件，招商引资，上一些立足眼前、面向未来的景点与项目，搞出自己的特色。（《专家会聚东钱湖畔　共商旅游开发大计》，《宁波日报》1994年3月31日）

9月，在东钱湖开浚1250周年与建国45周年之际，第三届东钱湖文化艺术节在新建成的湖滨公园举行。

1995 年

1月18日，《宁波日报》副刊发表朱国富的文章《中国渔业史上的"东钱湖时代"》。文录于下：

中国渔业史上的"东钱湖时代"
朱国富

鄞县的海洋捕捞有着悠久的历史，最早记载见于西晋陆云《答车茂安书》中，"断遏海浦，隔截曲限，随潮进退，采蚌捕鱼……"。南宋起，渔业逐渐从农业中分离出来，以捕海为主。到了明代，从事渔业人数骤增，渔业在当时的经济成分中已占据重要地位。

明洪武十九年（公元一三八六年），东钱湖渔民从内湖转向外海捕捞。为了解决出海捕捞的船只，将湖内捕捞的河船改造成大对船。新改造的大对船，船长最初只有六米左右，后来增至十米，用双帆或单帆，载重约四吨。大对船在海洋捕捞中逐步改进定型，使之更加适用。东钱湖渔民在大对船改造后，又创造了大对船作业法，每对作业船由煨船、网船组成，煨船为指挥船，两船成"八"字形，在海上拖网作业，约三十至四十分钟后靠拢，成"丁"字形起网。大对船及大对船作业法的发明，使当时的捕捞产量大增，从而大大发掘了捕捞潜力。不久，各地渔民相继仿造，成为当时我国海洋捕捞的主要渔船及主要作业形式，在中国渔业史上属首创。

大对船及大对船作业法，鄞县一直沿用到一九五九年，后来逐渐淘汰。最多时是在一九三二年，全县有大对船四百多对，载重每艘船增至十吨。

东钱湖大对船及大对船作业法的发明和应用，掀开了外海捕捞史上辉煌的一页，是我国海洋捕捞船只作业形式的一次十分重大的革新，使海洋捕捞出现了新的飞跃和发展，对中国渔业有划时代的影响，故《中国渔业史》称大对船作业时代为"东钱湖时代"。

2月8日，《宁波日报》发表该报记者对东钱湖旅游经济区党委书记钱根福的采访文章，文中透露东钱湖以旅游带动经济发展初见成效，1994年东钱湖接待游客量达到80万人次。报道说：

> 近看波光粼粼，远看青山如黛，在一个暖意漾溢的晴天，我们在东钱湖畔找到了鄞县东钱湖旅游经济区党委书记钱根福，话题自然是从"旅游与经济"拉开，我们问钱书记：东钱湖旅游带动经济的特色明显不明显？他说，县委县府确定的这个路子是正确的，自从东钱湖镇改为东钱湖旅游经济区以后，特点抓住了，主线明朗了，经济发展也就快了。
>
> 近几年来，东钱湖的旅游开发，根据"开发钱湖，改善环境，发展旅游，振兴经济"的指导方针，坚持宣传舆论为先导，社会集资为启动，举办实事为突破口，引进项目为重点，已取得了初步成果。"哪些成果？"他说，东钱湖的知名度提高了，基础设施和旅游设施建设加快了，步子大了，吸引力强了，近几年国内外来东钱湖旅游的游客每年大幅度上升，去年接待游客量达到80万人次；且带动了旅游经济区各业的发展，工业生产突破10亿元大关，外贸收购额达到1.2亿元，第三产业更是如虎添翼，三产全行业收入达到1.2亿元，其中饮食业、交通运输业异军突起，旅游经济区已有万金酒楼、万柳园宾馆、钱湖宾馆、试试看饭店等大小酒、饭店38家，中巴车40余辆、三轮车100多辆、游艇60余艘，东钱湖的优势在"旅游"，工作的突破口也在"旅游"，旅游经济这块文章做好了，经济和各项事业也就发展了。
>
> "你们近期的规划和打算如何？"我们问。钱根福扼要地告诉我们：一招是眼光远、目标高，按照国家风景名胜区的要求，高标准建设东钱湖，资金上自筹和引进相结合，投资5160万元，搞好"一园（石雕公园）二馆（蝴蝶艺术馆、昆虫博物馆）二城（阳光娱乐城、太空游乐城）二中心（国防教育中心、垂钓中心）"的建设；引进和开发一批新奇特项目和旅游产品生产基地；同时提高旅游工作人员素质和旅游企业的服务质量，以及风景区的级别档次；积极做好引进项目的服务、协调和配套工作，创造优质服务的软环境。广泛开展招商引资活动，这是

他们在新一年使出的第二招。目前，意大利专业生产汽配的希拉公司与宁波汽车软轴软管厂已达成的合作意向，总投资达 4200 万元，外资占全部股份的 75%，并全部以美元现汇投入。类似项目，目前正在洽谈和已经签约的有五六项。

再一招就是旅游业要促进第三产业的发展。他说，东钱湖的第三产业，既可借助"湖"的条件，又可烘托"湖"的优势，上档次、上水平。在硬件方面，形成"行、吃、住、购、游、娱"一条龙服务体系；在软环境方面，使游客在东钱湖吃得顺心，住得舒服，游得尽兴，玩得畅快，争取有更多的"回头客"。（《东钱湖新打算——访东钱湖旅游经济区党委书记钱根福》，1995 年 2 月 8 日）

3 月 6 日，宁波市党政领导在东钱湖畔举行义务植树活动。

5 月 22 日，《宁波日报》报道，初夏的东钱湖游人如织，旅游业兴旺。报道说：

5 月 20 日上午，蒙蒙细雨使山清水秀的东钱湖显得格外迷人。

早上 8 点刚过，来自宁波等地的中巴车就把一批又一批游客送到了东钱湖镇的船码头边，龙舟、快艇、木船把接踵而至的游人送往各个景点。一位史姓个体快艇主兴奋地告诉记者："双休日给阿拉带来了好生意，这两天，我的营业额比平时多出五六成哩！"

在岳鄂王庙，来自上海石化总厂的几十位游客兴致盎然，流连忘返。

该景点总经理张晓江介绍，双休日一到，来此旅游的客人剧增，日均达 500 人次以上。为此，他们正准备推出岳王庙、小普陀、跑马场、儿童城、二灵寺和沙孟海书学院等 6 个景点一日游，并提供交通及导游服务。

小普陀在东钱湖旅游区中最热闹的地方。在绿树蓊郁的湖心堤，在巍然耸立的霞屿寺大殿，在近 10 米高的汉白玉南海观音塑像周围，成群结队的游客或休憩，或游览，或在工艺品摊前购物，来自宁波信物期货经纪有限公司的郑君说："每一次来小普陀都有新的感觉，这次雨中游更有诗意。"据介绍，截至当天上午 9 时半，小普陀的游客已达 300 人次。今年 5 月份，那里已接待游客 2 万人次，其中，3 个双休日就达 3000 人次。经销工艺品的个体户曹国裕喜滋滋地说："每逢双休日，我的营业额都在千元以上。"

随着游客的剧增，东钱湖宾馆以及当地的万柳园宾馆、万金酒楼和个体餐饮旅馆的营业额也有不同程度的增加，其中东钱湖宾馆最为明显。为了吸引顾客，该宾馆最近一段时间还对客房、会场及娱乐设施等实行六折优惠，并提供快艇、导游等一条龙服务。宾馆总经理助理戚寅说，这个月的营业额已达 300 余万元，比 4 月份全月多 100 多万元。

据悉，东钱湖镇政府为促进旅游业的发展，还将于本月底赴香港为该镇即将开辟的美丽阳光城、石雕公园及喷泉等 3 大旅游项目招商引资。（《东钱湖——湖光山色惹人爱》，1995 年 5 月 22 日）

7 月 16 日，《宁波日报》报道东钱湖墓道石刻的发现情况，称其中的南宋作品填补了中国美术史空白。报道说：

> 40 余名宁波书乐书友会的会员，日前在鄞县文管会和有关专家的指引下，兴致勃勃地考察游览了东钱湖畔的古石刻群。
>
> 近年来，东钱湖畔的古石刻群已逐渐引起外界关注。据考证，这些石刻群为南宋至明清时期居住在东钱湖畔的史、郑两个名门望族的墓道石刻，是目前长江以南历时最长、分布最集中和雕刻最精致的墓道石刻，经过有关专家的努力，至今年 6 月底，已发现的南宋时期石刻作品达 30 处 180 件，其中元代作品 2 处 10 件，明代作品 2 处 18 件。这些石刻分布在上水、下水、韩岭、横街、绿野、洋山、郭家峙、高钱、东吴、宝幢等方圆 20 余平方公里的山岙内，其中，南宋作品还填补了中国美术史和文物考古史的空白。
>
> 据介绍，这些石刻的板材基本采自鄞县西乡的梅园石。刻于石上的文臣武将高达 3.5 米，个个神采飞扬；跪羊、蹲虎、立马和狻猊，以及各种石椅、石笋，形态逼真。它们不仅为研究宋元明时代服饰及朝廷官制提供了真实依据，也是浙东优秀历史文化的具体见证。据悉，有关部门现正酝酿在东钱湖畔建立一个古石刻博物馆。届时这些石刻群将相对集中到博物馆附近。（《东钱湖墓道石刻引人注目》，1995 年 7 月 16 日）

10 月 7 日，东钱湖龙舟邀请赛举行，吸引 300 余位贵宾和数万群众观看。

1996 年

5 月 10 日，《宁波日报》报道，东钱湖旅游区对旅游、交通、治安秩序实行全方位管理，东钱湖旅游环境明显改善。报道说：

> 借得春风出城去，游客涌向东钱湖。据统计，今年 1 月至 4 月底，东钱湖旅游区已接待游客 20 万人次，超过去年同期，进入 5 月，游客更是日益增多。
>
> 20 平方公里的东钱湖，沿湖景点一处连着一处。近年来，游湖快艇激增，到去年年底已有 56 艘。由于管理力度不足，一度出现快艇随岸而泊，艇主争渡抢客

等现象，既影响游客安全，又有损于旅游区形象。针对这种情况，鄞县县府办公室组织召开东钱湖镇、旅游局、航管站、派出所等单位参加的协调会议，建立了东钱湖湖区综合管理所，由镇政府、旅游局、水上派出所和航管站抽调人员，合署办公，对湖区的旅游、交通和治安秩序实行全方位管理。镇里还投资 65 万元，在岳鄂王庙景点新建高标准游船码头。在可能发生航道事故的地段，新增 12 只减速航标和 25 只龙舟、画舫及航运机动船，统一发放营运证和治安许可证，并实施船只年检制度，杜绝"病船"和无证驾驶员进湖。

与此同时，他们还对驾驶员进行安全教育，实行安全航行考核。对综合管理所的工作人员落实工作责任制，并使之与每人经济利益挂钩。管理措施和制度的完善，促进游船秩序井然，船员素质提高。5 月 1 日，有个游客游湖结束上岸时，把一个包遗留在船上，船员王志成发现后，立即追上岸去，将包送还给失主，游客十分感激。（《东钱湖旅游环境改善》，1996 年 5 月 10 日）

7 月 8 日，《宁波日报》报道东钱湖旅游区大力引进动感项目，加大开发力度，推动旅游区由观赏型转向参与型。报道说：

在鄞县东钱湖风景区，水上行走如履平地的水上行走器、水上拖撬、水上冲气火箭和水上降落伞等一批新的旅游动感项目，如今已成为游客们的参与热点。

东钱湖旅游区近年来累计投资达 3 亿多元，形成了三大景区、16 处景点的旅游格局。如以霞屿寺、小普陀和二灵寺组成的霞屿锁岚的民俗旅游区，以岳鄂王庙、蝴蝶阁、湖滨公园和小八达岭组成的平水芦汀景区，以及以沙孟海书学院和周尧昆虫博物馆组成的名人文化区，都吸引了大批中外游客。它们以丰富的人文景观，给旅游者以艺术上的享受。

为了充分发挥这个区的"水旅游"优势，满足游客特别是青年人的参与心理，东钱湖风景区在建设特色景点的同时，又开辟了一批新的旅游项目，以引导游客从观赏型逐渐向参与型转变。那里办起了水上运动场，寓娱乐与体育于一体，还开辟了天然游泳池，有游泳、有跳水，老少皆宜。前不久，他们又用近百万资金，引进了 4 个新的水上项目。

与此同时，东钱湖风景区还在一些老景点里增设新的内容，开辟了一些参与性项目。如霞屿景区的赛马场，在名人文化景区里的钓鱼台，在芦汀景区的射击场，现均已开始营业。（《东钱湖旅游区由观赏型转向参与型》，1996 年 7 月 8 日）

7 月，韩岭象坎东、金斗房一带 1800 亩山地，以租赁形式，建造启新高尔夫球场。

1997 年

1月11日，《宁波日报》报道，东钱湖管理所成立30年，治理山水，成效显著，为东钱湖生态环境的改善做出了重要贡献。报道说：

> 虽然时值隆冬，但在东钱湖游览仍可见群山苍翠、层林尽染；登山望湖，烟波浩渺、山水辉映。知情人说，这一切离不开东钱湖管理所职工30年来默默的耕耘。
>
> 东钱湖以前没有专门管理机构，在湖区随意填湖造房、毁坏山林等现象十分突出。东钱湖管理所正式建立后，20余名工作人员以一座破庙为大本营，不管炎热寒冷、刮风下雨，每天坚持上山开荒造林。一年又一年，四周群山披上了绿装；30年付出的心血和汗水使东钱湖周围再也没有荒山了。据所长陈惠伦介绍，至今，他们已植杉树林700亩，可采伐量为2100立方米；竹山550亩，每年可采伐17.5万公斤；松木林5800亩，总蓄材量达7万立方米。此外还有柑橘、茶叶等果木林。去年和前年，光是山林一项经济收入就达到40余万元。
>
> 东钱湖管理所在抓紧植树绿化的同时，加强湖区治理和管理。他们砌石坎、建碶闸、开引水渠道、挖湖泥，投入近90万工，动用土石29.5万立方米，块石护坡近2000米，使原有蓄水位由1.6米提高到2.1米，增加蓄水量1000万立方米。东钱湖的水更清，四周山更绿了。（《东钱湖管理所治理山水30载》，1997年1月11日）

5月，东钱湖开始进行区域环境综合整治工作。《宁波日报》报道说：

> 东钱湖环境整治基础工程——长6.3公里的环湖公路路基近日完工，标志着东钱湖区域环境综合整治拉开了序幕。
>
> 东钱湖是我省最大的淡水湖泊，文物保护单位达10多处，素有"西子风光，太湖气魄"之称，被誉为"浙东明珠"。但是，近年来，东钱湖水质日趋恶化，水生生物骤增，水体富营养化加剧，湖泥以每年大约2厘米淤积速度增厚，使这颗"浙东明珠"黯然失色。
>
> 据调查，造城东钱湖水环境恶化的主要原因为生活污染。沿湖18个行政村，新建的别墅群、宾馆、饭店、疗养院（所）的粪便和污水几乎全部排入湖中。环保部门连续3年对东钱湖水质监测结果表明，水体多项指标每年均有所下降。
>
> 据介绍，东钱湖区域环境综合整治自修建环湖公路起，逐步对工业及服务企业实施限期治理，收集居民生活垃圾，回笼处理生活废水，并清除湖底淤泥，力

争 3 年内使东钱湖水质有明显改善。（《"浙东明珠"将重放光彩》，1997 年
5 月 25 日）

10 月 6 日，《鄞县日报》刊文全面介绍东钱湖旅游经济区发展状况。文录于下：

东钱湖——发展中的旅游经济区

　　"尽说西湖是胜游，谁信东湖更清幽。"东钱湖——浙江第一大自然淡水湖，位于宁波东郊，距宁波市区 14 公里，水城面积 19.89 平方公里，相当于西湖的 4 倍。它是我国 14 个沿海开放城市中唯一的近郊大湖，素有"西子风韵，太湖气魄"之美誉。1985 年被省政府首批命名为省级风景名胜区，景区总面积 55.9 平方公里，沿湖四周人文古迹众多，有陶公钓矶、二灵夕照、霞屿锁岚、白石仙枰等十大胜景和 70 余处古迹、21 处文物保护单位及 100 多具南宋石雕。

　　东钱湖历史悠久，人文荟萃，山水秀丽，物产丰富，蕴藏着丰富的旅游资源，有不少是"唯我独有"。经过几年来的开发建设，已初步成为集观光、休闲、度假、娱乐于一体的综合性游览胜地。至目前，在东钱湖各方已累计投资 2.5 亿元，用于修缮景点、建设旅游配套设施。先后新建和修复了儿童城、霞屿公园、岳鄂王庙、沙孟海书学院、国防教育中心、周尧昆虫博物馆、蝴蝶阁等 20 余个景点，形成了霞屿—二灵景区、平水—芦汀景区、名人文化景区等三大景区；已拥有日供水 4 万吨的自来水厂、11 万伏的变电所和 1 万门容量的程控电话。同时，区内先后兴建了与之相配套的东钱湖宾馆、上海总工会休养院、万柳园宾馆、万金大酒店等 7 家旅游饭店、宾馆，拥有标准客房 800 余间（套），建成了阳光城、钱隆山庄、赤塘岙别墅区，可以满足不同层次游客休闲度假的需要。湖内现有游船 78 艘，其中快艇 53 艘。1996 年客流量达 75 万人次，旅游总收入达 5000 余万元。

　　根据把东钱湖建成国家级旅游度假区和国家级风景名胜区的总体目标和山秀、水清、路平、景美的总体要求，旅游区对原在 1990 年由市规划设计院设计、省政府同意的《东钱湖风景名胜区总体规划》进行了调整、修改、完善，计划将风景名胜区与旅游休闲度假区内容结合起来，充分利用湖岸线长、风景旅游资源丰富、气候环境宜人的有利条件，把东钱湖旅游度假区定位为面向国内外，以旅游、度假、娱乐为主要功能，具有浓郁江南水乡泽国情调和相当水平的综合性旅游休闲度假基地。

　　为适应旅游经济发展的需要，旅游区内外投资环境日臻完善。直通市区的鄞县大道年内可动工兴建。东钱湖环湖路的设计方案和五个小区详规已进行论证和

调整,环湖路建设之一的大公段已建造完工,钓鱼台至东钱湖宾馆段即将动工建设。上半年,东方猛兽表演场已在东钱湖落户,水上飞机、南宋石雕公园和宁波市动植物园等建设项目正在抓紧筹建、规划和落实。

东钱湖是浙东旅游线上的一颗明珠,是宁波迈向现代化国际港口城市的一个窗口,旅游区真诚欢迎海内外朋友到东钱湖来观光旅游。如能对东钱湖有扶植之功和惠及之举,都将永远载入东钱湖的史册。

1998 年

1月21日,宁波市市长张蔚文实地调研东钱湖开发建设,提出把东钱湖的开发建设作为宁波现代化国际港口城市建设的一项重要工作来抓,加快开发步伐,努力把东钱湖建设成为国家级风景名胜区和旅游度假区。(《加快东钱湖的开发步伐》,《宁波日报》1998年1月22日)

4月16日,浙江省第二所旅游中等专业学校——东钱湖旅游学校成立,下设旅游、宾馆服务、外经贸和电脑财会等专业。

5月18日,《东钱湖风景名胜区总体规划(编修)纲要》出台,提出把东钱湖建成"以山水明秀、水乡泽国风情为特色,融文化古迹于一体,以游览观光、水上活动、休闲度假为主要内容,具有国家级意义的综合性、近郊型风景名胜区"。(《东钱湖风景名胜区再绘蓝图》,《宁波日报》1998年5月20日)

5月,因开展龙舟活动而颇具特色的东钱湖镇被浙江省文化厅命名为首批"浙江省民间艺术之乡"。

1999 年

1月12日,《宁波日报》发表该报记者对东钱湖环境整治的调查文章,认为整治工作不甚乐观。文录于下:

不该让东钱湖再叹息

波光潋滟的东钱湖,在冬日的寒风中显得有点孤寂。有谁知道,她已忧郁地度过了10多个年头。

东钱湖大小相当于杭州西湖的4倍,总面积达19.89平方公里,被世人誉为"浙东明珠"。据介绍，长期以来对东钱湖重开发轻保护，周围山体泥土流入，居民、企业生活和建筑垃圾随意倾倒湖中，占湖造房堆物现象屡有发生，加之湖内淤泥数十年未清理，致使湖床抬高、湖容缩小，占湖岸总长三分之一的湖坎年久失修，出现了不同程度的损坏、坍落。特别是 1987 年以来，生活污水、工业废水及旅游船只含油废水的排放，使湖体水质逐年变差甚至恶化。据测试，至 1996 年，东钱湖水质最差时为四类水，湖体最浅处不到 1 米深。

蓄水量丰富的东钱湖，也是鄞县和宁波市区的重要水源地。针对这一现状，我市于 1997 年将它列为 9 个重点环境整治区域之一，在 1997 年进行总体规划的基础上，1998 年的任务是完成东钱湖宾馆等 6 家单位的废水达标治理工程，开展沿湖重要地段的生活污水截流工作，并开展湖区清淤工作，积极推广地理式生活污水净化池。

一年过去了，东钱湖环境综合整治进展如何？昨天下午，记者首先来到茗湖山庄。这是鄞县开展废水治理的 6 家单位之一，采用的是地理式生活污水处理池。在隆隆机器声中，臭气熏人的污水经处理后确实清了许多。鄞县环保局有关负责人称，经验收，COD 已经达到国家一级标准，可氨、氮等导致水体富营养化的指标却依然超标排放。据了解，目前 6 家单位已有 5 家建了废水治理工程并相继投入使用，只有东钱湖宾馆的废水治理工程尚在施工阶段。但湖水主要污染源——沿湖 18 个自然村的生活污水截流尚未见行动。据资料显示，环湖常住人口达 2 万人左右，年入湖废水量达 80 万余吨。

鄞县 1998 年度环保工作汇报材料上指出，东钱湖清淤工作已于去年 10 月初启动，到目前为止已清理淤泥达 1 万立方米左右。我们在走进莫枝砖瓦厂时，发现临湖的厂边泊着两只挖泥船，岸上堆着一摊淤泥。据负责生产的该厂副厂长曹厚宝说，该厂用挖泥船在湖中挖泥制砖已有 10 多年了，每天挖 10 船淤泥，每船 40 吨，一年挖 3 万立方米左右。东钱湖镇城建办一位人士接受记者采访时说，去年 9 月，镇里跟莫枝砖瓦厂签了合同，自去年 10 月 1 日至 12 月 31 日，砖瓦厂应在东钱湖宾馆外、万金大酒店旁的重要区域清除淤泥 1 万立方米，目前实际清除淤泥 6770 立方米。看来没有这项清淤工作，该砖瓦厂也在年年照样挖泥制砖。

在采访结束时，鄞县县政府有关领导也承认，沿湖生活污水截流尚未开展，湖区清淤也旨在"应付"。当然，东钱湖环境综合整治投资大、难度大，清淤、驳岸、造路、建坝、截污等系列整治工程的总投资在 5 亿元左右，资金筹集不易。沿湖 18 个村生活污水的截流、开展湖区清淤工作等既然已作为环保工作目标写得明明白白，就不该轻易放弃，轻描淡写应付了事。

东钱湖这颗"浙东明珠"何日能变得光彩照人？

6月26日，据《宁波日报》报道，东钱湖加快旅游开发建设步伐，一批重点项目先后开工或投入使用。报道说：

近日，鄞县东钱湖霞屿寺二期工程和梦幻钱湖休闲中心项目分别签订了中外合资开发经营协议，这标志着东钱湖旅游开发又进入一个新的阶段。

东钱湖是我省最大的淡水湖泊，1985年被首批列入省级重点风景名胜区，景区面积95.6平方公里。近年来，社会各方在东钱湖投资约3.5亿元，先后修复了儿童城、霞屿公园、湖滨公园、沙孟海书学院、王安石庙、岳鄂王庙等20多个景点及旅游配套设施，初步形成了霞屿—二灵、平水—芦汀、名人文化三大景区。此外，还先后兴建了上海总工会休养院、东钱湖宾馆、万柳园宾馆等6家上档次的旅游饭店、宾馆和一些别墅区。据不完全统计，去年旅游客流量达80万人次，景区的旅游收入达8000余万元。

今年以来，按照分期建设、重点突破、边保护边建设的原则，鄞县东钱湖风景旅游区管委会又把开发和推出重点旅游项目作为东钱湖开发建设的重中之重。他们在搞好引进项目服务基础上，花大力气重点策划、开发和推出了一批项目：去年引进的启动绿色世界项目建设进展顺利，其中高尔夫球场部分计划在今年9月底建成开业；东钱湖霞屿二期工程，已由该区旅游开发公司与香港汉生投资公司签订了合资经营合同章程，决定在二灵山拜祭岭景区投资开发五百罗汉；梦幻钱湖休闲中心项目，目前正委托上海一家建筑研究设计院设计；儒商经济文化园，目前正同美国、澳门等客商进行接洽；神话世界、市动物园项目的招商引资工作也在积极进行之中。（《东钱湖加快旅游开发步伐》，1999年6月26日）

10月3日，"东钱湖杯"国际滑水赛举行。《宁波日报》报道说：

99鄞县"东钱湖杯"国际滑水明星赛昨天上午在进行了一个多小时的表演后结束。在评出的5个奖项中，中国选手夺得2项。

本次比赛共进行了2天。昨天上午原定进行3项比赛，但主办单位考虑到比赛的观赏性不够，观众更愿意观看表演，因此，比赛改作以表演为主。选手们表演了欢庆、四人技巧、水上芭蕾、赤脚滑水、回旋滑、特技跳跃等项目。尽管天气不太好，但仍有万余名观众现场观看。

表演结束后，组委会评出了5项奖项。荷兰的简获最佳男运动员奖，中国的王美丽获最佳女运动员奖，中国队14岁的女选手李思获最佳表演奖。团队追逐赛冠军被澳大利亚、荷兰联队夺走。挪威选手奥斯丁夺得男子跳跃滑冠军。（《"东钱湖杯"国际滑水赛结束》，1999 年 10 月 4 日）

10 月 20 日，宁波第一个高尔夫俱乐部——宁波启新绿色世界有限公司在东钱湖畔建成开业。《宁波日报》报道说：

> 昨日上午，在东钱湖畔，我市第一个高尔夫俱乐部——宁波启新绿色世界有限公司隆重开业。200 多位嘉宾参加了开业仪式。市委副书记、市长张蔚文出席并致辞。
>
> 张蔚文代表市委、市政府向启新绿色世界高尔夫俱乐部开业表示祝贺，向奋战在一线的建设者表示感谢。他说，改革开放以来，宁波的基础设施建设取得了巨大成就，启新绿色世界高尔夫俱乐部的开业又是一精彩之笔，对改善宁波的投资环境有着积极作用。
>
> 宁波启新绿色世界高尔夫俱乐部由香港启新集团有限公司投资兴建，占地面积 1800 亩，拥有国际标准的 18 洞高尔夫球场、9 洞泛灯光高尔夫球场、高尔夫练习场及度假别墅 30 栋、会员寓所 70 幢。
>
> 市委副书记陈敏尔，市委常委、公安局局长郑杰民和中顾委原秘书长、中国高尔夫协会顾问荣高棠等参加了开业庆典。（《高尔夫俱乐部落户东钱湖畔》，1999 年 10 月 21 日）

2000 年

4 月 1 日，南宋石刻遗址博物馆正式开放。

8 月 5 日，东钱湖军民共建活动基地成立。

10 月 5 日，东钱湖野生动物园建成开放（2 年后改名为"雅戈尔动物园"，由雅戈尔集团托管）。

是年，高钱村进行旧村改造，开发建设清泉山庄，占地面积约 350 亩，建筑面积 23 万平方米。

2001 年

5 月，东钱湖石刻群被认定为第五批全国重点文物保护单位。

东钱湖南宋石刻公园

　　同月，钱湖人家新村开发建设（到2005年三期建成，总占地面积约22万平方米，建筑面积43.3万平方米）。

　　8月7日，东钱湖旅游度假区管委会成立，为宁波市政府派出机构，俞钢任主任。

　　8月9日，宁波市政府成立东钱湖旅游度假区规划建设领导小组，宁波市副市长何剑敏任组长，俞钢、程刚、寿永年任副组长。

　　8月10日，中共宁波市委、市政府召开东钱湖开发建设专题会议，研究加快东钱湖开发建设的思路，明确旅游度假区实行宁波市与鄞县共同开发、以市为主的开发体制，天童寺、阿育王寺、天童森林公园纳入东钱湖整体开发范围。宁波东钱湖旅游度假区管理委员会，作为市政府派出机构，在其管理范围内行使相关的市级经济管理权限和相当于县级的社会与行政管理职能。度假区建设目标是把东钱湖建设成为集度假休闲、会议论坛、游览观光、水上娱乐于一体的生态型国家级旅游度假区、华东地区重要的国际会议中心。（宁波市年鉴编纂委员会编：《宁波年鉴2002》，中华书局2003年版，第63页）

　　同月，宁波东钱湖旅游度假区成立，下设17个局、1个镇（东钱湖镇，包括36个行政村、5个渔业社、1个农牧场）、2个场（福泉山茶场、梅湖农场）。

　　9月15—17日，宁波东钱湖旅游度假区总体规划国际研讨会召开，来自海内外近20位专家着重就东钱湖功能定位、区域规模、环境治理、投资方式和开发管理体制等方面提出了意见与建议。

2002 年

3月8日，宁波义务植树基地——"钱湖纪念林"正式启用。

7月27日，宁波东钱湖文化研究会成立，吕齐鸣任会长。

7月，《钱湖信息》总第25期报道东钱湖开展环境整治工作的情况。文录于下：

东钱湖环境建设四大工程启动

为把东钱湖建成蓝天、碧水、青山、绿树的生态型国家级旅游度假区，管委会坚持"环境为本"，实施绿化、拆迁、清淤截污、环境整治的四大工程。

一、绿化工程

今年已投资1亿余元，完成新增绿地面积280万平方米，其中新增平原绿化148万平方米，林相改造132万平方米。重点实施了对五山（陶公山、平满山、庙陇山、小蓬山、梨花山）、三路（鄞县大道东钱湖段、"215"省道、韩洋公路两侧）、二绿地（钱湖纪念林和象坎绿色屏障）、一苗圃（俞塘角洞岙苗木基地）的林相改造和绿化建设。计划每年投资1亿元，通过三年大规模绿化改造，造就东钱湖地区树木葱郁、空气清新、四季景观交替的自然环境。

二、拆迁工程

今年计划迁移村民2200户，建筑面积约25万平方米，工业企业30余家，厂房建筑面积约8万平方米。规划正考虑将对约2/3的沿湖村民实施拆迁安置。

另外，今年上半年已对平满山、庙陇山等迁坟3700余穴，计划下半年对陶公山、大堰山、梨花山等地迁坟约2.5万穴，总投资1500万元。近两年内将对沿湖、沿河山体坟墓全部拆迁。

三、清淤截污工程

该工程项目包括生态治理、竣湖增容、截污净湖等三大子工程，拟投资6亿元（其中申请世界银行贷款3600万美元），清淤1270万立方米，建造泥库1750万立方米，铺设截污管道56公里。工程项目前期工作已全面启动，邀请国内外专家对方案进行充分论证、比较。

四、环境整治工程

主要内容为"五治"：治湖（蚌珠、虾笼、网箱等过度养殖的清理和水上旅游船只的整合）；治窑（沿湖共有砖瓦厂22座，将根据建设项目进程治理）；治脏（街景、旅游点、沿湖村落垃圾乱倒、乱扔、乱设摊）；治违（违章搭建、少批多建、未批先建）；治山塘。

同时，实施开发建设十个项目，主要有：

一、钱湖大道

从鄞县大道以南、跑马场以西引入新城主入口，并依托原有河道形成钱湖大道，作为景观迎宾道。道路全长 3.45 公里，宽 102 米，其中河道宽 30 米，两侧绿化带各 10 米，道路各 26 米，形成一河二路景观，拟投资 2.4 亿元。现已做好道路详规设计、街道景观设计，预计 2002 年年底开工。

二、环湖道路一期（钱湖大道—寨基—韩岭—上水）

为改善环湖景点之间交通联系不畅的现状，根据规划建设环湖道路，并铺设各种地下管线 11 条。下半年将开工建设环湖道路一期工程：钱湖大道—寨基—韩岭—上水路段，全长 12 公里，宽 24 米，预计投资约 5 亿元。

三、韩洋山谷公路（上水—洋山）

为满足当地群众多年愿望，连接旅游景点，改善投资环境，在原有道路（碎石路）的基础上，改建长度为 12 公里、宽度 6~8 米的上水—洋山柏油公路，投资 1200 万元，今年 5 月份已竣工。

四、管道燃气工程

建设燃气工程，包括管网系统的建设，可为天然气早日引入东钱湖区域做好充分准备。近期在殷湾村附近规划设一座供气为 3 万户的液化气化站和瓶装供应站，前期准备工作（现场踏勘、方案设计）已完成，预计今年下半年可开工实施，总投资 1.16 亿元。

五、自来水工程

近期由鄞州工业园区引 600DN 主干管，沿鄞县大道接入市动物园及韩岭区域。预计 2005 年建成东钱湖水厂，设计规模 45 万吨 / 日，水源主要取自宁海白溪水库。待东钱湖水厂建成后，将取消现莫枝、韩岭、下水三座水厂，本区供水将完全依托新建的东钱湖水厂。

六、湖心堤景观建设工程

湖心堤建设工程西起陶公山，东至二灵山，总建设用地 20 万平方米。工程包括广场园路铺装、路灯、绿化种植、道路、桥梁、古建、填土等，项目总投资约 6500 万元。现已完成湖心堤道路拓宽、景观绿化工程。同时对霞屿岛（小普陀）进行景观全面改造和整治。

七、钱湖人家康居小区

位于东钱湖镇红林村。规划总建筑面积 80 万平方米，二期共 25 万平方米，容积率 0.96，绿化率 45%，可安置 2200 户拆迁居民。拟投资 3 亿元，其中一期 15 万平方米于今年 4 月份已开工，计划明年 1 月底竣工。二期近期开工，预计 2003 年 5 月底完成。

八、高钱、冠英生态村

位于高钱村、冠英庄村附近建设生态型康居小区，其中高钱生态村规划用地面积 18.5 公顷，开发建筑面积 12 万平方米，拟投资 1.5 亿元；冠英庄生态村用地面积 23.94 公顷，建筑面积为 15 万平方米，拟投资 2 亿元。现已完成生态村方案设计等前期工作，近期将开工建设，预计 2003 年 6 月份工程竣工。

九、城市动物园

由雅戈尔集团投资，位于东钱湖梅湖农场西侧、毗邻鄞县大道。建设总投资 5.4 亿元，占地 2.5 平方公里。此项目预计今年 8 月份开工，2003 年 9 月底开园。

十、凯悦国际会议中心

由美国凯悦国际（亚太区）有限公司、香港瑞达集团有限公司、宁波城建投资控股有限公司投资 8 亿元，位于东钱湖大堰头村及附近。项目占地 71.3 公顷，按国际一流的五星级酒店标准设计，与自然山体绿化和湖光山色融为一体。计划明年初开工，预计 2004 年下半年竣工。

同月，宁波市委市政府下发《关于东钱湖旅游度假区管理范围和管理职能的通知》，东钱湖镇划归东钱湖旅游度假区管理。

9 月，东钱湖旅游度假区投资 9500 万元，重修湖心塘，开始建设"湖心八景"景区。

11 月 22 日，东钱湖管委会经济发展局下设机构湖区综合管理办公室正式挂牌，东钱湖湖面整治工作全面展开。

是年，福泉山茶场生产的"东海龙舌"获中国精品名茶博览会金奖。

2003 年

2 月，东钱湖旅游度假区管委会、宁波市政府经济研究中心制定《2003—2007 东钱湖经济社会发展纲要》。

是年春，为建筑环湖南路绿化带，茶亭村、西山下村迁至钱湖人家，茶亭自然村、西山下自然村消失。

是年，为扩建连心路，青山部分村居拆迁，在安石路、东钱湖牌楼之西，新建灵湖新村。光辉村（又称撺竹庙）整村拆迁，村民迁至钱湖人家和钱湖丽园，光辉自然村消失。

9月24日，中共浙江省委书记习近平视察钱湖人家安置小区；同日，浙江省副省长钟山视察福泉山景区和隐学山庄安置小区。

10月18日，总长7185米，总投资2.5亿元的环湖南路（上水—隐学岭）段正式通车。

12月，"东钱湖"全类文字图形商标向国家商标局成功注册。

是年，东钱湖实施大规模的退渔工程——取消围网养殖工作。

是年，建设宁波雅戈尔动物园，租姜郎湾村土地建园，占地面积1900亩。姜郎湾村迁至钱湖人家，姜郎湾自然村消失。

2004 年

1月，由同济大学规划设计研究院主持编制的《东钱湖风景名胜区总体规划》通过审查。

3—5月，东钱湖首次文物普查进行，共普查韩岭、下水、福泉山等29个村和单位的150处文物点，结果发现了南宋石刻雕像、半成品石马、宁波最大的巨型赑屃碑座等一批稀有文物。

5月，为造柏悦酒店，大堰村整体拆迁，连同毛竹园、周家二自然村在内全部拆迁。

8月，宁波雅戈尔动物园开园。

位于东钱湖之畔的宁波雅戈尔动物园

10 月 14 日，来自上海、江苏、深圳等地的国内著名城市规划、城市设计和建筑设计专家对东钱湖新城建设与规划导则进行全面会审。

10 月 17 日，国家旅游局副局长孙钢视察东钱湖。

12 月，东钱湖虾球清退工作完成，涉及 5 个渔业社、20 个村（居委会）、200 多户虾球捕捞户，共打捞并销毁虾球 5 万多只。至此，虾球渔业作业方式彻底告别东钱湖，为今后东钱湖全面退出渔业功能奠定了基础。

2005 年

2 月 16 日，宁波市领导来到东钱湖参加义务植树并实地考察调研，"评价前三年建设成就，指点后三年开发思路"。《钱湖信息》总第 152 期增刊报道如下：

市四套班子领导聚首钱湖话发展

2 月 16 日，春节后第一个工作日，晚冬挡不住春意。巴音朝鲁等市四套班子领导在钱湖南路参加完义务植树后，兴致勃勃地对我区进行了考察调研。在听取了管委会主任马兆祥关于东钱湖三年来开发建设情况汇报后，巴音朝鲁、毛光烈、陈勇、王卓辉和何剑敏一一发表讲话，认为三年来在市委、市政府的领导下，经过管委会上下共同努力，东钱湖规划编制圆满完成，生态建设有序推进，基础设施日益完善，群众利益得到维护，开发建设取得了阶段性的重要成果，成效非常显著。目前东钱湖进入了新一轮的发展阶段，后三年要上一个新台阶，在 2008 年杭州湾跨海大桥建成通车之际再见成效。

省委常委、市委书记巴音朝鲁指出，开发建设东钱湖旅游度假区是市委、市政府深入贯彻省委"八八战略"，扎实推进"六大联动"，加快构筑现代化大都市的一项重大战略举措。各级各部门要从战略和全局的高度，统一思想、提高认识，高起点规划、高品位建设，努力打造世纪精品。今后几年是东钱湖完善功能、提升形象、积聚人气、加快建设国家重点生态型旅游度假区和华东地区重要国际会议中心的关键时期，要把东钱湖开发放到宁波现代化大都市建设的全局中加以思考、谋划。当前首先必须把基础设施建设好、把区域环境整治好，为旅游开发创造良好条件。现在，东钱湖全面开发旅游项目的时机已经成熟，要发挥市场机制作用，加大招商引资力度，加快功能性项目建设，着力挖掘文化底蕴，营造特色、提高品位，建成一批精品和亮点。在开发建设中，要始终贯彻以人为本的原则，努力建设一个集休闲、旅游、观光、运动于一体的度假胜地，进一步提高市民的生活质量。

市委副书记、市长毛光烈提出了"四个进一步"，一是进一步明确阶段性开发目标。前三年初见成效，后三年要再见成效。既不要降格开发，也不能坐失良机。二是进一步完善思路。要做到"规划为纲、生态为基、建设为径、旅游为业、文化为魂、以人为本"。三是进一步谋划全市的旅游发展。要把东钱湖的开发放到全市当中去，整体推进，打造具有自身特色的文化品牌。四是进一步统筹协调。要保证规划有刚性，不能随意改变，使开发建设上水平。

市人大常委会主任陈勇认为，一要做好规划深化的文章。从长远着眼，湖、山、水、路等规划，包括一些基础设施规划要继续深化。二要做好文化挖掘的文章。要深挖东钱湖文化底蕴，这样东钱湖的价值才会更高。三要进一步做好人与自然和谐发展的文章。整体建设以及每一个重点区块建设、每一个景点布置要始终贯彻这个理念，真正使东钱湖成为"和谐、规范、有序"的区域。四要做好东钱湖产业发展的文章。东钱湖必须要有可依托的产业，要加大招商力度，动员各方面的资金来建设东钱湖。五要做好依法管理的文章。一是做好规划的管理，使工程成为长远的工程，不是暂时的工程；二是整个社会的依法管理。

市政协主席王卓辉认为，首先，开发定位一定要高。要经得起专家的检验、国内外游客的检验，更要经得起历史的检验，远比日内瓦，近比西子湖；国内创一流，国际有名气。第二，建设要精。要以建设精品工程、特色工程为目标，建一个成一个，建一片成一片，始终按照规划设想稳步迈进。第三，要以重点开发带动整体开发。以改革的思路调整投资体制，大量地吸引社会投资。近期形成几个聚集人气的景区、工程，逐步提高开发建设效益。第四，要坚持以人为本。在开发中要始终坚持维护好当地群众的利益，保证建设顺利进行。

副市长何剑敏提出，东钱湖开发建设一是规划要立法管理。不能急功近利、操之过急，科学民主决策，少留一点遗憾。二是生态建设不能放松。生态建设好了，东钱湖的价值就会大大提升。三是招商引资要把好关。招商选资过程中要慎之又慎，真正按规划要求，一步一步地建设。"千年等一回"——西湖一千多年才建成，东钱湖真正要建好也不是三五年、五六年就能建好的。

3 月 13 日，浙江省委常委、常务副省长章猛进考察东钱湖土地工作。
5 月 18 日，中共浙江省委书记、省人大常委会主任习近平到东钱湖进行专题调研。《钱湖信息》总第 163 期报道说：

中共浙江省委书记、省人大常委会主任习近平到我区就开发建设进行专题调研。省领导梁平波、陈敏尔、李强，市领导巴音朝鲁、毛光烈、卓祥麻来、何剑敏，管委会领导马兆祥、陈富良、麻广灵等陪同考察。

习近平一行兴致勃勃地乘船游览了东钱湖，参观考察了福泉山景区、沙山村度假酒店，并认真听取了区党委书记马兆祥关于东钱湖开发建设情况的汇报。习近平认为，东钱湖不仅风景宜人，而且文化古迹众多，历史遗迹丰厚，在规划建设中要起点高、思路新，坚持统筹兼顾、以人为本，注重保护生态环境和历史风貌，努力把东钱湖建设成为文化型、生态型的旅游度假区，为建设文化大市增添新的亮点。

8月12日，《钱湖信息》总168期增刊发表东钱湖镇文化站曹延林的文章，题为《大力挖掘建设东钱湖特色文化》，文章对东钱湖地域文化做了系统的归纳与梳理。文录于下：

大力挖掘建设东钱湖特色文化

东钱湖镇文化站 曹延林

鲁迅先生说过："越是民族性东西，越能走向世界。"同样，一个地方要充分挖掘本区域特色文化，才能具有强大影响力和旺盛生命力。那么，我们东钱湖特色文化是什么呢？笔者认为，东钱湖特色文化主要是水、石、茶、宗教、军民、烟草六种文化。

水文化：有着20平方公里水面面积的东钱湖是水文化的平台和载体。其中，龙舟活动就是一项群众喜闻乐见的传统水文化。晋朝以来龙舟竞渡一直是东钱湖主要民间艺术活动。经过历代的承传创作，已形成独特风格和固定习俗，每逢重大节日，东钱湖都举办龙舟赛。不但东钱湖的龙舟，毗邻乡镇的龙舟也纷纷云集东钱湖一争高低。湖上旗帜飘扬，鼓号喧天；人山人海，热闹非凡。据东钱湖湖志记载，多时龙舟有10余条。

1982年以来，东钱湖镇政府十分注重挖掘龙舟这一传统民间艺术，建立了高钱、前堰头、大公、莫枝等8个村为主的10支龙舟队，队员人数达400余名，并投资10余万元制作了10条龙舟。近几年来，龙舟活动常年不断。如2002年举办了中国宁波东钱湖第六届龙舟邀请赛，有香港、澳门、上海、无锡等8支龙舟队参赛；今年5月5日东钱湖龙舟队参加日本那霸国际龙舟大会，喜获专业组比赛季军，10月还将举办第七届东钱湖龙舟邀请赛。现在龙舟竞渡已演变成龙舟节，如2002年龙舟赛时，还举办了水上文艺演出和沿湖18村18只彩船大巡游活动。

石文化：1993年12月4日至6日，杭州、宁波等地宋史和美术雕刻专家对东钱湖畔发现的大批墓道石雕进行考察与鉴定，确认其中数量最多最富有审美价值的石雕系距今 800 多年的南宋时期作品。南宋时期雕刻作品极少，墓道石雕几乎空白，现在以石雕群闻名的陵墓几乎全在陕西、河南一带，长江以南发现的则无一处可以与它相匹敌。东钱湖大批南宋墓道石雕的确认，使东钱湖可望成为南方古代石雕群之唯一代表。东钱湖石雕可分为石雕群像和石构建筑二类，已发现宋、元、明三代墓葬 8 处，收集文相、武将、石狮、石虎、石马、石羊、石鼓、石塔、石窟、石碑坊、石笋、石桥等 200 余件。这些石雕雕刻精细，形态逼真，栩栩如生。其中最高石人超过 3 米，不失为古代石刻艺术之珍品。东钱湖石刻建筑更为石刻之上品，如北宋二灵塔，南宋补陀洞天，宝陀洞天，石窟，韩岭明代石碑坊等，都是典型代表，为研究南宋衣冠丧葬及历史美术提供了宝贵资料。

为保护和研究石文化，前几年在东钱湖上水村已建南宋石刻公园。今年管委会将再投入 600 万元，动工建设一个占地 5 公顷的南宋石刻遗址公园，现已进入实施阶段。

茶文化：临海面湖的福泉山有茶园 3600 亩。由于地理位置独特，生态环境优越，这里出产的茶叶远近闻名。其中"东海龙舌"已成为知名产品，畅销国内外。去年，福泉山景区一期工程完工并对外开放，成为东钱湖生态旅游的一大亮点。对福泉山的茶道、茶具、茶文化的研究和发掘，将构成东钱湖又一个特色文化。

宗教文化：唐宋时期东钱湖曾是宗教鼎盛之地。据东钱湖湖志记载，当时有祠、庙、庵、寺等 100 余座。月波寺和宗教寺是南宋国内最大水陆道场，而大慈寺当时规模大于天童寺，出过佛学大师，并对海外有过影响。大慈寺始建于五代后晋天福三年，即公元 939 年，迄今有 1000 余年。根据史料记载："大慈禅寺，为宋元浙东名刹。"当时"殿宇辉宏，僧众上千。"从现存的大慈寺柱磐石来看，要比天童寺柱磐石直径大 10 公分。寺旁有南宋宰相史弥远的墓道，现列为国家级文保单位。大慈寺同日本的佛教文化交流渊源深厚，日本九州西部熊本野田町的大梁山禅寺是仿大慈寺建造，尊大慈寺为祖庭。日本佛学家村上博优先生撰文 14000 字专题研究大慈寺，1999 年 6 月 8 日他与日本大本山永平寺主持熊谷忠兴专程前来大慈寺朝拜。在各级领导的关心下，目前大慈寺已经修复开放。除大慈寺以外，在东钱湖现存有祠、庙、庵、寺 60 余座。现在湖区民间百姓民俗、庙会等宗教文化活动仍然十分活跃。

军民文化：东海舰队是我国三大舰队之一，其领导机关就常驻在东钱湖。从 1981 年起，当地政府同东海舰队开展了军民共建活动，目前已有 23 个基层共建点。20 多年来，军地双方把联办书法、美术、摄影、黑板报、文艺会演等文化活动作为共建工作重要内容，有力地丰富了军民文化生活，促进了"双拥"工作，增进了军民团结。东钱湖镇连续两届被评为市级双拥模范镇，在军民文化活动中培养了大批地方文艺人才，促进了东钱湖的文化事业。

烟草文化：今年5月由宁波卷烟厂出资10万元建造的金吟笙纪念馆，在东钱湖畔韩岭村动工。金吟笙是宁波乃至浙江卷烟业创始人，韩岭人，生于1871年。少时家贫，曾在上海一家烟草公司当学徒，由于勤奋好学，工作出色，博得南洋烟草公司器重，后被公司高薪聘用。当时国家面临帝国主义经济侵略，胸怀爱国爱乡和实业救国之心的金吟笙不愿为帝国主义出力，于1921年毅然离职回乡创办韩岭烟厂。初创时面对缺资金、缺设备等困难，他毫不气馁，发明了木制卷烟手推车，并发动韩岭村民自己种烟叶，并在用料上进行改良独创，使生产的香烟口味醇香，价廉物美，深受市场欢迎。1922年，他又从国外引进制烟机器设备，使生产规模进一步扩大。当时有职工260余人，年产卷烟万箱以上，主要产品有"大刀"牌、"学生军"牌、"金钩"牌等。1939年，金吟笙病故，其子金开乐接管工厂。1945年宁波沦陷，韩岭烟厂迁往陶公山，改名五丰烟厂。1945年抗日战争胜利，五丰烟厂迁往宁波华严街改名立兴烟厂，后因经营不善全部资产租给馥众烟厂。1955年，馥众烟厂与光明、英雄、七星、裕昌等烟厂合并为联工烟厂，即为宁波卷烟厂前身。

金吟笙不仅爱国爱乡，还乐善好施。他曾在乡里办学校、办医院，免费为穷困乡亲服务，深受乡民称赞。金吟笙纪念馆建成后，将为东钱湖增添一处新的旅游景点和爱国主义教育场所，也为研究、考察烟草文化提供了珍贵史迹。

8月下旬，韩岭村被确定为首批宁波市级历史文化名村。

韩岭古村一角

9月29—30日，新华社亚太总分社副总编辑薛建华、香港新闻工作者联合会主席陈思国、美国塔弗茨大学国际交流中心主任杨杰博士等国内外新闻文化界名流一行10人，到东钱湖访问、采风，为东钱湖旅游开发出谋划策。

11月1日，国家旅游局副局长顾朝曦考察东钱湖旅游工作。

11月2日，东钱湖第八届国际龙舟赛举行。这次龙舟赛邀请了10支国内外队伍250多名选手参赛，是历届比赛中参赛队伍最多、规模最大、活动内容最丰富的一次盛会。经过激烈比赛，宁波市水上基地队摘取桂冠，东钱湖陶公队夺得第二名，温州乐清双马队获得第三名，东钱湖高钱队名列第四。近5万名市、区群众观看了比赛。

11月，南宋石刻遗址公园动工兴建。

12月8日，《钱湖信息》总第185期增刊发表东钱湖湖区管理办公室的文章《关于规范东钱湖渔业管理的建议》，披露当时湖区渔业生产及其存在的问题。辑录于下：

　　一、基本情况

　　东钱湖沿湖有18个行政村、5个渔业社，2005年我区有证从事渔业捕捞的渔民农民有346人，其中核发专业捕捞许可证244本（对象为各淡水渔业队社员），临时捕捞许可证102本（对象为各村农民）。捕捞区域：除东钱湖岸线保护区、航道中心线两侧各100米、谷子湖饮用水保护区和常年性建设施工水域外的东钱湖水域。作业时限：全年（其中3公分以下游丝网、小挟网在放养鱼苗的45天禁止作业；5.5公分游丝网只允许冬捕期间作业）。作业渔具：游丝网、延绳钓、虾笼、小挟网。捕捞鱼类：除鲢、鳙、青、草四大家鱼以外的杂鱼和虾。其中临时捕捞许可证只核准虾笼作业。

　　二、存在问题

　　目前东钱湖湖区的渔业管理整体上已纳入依法管理轨道，管理机制已日趋完善，但存在的问题也比较突出。

　　一是湖区养殖的低额承包渔民意见很大，普遍反映如此低额的承包费单是拔一下东钱湖螺丝就足以支付承包费，而且承包人还存在违法扣船、砸船等私自"执法"现象，渔民对承包人的敌对情绪很大。

　　二是湖区捕捞作业方式主要是分散型的，这种生产组织结构容易造成管理上的疏漏，出现了一些人无视法规，在禁止捕捞期甚至用明令禁止的工具或方式捕捞的现象，追求眼前利益，严重影响了东钱湖的渔业环境，不利于湖区渔业资源

停泊在东钱湖港湾的零星渔船

的可持续发展。

三是东钱湖取消网箱养殖、渔秧、虾球等传统渔业作业方式后，以湖为生的渔民年收入至少减少了近六成，导致部分渔民规避我渔政部门管理，在夜间进行违规捕捞，存在一定的实际问题。

四是传统作业虾笼的存在，作为虾笼标志用的标杆众多，长短不一，要求湖面清洁亮丽就很难做到。

是年，湖之东南鸡山头村整体拆迁，迁至钱湖人家，鸡山自然村消失。上水村整体拆迁，上水自然村消失。

2006 年

2月5日，宁波市领导来到东钱湖参加义务植树并实地考察调研。

4月下旬，由15个副省级城市政协主席、部分原政协主席以及秘书长组成的全国政协视察团一行40余人考察东钱湖休闲产业。

4月，东钱湖首家旅行社——东钱湖旅行社挂牌成立。

5月，"五一"黄金周，东钱湖各大景区主题活动精彩纷呈，共接待国内外游客18.1万人次，同比增长25.76%；旅游收入7459.8万元，同比增长29.7%；游客量名列全市前三。

东钱湖南宋石刻公园

　　10月，占地 6.64 公顷的南宋石刻公园正式开放。公园以宰相墓道石刻等南宋石刻为主，涵盖部分明清时期的作品，拥有石刻文物 400 多件，填补了我国南宋时期美术史、文物考古史、雕刻艺术史的空白。

　　11月22日，中国（宁波）东钱湖第九届国际龙舟赛举行，共有来自香港、澳门、广东、湖南、江苏、浙江等地以及韩国的 12 支龙舟队参加了比赛。经过激烈的角逐，最后温州威华龙舟队和南京金基房产龙舟队分别夺得了冠军和亚军，东钱湖大公龙舟队获第三名。

　　是年，全区全面实施免费义务教育，在区公立学校就读的本区常住户籍适龄儿童，全部享受免费义务教育。全区有约 4000 名义务教育段学生可享受这一政策，免除的费用除杂费外，还包括课本费、作业本费和信息费。

2007 年

　　1月，东钱湖旅游度假区被批准为省级旅游度假区。

　　4月18日，全国人大常务委员会副委员长司马义·艾买提考察东钱湖。

　　5月20日，首届环东钱湖自行车挑战赛举行。

　　5月28—29日，首批上海千人旅游团赴东钱湖体验山水相依之旅。

　　6月17日，"2007 中国热点旅游胜地"评选在安徽黄山揭晓，东钱湖旅游度假区榜上有名，成为宁波唯一的获选代表。

　　9月27日，宁波市政府第十二次常务会议审议通过《宁波东钱湖旅游度假区条例（草案）》。

12月9日，首届中国高尔夫球俱乐部联赛（CGCL）举行，宁波启新代表队获总冠军。

2008 年

4月6日，东钱湖度假区管委会获选世界休闲组织中国分会、中国休闲产业联盟休闲度假专业委员会主任委员单位。

5月6日，东钱湖旅游度假区管委会在香港举行"你好，东钱湖……美的回响"系列活动启动仪式暨新闻发布会。

9月12日，宁波东钱湖商会成立，忻吉良当选为首任会长。

11月2日，宁波东钱湖第十一届国际龙舟邀请赛举行，来自国内外的16支队伍参赛。

11月9日，东钱湖湖鲜美食节举行。

是年，为建造游艇码头，马山村整体拆迁，迁入钱湖人家，马山自然村消失。旧宅、章隘村整体拆迁，旧宅、章隘二自然村消失。

是年，以温泉为特色的五星级酒店——东钱湖二灵山恒元温泉酒店建成。

2009 年

1月1日，《宁波东钱湖旅游度假区条例》开始实施。

2月11日上午，东钱湖综合整治工程举行开工仪式，以去除底泥污染、控制内源污染、改善通航水深和拓展旅游功能为目标，重点对环湖沿岸带、旅游航运通道、水上运动区域进行清淤，并通过培育水生植物、营造湿地区块等方式，恢复东钱湖良性的水生生态系统。总投资近6亿元，其中一期投资2.7亿元，计划在2011年完成。

6月26日，东钱湖环南湖岸线工程正式动工，工程全长8.3公里，西起田螺山，东至上水湾。规划总面积123公顷，总投资17.6亿元，包括阳光水岸、水上花园、游艇俱乐部、田螺姑娘、郭家山庄、韩岭古风、马山追日、传统工艺创意园和上水公园等9个建设项目。环南湖岸线工程的开工，标志着东钱湖在向基础设施与旅游功能性项目建设并重、观光型与休闲度假型产品开发并重转轨进程中，迈出了重要一步。

6月，东钱湖第一家农民专业合作社——钱美葡萄专业合作社正式成立。

8月19—20日，国际休闲产业协会主席王军考察东钱湖。

同月，宁波外国语学校（宁波效实中学东钱湖分校）建成开学。

2009年8月，宁波外国语学校（宁波效实中学东钱湖分校）建成开学

10月30日，东钱湖艺术家村正式开村。

10月31日至11月3日，东钱湖首届中国湖泊休闲节举行。该节由宁波市政府、浙江省旅游局、中国青年报社联合主办，以"湖泊休闲·幸福水岸"为主题，主要活动有"东钱湖之夜"开幕招待会、穿插花样游船巡游和水上文艺表演的龙舟邀请赛、"湖泊让生活更美好"湖泊休闲论坛及4个开放式环湖分论坛、"幸福水岸寻找幸福表情"传播大赛、"从世博园到东钱湖"休闲旅游产品推出和旅游专线开通、湖泊休闲嘉年华、湖海交融美食汇7大项目。

2010 年

1月16日，东钱湖入选"中国十大魅力休闲旅游湖泊"并成为首批湖泊联盟代表。

1月23日，东钱湖入选"浙江省十大生态旅游名景"。

2月11日，半山忆·湖滨公园举行开园仪式。公园是在原王安石公园和小蓬山的基础上，通过生态、文化、休闲功能融合提升而建成的景观公园。由半山忆、水利文化广场和湖畔休闲区三大部分组成。

2月25日，东钱湖国际教育论坛奠基典礼举行。

4月17日，法国罗纳－阿尔卑斯大区旅游局局长马克先生携大区旅游局驻大中国代表路诚洁女士一行考察访问东钱湖。

5月3日，第二届中国湖泊休闲节在东钱湖开幕。

6月4日，"东钱湖财智峰会"在东钱湖举行，来自中日两国的近百名企业家和专家学者，围绕"全球经济转型的东方财智应对"这一主题，对企业发展新思路和商业机会开发进行了深入的交流。

第二届中国湖泊休闲节龙舟邀请赛在东钱湖开幕

7月11日，《人民日报》以《浙江宁波把东钱湖景区开发与新农村建设相结合——美丽的"无缝对接"》为题，报道了东钱湖旅游度假区"以景观的概念建设农村，以旅游的理念经营农业，以人才的观念培育农民"的思路，开展具有东钱湖特色的新农村建设的做法。文录于下：

浙江宁波把东钱湖景区开发与新农村建设相结合
——美丽的"无缝对接"

收拾好庭院，挂上一排红灯笼……近日，住在东钱湖边的许义勇忙着打扮自家的农家乐，希望接下来的生意能再火一些。老许原是当地渔民，如今不仅享有城市居民般的便捷生活，每年还能有10多万元的收入。随着东钱湖旅游度假区开发与新农村建设实现"无缝对接"，当地越来越多的农民像他这样过上了幸福生活。

从2001年成立管委会以来，以"小普陀"为核心的旅游度假区建设日新月异，凸显出周边山村发展的相对滞后。但传统农村发展模式又不适合这里，为此，该区提出"用景观的概念建设农村，用旅游的理念经营农业，用人才的观念培育农民"的思路。除了对拆迁村农户进行妥善安置外，对保留村进行全面改造，最终与东钱湖融为一体，成为新的旅游景区腹地。

依托旅游度假区庞大的经济实力，当地的新农村硬件突飞猛进。至今，该区已拆除旧房50万平方米，建成安置房100万平方米，5000多户农民住进了新居。与此同时，该区还实现了村村通公路、村村通公交，农民也全部喝上了优质"放心水"；在电话、因特网全覆盖之后，该区把数字电视转换工程作为"信息网"建设的主要内容……目前该区投入的新农村建设资金已经超过亿元。

"硬件"的共享通道为公共服务的延伸提供了便利。如今，这里已基本实现了村落文化活动室、村卫生服务站的全覆盖，实施了从小学到高中的免费教育，参加新型农村合作医疗的农民免收门诊挂号费、诊疗费，减半收取住院床位费、护理费。为增加农民收入，该区每年培训的劳动力均超过千人，许多农民成了建筑工人、花木养护工、餐馆服务员，从事纯农业的农民已不到 1200 人。

美好的环境、完善的服务加上农民素质的提升，使该区新农村逐渐具备了"加盟"旅游开发的实力。景区提出，在 2010 年前要建成一个旅游特色镇、3 个农业旅游示范园、6 个旅游特色村和 6 个特色农产品基地。目前，东钱湖镇已经成为市旅游特色镇。

眼下，该区"农家乐"已达到 26 家，年营业额少则三五万，多则上百万。当地农民投入到村庄生态建设的热情高涨。开发区负责人表示，随着旅游度假区和新农村逐渐融合，2010 年到东钱湖旅游度假的游客将有望突破 300 万人次，比 2007 年整整多出一倍。

9 月，宁波首家以香草为主题的东钱湖高钱科技示范园（香草园）对外开放。香草园是以科技农业生产观光为基础，休闲体验功能为核心，科普教育、娱乐购物等功能为辅助的现代化农业示范技术园区。

10 月 23 日，以"湖泊休闲·幸福水岸"为主题的第二届中国湖泊休闲节、国际湖泊休闲联盟结盟仪式举行。杭州西湖、淳安千岛湖、长白山天池以及法国安纳西湖、匈牙利巴拉顿湖、瑞士琉森湖与莱蒙湖等 20 个国内外名湖代表宣布结成国际湖泊休闲联盟。

12 月，东钱湖旅游度假区获"2010 年度中国休闲创新奖"。

是年，东钱湖旅游度假区游客突破 300 万人次，达到 307.71 万人次，同比增长 20.25%，旅游总收入 14.45 亿元，同比增长 22.55%。是年，为建造国际教育论坛，青山村整体拆迁，青山自然村消失。

是年，湖塘自然村整体拆迁，湖塘自然村消失。

是年，"东海龙舌"获第八届国际名茶评比金奖。

2011 年

1 月，由中国科学院水生生物研究所、东钱湖管委会和浙江天韵生态环境工程有限公司联合组建的淡水生态与生物技术国家重点实验室宁波实验室在东钱湖开工建设。

4月18日，新钱湖医院正式投入使用。

4月23日，国内第一条生态休闲自行车专用道——东钱湖凌水自行车专用道正式投入使用。

8月17日，全国松材线虫病春防现场会在东钱湖召开。《钱湖信息》报道说：

> 8月17日，全国松材线虫病春防现场会在我区召开。全国绿化委员会副主任、国家林业局局长贾治邦、副局长张永，省委常委、副省长葛慧君，省政府副秘书长陈龙，省林业厅厅长楼国华，宁波市副市长徐明夫，国家发改委、财政部、农业部、国家质检总局等国家有关部委领导和来自全国30多个省、直辖市的代表共250多人出席会议。区党委书记、管委会主任史济权，区党委委员、管委会副主任周春良陪同考察。

> 在双虹阁和南宋石刻公园两个现场点，与会代表观看制作展板，考察现存松树生长情况，了解我区松材线虫病绩效防治和综合防治情况。我区松材线虫病"三年一定"防治经验得到国家林业局领导和专家的肯定。近年来，我区通过林相改造、生物药剂控制等综合防治措施有效遏制了松材线虫病疫情，松材线虫病防控走上了可持续防控之路。

10月1日，宁波东钱湖海岸线皮划艇俱乐部成立。

10月14日—16日，第三届中国湖泊休闲节在东钱湖举行。活动以"湖泊休闲·幸福水岸"为主题，倡导保护生态、低碳生活理念和方式，展示中国湖泊休闲旅游魅力。主要内容包括国际湖泊休闲联盟成立大会、开幕招待会、东钱湖龙舟赛、湖泊休闲论坛、美食擂台赛等。东海舰队首长、市四套班子、浙江省旅游局、中国青年报社、国际休闲产业协会、联合国生态安全组织领导以及国内外23个著名湖泊代表和知名旅游专家学者参加了本次湖休节主要活动。

11月25日，国家旅游局在东钱湖组织召开全国旅游度假区标准实施座谈会，部署国家级旅游度假区试评工作，研讨《旅游度假区等级划分》国家标准细则实施细则。会议确定了宁波东钱湖旅游度假区、广东珠海海泉湾旅游度假区、江苏溧阳天目湖旅游度假区、山东海阳旅游度假区4家度假区为国家级旅游度假区试点单位。

12月9日，在中华民族文化艺术国际联合会、中国文化艺术教育家联合会等单位主办的第十三届中国上海国际"金玉兰奖"合唱、音乐、舞蹈、服饰大赛上，东钱湖成人学校选送的女子群舞《钱湖风筝》夺得舞蹈组最高奖。

东钱湖环湖东路自行车专用道一段

2012 年

1 月 8 日，在由文化部当代音乐艺术院、中国音乐文化促进会联合中央电视台、人民网举办的首届全国最佳形象歌曲评选中，东钱湖旅游度假区主题歌《幸福水岸》被评为全国最佳景区旅游歌曲，成为浙江省唯一入选歌曲。

3 月 13 日，首部以东钱湖为主景拍摄地的电视连续剧——《偏偏爱上你》在湖南卫视金鹰独播剧场面向全国播出。该剧由东投公司全资投拍，北京中视和展投资有限公司和中视影视制作有限公司联合摄制，香港著名导演蒋家骏执导，唐季礼监制。

3 月 28 日，东钱湖旅游度假区龙舟协会成立。

6 月 18 日，中央加快转变经济发展方式检查组调研东钱湖水源地保护工作。检查组由国家环保部污染物排放总量控制司、国家发改委、中央纪委监察部、省纪委执法监察室、省环保厅、省发改委、省经信委有关负责人组成。在现场检查东钱湖清淤工程排泥场、环湖南路象坎污水泵站、向阳渔港（东钱湖店）并听取东钱湖水源地保护工作汇报以后，检查组组长、环保部污染物排放总量控制司副司长赵群英对东钱湖在短短几年内使东钱湖水质从五类上升到四类、绝大部分指标达到三类表示高度赞赏，认为是全国湖泊治理中难能可贵的经验。

8 月上旬，著名宁波帮人士李达三回到故乡东钱湖考察。

9 月 22—23 日，第四届中国湖泊休闲节举行。

10 月，东钱湖南湖筑岛与堆岛设计方案获得新加坡世界建筑节未来项目实验性建筑单元奖。

11 月，中国湖泊休闲节荣获中国节庆产业"十大景观生态类节庆"奖。

12 月 18 日，总投资约 5 亿元的东钱湖韩岭古村保护性开发项目启动。

是年，东钱湖纳入国家湖泊生态环境保护试点范围。

2013 年

2 月 15 日，《宁波市东钱湖水域管理办法》施行。该办法重点对东钱湖水域旅游开发的总体规划、水体保护、水生动植物保护、船舶及相关设施管理等方面进行明确规定。

3 月 8 日，浙江省副省长梁黎明视察东钱湖。

5 月，东钱湖二灵塔入选第七批全国重点文物保护单位。此外，东钱湖余天任

生态湖泊是东钱湖不懈的追求（引自《东钱湖文丛》创刊号）

墓道、金忠家族墓葬群、史渭墓道、包桢墓道、金字山石牌坊等与第五批全国文物保护单位——东钱湖石刻群合并，命名为东钱湖墓葬群。

8月23日，第五届中国湖泊休闲节举行。

10月19日，在上海体育馆举办的"发现·2013中国最美村镇暨市长论坛"活动上，东钱湖镇陶公村荣获"典范、宜居、景观、人文、传承"中的"人文奖"。

2014年

4月18日，淡水生态与生物技术国家重点实验室宁波实验室正式对外开放。

8月，开始实施湖泊保护工程，具体包括东钱湖湖滨缓冲带生态修复工程、农村生活污水截污纳管工程等，总投资约1.65亿元，其中获中央专项资金补助2500万元。

8月，东钱湖旅游度假区旅游协会成立。

10月17—31日，第六届中国湖泊休闲节举行。10月30日举办的"东钱湖论治水"论坛总结了历年来湖泊治理经验，"生态钱湖"发展模式为全国湖泊治理提供借鉴。

11月28日起，《中国青年报》头版头条刊文详细报道东钱湖旅游度假区建区十余年来的治湖经验。文录于下：

问湖哪得清如许
——城市湖的生态处理的"东钱湖样本"

编者按：浙江宁波东钱湖旅游度假区，自2001年成立以来，以生态治理为根本，以惠民富民为目标，坚持在保护中开发，成为全国城市湖泊治理的典范。本报近期将刊出系列报道，与广大读者分享东钱湖创建国家级旅游度假区的特色之路。

10月30日，"东钱湖论治水"论坛在浙江宁波东钱湖畔举行。在浙江"五水共治"的背景下，这场以治水为主题的"头脑风暴"备受关注。

经过十余年的努力，在国家级旅游度假区创建中，宁波东钱湖旅游度假区管委会（以下简称东钱湖管委会）以生态治理为魂，坚持科学治水、生态治理，以其"治水十法"，从清洁水体、改善水质到水生态修复，有效扭转湖泊水质的富营养化趋势，实现水质的大逆转——从建区前的总体四类、局部五类，提升到总体三类、局部二类，成为全国城市湖泊治理的典范。

经过多年努力，东钱湖生态治理成效显著（张全民提供）

护水治水成第一要务

东钱湖在宁波城东15公里处，是浙江省最大的天然淡水湖。与国内许多城市湖泊相类似，曾经的东钱湖也受困于环境污染，并陷入湖泊"老龄化"的生态危机。

东钱湖管委会办公室副主任陈申说，过去由于大量生活污水、工业废水直排，湖岸垃圾堆积，不仅严重影响湖水水质，湖区水生态系统也遭到严重破坏。20世纪90年代至本世纪初，东钱湖水生植物分布面积仅占湖面面积的1%，且群落结构单一，水体自净功能严重退化。

"东钱湖能有今天，得益于12年前的一个决定。"东钱湖管委会副主任苏少敏介绍，东钱湖环湖周长45公里，兼具饮用水源、防洪、灌溉、旅游等多种功能。2001年，为强化东钱湖的功能管理，宁波决定成立东钱湖旅游度假区，行使县级政府的行政管理权限，并对东钱湖区域的发展规划进行统筹决策，"目标就是要建设一流的国家旅游度假区"。

"建设国家旅游度假区，首要是'生态'。"东钱湖管委会主任史济权目标很明确：宁可发展慢一点，也要把环境保护好。保护生态一直是东钱湖管委会的重中之重，而护水治水则是第一要务。

东钱湖水域近 20 平方公里，差不多有 3 个半杭州西湖的面积。面积大、汇流多，治水工作任重道远，东钱湖管委会从治湖为主向湖河并重，并向标本兼治、治管结合转变。按照"拆迁一批、改造一批、保留一批"，对沿湖村庄拆迁、改造；依照"一河一策"，对入湖溪河实施整治。与此同时，一批沿湖污染企业、养殖场被关停关闭。

据介绍，目前湖区的 18 个行政村，有 10 个被整体搬迁。同时，东钱湖管委会关停工业企业 61 家、瓦窑 13 座，迁移 6 万余穴沿湖坟墓，拆除 100 多万平方米沿湖房屋，清理围网 33 万平方米，铺设截污管网 60 余公里，种植林木近 200 万株、新增绿化 160 万平方米。

迄今，全区累计投入的生态建设资金超过 100 亿元，占全部投资的三分之一以上。其中沿湖村企拆迁安置 50 亿元，清淤工程、沿山干河及岸线、山塘、河道整治 32 亿元，排污体系建设和污染治理 9 亿元。

十余年的"零容忍""大手笔""高规格"，终于换来东钱湖水质的大逆转，水体污染现象彻底改观。"随着水质的改善，绝迹了 30 多年的银鱼重新回到东钱湖，对优质水有高度依赖的莼菜也频频在湖区出现。"陈申说。

科技引领湖泊治理

东钱湖是地质时期留下来的海迹湖。自北宋庆历八年（公元 1048 年）鄞县县令王安石重清湖界后，东钱湖再没有进行过大规模的清淤，上游冲刷、周边围湖造田以及水产养殖和生活垃圾流入，历经千年，湖底淤泥层层堆积。

为降低湖泊底泥污染负荷、控制内源污染，东钱湖管委会提出了对淤泥进行清理的设想。

但怎么清理？各方看法并不一致，就是各路专家，也有不同观点。

为此，本着对后代、历史负责的态度，围绕清淤规模、污泥处理、余水排放等课题，管委会邀请全国最权威的设计院、专家进行反复的研究论证。

最终，根据众多专家的意见，管委会放弃了一般湖泊全部换水、抽干暴晒的清淤模式，选择了底泥疏浚与现有生物保护、水生态修复相结合的"局部疏浚、薄层清淤"方案。

据介绍，自 2009 年起，东钱湖实施的清淤面积已近湖区总面积的四分之一，疏浚淤泥总量 296 万立方米。

据中科院水生生物研究所和宁波市环境保护科学研究设计院对清淤工程施工前后的跟踪监测显示，清淤工程未对水体造成破坏，且较为有效地清除受到污染的表层底泥，削减内源营养（氮和磷）和有机污染负荷。"疏浚后4个月内底栖动物群落恢复迅速，生物量高于平均值两倍以上。"苏少敏说。

值得一提的是，东钱湖管委会在淤泥清治中的"真空预压固结"和"絮凝余水处理"两项技术还填补了国内空白。

在东钱湖畔，有一家"淡水生态与生物技术国家重点实验室宁波实验室"，这是东钱湖管委会依托中科院水生生物研究所的技术、人才，为生态修复东钱湖而设立的。

该实验室自2011年1月建立以来，已开始多项水生态系统修复实验，并通过增加水生植物、改善鱼类种群结构等构建完整健康的东钱湖水域生态系统。

"目前，湖水水质得到改善，生物种类结构更趋合理，生物多样性指数增加。"中科院水生生物研究所党委书记、研究员胡征宇评价，东钱湖坚持生态治理理念，为全国大型湖泊的治理提供了范例。

成为"国家级生态湖泊"

湖泊是城市之肺。但改革开放以来，许多城市的"肺"已"生病"。

山水钱湖（张全民提供）

相关专家介绍，过去 30 年内，我国被污染的湖泊面积已从最初的 135 平方公里激增至 1.4 万平方公里，面积至少相当于 700 个东钱湖。目前，全国有 88.6% 的湖泊水质已呈富营养化和中营养化。

"淡水生态与生物技术国家重点实验室宁波实验室"的刘剑彤教授认为，东钱湖水治理的特色在于借助生态多样性的结构调整，自然净化、改善水质。在他看来，生物修复有助于提高水体的自净能力，重建良好的水生态系统，促进湖区的可持续利用和发展，最终达到标本兼治的目的。

在当天的论坛上，相关专家也认为，东钱湖治理中的生态疏浚、生物多样性系统构建和渔业资源结构调整与利用等方法和经验，都值得借鉴和探讨。

东钱湖旅游度假区水源地保护还获得了中央加快转变经济发展方式检查组的赞赏，被认定是全国湖泊治理中难能可贵的经验，并成功申报国家环保部、财政部评定的"国家级生态湖泊"。

2013 年，东钱湖游客量突破 380 万人次，旅游总收入超过 26 亿元。今年国庆假期，东钱湖接待游客 44.88 万人次、旅游总收入 2.7 亿元，同比分别增长 2.56% 和 10.2%。

为保证东钱湖的可持续发展，管委会先后投入 7400 多万元，编制了全方位、全覆盖的规划体系，从顶层设计的区域概念规划到细节厘定的区域色彩规划，各项规划多达 159 项。

与此同时，宁波还先后出台《东钱湖旅游度假区条例》《东钱湖水域管理办法》等，对东钱湖加以保护。这也是宁波首次为湖泊水域保护出台法规。

目前，东钱湖区的农村生活污水处理覆盖率、集中式饮用水源水质达标率均达到 100%。东钱湖管委会还通过"河长制"，落实村、企对东钱湖保护的第一责任人制度。

12 月，在迎来东钱湖开湖 1270 周年之际，东钱湖本土地方文化研究者仇国华主持修纂的《新编东钱湖志》由宁波出版社正式出版发行，全书 85 万余字，共 11 编 58 章 265 节 3200 多个条目。

2015 年

1 月 6 日，第十届中国摄影艺术节在东钱湖度假区开幕，中国摄影家协会宁波艺术中心同时正式启用，全国政协副主席刘晓峰等出席。

3 月 12 日，《中国青年报》专版刊发《"发展账"比"经济账"更靠谱：东钱湖生态治理思维下的旅游开发样本》一文，高度评价东钱湖生态治理成效。

同月，东钱湖获批为省级水利风景区。

4月10日，人民网专文报道东钱湖治水成果与经验。文录于下：

探寻绝迹30多年的银鱼重回东钱湖的奥秘
——东钱湖：城市湖泊生态技术治理样本

春光明媚，百花争艳，记者于近日来到位于长三角南翼的浙江省宁波市南郊的东钱湖实地采访调研。只见湖畔"橙色皇后""人见人爱""白日梦""小黑人""金检阅"等80万株郁金香已竞相绽放，形成了浩瀚花海，一旁三五成群游人骑行在环湖自行车道上，勾勒出一幅天然的美景图。

宁波市东钱湖管委会"五水共治"办专职副主任方畴说，过去由于大量生活污水、工业废水直排，湖岸垃圾堆积，不仅严重影响湖水水质，湖区水生态系统也遭到严重破坏。20世纪90年代至本世纪初，东钱湖水生植物分布面积仅占湖面面积的1%，且群落结构单一，水体自净功能严重退化。

"如今，东钱湖水质从整体四类、局部五类上升到总体三类、局部二类。"方畴自豪地说，全区山体森林覆盖率达92%，空气优良天数达95%，负氧离子含量高于2300个/厘米^3，湖区面貌发生根本性、整体性变化，对优质水高度依赖的植物频频出现，就连绝迹30多年的银鱼也重回湖泊。

究竟是什么法宝让宁波东钱湖绝迹30多年的银鱼重回湖泊？

铁腕整治：政府忍痛割掉两块"心头肉"

东钱湖是浙江省最大的天然淡水湖，也是宁波市最大的内流水系和备用水源地，湖面约20平方公里，连接河溪70余条，大小相当于3个半西湖。2001年，宁波市委、市政府设立东钱湖旅游度假区管委会，对230平方公里范围统一管理，启动东钱湖治理工程。"宁可发展慢一点，也要把环境保护好。宁可投入多一点，也要把环境整治好。宁可阻力大一点，也要把环境建设好。"宁波市东钱湖旅游度假区管委会主任史济权曾在东钱湖治理会议上反复强调三个"宁可"。

为了治水，东钱湖管委会忍痛割掉两块"心头肉"。宁波东海蓄电池有限公司，落户东钱湖近40年，曾是国家二级企业、原机电部重点骨干企业，2010年销售额约1.5亿元，是当地的纳税大户。考虑到企业环评指标不达标等问题，加上浙江省内多起铅蓄电池污染物直排引发血铅超标事件的影响，管委会忍痛割肉，毅然对该企业作出停产搬迁的决定。

同时，东钱湖曾有一个享誉宁波的拳头产品——"梅湖猪肉"。生产企业梅湖牧业是宁波规模最大的生猪养殖龙头企业，也是东钱湖支柱型重点创收农业企业，号称万猪场，有万头猪，也是第一批供香港猪自有品牌的企业，效益非常好。但近年来，随着企业规模的不断扩大，粪便、污水和恶臭等污染物对河道生态破坏加剧，对周边居民生活环境产生了严重影响。在财政较为紧张的情况下，为保护生态环境，东钱湖管委会甘愿牺牲区域利益，2012 年将经营 30 多年的梅湖万猪场迁移关闭了。

方畴说，关停东海蓄电和梅湖牧业，拆除沿湖 60 多家高污染、低效益、小规模企业 8 万平方米，对于改善东钱湖水质意义重大，对提升东钱湖旅游品质和人居环境，实现可持续发展具有积极作用。虽然损失有些大，但比起环境，不算什么。

"十多年投入 30 多亿，重点实施了清淤整治、截污整治、流域整治、拆违整治、沿山干河、强塘固防、供水节水等八大专项工程。"方畴表示，近 3 年来，推进了 10 公里的城镇污水管网和涵盖 16 个村近 1 万户的农村污水管网系统建设，到 2015 年年底将实现农村生活污水处理覆盖率 100%、集中式饮用水源水质达标率 100%。

创新机制：政府＋企业＋科研单位三方合作

宁波赋予东钱湖管委会县级经济管理和县级行政管理权限，变"九龙治水"为"一龙治水"，从体制上解决了管理真空、管理重叠和管理乏力的难题，并对东钱湖区实行突出生态涵养、低碳发展、品质生活功能的特别考核。

史济权说，2014 年，东钱湖管委会还专门引进中科院淡水生态与生物技术国家重点实验室，采取政府＋企业＋科研单位的合作方式，既有理论指导，又有操作路径，在水生态保护与修复中起到了至关重要的作用。东钱湖治理的重要规划均达到国际水准，有的被联合国可持续发展委员会作为典型案例。

中科院水生所淡水生态与生物技术国家重点实验室宁波实验室副理事长、浙江国科生态技术研究院院长任红星说，采用政府＋企业＋科研三方共建的国家重点实验室分支机构，这三方合作机制创新主要体现在以市场需求为导向、政府搭台为支点、企业唱戏为要素的新型研究机构创新模式。中科院水生所设立分支机构"淡水生态与生物技术国家重点实验室"的同时，同步成立项目公司"浙江国科生态技术有限公司"，与宁波杭州湾新区管委会合作设立"宁波国科监测技术有限公司"。

任红星向记者坦言，三方合作建立重点实验室的创新模式运行有一年了，但也面临一些困难和瓶颈，这种机构不能很好地落实到地方的科技系统里面去，导致这些人员科技申报受到了制约。因为它毕竟是一个创新机制，不像现在一些农科院、环科院或大学的项目容易申报落地。科技部现在要求比较高，根据一个企业产值大小来决定是否予以扶持。而我们科研机构和工业不一样，属于科技服务型企业，申报的很多项目就不符合宁波的要求。

任红星表示，解决前期运营当中的一些经济上的困难，需要得到当地科技、环保等相关职能部门鼎力支持，尤其是通过项目的支持，才能够留住科技人才，反过来让中科院水生所派出的科学家也有项目可做，同时，在做项目的过程当中，也能够实现自我"造血"功能。

填补空白：运用生态技术引领湖泊治理

历史记载，东钱湖是地质时期留下来的海迹湖。自北宋庆历八年（公元 1048 年）鄞县县令王安石重清湖界后，东钱湖再没有进行过大规模的清淤，上游冲刷、周边围湖造田以及水产养殖和生活垃圾流入，历经千年，湖底淤泥层层堆积。

为降低湖泊底泥污染负荷、控制内源污染，东钱湖管委会提出了对淤泥进行清理的设想。

但怎么清理？各方看法并不一致。为此，东钱湖管委会邀请全国著名的设计院、专家进行反复研究论证。最终，根据众多专家的意见，放弃了一般湖泊全部换水、抽干暴晒的清淤模式，选择了底泥疏浚与现有生物保护、水生态修复相结合的"局部疏浚、薄层清淤"方案。

自 2009 年起，东钱湖实施的清淤面积已近湖区总面积的四分之一，疏浚淤泥总量 296 万立方米。据中科院水生生物研究所和宁波市环境保护科学研究设计院对清淤工程施工前后的跟踪监测显示，清淤工程未对水体造成破坏，且较为有效地清除受到污染的表层底泥，削减内源营养（氮和磷）和有机污染负荷。

"清淤主要是解决底下沉积物的大量的营养源问题，还有清理掉其他的有害物质，也是为了维护这个生态系统包括水质。东钱湖在经过疏浚后 4 个月内底栖动物群落恢复迅速，生物量高于平均值两倍以上，水生态环境比以前好。"中国科学院水生物研究所高级工程师蔡明艳说，东钱湖管委会在淤泥清治中的"真空预压固结"和"絮凝余水处理"两项技术还填补了国内空白。

据介绍，2014 年启动 200 万平方米的湖泊生态系统修复工程，11500 平方米示范区内，植被覆盖度和水质显著提升，新增水生植物种类 16 种，植被覆盖率达到 80% 以上，逾 70% 水域内的水生植物长势良好，水质透明度提升 50% 以上。

"银鱼喜欢生活在天然大型淡水湖，对环境变化非常敏感，一旦水质污染，它们就会迅速消失，可以称之为水质'监测器'，东钱湖曾是银鱼钟爱的栖息地。"一位业内环保人士表示，在过去一段时间里，附近生活污水、工业废水直排，垃圾沿湖堆放、湖底泥污染超负荷等原因，东钱湖水质一度降至五类，湖中已不见银鱼身影。如今，东钱湖湖区面貌发生根本性、整体性变化，绝迹 30 多年的银鱼也重回湖泊。

中科院水生生物研究所党委书记、副所长、研究员胡征宇表示，目前，湖水水质得到改善，生物种类结构更趋合理，生物多样性指数增加。东钱湖坚持生态治理理念，为全国大型湖泊的治理提供了范例。

5 月 16 日，第七届中国湖泊休闲节在东钱湖开幕。

6 月 8 日，中东欧博览会会务馆在东钱湖原上水村奠基。

6 月 12 日，韩岭古村保护开发项目正式开工。

10 月 9 日，国家旅游局在北京召开新闻发布会，宣布东钱湖旅游度假区等 17 家旅游度假区成功创建为首批国家级旅游度假区。

12 月 8 日，东钱湖殷家湾（包括殷湾村和莫枝村部分区块）被命名为第三批宁波市历史文化名村，46 处历史建筑（韩岭村 44 处、莫枝村 2 处）被确定为第一批宁波市历史建筑。

是年，国家下拨 8000 万元中央资金，用于支持推进东钱湖湿地修复、生态岸线建设和水生动植物结构恢复等工程项目。

2016 年

3 月 19 日，"时尚中国"全国摄影大展在东钱湖开幕。

4 月 27 日，在青岛举行的第七届城市俱乐部国际帆船赛上，代表宁波出征的宁波唯一的大帆船队——宁波东钱湖逸帆航海俱乐部队夺得公开级 B 组冠军。

5 月 26 日，第八届中国湖泊休闲节在东钱湖开幕。

5 月 26—27 日，东钱湖环湖东路自行车道示范工程通过验收。

7 月 6—10 日，宁波·东钱湖全国青年帆船锦标赛举行。

8 月，东钱湖水利风景区入选国家水利风景区。

9 月 23—25 日，首届亚太皮艇球俱乐部锦标赛在东钱湖举行。

10 月 16 日，中国铁人三项联赛在东钱湖举行。

钱湖秋语（张全民提供）

12月14日，东钱湖度假区管委会专题研究污水零直排建设工作，扎实推进东钱湖湖水治理。

2017 年

3月5日晚上，央视《新闻联播》中《春天的中国》特别节目以《浙江宁波东钱湖：生态建设超百亿，还湖光春色》为题，播出东钱湖美丽风景，充分肯定东钱湖大力进行生态建设的举措及其成效。这是东钱湖新闻首次登上央视《新闻联播》。

3月19日，浙江电视台新闻频道《旅游快车》栏目，以《东钱湖巧做水文章，打造宁波"城市会客厅"》为题，详细阐述五水共治带来的成效。

4月9日，《浙江日报》以《宁波东钱湖精彩嬗变》为题报道东钱湖管委会以治水为突破口，雷厉风行，打造生态之湖，实现了东钱湖水质从整体四类、局部五类的水质，到整体三类、局部二类水质的精彩嬗变。文录于下：

宁波东钱湖精彩嬗变

前不久，央视《新闻联播》以《生态建设超百亿，还湖光春色》为题，播出了宁波东钱湖的美丽画面。视频背后，是东钱湖从整体Ⅳ类、局部Ⅴ类的水质，到整体Ⅲ类、局部Ⅱ类水质的精彩嬗变。东钱湖也由此被财政部、环保部列入国家生态湖泊试点。

水清山美的东钱湖

　　东钱湖水域面积相当于三个半西湖，因围湖造地、过度水产养殖，水质长期处于Ⅳ类、局部Ⅴ类水平。从 2004 年起，宁波累计投入百亿资金治湖。当地还请来中科院水生所，建起淡水生态与生物技术国家重点实验室宁波实验室，一场科学治水大戏就此上演。

　　先从湖底入手。东钱湖管委会采取了"局部疏浚、薄层清淤"的方案，对湖底淤泥精细清理了一遍，其中"真空预压固结"和"絮凝余水处理"两项技术还填补了国内空白。而后，修复全湖生态系统，种植了 17 种水生植物吸收底泥中的氮、磷，平衡水域生态。去年，实验室先后引进或自主研发了介质收集系统、活性过滤材料和嵌入式雨水过滤装置，并建立了我省首套地表水质自动监测系统，初步实现了湖水监测的自动化和信息化。"目前我们正在用活性过滤材料和嵌入式雨水过滤装置改造环湖停车场、道路绿地，防止地表污水渗入湖中。"实验室分析部负责人杜肖说。

　　在岸上，管委会雷厉风行拔除污染源，整体搬迁 10 个行政村，拆除沿湖房屋100 多万平方米、工业企业 61 家、砖瓦窑 13 座，搬迁了宁波市规模最大的梅湖牧业万猪场；在水下，清理 33 万平方米围网……同时，建起智慧城管、智慧水利系统，利用遥感技术，严防污染源死灰复燃。

　　数年治理，30 多年不见的银鱼、莼菜等水环境敏感生物重现湖中，一个集休闲购物、健康养生、水上旅游、湖鲜餐饮等为一体的一站式旅游目的地正日趋成熟。

去年，东钱湖实现旅游总收入 30.6 亿元。

同日，浙江新闻客户端制作专题片，详细阐述东钱湖"五水共治"成效。文录于下：

东钱湖凭啥上新闻联播　上天入水去探秘

今年全国两会期间，央视《新闻联播》片尾部分推出了《春天的中国》特别节目，其中以《生态建设超百亿，还湖光春色》为题，播出了东钱湖的美丽风景。五彩斑斓的郁金香、水光潋滟的湖水，吸引了全国人民的目光。

是什么原因让一个曾经破败的小渔村变成了国家级度假区，还登上了央视《新闻联播》？这几年来，东钱湖又发生了怎么样的变化？

浙江新闻客户端记者将带你探秘这背后的故事。

第一站：一个高大上的皮划艇俱乐部

当驾车来到东钱湖畔时，最先吸引我目光的是停泊在湖面上一艘艘五颜六色的皮划艇，糖果般艳丽的色彩瞧得人心情也不由自主地雀跃起来。

或许下车，与皮划艇的主人聊一聊会是一个不错的开场。

我在路边停好车，走进东钱湖畔的海岸线划艇俱乐部。

韶光明媚，不过俱乐部总经理王海洪却无暇顾及，反而在办公室里忙得焦头烂额。电话、视频会议不断，讨论的正是他五年前的一个梦想：在东钱湖举办亚太地区最高规格的皮艇球赛事——亚太皮艇球俱乐部锦标赛。

在他看来，现在是时候了，其中一个重要原因就是东钱湖的水质变好了。

王海洪告诉我："这项运动是一直要接触水，几乎是全身融入水中，所以对水质的要求非常高，现在很多欧洲的球员来这边比赛，都认为东钱湖是他们见过的整体环境较好的地方，甚至比许多欧洲的景区也不差。"

包括王海洪的俱乐部在内，这几年东钱湖着力培育出一批诸如帆船帆板、游艇、龙舟等对水环境有一定要求且大众参与性强、观赏性高的水上休闲运动产品，并吸引了众多国内外有重要影响力的赛事到此落户。

环东钱湖马拉松皮划艇挑战赛、首届皮划艇邀请赛、亚太皮划艇邀请赛、全国青年帆船锦标赛、东钱湖健步大会……东钱湖还把龙舟活动列入常规性活动向游客开放，码头上有各式大小龙舟 9 艘，设竞舟水道 800 米，陶公岛龙舟常年活动比赛 100 场，旅游团队（或散客组团）可随时报名参加。

第二站：一所打生态与生物牌的实验室

与王海洪的闲谈并没能解决我的疑惑，是什么原因促使东钱湖变得越来越美？

带着疑惑，我在东钱湖"土著朋友"的指点下又找到了另一处高大上的场所——淡水生态与生物技术国家重点实验室宁波实验室。

这个光看名字就觉得厉害无比的机构是东钱湖管委会为给治理东钱湖提供更好的科技支撑，依托中国科学院水生生物研究所的技术和人才设立的。这也是国家级重点实验室第一次在地方设立分支机构。

青山绿水中的东钱湖民居

宁波实验室分析部负责人杜肖接待了我。

"东钱湖环湖都是硬质化（水泥和石砌护坎）的湖岸，生态效果比较差。为了修复已经退化或受损的湖岸生态水生植被，两年前，中科院淡水生态与生物技术国家实验室宁波实验室开始实施东钱湖水生植被恢复技术研究与项目，这也是国家湖泊生态治理试点项目的科研课题之一。"杜肖介绍说。

宁波实验室在下水区域水域划定了17亩水域作为实验区域，并在里面种植了17种水生植被（其中7种为沉水植物），开展了沉水植物移植生长状况对比研究，水生植被种植面积占整个水域的80%左右。沉水植物的根、茎、叶不但能吸收底泥中的氮、磷，还能为鱼、虾等水生动物活动和产卵提供隐蔽的场所，最终构建"水下森林"，为实现水域生态平衡创造条件。

一项对比研究结果显示，宁波实验室实验区域的水体氮、磷含量下降了40%以上，水体透明度提高了1倍以上。有关专家认为，与治理前相比，实验区域的水质提升了一个级别。

"我们这一示范项目可广泛用于东钱湖以及全市河道、湖泊的水环境修复，促进'五水共治'工作。"

今年"水下森林"的范围还将扩大，届时东钱湖在水质得到有效改善的同时，将形成一条"水下森林"旅游风景线。

第三站：一片建在水上的试验田

这项技术既然说得这样玄乎，耳听为虚，眼见为实，看来还是得到现场去看看！

我又开始赶往下水区域寻找杜肖口中的那片试验田。

在下水村的村口，我恰好遇到了正划着船，在湖面上清理垃圾的王师傅。得知我是来采访东钱湖的水是如何变干净的，他高兴地提出可以用小船搭乘我一程，去湖中心寻找试验田。

王师傅告诉我，他退休之前就是东钱湖的湖面保洁员。现在退休了，闲不住，没事干时依旧习惯划着船出来，看看哪里脏了，哪里有人扔的垃圾就捡起来。听到我采访他，王师傅连忙摆着手不好意思地说道："别采访我，别采访我，这个就是小事一桩，我和我们几个退休的老伙伴平时都在做这个呢，就是举手之劳。"

在王师傅的带领下，我来到试验田的位置，放下防水相机，通过相机的画面，可以看到水下静苦草、金鱼藻、狐尾藻等水草轻轻摇曳，湖水清澈透明。这是已经投用的东钱湖水生植被恢复技术研究及示范工程的成果。

师傅告诉我，现在还只是开春，再暖和点水面上还会有睡莲、圆币草、荷花，到时候风景可美了。

"你现在来的时间不好，一过冬天，原本这里茂盛的植物都被冻死了，到了夏天它们又会长出来的。到时候，你再来，还坐我的船送你来看！"王师傅说。

第四站：一家游客不断的农家乐

既然已经来到下水村，那么怎么能不去逛逛这边最火的农家乐，再顺路买点春天东钱湖的特长麻糍回家？

卖麻糍的周阿姨一家是土生土长的东钱湖村民，她对东钱湖近几年的变化可是赞不绝口："前几年的话是不敢让自己的孩子到湖里游泳的，这几年好了许多，水又变回像我小时候一样，变清了。"一旁开农家乐，经营饭店的方大妈看见了我们的采访，也凑过来说："我们东钱湖有种特产叫银鱼，前几年湖水质量不是太好的时候，银鱼慢慢就绝种了，在市场上根本买不到银鱼了，现在银鱼又多起来了，东钱湖银鱼能够上餐桌的话，我们看到很亲切。"

"东钱湖环境好了，来玩的游客也多了。你要是周末来，车都开不进来呢！"她的脸上洋溢着自豪又幸福的微笑，对未来的生活也充满了期许。

答案：东钱湖的蜕变之路

去完四个地点，我心中已经有了一个模糊的答案，但又说不清楚，最终还是靠着东钱湖旅游度假区管委会副主任冯灿焕的回答解开了这个谜团："治水和生态建设是我们最重要的工作，所以我们的开发建设也是秉承了保护提升为先，一切项目的建设，所有开发的工作都要服从于生态提升、水质提升的要求。"

治水这条路，东钱湖走了十多年。整体拆迁 10 个行政村，拆除沿湖房屋 100

如今山清水美的东钱湖已成为国家级旅游度假区、宁波人的后花园

多万平方米，关停工业企业 61 家、砖瓦窑 13 座，搬迁了宁波市规模最大的梅湖牧业万猪场，迁移并复绿沿湖 6 万余穴坟墓，清理了 33 万平方米的围网，湖区渔业养殖功能全面退出；同时铺设截污管网 60 多公里，种植苗木近 200 万株，新增绿化 160 万平方米等。

"宁可发展慢一点，也要把环境保护好。宁可投入多一点，也要把环境整治好。宁可阻力大一点，也要把环境建设好。"

如今，东钱湖绿水绕青山，七十二溪流注，八十一岭环绕，福泉山坐拥茶园4000 亩，是国内少见的大地景观。广阔的湖面上，白色的帆船、豪华的游艇不时漂过，点缀于粼粼碧水之上。放风筝的孩子、野餐的少男少女、拍婚纱照的情侣、看风景的人们也成了风景的一部分。

6 月 7 日，浙江电视台旅游快车微信公众号发布文章《东钱湖发展水上运动休闲新业态，打造宁波"城市会客厅"》，全文解析东钱湖治水阶段性成效。

6 月 28 日，东钱湖度假区获评国家体育旅游示范基地。

7 月 29 日，作为湖泊休闲嘉年华主题活动之一，首届宁波东钱湖"鱼水情·生态梦"放鱼节举行，200 余名参与者将 500 万尾花白鲢投入东钱湖。

11 月 10 日，著名宁波帮人士李达三一行回故乡东钱湖莫枝考察。

11 月 23 日，由中国青年报社、浙江省旅游局主办，宁波市旅游局、东钱湖管委会承办的东钱湖（国际）休闲湖泊论坛举行。

11 月，东钱湖文化研究工程启动实施，首批"东钱湖文化丛书"发行。

参考文献

一、方志类

1.《宋元四明六志》

2. 徐时栋、董沛等纂修：光绪《鄞县志》

3. 王荣商总纂：民国《东钱湖志》

4. 陈训正、马瀛纂：民国《鄞县通志》

5. 董祖羲纂：民国《镇海新志备稿》

6. 陈训正、马瀛纂修：民国《定海县志》

7. 俞福海主编：《宁波市志》，中华书局1995年版

8. 俞福海主编：《宁波市志外编》，中华书局1988年版

9.《宁波市水利志》编纂委员会编：《宁波市水利志》，中华书局2006年版

10. 缪复元等编：《鄞县水利志》，河海大学出版社1992年版

11. 陈兵主编：《镇海县志》，中国大百科全书出版社上海分社1994年版

12. 周时奋主编：《鄞县志》，中华书局1996年版

13. 仇国华主编：《新编东钱湖志》，宁波出版社2014年版

二、报刊类

1.《申报》

2.《时事公报》

3.《四明日报》

4.《宁波民国日报》

5.《宁波商报》

6.《宁波晨报》

7.《大报》

8.《宁波日报》

9.《镇海报》

10.《上海宁波日报》

11.《宁波时报》

12.《宁波大众》

13.《宁波旅沪同乡会月刊》

14.《宁波杂志》

15.《宁波市政月刊》

16.《宁波同乡》

17.《上海宁波公报》

18.《鄞县县政半月刊》

19.《鄞县县政特刊》

20.《鄞县教育年刊》

三、著作类

1. 李能为编：《宁波大观》，宁波大观出版社 1939 年版

2. 鄞县政府建设科编：《鄞县建设》第一集，宁波印刷公司 1934 年版

3. 周时奋、钱根福主编：《钱湖经纬》，科学技术文献出版社 1991 年版

4. 乐承耀著：《宁波农业史》，宁波出版社 2013 年版

四、档案类

国家档案馆及浙江省、宁波市档案馆相关卷宗

附录

东钱湖情况调查材料 [①]

史美章

1984 年 9 月 20—29 日

东钱湖是浙江省第一大淡水湖，历史悠久，古迹众多，风景优美，物产丰富。又湖光山色点缀其中，使这颗浙东明珠更闪异彩。这次县人民政府对东钱湖旅游区开发的调查，现将调查情况综合如下。

一、基本情况

东钱湖沿湖涉及二区、三乡、一镇，即邱隘区、横溪区，高钱乡、韩岭乡、下水乡，莫枝镇。解放后曾建立过钱湖区，后来撤去。现就三乡、一镇（以下简称"乡镇"）的基本情况分为十点：

乡镇总户数为 16192 户，总人口 48197 人，其中居民人口 14367 人。（据 1983 年各乡镇年报）

乡镇总行政村 37 个，其中：沿湖行政村 18 个，莫枝镇有湖塘、莫枝、殷湾、青山、庙弄、建设、陶公、利民、大堰 9 个村；高钱只有合胜一个村；韩岭有郭家峙、茶亭、象坎、韩岭、马山、上水 6 个村；下水有东村、西村二个村。在沿湖十八个行政村中，人口超过千数的有 13 个村。（摘自 1983 年年报）。

沿湖侨眷共有 406 户，分布在 13 个国家和地区，其中，日本 11 户，美国 31 户，英国 8 户，新加坡 8 户，澳大利亚 2 户，缅甸 1 户，加纳 1 户，加拿大 3 户，马来西亚 3 户，菲律宾 1 户，西德 2 户，印度 2 户，其余均在港、澳、台（此数来自县侨办）。

---

① 原件存宁波市档案馆。

目前共有乡、镇、村办企业 168 个，其中：乡镇办 70 个，村办 98 个。1983 年工业总产值 4743 万元（未含合作、家庭企业），其中：乡镇办产值 2986 万元，村办 1757 万元。1983 年工业总利润 974 万元，其中：乡镇办 573 万元，村办 401 万元。（企业个数、调查数、产值、利润年报表数）

耕田面积为 30126 亩，社员劳力共 19926 个，其中：务工社员 10316 个（内含居民职工）。

1984 年 6 月底，群众储蓄余额为 778.18 万元，人平均为 161 元（此数摘自莫枝银行和莫枝、高钱、韩岭、下水四个信用社月报数）。

1984 年 9 月，共有学校 42 所（未含东海舰队子弟学校和宁波师范学校）。其中：中学 7 所。在校学生 5569 名，其中：中学生 1962 名（调查数）。

1979 年起，乡镇所在地，已建造三层楼以上的楼房 52 幢，计 435 间，36531 平方米（据各乡、镇城建办汇报）。

目前已形成集市的有 7 个，其中：莫枝镇有莫枝、陶公、大堰 3 个；韩岭有韩岭、郭家峙 2 个（调查数）。

目前对东钱湖环境污染较大的有 4 处，它们是：鄞县丝织厂和东海舰队的粉丝厂的排放污水，以及鄞县砖瓦厂和莫枝镇砖瓦厂共 3 支高大煤烟的空气污染。沿湖小型窑厂也不下 10 处。

二、水电、邮政、交通情况

1. 各乡镇共有 119 台变压器，计 8615KU；目前已村村通电，部分企业和村已购制了发电机（调查数）。

2. 目前有小型水库 118 只，年蓄水量 170 万立方米（调查数）。

3. 目前已建成自来水厂 3 处，日供水量为 4400 吨，其中：莫枝为 4000 吨，高钱为 300 吨，韩岭为 100 吨，下水正在筹建。

4. 目前沿湖乡镇均已通客车，共设车站 15 个，其中属停靠站的 10 个，经过线路约为 41 公里。水上交通也较为便利，尤以莫枝镇为中心，每天数班班船通往宁波、韩岭、下水、陶公及普陀洞天风景点。

5. 邮件、电讯收发繁忙，已设 1 个邮局支局、4 个所。据上述单位统计，1983 年信件收 251360 封，发 244946 封；包裹收 11442 只，发 11802 只；电话收 214875 只，发 215666 只；电报收 15612 只，发 15562 只（以上数据个别是估计数）。

三、山林及经济特产情况

东钱湖沿湖旁山，地理条件优越，气候适宜，故物产丰富，历有"万金湖""摇钱湖"美称，可谓鱼米之乡。

山林情况

据三乡、一镇以及东钱湖管理所、鄞县林科所、福泉山林所统计，山林面积为85624亩，其中，杉木3496亩，毛竹3656亩，其余均为松材，亦有疏林、荒山（因乡镇及单位中有的山地均不在沿湖，反映东钱湖沿湖山林面积当需作进一步调查）。

经济特产

茶叶：1983年面积为4230亩，产量为6729担（内含福泉山林场面积2700亩，产量4600担）。东钱湖茶叶已在省内闻名，尤以福泉山云雾珠茶为佳，1983年在全省考核中得124分，列全省第一名。

水果：1983年面积为3446亩，其中，柑橘面积1476亩。1983年产各种水果14843担，品种有梨头、桃子、杨梅、李子、橘子。

西瓜：1983年种植面积为1664亩，产量约为296万斤。

冬瓜：1983年种植面积约为600亩，产量约为330万斤，其中韩岭约产300万斤。

渔业

沿湖共有3个淡水渔业队、2个外海渔业队和1个国营养鱼场，1983年年度统计产鱼18050担，其中海产鱼4935担。

为进一步对东钱湖养鱼情况的了解，对国营东钱湖养鱼场略作介绍。该场建于1952年，年产鱼约为70万~80万斤。最高产鱼量为1956年，计122.9万斤，最低产鱼量为1967年，计14.5万斤。据32年资料统计，鱼产超百万的2年，90万~100万的也2年，80万~90万的7年，70万~80万的9年，60万~70万的3年，50万~60万的4年，50万以下的也有5年。

四、文物、古迹、风景点及其他

东钱湖的形成，查有关史志载，约为晋朝年间，后经人工开拓，由雏形变成人工开拓湖泊。但从沿湖一带出土的文物和古迹的遗址看，这里的历史则可追溯到二千多年前的春秋战国时期。漫长的历史，为东钱湖留下了许多历史遗迹和古迹。现将其分类。

有古石塔一座。名曰"二灵塔"，辖莫枝镇内二灵山上，为北宋所建，层7，高9米许。每层均有精雕石佛，塔身完好，只塔顶略有被台风所吹。此塔在全省少见。1982年6月已列为县重点文物保护单位。

有古洞四处。其一，普陀洞天，辖莫枝镇内霞屿岛上，为南宋所建（凿），洞高约2.5米，长约30米，洞内缕空有石龙、石佛，供宋丞相史浩母叶氏进香，旁建霞屿寺，已毁。其二，月波观音洞，亦称"宝陀洞天"，在东海舰队营区内。旁另有一洞，供拜佛。下有明大学士余有丁功书之地——月波书楼，还有"月波寺"，已毁。其三，严官洞，群众称仙人洞，在陶公山上，此洞甚小，今存。其四，在下水乡政府附近，发现一个洞，此洞尚未考查，亦无人进入，此洞建议进一步考查。

有古窑址四处。窑岙山窑址辖韩岭上水村内，属晋—北宋时间，窑址占地60亩，曾出土多种器物，有碗、盂、杯、盅、碟、壶等。1982年6月已列县重点保护单位。此外，有下水的汉窑址和北宋窑址，以及韩岭郭家岙五代窑址。

有古树五处（仅这次调查中发现）。在福泉山唐公庵前存一棵古桂花，号称"桂花王"，年产鲜桂花为300斤；在下水无量寺宋丞相史浩之母叶氏墓后存一批古松树群，约30余棵；在下水大慈宋史弥远墓道遗址前存二棵古银杏；在下水绿野岙灵佑庙（又称王安石庙）前，存二棵形如旗杆的古银杏；还有韩岭象坎明兵部尚书金忠墓前的三棵古树。

有钱湖十景。但景点破坏严重，亦荒芜。十景中，"芦汀宿雁""上林晓钟""余相书楼"，有的自然消失，有的毁于"十年浩劫"，已荡然无存；"陶公钓矶"只知其点，找不到石碑、钓台真迹；"殷湾渔火"因渔家上岸，夜间渔火已绝迹数十年；其余"二灵夕照""白石仙坪""双虹落彩""百步耸翠""霞屿锁岚"五景，亦徒有虚名，与自然风景的雅称很不相称。

沿湖曾出土过大批珍贵文物，有较高的考古价值。经考证，出土文物的年代有：战国、两汉、晋、唐、五代、宋、清等，尤以汉、宋为多。目前出土文物分别在省、市、县文物管理单位保存，其中，在县文管会保存有54件。1982年南京大学考古队与省、市、县文物考古队一起，在高钱姜郎满头山，发掘一批汉朝古墓葬，出土了一百余件珍贵文物，已保存在市博物馆。

东钱湖沿湖民间传说亦颇多，如"史致芬大闹东钱湖""粒谷种九年，梅湖成秧田""十八英雄造钱湖""杨庙家当不长久"等等，这些已编在《鄞县民间故事集》

中，国庆后即可问世。

东钱湖曾留有历代诗人的足迹，初步搜集有：

登陶公山诗
洪性

霸越平吴此息机，蓑衣终日坐鱼矶。

一竿风月高名在，千古江山旧事非。

春雨荒台苔藓合，夕阳古渡钓船归。

探奇欲试登临兴，流水无情白鹭飞。

望湖亭诗
张时彻

烟霞探不极，独上望湖亭。

孤屿悬明镜，群峰展画屏。

舠舟舒月白，松桧匝云青。

尽日山中醉，人言是谪星。

雨中同诸君游东钱湖
王稚登

乱崖层壑水粼粼，一见渔舟一问津。

修竹到门云里寺，流泉入袖雨中人。

地从南渡多遗恨，湖比西家亦效颦。

酒似鹅黄人似玉，不须深叹客途贫。

和嵊县梁公辅夏夜泛东海诗
袁士元

短棹乘风湖上游，湖光一鉴湛于秋。

小桥夜静人横笛，古渡月明僧唤舟。

鸳浦藕花初过雨，渔家灯影半临流。

酒阑兴尽归来后，依旧青山绕客楼。

寒食过东钱湖

袁士元

尽说西湖足胜游，东湖谁信更清幽。

一百五十客舟过，七十二溪春水流。

白鸟彩边霞屿寺，翠微深处月波楼。

天然景物谁能状？千古诗人咏不休。

寺、祠、庵、庙和古墓道，因第二部分叙述，故略。

五、东钱湖沿革及沿湖文史考略

工程概况

东钱湖位于鄞东南平原，距宁波市 15 公里。湖的东南两面傍山，西北毗邻平原，其东西宽为 6.5 公里，南北长为 8.5 公里，环湖周长 45 公里，湖面面积 19.89 平方公里，集水面积 84.4 平方公里。湖可分三个部分，西部师姑山、笠大山为界，称"谷子湖"，东北以湖金塘为界，称"梅湖"。此湖已于 1961 年废湖建立国营梅湖农场，其余大部称为外湖。外湖自 1976 年造成湖心塘，以后又可分南、北 2 个湖。

东钱湖汇 72 条溪流，主要有上水、下水、韩岭、柴场等溪集环湖诸山之水。各山峡之间有湖塘封堵，主要有方家塘，长 893 米，方秋塘 819 米，湖里塘 1165 米。1976 年从大公至沙家山又筑一条长 1700 米的分湖大堤。沿湖设堰 7 条，即钱堰、梅湖堰（废）、栗木堰（废）、莫枝堰、平水堰、大堰、高湫堰。堰的形式有二：一为车堰。堰身较狭，二旁设辘轳人工运转，泄船过堰；另一为磨堰，堰身较阔，上下游斜坡较平缓，为人力交错磨盘而上。堰的作用平时用于通舟楫，洪水时用作溢洪坝。各堰以莫枝堰交通最繁荣。目前已装置电动升航机。旧志所载尚有 8 阓，为放水缺口，现改为自流分斗门，共计 11 座。

湖水的引泄 1/3 路为前塘河、中塘河、后塘河及小浃江，各河之间有无数的河流沟通，形成水网。其中莫枝碶注中塘河，往泗港、潘火至宁波东部；大堰碶之水一路北沿前塘河，至横石桥与中塘河汇合，一路往徐东埭至奉化白杜；钱江碶之水一路往五乡出姜家坳、梅墟，一路沿后塘河至宁波东郊；梅湖碶之水，往东灵、小白、五乡出镇海小浃江。尾闾之水排入甬江、奉化江。

东钱湖蓄水能力 4429 万立方米（蓄水位 2 米），年供水量 3893 万立方米。为鄞东南灌区供水骨干工程之一，灌区总面积 36.86 万亩。

东钱湖是浙东淡水鱼的主要产地之一，东钱湖国营渔场每年能捕捞七八十万担，最高年产 128 万担。

东钱湖水上运输十分繁忙，沿湖村民有船只往来，其中，莫枝至下水、上水、韩岭、后庙湾、霞屿山有班轮可渡，并经莫枝电坝、高湫人工坝与下游水路相通。

东钱湖区承担宁波一部分供水任务。

东钱湖又是浙东有名的风景区，原有东钱湖十景记载。解放后新建一批建筑物，绿化沿湖山丘和一部分堤塘，湖光山色，秀丽动人，为一些游客和诗人所陶醉。

历史沿革

东钱湖区域，属于华夏陆台的东北部，是浙闽地质一部分，震旦纪前已基本稳定，在整个古生代的漫长时期中，除缓慢升降运动和局部性海侵外，没有较大的变动。中生代和第三纪有火山活动，到第四纪末，本区有明显的下沉趋势，沉积了大批厚层冲积物，并在下降淤积过程中，使外围发展成了沙洲，沙洲之内为潟湖，后因河流淤积，沿海岸流和潮汐携带的泥沙沉积，特别是湖沿植物遗体的填积（莫枝一带发现埋深在 2 尺以下、厚 1.5 尺的泥炭层），逐渐形成湖沼淤积地，遗留下众多的海迹湖泊。

东钱湖是这些海迹湖泊中的一个，早在晋朝的时候就有记载。唐天宝初，陆南金出任鄞县令，于天宝三年（公元 744 年）相度地势，将湖西北部几个山间缺口，筑堤连接，形成了这个人工湖泊。当时县治在今五乡、宝幢一带，此湖在治之西（实际是西南），故有西湖之称。据李墪修《东钱湖议》及丁家山灵岩寺碑记所载，当时共废田 121213 亩（每亩约现在市亩 0.25 亩），灌溉旧鄞县东界、阳堂、翔风、平界、丰乐、鄞塘六乡及镇海崇丘、奉化白杜二乡。废去湖田的赋税分摊给受益田亩，每亩加米为 0.376 升。

宋天禧元年（公元 1017 年），郡守李夷庚重修湖塘，开拓增广。据清全祖望《万金湖铭》所记，当时湖分东、西二部，西湖先成，灌田为 5400 顷，东湖后辟，灌田 500 顷，李夷庚是否开辟东湖，无从查考。

宋庆历八年（公元 1048 年），王安石任县令时重清湖界。

宋嘉祐年间（公元 1060 年前后）重修四碶，立平水石于左右，作为放水标准。四碶即现在的莫枝碶、梅湖碶、大堰碶和钱堰碶。四碶均筑在岩基上，构筑牢固，形式划一，碶旁置堰，堰顶及上下游均用长条石铺成斜坡，作为船只过道。

治平元年（公元 1064 年），主簿吕献之重修六堤，即现在的方家塘、高湫塘、梅湖塘、栗木塘、平水塘及钱堰塘，全长 2566 米。

　　以上是东钱湖兴建、开拓的经过，至南宋乾道以后，有葑草为患，成了东钱湖的大敌。

　　南宋乾道五年（公元 1169 年），守臣张津首议开葑草之策，赵伯圭踵其后，遣县令杨某详细丈量，预算除葑、浚湖费用。据估计需要钱为 165988 贯，米 27678 石，因费用过大，无法筹措而没有实行。

　　淳熙四年（1177 年），知县姚枃复请开湖，时皇子赵恺镇明州，乃转请于朝，出内帑金 5 万贯，米 1 万石，又差拨水军协助，并按受益田亩出人夫、工具，遣司马陈延平往来监视，历时六个月，去葑 21200 亩。但这次清除的葑草，因大部分没有搬出湖外，水位上升后仍回填湖之中，效果不大。以后沿湖居民，因菱葑淤塞，嘱托请佃，开垦为田，或倚强侵占，种植菱荷，湖面逐渐减少。

　　嘉定七年（公元 1214 年），提刑官程覃代理县令，筹措经费 33600 贯，置田 1000亩，每年收租谷 2400 石，开设湖工局，将谷贮于月波寺隐学院，专人保管，鼓励农民在农闲时采葑，每船据其大小，路途远近，酬以谷子，每年估计能去葑 2 万船。这个除葑之策，因后任县令奉行不力，将每年收入往往移作他用。

　　宝庆二年（公元 1226 年），尚书胡榘守郡，当时葑草淤塞日益严重，他组织了一次大规模清除，筹措米 15000 石，命水军协助，轮番迭休，并按受益田亩出夫，于十月动工，先修理沿江碶闸，将湖水放入下游河道，积极清除葑草，历时一载，基本完成。胡榘浚湖之后，尚有余钱 28347 缗，用以置田，每年收谷 3000 石，令翔凤乡乡长顾咏之主其事，分渔户 500 户为四隅，每人每年给谷 6 石，每隅设一隅长，五队长，并且在陶公山建烟波馆、镜湖亭，随葑草之生绝其种。经过这次清除，16 年没有葑草为患。胡榘是当时权相史弥远、史嵩之的私人，为清议所不许，但他尽心水利，对疏浚东钱湖是有功的。

　　淳祐二年（公元 1242 年），郡守陈恺实行买葑之策，清理过去置湖田的收入，叫制干林元晋、签判石孝广在农闲时，按船只大小，葑草多寡，叫农人自愿求售，交葑给钱。初时数百人，以后增至千余人，农民捞草交买卖踊跃，对治湖草起了积极的作用。

　　元至顺中（公元 1331 年前后）县令卫世英，明洪武二十四年（公元 1391 年）耆进，又各浚湖一次。

　　明嘉靖以后，农民将葑草作为有机肥料肥田，因此竞相采除，结果豪强又私自征税，经过一番斗争，始行禁止。

　　最后一次浚湖，始于光绪十八年（公元 1892 年），由张祖衔发起，其弟子忻锦崖继之，奔走呼号，于民国二年，镇海富商陈协中助以巨资，在青山寺设湖工局，先浚梅湖，后及全湖，历时三年告成。

以下是东钱湖废湖情况：

元大德年间（公元1300年），湖身部分淤浅，有豪民请围田若干亩，以其租缴官，都水营田分司，追断废湖，这是废湖的开始。

明宣德年间（公元1463年前后），参政王士华，家居下水，恃其势力，开田甚多，七乡之民告于监司，结果中止。

正德、嘉靖年间，宁波屯军屡请废湖为田，郡守寇天叙、县令王仁山拒绝，没有实行。

1645年，鲁王监国，总兵王之仁以兵饷不足，又欲废湖屯垦，知县袁州佐申阻，户部主事董守谕亦以死力争，不久王之仁兵亦溃，湖没有废。

清顺治中，沿湖生齿日繁，侵占的人很多，又有废湖之说，观察使陆宇爟言于朝，申明严禁。

同治五年（公元1866年），镇海人胡枢等请于剑河漕凿山开河，引湖水分灌镇海太丘、灵岩、海晏三乡农田（现育王岭以东的大碶、柴桥一带），后经二县令查勘，以为工程艰巨，兼湖之水源不足，鄞县农民亦竭力反对而中止，并勒石永禁。

1943年，伪鄞县政府以梅湖淤塞过甚，并开垦为田，得田3000亩。抗日战争胜利后，因梅湖农民反对，又恢复为湖。

1961年重新废湖，建立国营梅湖农场。

以上是东钱湖历代兴废经过情况，对东钱湖整治，提出意见的人很多，其中以明代邱绪最为详尽。

固堤防：对主要堤塘要增高加宽，以防溃决。

明水则：设立精确的水尺，作为湖水的蓄放标准。

严侵塞之禁：湖界内严禁垦种，违者科以重税。

重泄漏之罚：严禁捕鱼捉蟹或过堤船只私自启闸放水和打洞挖穴。

去葑草之害：他主张按受益田亩负担除葑经费，清除之葑草必须运出湖外。

长水草之利：清出的湖草可作肥料，让农民自由取用，严禁奸夫豪强敲诈勒索。

筑堤以通道：浚湖之土为便于堆放，主张在湖中筑堤以利交通。

围土以成山：各溪入湖处，日久沙石堆积，清除困难，不若堆高成丘，植树其上，没有作用的汉港、河湾可填塞作官田出卖作浚湖经费。

他所提八条很有见识，至今仍有参考价值。

沿湖文史考略

东钱湖历史悠久，沿湖留下许多古迹、宗教寺院、庙堂宗祠、古墓葬、古窑址，都有遗迹可查。但由于这些古迹缺乏保护和修理，多数已经湮灭，特别是经过"十年浩劫"，大部分古迹已经荡然无存。

现将主要史迹考略如下：

第一类，宗教寺院。史籍记载的沿湖寺、庵类达 45 处之多，一些朝廷名人自设的功德寺、观之类，更不可胜计。较有影响的有：隐月寺、月波寺、青山寺、二灵寺、霞屿寺、上林寺等。

隐月寺：在郭家峙西，唐建中二年（公元 781 年）建，号隐月寺，宋大中祥符二年（公元 1009 年）赐额"栖真寺"，有放生池，后仍名"隐月寺"，元至正二十五年（公元 1365 年）毁坏。明洪武十年（公元 1377 年）重建。永乐十四年（公元 1416 年）又遭毁坏。宣德八年（公元 1433 年），重建佛殿、方丈、山门及四顾庵，后又毁坏，嘉靖年间重建。万历年间将寺迁至山旁，清康熙间重建。目前已湮灭无存。

月波寺：在东钱湖北部的月波山下。宋淳熙五年（公元 1178 年），越王史浩建，钦赐"慈悲普济"额，创"月波楼"，叠石成岩为"宝陀洞天"，又于寺中建四时水陆道场。明洪武十五年（公元 1382 年）定名"月波"，二十年（公元 1387 年）毁废，正统十四年（公元 1449 年）重建，后又毁坏。万历年间相国余有丁，构筑"五柳庄"，御书"名山洞府"，赐以建坊。清康熙十六年（公元 1677 年），余氏归地回乡，重建殿宇，在东庑附祀余有丁。光绪二十六年（公元 1900 年），僧人桂芳募捐建山门。民国五年（公元 1916 年），僧人显月募建右寺，后有石洞，洞中置佛像，有"四明洞府"石碑一块。余有丁手书尚存"洞府"二字。该寺尚残留一部分，今在东海舰队辖区内。

青山寺：在莫枝赤塘岙。造于后晋天福三年（公元 938 年），宋大中祥符三年（公元 1010 年）赐额"惠安"，传说唐天祐元年（公元 904 年）中元日有十六僧观于山顶，所以又名其寺为"罗汉院"，宋陈居仁建"罗汉院"，元时僧人祖铭建"钟秀阁"，明洪武年间定名"青山寺"，后毁坏。天顺年间重建方丈佛殿，万历年间又毁，清顺治十五年（公元 1658 年）重建。目前该寺拆毁无存。

二灵寺：因寺院造在二灵山而得名，僧院名曰金襕，宋初诏国师造塔山上，熙宁间左正言陈禾（字秀实）筑庵，读书其中，延高僧知和居之，以主持香火，当时名播江浙，香火甚盛。宣和年间（公元 1120 年前后）重建，建炎年间（公元 1127 年左右）兵毁，绍兴年间又建，并赐额"普光"，明洪武十四年（公元 1381 年）毁坏，成化元年（公元 1465 年）重建后又毁，清康熙二十一年（公元 1682 年）僧人德介重建禅堂。民国十四年（1925 年），僧人雪朗重建，又建二灵山房三间，相传为月浦陈氏之功德院。此寺遗址尚存，殿寺已破烂不堪，山上二灵塔完好。东钱湖十景之一的"二灵夕照"当指于此。

霞屿寺：位于东钱湖东，二灵山之南，靠近湖的一个孤悬小岛上，今有湖心塘将此岛与大公连接。宋史嵩之曾仿普陀山潮音洞，凿山开观音洞，并建寺，割田以资赡。明洪武十九年（公元1386年）废，永乐二十年（公元1422年）修复，宣德八年（公元1433年）重建，清废。1977年修建湖心塘时已被发掘一部分，洞身完好，洞口有"普陀洞天"四字，洞内石壁有雕龙、石观音，甚精致。东钱湖十景之一的"霞屿锁岚"当出于此。

上林寺：在韩岭乡横街，旧号寿宁院，宋乾德年间（公元963年前后）建，久废。清康熙年间，僧人超济重建，并更名上林寺，此寺今废无存，钱湖十景之一的"上林晓钟"应出于此。

第二类，庙堂、宗祠。此类造筑无可胜计，各种祀庙数百以上，其中又以裴君庙、鲍君庙为多。东乡有裴君庙34处，沿湖一带有20处之多。裴君庙是祀唐观察裴肃讨平栗锽之乱，因大军所到之处民不为苦，所以德而祀之。鲍君庙祀晋鲍盖所在，县内可查鲍君庙不下60处，沿湖一带亦有10余处。宋以来累封忠嘉神圣惠济广灵王，元至正二十年加封忠嘉神圣惠济广灵英烈王。另外一类庙堂是祭祀历来整治东钱湖有功人物的，现择其要，列举如下：

嘉泽庙：在莫枝青山岙外，今手套厂后山。祀唐天宝中鄞令陆南金、宋天禧中守臣李夷庚的。陆南金字秀孙，吴人，为太常奉礼郎，天宝二年为鄞县令，天宝三年整治东钱湖。李夷庚天禧中郡守，元年（公元1017年）重开东钱湖，湖民为祭祀陆、李二公而合祠祀之。旧建在东钱湖青山，北宋治平元年（公元1064年），鄞县主簿吕献之建。嘉定间赐庙额，加封陆南金为晋祐侯，李夷庚为惠应侯。元至顺二年（公元1331年），宣慰都元帅资善重建。至元二年（公元1342年），郡守王元恭增修，且请加封爵，明时庙毁，清康熙二十六年（公元1687年），知府李煦，将下塔山五通祠改祀李、陆二公。今庙全废，遗址尚可辨。

王荆公庙：祀县令王安石，安石字介甫，抚州临川人，进士出身。庆历七年以廷尉评事为鄞县令，治县事，重清东钱湖界，历东西14乡为水陆之利。为祭祀王安石，县境内立庙多处，东钱湖附近有下水忠应庙，清嘉庆间建。绿野岙西，有灵祐庙，目前灵祐庙、忠应庙尚存，但已毁旧不堪。

岳公行祠：在莫枝镇内，旧名下塔山庙，俗称西瓜庙。相传旧为五圣庙，后改岳庙。宋端平年间（公元1234年左右）建。此庙尚存，为莫枝外海渔业队占用，内部结构已毁。

胡公祠：为祀尚书胡榘而立。胡于宝庆二年（1226 年）守郡，在任职期间，对治湖、清理葑草有很大贡献，后人立庙德之。可查的胡公祠有二，一是胡墅庙，在莫枝八字桥西老鼠山西麓郑隘；另一是胡公祠，在曹家（亦称胡墅庙）。

上塔山庙：在莫枝镇的庙陇山，祀郡守李夷庚的。左龛祀主簿吕献之。吕献之，东平人，宋治平六年（公元 1064 年）为鄞县主簿，任职二年，在职期重修东钱湖六堤，修李、陆二公祠（《光绪志》以为此庙合李、陆二公有误）。

第三类为古墓葬。沿湖古墓葬颇多，今择其要者略考。

徐偃王墓：墓址在隐学山，旧名"栖真"。徐偃王是公元前五百年的周代一个被封为徐偃王的墓。据《延祐志》载，徐偃王隐学于此。徐东原《思剡集》有拜徐偃王墓诗："山以隐学名，上有栖真祠。"鄞西周公宅、杜岙一带有三处徐偃王庙堂。此墓现已泯没，只有遗迹可凭吊。

陈禾墓：墓址在二灵山，陈禾名秀实，宋徽宗朝左正言，谥文介，因弹劾童贯放归故里，结庐二灵山，著书立言，称二灵山房，王时敏题额。陈死后，朝廷鉴其忠，敕葬此山。现今陈秀实墓碑尚存。

史弥远墓：墓址在大慈山，因弥远葬母于此山，故名大慈山，后弥远也葬此。弥远为淳熙十四年（公元 1187 年）进士折节，宁宗十七年即嘉定四年（公元 1211 年），拥立理宗，又独相九年，权倾朝野，死封卫王。墓前有石兽翁仲，墓旁建大慈寺，作家庙，规模宏大。前有七石塔、石乌龟，塔高三丈许，制作奇石，雕刻精美，东南名刹无出其右。解放初期尚存其六，可惜毁于"十年浩劫"，已荡然无存，目前尚有遗址可辨，并有破碎石雕和几只石兽可找。今为福泉山林场。

宋史浩墓：史浩为弥远之父，死后封越王，谥忠定。墓址在吉祥安乐山。浩生弥大、弥正、弥远、弥坚四子。其祖史诏，父史才。浩为绍兴十五年（公元 1145 年）进士，隆兴元年（公元 1163 年）正月为尚书右仆射，后封魏国公。绍熙五年（公元 1194 年）薨，封会稽郡王。宁宗即位，赐谥文忠。嘉定十四年改封越王，谥忠定，配享孝忠庙庭。此墓无查，相度在横街。

其他有名墓尚有：

刺史黄晟墓：墓址隐学山，其母为高阳郡太君齐氏。

宋史冀国夫人叶氏墓：叶氏，史浩之母，史才之妻（史才，政和八年进士）。此墓民国辛亥年所立，墓碑尚存。

宋赠太师越国公史诏墓：墓址绿野岙，诏为史才之父，史浩之祖。此墓石兽翁仲尚存。

宋赠太师齐国公史渐墓：墓址上水寺山，渐为史弥忠之父，史嵩之之祖。此墓无查。

宋兵部尚书兼吏部尚书谥正肃袁甫墓：在绿野岙。

明兵部尚书谥忠襄金忠墓：墓址在象坎，尚有遗迹可查。

明赠太保兼极殿大学士户部尚书谥文敏余有丁墓：墓址东钱湖隐学山。余有丁为少保兼太子太傅兼极殿大学士，死后赠太保，谥文敏。此墓无查。二块碑记见于海军412医院湖滨，移作路石。

因沿湖墓葬不胜查究，且遗存不多，所以只将上述较有影响的墓葬简略叙述。

（1984年9月29日向县委书记应中甬、县长谢旭人汇报材料稿）

后 记

对东钱湖历史的关注，缘于我们对宁波地域社会的研究兴趣。差不多 10 年前，我们在查阅民国报刊时，不经意地发现，当时宁波各界对东钱湖高度关注，地方社会与东钱湖关系相当密切。真是想不到，美丽清纯的东钱湖还有如此丰富的"社会履历"。我们由此对东钱湖历史产生兴趣并开始相关资料的搜集。我们先后到上海、杭州的档案馆与图书馆寻觅，其中的艰辛与沮丧自不待言，但有道是一分耕耘，一分收获，特别是在国家档案馆找到清末民初为治理东钱湖而奔波呼吁 20 余年的鄞县监生忻锦崖的奏稿原件，使我们信心为之一振，真可谓天道酬勤。当然，由于岁月的沧桑与社会的动荡，有关东钱湖历史的文献之散失也相当严重。即就史料来源比较多样的民国时代来说，这种情况仍普遍存在，特别是各个年代之间很不均衡。我们只能以史事编年的形式，力图为失忆年代的东钱湖拼出一幅大略的历史面貌。

文献是传承历史文化的基本载体，弥足珍贵，对正处在大开发中的东钱湖来说尤为如此。为此，我们在本书整理编纂过程中尽可能地将相关文献完整辑录，以便为东钱湖的历史变迁留下一份真实的记录。这对已经成为国家级旅游度假区并全力打造生态之湖、文化之湖的东钱湖来说并不是没有意义的。

本书编写过程中得到了社会各界与友人的大力支持，特别是 2016 年由宁波市水文化研究会列入其主持的"宁波水文化丛书"。具有强烈地域文化传承使命的沈季民会长不仅玉成此事，而且欣然为本书作序。本书之编写与出版还得到了国家档案馆、上海市图书馆、浙江省图书馆，以及宁波市图书馆、宁波市档案馆、东钱湖旅游度假区管理委员会等单位的大力支持和帮助。在此诚致谢意。

孙善根

于宁波大学包玉书科学楼 10-204

2018 年 8 月